KB073631

망우역사문화공원
묘역 위치도

56
55
54
3
노고산
천골취장비
53
57
구리
전망대
망우
제1주차장
59
인물가벽
58
60
중랑망우공간
61
망우리사잇길
22
생명의 숲
51
52
46
50
47
49
48
제2주차장
1
2
42
43
44
41
40
낙이망우교
38
39
36
37
34
33
1
망우
저류조
13도창의군탑
제3주차장
서동일
연보비
3
30
33
45
망우전망대
2
41
국민강녕탑
42
오재영연보비
망우천
약수터
5
4
6
용마천약수터
형제바위
용마산근린공원

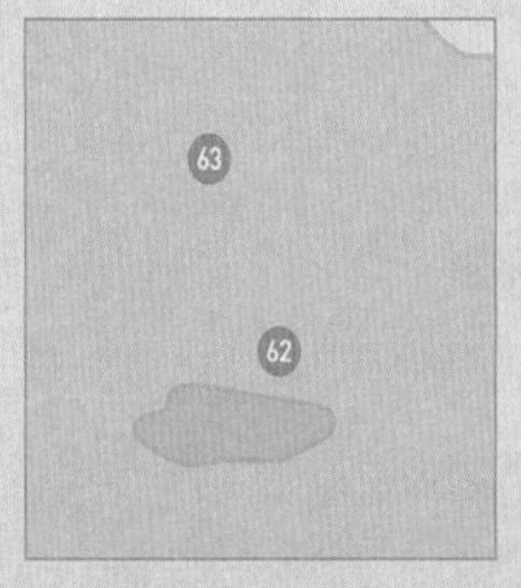

망우3동

※ 61에서 10시 방향에 62, 63 위치

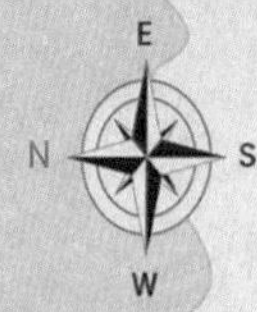

망우순환로

1 박인환
2 송석하
3 김정규
4 오재영
5 서동일
6 이중섭
7 최학송
8 계용묵
9 김승민
10 박찬익
11 이영민
12 차중락
13 이병홍
14 서광조
15 김진성
16 국채표
17 박승룡
18 이태건
19 이광래
20 이탁
21 장덕수
22 박은혜
23 노필
24 함세덕
25 사이토 오토사쿠
26 오기만
27 조봉암
28 안봉익
29 설의식
30 설태희
31 한용운
32 박희도
33 서병호
34 김이석
35 박원희
36 문일평
37 오세창
38 명온공주
39 부마 김현근
40 최신복
41 방정환
42 박승빈
43 이영준
44 오긍선
45 문명훤
46 이경숙
47 아사카와 다쿠미
48 유상규
49 안창호
50 김봉성
51 이인성
52 이영학
53 지석영
54 김상용
55 삼학병
56 신명균
57 권진규
58 장형두
59 유관순
(이태원묘지
무연분묘합장묘역)
60 김말봉
61 김호직
62 강소천
63 김중석
1 13도창의군탑
2 국민강녕탑
3 노고산천골취장비

24
27 25
동락정
21 22
23
치유의 숲
10
50
52
9
망우리
사잇길
55
화장실
64
13
중랑
전망대
11
순환로
삼거리
용마산
18
12
14
19
20
17
16
15

사진: 중랑구청 제공

망우역사문화공원 101인

망우역사문화공원 101인

그와 나 사이를 걷다

김영식 지음

파이돈

차례

2부 이 땅의 씨앗과 뿌리

3부 겨자씨 한 알의 믿음

4부 한 조각 붉은 마음

그 외

더없이 중요한 역사의 공간, 망우역사문화공원

유홍준
명지대 석좌교수, 전 문화재청장

인간이 살아가면서 삶의 공간을 어떻게 꾸미는지 못지않게 중요한 것이 죽음의 공간을 장식하는 일이다. 우리는 전통적으로 매장의 풍습을 갖고 있었다. 이로 인해 아름다운 산에 많은 상처를 주고 있어 이제는 장례풍습이 화장으로 바뀌어가야만 한다는 것이 오늘의 추세이다. 그러나 기존의 묘역이 다 사라질 것 같지는 않다. 기존의 무덤 중 일부는 또 다른 공원으로 이장되거나 아니면 유적으로 남을 수밖에 없다. 그럴 경우 망우리공동묘지는 가장 먼저 떠오르는 묘지공원이다. 이미 우리는 '망우리공원'이라고 부르며 더 이상의 훼손이 없도록 관리하고 있다.

망우리공원의 무덤은 인간의 죽음을 자연으로 돌아가는 형식으로 만들어낸 우리 고유의 토장문화를 가장 잘 반영하고 있다. 세계 어느 나라에도 이처럼 산과 숲과 산책길이 어우러진 공동묘지는 없다. 오직 거기에는 무덤과 비석만이 있을 뿐이지만, 그것은 죽은 자에 대한 기억의 장치이면서 동시에 살아 있는 사람이 죽음을 생각하는 공간이다. 더욱이 거기에는 이름 모를 수많은 민초의 무덤 사이로 우리 근대를 살아간 유명 인사가 함께 묻혀 있어 그 뜻을 더하고 있다.

이제는 더없이 중요한 역사의 공간이 된 망우리공원을 우리는 하나의 문화재로 받아들일 때가 되었다고 생각된다. 청순한 산벚꽃이 흐드러지게 피어날 때 이곳을 거닐다 보면, 인간은 어쩔 수 없는 자연의 아들임을 떠올리며 멀리 한강을 처연한 마음으로 바라볼 수 있는 귀중한 문화유산이라는 생각이 든다. 그래서 나는 몇 차례 학생들과 여기를 답사 다녀왔고, 또 어느 해 봄엔 여기를 찾아갈 것이다.

본서에서는 감동을 전해주는 백 명 이상의 많은 역사적 인물과 서민이 이곳 망우리공원에 존재한다는 의미에서 책의 제목을 '망우역사문화공원 101인-그와 나 사이를 걷다'라고 했다. 2021년 중랑구청이 발주하고 (사)한국내셔널트러스트 망우리위원회가 수행한 묘역전수조사 용역 결과, 망우리에는 모두 백 명 이상의 역사적 인물이 존재하고, 감동적인 비문을 남긴 서민도 수십 인에 달하는 것으로 밝혀졌다. 역사 인물이 정확히 몇 명이라는 수치는 이제 의미가 없어졌다. 유무명의 기준을 누가 정할 것인가. 그리고 일평생 자식을 위해 헌신하고 돌아가신 무명의 부모님이야말로 역사 발전의 주역이 아니겠는가.

2018년 개정 3판 이후로 새로 밝혀진 인물 중에 유의미한 23인을 본서에 추가했다. 식물학의 선구자 장형두, 기상학의 선구자 국채표, 만주기독교회 창립자 변성옥 목사, 한성판윤에 5회 제수된 역관 변원규, 조선어학회 회원 신명균과 박현식, 교육가이자 시인인 허연 등이다. 망우리 인물 열전으로서는 본서가 최종판이 될 것이다.

초판은 홀로 준비했지만 2판 이후는 동료와 독자 여러분의 도움을 받으며 몸집을 키워갔다. 지난 20년간 공원이나 강의실, 지면을 통해 만난 모든 이에게 감사를 전한다. 지난 세월 맺은 숱한 인연의 조각이 따스한 봄볕을 받아 찬란하게 빛난다.

2023년 5월

개정 3판 머리말

현재 망우리공원은 2016년 인문학길 '사잇길'의 완공에 이어 2020년 관리사무소 자리에 망우역사문화관(가칭)의 건립을 앞두고 있다. 역사문화공원으로서의 기반 시설이 나름 착실히 갖춰져 가고 있으니 이 과정에 뜻을 같이한 모든 분께 지면을 빌려 다시 한 번 감사를 드린다.

이제는 망우리공원의 소중한 문화유산에 대한 체계적 보존 대책 수립이 시급하다. 그 노력의 일환으로써 문화재청은 2017년에 망우리공원의 독립지사 8인을 등록문화재로 지정하며 망우리의 역사성과 장소성을 국민에게 알린 바 있다. 앞으로 사회 및 문화예술인사의 문화재 추가 지정 등을 통해 망우리의 문화유산을 잘 보존해 세계문화유산으로서의 도약에 큰 힘을 실어주었으면 한다.

뒤늦게 망우리공원에 계신 것을 알게 된 아동문학가 강소천, 대한중석의 초대 사장 안봉익, 흥사단원 향산 이영학, 그리고 이장되었지만 유의한 비석을 남긴 독립지사 계산 김승민과 명재 이탁 편을 추가하고 기존 내용도 갱신해 개정 3판을 낸다.

다음 개정판에는 묘역의 철저한 전수 조사를 통해 서민들의 감동적인 이야기를 더욱 많이 싣게 되기를 바란다.

2018년 5월 어버이날

지난 세월을 되돌아보면 감회가 새롭다. 초기에는 애환도 많았다. 책과 보도자료를 들고 언론사를 돌아다니던 출판사 사장은 조간신문에 어찌 이런 내용을 싣겠냐는 수모도 당했고, 어느 현장 답사 날에는 비가 오는 바람에 단 한 분의 독자를 모시고 답사를 진행한 적도 있다. 그때까지도 '묘지'에 대한 고정관념의 벽은 여전히 높았고, 무명작가의 졸저는 세상에 알려지기에는 매우 힘이 약했다.

그러나 고인의 비문을 통해 과거의 기억을 말한 이 책은 오히려 생명을 잃지 않고 계속 꾸준히 커갔다. 2008년의 《신동아》 연재를 거쳐 단행본으로 출간된 2009년에는 문광부 우수교양도서로 선정되었고, 2012년에는 한국내셔널트러스트 주관 '꼭 지키고 싶은 우리 문화유산' 부문에서 산림청장을 수상했으며, 2013년에는 서울연구원으로부터 '서울스토리텔러 대상'을 받았다. 그 덕분에 몇몇 신문사와 방송국에도 소개되어 많은 분의 성원이 있었고, 필자와 비슷한 시기에 망우리공원을 인식하고 각기 나름대로 작업했던 분들은 이제 망우리공원의 미래를 함께 생각하며 나아가는 동료가 되었다. 나아가 2014년에는 서울시가 발주하고 한국내셔널트러스트가 수행한 '망우리공원의 가치제고' 및 '인문학길 조성 연구' 용역에 참여해 이제 그 실행을 눈앞에 두고 있으니, 이는 글쓴이에게 큰 보람이 아닐 수 없다.

초판 출간 이후 새로 알게 되었거나 자료 부족으로 쓰지 못했던 10여 명의 인물을 추가하고, 기존 인물에 대한 글도 지금 시점에서 수정·보완해, 더욱 크고 정련된 몸으로 세상에 다시 내보낸다.

세상일은 혼자가 아니라 뜻을 같이하는 많은 이와 함께하는 것임을 새삼 느낀다. 필자의 손을 잡고 이끌어 준 여러분에게 무한한 감사를 보내며, 필자 또한 그 누군가를 향해 이렇게 본서를 통해 손을 내민다.

2015년 가을

초판 머리말

모든 삶은 누군가에게 기억된다

죽어 말 없는 이와 우리 사이,
어제와 오늘 사이,
그와 나 사이의 능선을 걷다

서울시 중랑구 망우1동 산 57번지. 우리가 흔히 '망우리묘지'라고 부르는 시립묘지 망우리공원이 그곳에 있다. 대학 시절, 그곳에 가까운 동네에 살 때 공원까지 산책을 한 적이 있다. 그때 본 묘지의 풍경은 오랫동안 내 기억 속에 남아 있다.

'바람이 불고 구름이 흘러가도 너는 우리 가슴에 영원히 남아 있으리.' 어느 비석에는 일찍 죽은 아들을 기리는 글이, 그 옆에는 비석조차 세울 형편이 못 됐는지 검은 페인트로 '아버님 잠드신 곳'이라고 쓴 비목이 세월의 풍상을 견디고 있었다. 그리고 고개 저 너머 어느 무덤 앞, 소주병을 옆에 두고 고개를 숙인 청년에게는 또 무슨 사연이 있었던가. 산 밑을 내려다보니 이곳 묘지는 이리 조용한데, 저 멀리 차 소리가 도시의 심장 소리처럼 시끄러웠다. 세상은 역시 산 사람들의 것, 죽은 이들은 말이 없었다.

이후로 20여 년이 흘러 그 기억을 카메라에 담고 박인환 시인, 소파

방정환, 화가 이중섭, 죽산 조봉암, 만해 한용운과 다른 유명인의 묘도 보고 싶어 망우리공원을 다시 찾았다. 그러나 묘지는 과거의 모습과는 사뭇 달라져 있었다. 강산이 두 번이나 바뀌었는데 묘지라고 어찌 그대로이겠는가. 그동안 나무는 울창하게 자라 시야를 가렸고 길도 넓혀지고 바뀐 듯, 옛 기억 속의 무덤들이 어디쯤 있는지 찾을 수 없었다. 결국, 새로운 기행에 나서야 했다. 기억 속의 비석은 찾지 못했지만, 그 대신 유명인의 비석을 포함해 의미 있는 '말'이 새겨진 비석들이 눈에 들어오기 시작했다.

공원안내도에 소개된 고인 명단 외로, 필자는 지난 3년간 수없이 망우리공원을 헤매고 돌아다니며 새로운 비명(碑銘)을 찾아냈다. 어떤 자료에서 단서를 얻으면 관리사무소에서 복사한 지도를 들고 찾아갔고, 저기 멀리 보이는 무덤이나 비석 모양이 범상치 않다 싶으면 곧바로 달려가 비명을 읽었다. 그렇게 발로 쓴 이 책은 단지 '그곳에 무덤이 있다'가 아니라, 그곳의 무덤과 비석을 통해 고인의 삶을 읽은 결과이다.

필자는 이곳 '삶과 죽음의 경계'에 서서 비문을 읽었다. 죽음에 가까운 고통을 경험한 사람이 삶의 소중함을 생각하듯 이곳에서 죽음을 통해 삶을 발견했다. 고인이 묘비에 남긴 글을 읽으며 그와 나의 삶을 돌아보았다. 시인 조병화는 이렇게 노래했다. "살아서 무덤을 도는 마음이 있다. 사랑하면 어두워지는 마음이 있다. 몽땅 다 주어도 모자라는 마음이 있다. … 밤이 가면 아침이 온다."

망우리공원이라는 작은 공간은 격동의 한국 근현대사를 살다 간 많은 인물을 비명을 통해 한꺼번에 만날 수 있는 진귀한 공간이다. 일제강점기부터 1960년대까지 그 어느 때보다 파란만장한 우리의 역사가 그곳 비석에서 숨을 쉰다. 당시를 살다간 고인의 비문에서, 또는 비문이 준 단서에서 그 시대에 관한 많은 이야기를 들을 수 있다.

특히 우리나라의 근대, 각 분야의 개척자와 선구자들이 그곳에 따로 또 같이 누워 있다는 사실은 놀랍기 그지없다.

'특별한 사람'들이 비슷한 이유와 같은 모습으로 잠든 국립묘지는 건조하다. 그에 비해 이곳 망우 '공동(共同)' 묘지는 격동의 근현대사를 살다 간 다양한 인물의 삶을 엿볼 수 있는 역사 공간이자 오늘의 축소판이다. 유명무명의 독립지사뿐 아니라 친일과 좌익의 멍에를 짊어진 죽음, 시대가 만든 억울한 죽음도 있다. 당대 최고의 시인, 소설가, 화가, 작곡가, 가수, 의사, 학자, 정치가 등 다양한 삶이 있다. 또한, 비록 대중의 기억 속에 아무것도 남기지 않았지만 저마다의 사연이 있고, 살아남은 사람의 마음속에 연민과 사랑을 새긴 그 시대의 수많은 보통사람이 함께 있다.

가끔 생각한다. 내가 고인을 찾았는가, 고인이 나를 불러 주었던가. 내가 듣고 싶은 말은 무엇이었으며, 그가 내게 하려는 말은 무엇이었을까. 어쨌거나 그 말이 여기에 제대로 실리기나 했을까. 하지만 못나게 태어나도 삶은 아름다운 것. 말을 건네준 고인과 유족, 옛 기록의 필자, 관리사무소 여러분, 귀한 글로 지면을 빛내주신 선생님들에게 깊은 감사를 드린다.

삶의 이정표를 잃어버렸거나 생활에 지친 사람은 이 숲속에서 삶의 새로운 에너지를 얻을 수 있을 것이다. 이 땅의 역사를 알고자 하는 사람에게는 우리의 근현대 역사와 문화를 온몸으로 체험하기에 더할 나위 없는 곳이다. 산책과 등산으로 적당한 운동도 되고 전망도 좋고 때때로 자신의 삶도 돌아볼 수 있고 역사 공부할 수 있는, 게다가 접근성까지 좋은 이런 공원이 세계 어느 나라에 달리 있다는 말을 나는 들어본 적이 없다.

망우리 묘지의 숲에서 시내를 보면 삶과 죽음의 사이에, 그리고 과거와 현재 사이에 내가 서 있음을 느낀다. 시인 함민복의 말처럼

'모든 경계에는 꽃이 핀다'고, 공원에는 나무와 숲과 꽃이 가득하다. 이 책은 삶과 죽음의 경계에서 피어난 꽃들의 작은 기록이다. 나는 이 책을 한 잔의 술과 함께 고인에게 바친다.

2009년 4월

1부

그 잎새에 사랑의 꿈

1

시를 남기고 가을 속으로 떠난 '목마'

시인 박인환(朴寅換 1926~1956)

1956년 3월 20일, 시인 박인환은 불과 30세의 나이에 망우리묘지에 묻혔다. 「목마와 숙녀」, 「세월이 가면」 등 감수성 풍부한 시를 내놓으며 대중의 폭발적 사랑을 받은 시인. 오늘날 그는 광복 후 모더니즘 운동의 기수로서, 그리고 6·25전쟁의 참혹한 체험을 시로 승화시킨 1950년대의 대표 시인으로 인정받는다. 세월의 풍상에 비석 글은 스러졌지만 그가 남긴 말은 애절한 울림으로 우리 가슴에 살아 있다.

대학 2학년 말인 1983년 2월 28일, 망우리공원을 처음 찾은 필자는 그날의 기억을 일기에 남겨 놓았다. 첫 부분에 "나의 의식에는 박인환의 死(사)와 함께 가끔 망우리공동묘지가 떠올랐다"라고 쓸 정도로 박인환 시인은 나를 망우리로 이끈 사람이었다. 그런 인연도 있어 본서는 박인환 시인부터 시작한다.

박인환 시인의 묘로 내려가는 길가에 큰 돌이 하나 서 있다. 앞면에는 고인의 말을 적고 뒷면에 고인의 연보를 새긴 네모난 돌판을 붙여 놓은 것인데 연보비라고 부른다. 1997~8년에 모두 15개가 세워졌고 2022년 9월 유관순 연보비(「유관순 편」 참조)가 아주 오랜만에 추가로 세워졌다. 독립지사 중심이고 문화예술인으로서는 박인환 시인이 유일하다.

'버지니아 계곡의 늑대'

"인생은 외롭지도 않고 그저 잡지의 표지처럼 통속하거늘 한탄할 그 무엇이 무서워서 우리는 떠나는 것일까."

연보비에는 그의 시 「목마와 숙녀」의 한 구절이 새겨져 있다. 이 시가 가수 박인희의 낭송으로 크게 유행하던 고교 1학년 시절, 학교 외부의 연합문예서클 '솔방울'에서 이 시를 다룬 적이 있었다. 이 시를 그때 처음 접했던 나는 돌아가며 의견을 말하는 자리에서 버지니아 울프를 미국 버지니아주 어느 계곡에서 슬피 우는 늑대로 해석해 큰 웃음을 산 적이 있다.

그런 부끄러운 기억도 있어서인지 이후 이 시는 내게는 죽어도 잊지 못할 '청춘의 애송시'가 됐다. 《선데이서울》을 읽으면서 '잡지의 표지처럼 통속한 삶'을 생각했고, 망월사 쪽에서 올라가는 도봉산 등산길에서 마주친 바위틈에선 '두 개의 바위틈을 지나 청춘을 찾은 뱀'을, 영화 「디 아워스(The Hours)」를 봤을 때는 '늙은 여류작가의 눈'을 떠올렸다.

박인환에 관한 많은 책과 논문을 살펴봤지만 시어 '목마'를 명확하게 해설한 것은 없었다. "목마가 진짜 말이 아니니 허무한 이상을 표현한 것"이라거나, "숙녀는 백마 탄 왕자를 기다리는 데 백마가 아니라 목마라서 실망했다"는 등 무언가 석연치 않은 말뿐이었다. 현대를 사는 우리가 생각할 수 있는 목마는 유치원이나 소아과병원의 흔들목마, 놀이동산의 회전목마(merry-go-round) 정도다. 그래서인지 2008년 조선일보에 연재된 '애송시 100선'에 「목마와 숙녀」가 실렸을 때, 일러스트 작가는 흰 드레스를 곱게 입은 숙녀가 흔들목마를 탄 모습을 그렸다.

키워드 '목마'의 의미에 대해 고심하는 가운데 나는 우연히 국립

박인환 선생
(1926-1956 시인)
인생은 외롭지도 않고
그저 잡지의 표지처럼
통속하거늘 한탄할
그 무엇이 무서워서
우리는 떠나는 것일까.
「목마와 숙녀」 중에서
박인환의 연보비

중앙박물관에서 목마(오야리 19호분 출토, 낙랑유물)를 발견했다. 그리고 순종의 첫 번째 비인 순명효황후 민 씨의 장례 행렬 사진 속에서 종이로 만든 백마를 보았다. 즉 목마는 사자의 영혼을 하늘로 데려가는, '주인을 태우고 하늘로 가는' 죽음의 동반자인 것이다. 그 시대의 사람은 그렇게 알았다. 그제야 「목마와 숙녀」가 내 나름대로 이해되기 시작했다.

버지니아 울프는 귀족 집안 출신의 섬세한 감성의 작가로, 들판이 아닌 '정원 옆에서 자란 소녀'의 이미지 그대로다. 그녀가 살던 당시, 즉 제2차 세계대전의 상황은 "문학이 죽고 인생이 죽고 사랑의 진리마저 애증의 그림자를 버리게" 했으니 "목마를 탔던 사랑의 사람(숙녀, 버지니아 울프)은 사라져" 버리고, 빈 목마는 그저 슬픈 방울소리를 울리며 하늘로 떠나고 만 것이다.

대개의 평자는 이 시를 "모든 떠나가는 것에 대한 애상을 주지적으로 노래한" 것으로 말하지만, 시인은 그것만을 말하려 한 게 아니다.

떠나감의 애상, 그리고 거기에 수반되는 절망과 회의를 극복할 힘은 치고 올라갈 바닥을 봄으로써 얻을 수 있다. "눈을 뜨고" 상황을 직시하지 않으면 불가능한 일이다. 한때는 고립을 두려워해 피해 다녔지만 절망과 회의의 극복 과정에서 고독은 필수적 통과의례다. "모든 떠나가는 것을 아쉬워하면서도, 또 하나의 희망을 노래한" 이 시는 어쩌면 이 책의 분위기와도 비슷하지 않을까.

일본의 소설가 사카구치 안고는 수필 「타락론」(1946)에서 천황제나 무사도 같은 과거의 전쟁윤리에서 벗어나려면 철저한 타락을 통해 자신의 본모습을 발견해야 한다고 주장했다. 열녀는 아무것도 낳지 못하고 죽지만 타락한 여자는 생명을 잉태하듯 "타락해야 살 수 있다"는 역설이다. 전후 일본과 비슷한 상황을 경험한 박인환도 「목마와 숙녀」에서 고민 속에 스러지지 말고 "잡지의 표지처럼 통속"하기를 외친다. 그리고 "두 개의 바위틈"(역경, 여성)을 거쳐서 "청춘을 찾은 뱀"(삶의 욕망, 남성)과 같이 "눈을 뜨고 한 잔의 술을 마시라"고 했지만, 정작 그 자신은 절망을 극복하지 못하고 "한탄할 그 무엇이 무서웠는지" "가슴속에 남은 희미한 의식을" 놓아버리고 그저 "가을 속으로 떠나" 버렸다.

박인환이 「목마와 숙녀」에서 바라본 여류작가 버지니아 울프, 1941년 59세의 나이로 자살한 그녀의 묘비에는 이런 글이 새겨졌다. "정복되지 않으며 굴하지 않는 나 자신을 네게 던지리라. 오, 죽음이여(Against you I will fling myself, unvanquished and unyielding, O Death!)." 이 또한 역설의 철학이다.

묘비명 '세월이 가면'

무덤 앞의 비석은 직사각형으로 단비(短碑)라고 한다. 무덤은 마치 생전의 모습처럼 찾아갈 때마다 늘 말끔하게 다듬어져 있다. 찾는 사람도 적지 않은 듯, 겨울눈 내린 날 그의 묘소에 가면 먼저 왔다 간 누군가의 발자국을 보기도 한다. 묘비 앞면에는 "詩人朴寅煥之墓(시인박인환지묘), 지금 그 사람 이름은 잊었지만 그 눈동자 입술은 내 가슴에 있네"라는, 노래로도 유명한 시 「세월이 가면」의 한 구절이 소설가 송지영(1916~1989)의 글씨로 새겨져 있다.

세월이 가면

지금
그 사람의 이름은 잊었지만
그의 눈동자 입술은
내 가슴에 있어.
바람이 불고
비가 올 때도
나는 저 유리창 밖
가로등 그늘의 밤을 잊지 못하지.
사랑은 가고
과거는 남는 것
여름날의 호숫가
가을의 공원
그 벤치 위에
나뭇잎은 떨어지고

나뭇잎이 흙이 되고
나뭇잎에 덮여서
우리들 사랑이 사라진다 해도
지금 그 사람 이름은 잊었지만
그의 눈동자 입술은
내 가슴에 있어
내 서늘한 가슴에 있건만

명동의 선술집에서 즉흥적으로 시를 짓고 곡을 붙였다는 이 시, 아니 이 노래. 시와 곡도 좋지만, 이 시를 노래로 만들던 그때의 분위기가 더욱 그립다. 친구와 술을 마시며 대화를 나누고 시를 읊고 노래를 부르는 시간은 얼마나 행복한가. 내게도 청춘의 어느 겨울밤 친구의 기타 반주에 맞춰 슬픈 첫사랑의 이야기를 두서없이 읊던 잊지 못할 추억이 있다. 그때는 왜 그렇게 즉흥적으로 말이 잘 나왔는지…. 가슴에 가득 찬 고통이 봇물 터지듯 흘러나왔다. 그렇듯, 술집에서 즉흥적으로 시가 지어지고, 그 시에 바로 곡을 붙일 수 있었던 것은 그 시대 사람들의 가슴속에 못다 간직하고 흘러넘친 그 무엇이 있었기 때문이다.

강계순의 『박인환 평전』에 따르면 박인환은 이 시를 쓰기 전날 망우리공원에 있는 첫사랑 애인의 묘에 갔다 왔다고 한다. 어떤 죽음의 예감이 그에게도 있었던 것일까. 시 구절 그대로 박인환은 차마 그 사람 이름을 잊었을 리는 없다. 사람이 기억되는 것은 이름이 아니라 마음 때문이다. 언제 어디서 무엇을 했는지는 잊어버려도 나를 쳐다보던 촉촉한 눈빛과 입술의 감촉은 잊히지 않는다. 그 사람의 껍데기(이름)가 아니라 마음까지 안아 버린 이에게 건조한 이름은 더 이상 의미가 없다.

박인환의 묘비석

박인환의 장남 박세형(1948~) 시인은 노래 「세월이 가면」의 제작 배경에 대한 자신의 기억을 내게 들려줬다. 어느 밤 부친은 친구 이진섭과 이 노래를 부르며 집으로 돌아왔다. 곧바로 방에서 종이를 펴 놓고 악보를 쓰기 시작했는데, 도레미 음표가 아니라 1, 2, 3의 숫자로 악보를 썼다. 훗날 알고 보니 그 숫자가 도레미 대신이었다. 문득 떠올린 곡조를 악보로 옮기는 작업을 거듭하며 노래는 다듬어졌던 것이다. 묘비 뒷면에는 이렇게 쓰여 있다.

> 시인 박인환은 1926년 8월 15일 강원도 인제에서 났으며 1956년 3월 20일 31세를 일기로 불행한 시인의 일생을 마쳤다. 유족은 부인 이정숙 여사와 자녀 3남매로 세형 세곤 세화가 있다. 여기 친우들의 뜻으로 단비를 세워 그를 기리 추념한다. 그는 선시집 한 권을 남겨 놓았다. 1956년 9월 19일 추석날

부인 이정숙 여사는 2014년 타계했고 장남 박세형은 연세대 국문과를 나와 현대건설 등에서 일했다. 집안을 책임진 장남으로서 문학을 멀리할 수밖에 없었지만 타고난 피는 속일 수 없었다. 불혹이 지난 나이에 시집 『바람이 이렇게 다정하면』(1991)을 출간했다. 시집을 냈을 때, 모친은 이렇게 말했다. "시인의 아내였던 내가 이제 시인의 어미가 되었구나."

장녀 박세화는 경기여고, 서강대 영문과를 나와 주한 외국대사관에서 일했고 차남 박세곤은 경기고, 서울대 불문과를 나와 가천대 불문과 명예교수로 있다. 그들 모두 음악에 조예가 깊다. 세형은 교회와 고교 합창단에서 노래를 불렀고 세화는 취미로 크로마하프를 연주하고 있으며 세곤은 경기시니어앙상블에서 트롬본을 맡고 있다.

세월에 따라 '사랑이 사라지듯' 묘비의 글자도 갖은 풍상에 색이 바래 잘 보이지 않는다. 까만 바탕의 오석(烏石)으로 묘비를 다시 세우면 글이 잘 보이겠지만 오히려 지금의 묘비가 외양보다 본질을 추구한 시인의 묘에 더 어울린다는 생각이 든다. 그의 시구처럼 비록 비석의 글(이름)은 바래도(잊혀도) 그의 시(눈동자, 입술)는 우리의 가슴에 영원히 남아 있을 터이기에.

마리, 조니워커, 카멜의 남자

박인환은 강원도 인제에서 어린 시절을 보내고 10세에 서울로 이사와 덕수초등학교에 편입했다. 1939년 졸업 후 경기중학에 진학했으나 영화관 출입 문제로 학교를 중퇴했다. 이 부분에 필자는 의문을 품었다. '영화관 출입으로 퇴학까지?'라고 생각했다. 박세형 씨가 어른들에게 들은 바로는, 영화관(부민관, 서울시 의회 건물)에서 일본인

다면적 문화 비평가로서의
면모로 새롭게 주목받는 박인환

교사에게 붙잡힌 인환은 엉겁결에 교사를 때리고 도망쳤다는 것이다. 고인의 명예를 위해 이 부분이 생략되었던 것 같다.

어쨌거나 이때의 영화 편력은 그가 후에 영화평론을 쓰고 영화평론가협회(1954)를 결성하는 등 영화 분야에도 많은 활약을 하게 된 자양분이 됐다.

이후 그는 황해도의 명신중학을 졸업하고 관립평양의전에 입학해 부모가 원하는 사회인의 길을 가고자 했다. 하지만 그는 의학교에 들어가서도 의학 서적보다는 문학 서적만 읽다 광복과 동시에 학교를 그만두고 서울로 돌아왔다. 일제강점기에 의전 재학생은 징병 대상이 아니었고, 의사 직업이 조선인이 선택할 만한 최상의 직업이었지만, 광복은 그에게 새로운 미래를 열어줬다.

서울로 돌아온 박인환은 낙원동 입구에 '마리서사(茉莉書舍)'라는 책방을 열고 문단과 교유를 시작했다. 한자 말리(茉莉)를 일본어로

박인환과 아내 이정숙, 장남 박세형이 함께 찍은 가족사진

박인환은 책방 마리서사를 열고 본격적으로 시를 쓰기 시작했다. 왼쪽 인물은 해방기의 모더니즘 시 운동을 전개한 시인 임호권(1916~?납북)

마리라고 읽는다. 「미라보 다리」를 지은 아폴리네르의 연인 마리 로랑생(화가)의 이름을 서점 이름으로 썼다고 전한다. 그는 책방에서 문학예술 분야의 귀중한 양서와 일서를 팔았다. 돈이 그리 벌리지 않는 사업이었지만, 그는 이곳을 통해 맺은 인맥으로 시인으로서 세상에 이름을 알리게 됐고 나아가 뜻이 맞는 동료들과 '신시론'(1949), '후반기'(1950) 동인을 결성해 모더니즘 시운동을 주도하게 된다.

아내 이정숙도 이곳을 찾아오던 손님이었다. 이왕직(조선 황실 업무 기관) 회계과장과 은행의 중역을 지낸 부친의 막내딸로 진명여고 농구선수 출신의 미인이었다. 175~6cm의 미남 박인환과 170cm의 이정숙이 명동 거리를 걸어가면 그야말로 군계일학의 커플이었다. 결혼식은 장인의 주선으로 덕수궁에서 서양식으로 거행되어 큰 화제를 모았다.

1949년 김경린, 김수영, 양병식, 임호권과 함께 낸 '신시론' 동인 시집 『새로운 도시와 시민들의 합창』(도시문화사)은 제목이 그러하듯, 광복 후 새로운 시와 시인의 출현을 세상에 알린 것이었다.

6·25전쟁 때는 경향신문 종군기자로 전장 속에서 삶의 극한을 체험했다. 전쟁이 끝난 후, 1954년 유주연 등과 영화평론가협회를 조직하고 상임감사를 맡았고, 1955년 7월에는 자유문협의 중앙위원으로 선출되는 등의 활동을 하며 1955년 10월 15일 첫 번째 시집이자 마지막이 된 『선시집』(산호장)을 출간했다. 1956년 1월 27일 명동 동방문화회관에서 선시집 출간 기념회도 개최했으니 30세의 젊은 시인 박인환의

박인환의 '선시집' 표지

미래는 창창할 것이었다.

그러나 그때는 전쟁 체험과 상실, 빈곤으로 사람들은 각자 나름의 트라우마와 고뇌를 술로 달래던 시절이었고 2월 말에 결정된 자유문학상 수상 실패도 술을 먹는 이유가 되었을 것이다. 3월 17일 「죽은 아폴론-이상 그가 떠난 날에」라는 시까지 쓰며 시인 이상을 기리며 마시는 '망각의 술'이 연이은 3월 20일, 그날도 술을 마시고 집에 들어가 심장마비로 급서했다. 그의 무덤에는 평소 그가 좋아하던 조니워커와 카멜 담배가 함께 묻혔다.

애증(愛憎)의 그림자

그는 대중에게 사랑을 받는 것에 정비례해 시단의 시기를 받았다. 심지어 박인환이 시집 후기에 "나는 10년 동안 시를 써왔다. 이 세대는 세계사가 그러한 것과 같이 참으로 기묘한 불안정한 그러한 연대였다. 그것은 내가 이 세상에 태어나고 성장해 온 그 어떠한 시대보다 혼란했으며 정신적으로 고통을 준 것이다"라고 쓴 것에 대해, 혹자는 "그럼 일제 때가 더 좋았다는 말이냐"고 몰아세웠고, "속물 대표로 여성은 전혜린이고 남성은 박인환"이라고 비난했다. 특히 친구였던 김수영이 그의 글에서 노골적으로 박인환을 경멸한 까닭에 많은 이가 박인환의 시를 애써 외면하려 했다.

그러나 세월이 흐르면서 박인환에 대한 평가는 균형을 찾아갔다. 김영철(건국대)은 『박인환』을 통해 "박인환은 모더니즘보다는 오히려 리얼리즘과 현실인식이 강한 시인이었다"고 했고, 2006년에 간행된 전집 『사랑은 가고 과거는 남는 것』에서 시 해설을 맡은 박현수(경북대)는 박인환을 "전쟁의 참혹한 얼굴을 정면으로 바라보며 얻은 통찰을 그의 수사학으로 정직하게 그려준 50년대의 유일한 시인"이라 말했고, 방민호(서울대)는 박인환을 "그동안 너무 평가가 인색했던 다면적 문화 비평가이자 문명 비평가"라고 적시했다. 그리고 『목마와 숙녀, 그리고 박인환』(2017)을 포함해 박인환 연구서를 세 권이나 펴낸 치과의사 김다언 씨 등, 박인환을 조명하는 사람들이 계속 늘어나고 있다.

출생지 인제군은 2012년 박인환문학관을 개관하고 해마다 가을에 박인환문학축제를 열고 있어 박인환 시인의 재조명에 큰 역할을 하고 있다. 필자도 박세형 시인과 함께 '나의 아버지, 박인환 시인'이라는 대담회 프로그램으로 참가한 적이 있다.

"인간은 소모품, 그러나…"

그의 기일(3월 20일)이 가까운 주말, 나는 집에 있는 조니워커를 작은 병에 따라 갖고 망우리를 찾았다. 술 한 잔과 더불어 담배도 한 개비 비석 위에 올려놓았다. 파란 담배 연기가 하늘로 올라갔다. 그를 찾아올 생전의 친구들은 다 사라졌지만, 그가 남긴 말은 후세의 가슴에 남아 이곳으로 내 발길을 이끌었다. 나는 하늘로 올라간 처량한 목마 소리를 기억하며 담배 연기에 찌푸린 고인의 그늘진 눈을 바라보았다.

1950년대 명동 휘가로 다방 앞에서 포즈를 취하고 있는 박인환

죽기 사흘 전인 1956년 3월

17일, 술집에서 박인환은 친구 이진섭에게 메모를 하나 건넸다. 그가 마지막으로 쓴 이상 추모의 시 「죽은 아폴론」의 한 구절 "정신의 수렵을 위해 죽은 랭보와도 같이…"가 떠오른다.

인간은 소모품, 그러나 끝까지 정신의 涉獵(섭렵)을 해야지.

2

동화 속으로 떠나간 아이들의 산타

소파 방정환(小波 方定煥 1899~1931)

소파 방정환을 모르는 사람은 없다.
그가 '어린이'라는 말과 '어린이날'을 만들었다는 사실 또한 누구나 안다.
그러나 너무 유명한 나머지 오히려 알려지지 않은 일화가 많다.
열매를 맺기까지 그가 얼마나 힘든 길을 걸어왔는지,
어린이에게 꿈과 희망을 주기 위해 얼마나 많은 일을 했는지
제대로 아는 이는 드물다.

망우리공원에서 가장 아름다운 무덤, 그리고 가장 많은 사람이 찾는 무덤을 꼽으라면 단연 소파 방정환의 묘일 것이다. 자연석(쑥돌)으로 에워싸인 기반 위에 사각의 흰 비석이 놓여 있다.

비석 뒤쪽으로 돌아가 먼저 비석의 뒷면을 읽어보면 '이들무동'이라 새겨져 있다. 도대체 무슨 말일까. 묘를 처음 찾은 이들은 대부분 고개를 갸웃거린다. 나이 드신 분은 곧 알아채고 학생들은 도저히 모르겠다고 한다. 오른쪽에서 왼쪽으로 읽어야 한다. 앞면에는 "선여심동(仙如心童), 무동의이린어, 묘지환정방파소"라고 쓰여 있다.

이 비는 서울 홍제동 화장터 납골당에 봉안돼 있던 유골을 소파 타계 5주년인 1936년 망우리로 이장하면서 세운 비석이다. 글씨는 당대의 명필이며 독립운동가인 위창 오세창 선생이 썼다. 위창은 손

'동심여선(童心如仙)'이라고 쓰인 방정환의 비석 앞면. 어린이의 마음은 신선과 같다는 뜻으로 그의 수필 「어린이 예찬」에는 어린이를 '사랑스러운 하느님'이라고 은유적으로 표현한 글귀가 있다. 방정환 비석의 뒷면에는 '동무들이' 묘를 조성했음을 밝히고 있다.

병희 선생의 참모 격으로 3·1운동 33인 중 한 사람이고, 소파는 손병희의 셋째 사위였다. 그런 인연에서 위창이 비문을 썼다. 오세창 선생의 묘도 가까운 곳에 있다.

소파의 아들 방운용(1918~2002)이 서른 살쯤 됐을 때의 일이다. 추석 전후에 부친의 묘소를 찾아간 운용은 묘 앞에 양장 여인이 다소곳이 고개를 숙이고 참배하는 것을 목격했다. 여인은 한참 만에 고개를 들고 옆에 서 있는 운용을 보더니 "유족이신가요?"라고 묻기에 "예 그렇습니다만…" 하고 대답하자 그녀는 목례를 하고 초연히 사라졌다. 얼마 후 운용이 소파의 오랜 친구 유광렬(언론인)을 만나 여인의 인상착의를 설명했더니 그 여인은 신준려(신줄리아, 신형숙)라고 했다. 그녀는 이화학당 교사 때 3·1운동으로 투옥되어 7개월간 수감생활을 한 적이 있는 굳은 신념의 신여성이었다. 1920년 봄 김일엽, 나혜석, 박인덕과 함께 잡지 《신여자》를 기획했는데 당시 편집의 귀재로 평판이 높던 방정환이 편집고문으로 위촉돼 일을 도와주면서 사귀게 된 여인이다.

유광렬의 회고에 따르면, 그때 편집고문에 방정환과 유광렬이 함께 위촉되어 왕래를 하게 되었다. 둘 다 줄리아의 차분하고 고상한 아름다움에 반해 각각 편지를 보내서 답장이 오면 서로 비교하며 보곤 했다. 그런데 점차 그녀의 마음이 방정환에게 쏠리는 것을 보고 유광렬은 어리석게도 줄리아 앞에서 눈물을 참지 못하고 불만을 하소연했다고 한다.

그녀는 유광렬이나 소파의 글에서 'S'라는 이니셜로 나타난다. 다음은 《개벽》 4호에 나온 「추창수필(秋窓隨筆)」의 일부분이다.

> 밤 10시 20분, 등불을 가까이하고 독보(구니키다 돗포)의 병상록을 읽다가 언뜻 S를 생각하고 한참이나 멀거니 앉아 있었다.… 독보가

말한 '밭 있는 곳에 반드시 사람이 살고 사람이 사는 곳에 반드시 연애가 있다'라고 한 그 구절 끝에 왜 이런 구절이 없는가 한다. '연애가 있는 곳에 반드시 실연이 동거한다'고. 아아, 인정의 무상함을 지금 새로 느끼는 바 아니지만 S의 사랑을 노래하는 그 입으로서 어느 때일지 실연의 애가가 나오지 아니할까… 아아, 사람 그리운 가을 만유가 잠든 야반에 창밖에는 불어가는 가을 소리가 처연히 들리는데 부질없는 벌레가 잠자던 나를 또 울리는구나….

소파의 연인 '줄리아'

소파 22세, 줄리아 23세로 둘 다 뜨거운 가슴을 가진 청춘이었지만 소파는 이미 손병희의 3녀와 결혼하고 아들까지 둔 처지. 이루어질 수 없는 사랑은 결국 소파의 도쿄 유학과 줄리아의 미국 유학으로 추억의 한 장면이 돼버렸다. 줄리아는 보스턴대에서 석사학위를 받았고 그곳에서 만난 류형기(후에 감리교회의 지도자)와 1927년 결혼, 귀국해 감리교회 교육국 총무, 신학교장 등을 지내며 남편을 도왔다. 1951년 도미해 L.A에서 3남매를 뒷바라지하고 1980년 82세로 별세해 공동묘지(L.A Forest Lawn Memorial Park)에 묻혔다.

아동문학가 이원수는 훗날 두 사람의 '플라토닉'한 사랑이 어린이를 위한 사랑으로 승화됐다고 증언했다. 그 때문인지 짧은 인생을 살다 간 소파의 활동은 다방면으로 눈부시게 전개됐다. 너무나 유명해 그 이름을 모르는 한국인이 없을 정도인 소파. 그래서일까? 그에 대한 사람들의 지식은 대부분 단견과 피상에 그친다. '어린이'라는 말을 만들고 '어린이날'을 만든 사람, 그리고 아동문학가라고만 알고 있다.

줄리아와의 '러브스토리'만 해도 그렇다. 줄리아에게 소파는 아동문학가 이전에 출판인이자 언론인이었다. 소파는 공전의 베스트셀러 잡지인 《어린이》 외에도 《학생》, 《신여성》, 《혜성》, 《개벽》, 《별건곤》 등에 직간접적으로 깊이 관여했다. 김일엽과 신준려 등이 《신여자》를 기획하면서 소파를 편집고문으로 위촉한 것도 출판인, 언론인으로서 그의 능력을 높이 샀기 때문이다.

무덤 오른쪽 비석 앞면의 이력을 통해 그의 일생을 연대순으로 살펴본다.

연보. 1899년 11월 9일 서울 당주동에서 출생, 1908년 '소년입지회' 조직, 1917년 손병희 선생의 셋째 따님 용화 여사와 결혼, … 1920년 8월 25일 '어린이'라는 말을 개벽지에 처음 씀, 1921년 '천도교 소년회' 조직, 1922년 5월 1일 '어린이의 날'을 발기 선포, 1922년 6월 번안동화집 '사랑의 선물' 간행, 1923년 3월 20일 개벽사에서 아동잡지 '어린이' 창간, 1923년 5월 1일 '어린이날' 확대 제정. '색동회' 창립, 1928년 10월 2일 '세계아동예술전람회' 개최, 1931년 7월 23일 심신의 과로로 대학병원에서 별세, 1936년 7월 23일 유골이 이곳 망우리묘지에 묻힘, 1940년 5월 1일 '소파전집' 간행, 1971년 7월 23일 남산에 동상이 건립됨, 1974년 4월 20일 '소파방정환문학전집' 간행, 1978년 10월 20일 금관문화훈장을 받음, 1980년 8월 14일 건국포장을 받음.

비석 뒷면에는 후대의 아동문학가가 소파의 삶을 반추하면서 쓴 글이 있다.

사람이 오래 살기를 어찌 바라지 않을까마는, 오래 살아도 이 민족이 겨레에 욕된 이름이 적지 않았거늘 불과 서른셋을 살고도 이 나라

이 역사 위에 찬연한 발자취를 남긴 이가 있으니 그가 소파 방정환 선생이다. 나라의 주권이 도적의 발굽 아래 짓밟혀 강산이 통곡과 한탄으로 어찌할 바를 모를 때 선생은 나라의 장래는 오직 이 나라 어린이를 잘 키우는 일이라 깨닫고 종래 '애들' '애놈' 등으로 불리면서 종속윤리의 틀에 갇힌 호칭을 '어린이'라고 고쳐 부르게 하여 그들에게 인격을 부여하고 존댓말 쓰기를 부르짖었으니 이 어찌 예사로운 외침이었다 하겠는가. 선생은 솔선하여 어린이를 위한 모임을 만들고 밤을 지새워 '사랑의 선물'이란 읽을거리를 선물하였을 뿐만 아니라 '어린이의 날'을 확대 정착시키며 어린이를 위한 단체인 '색동회'를 조직하였으니 이는 반만년 역사에 일찍이 없던 일이요 봉건의 미몽 속에 헤매던 겨레에 바치는 불꽃같은 그의 사랑의 표현이었다. 그리하여 나라 잃은 이 나라 어린이에게 우리말 우리글 우리얼이 담긴 이야기와 노래를 들려주어 잃어버린 국권을 되찾는 일에 주야를 가리지 않았으니 그를 탄압하려는 일제의 채찍은 선생으로 하여금 경찰서와 형무소를 사랑방 드나들 듯하게 하였다. 오직 기울어가는 나라의 장래를 내일의 주인공인 어린이에게 바람을 걸고 오늘보다 내일에 사는 어린이를 위한 아동문화의 개화와 아동문학의 씨뿌리기에 신명을 바쳐 이바지했으니 실로 청사에 길이 빛날 공적이 아닐 수 없다. 그러나 애닯다. 그처럼 눈부신 활약이 끝내는 건강을 크게 해쳐 마침내 젊은 나이로 홀연히 이승을 하직하면서 다만 '어린이를 두고 가니 잘 부탁한다'는 한마디를 남기셨으니 뉘라서 이 정성이 애틋한 소망을 저버릴 수 있으리오. 여기 조촐한 돌을 세워 민족의 스승이요 어린이의 어버이이신 그의 뜻을 이 겨레의 내일을 위해 천고의 역사 위에 새겨두고자 하는 것이다. 1983년 어린이날 사계 이재철 짓고 월정 정주상 쓰다.

이 비석은 1983년 한국 최초의 '본격적' 아동잡지 《어린이》 창간(1923) 60돌을 맞아 아동문학인과 출판인, 뜻있는 이들의 성금으로 세워진 것이다. 비문을 쓴 이재철(1931~2011)은 시인이자 아동문학가로 우리나라 아동문학의 이론적 정립과 발전에 큰 공헌을 한 인물이다. 묘비의 글씨를 쓴 정주상은 아동문학가이자 서예 교과서를 집필한 서예가다.

비석에 쓰인 연보를 읽던 필자는 그의 연대기에서 흥미로운 사실 하나를 발견했다. '1928년 세계아동예술전람회 개최'와 관련해서다. 소파 무덤 근처에는 한국 화단의 거두 이인성(「이인성」 편 참조)이 묻혀 있는데, 그가 바로 이 전람회 출신이다. 이인성의 비석 뒷면 연보에는 16세 때 이 전람회에 「촌락의 풍경」을 출품해 특선에 입상했다고 새겨져 있다. 이는 전람회 측이 동아일보 1928년 10월 12일에 발표한 수상자 명단에서도 확인된다.

어린이 잡지 1권8호 표지(1925년)와 이 잡지에 발표한 윤극영 작곡, 한정동 작사의 동요 「두룸이」 (따오기)

소파가 남긴 '사랑의 선물'

동양 최초로 열린 세계아동예술전람회는 대구의 이인성이 화가의 길을 걷게 된 결정적 동기를 제공했다. 후에 이인성은 일본국전(帝展) 및 조선국전(鮮展)에도 입상해 한국 화단의 귀재로 부상했으니 소파와 동료들이 3년 동안 준비한 세계아동예술전람회가 없었다면 어린이 이인성의 인생 항로는 180도 달라졌을지 모를 일이다.

소파가 벌인 또 하나의 큰 이벤트는 잡지 《어린이》를 통한 동요 운동이다. 당시 어린이가 접할 수 있는 노래는 학교에서 배우는 일본 노래와 어른들이 부르는 민요밖에 없었다. 1970~80년대까지 초등학생이 학교에서 배운 많은 동요는 《어린이》 잡지를 통해 탄생했다. 「오빠생각」은 11세의 최순애가, 「고향의 봄」은 15세의 이원수가 응모해 뽑힌 것이다. '까치까치 설날은'으로 시작하는 윤극영의 「설날」과 「반달」을 비롯해, 「고드름」(유지영), 「따오기」(한정동), 「오뚜기」(윤석중), 「봄편지」(서덕출) 등도 모두 《어린이》를 통해 세상에 나와 지금껏 애창되고 있으며, 작사가들 또한 대부분 유명한 작가로 성장했다.

시인 박목월은 17세 때인 1933년 《어린이》에 동요 「통딱딱 통짝짝」이 입선된 바 있고, 강소천도 같은 해 18세 나이로 「울엄마젖」이 입선했다. 다리가 불편한 지체장애자였던 서덕출은 《어린이》로 등단해 31세로 요절하기까지 많은 활동을 했는데, 요즘 출신지 울산에서는 그를 기리는 사업이 왕성하다. '세계아동예술전람회'가 화가 이인성을, 《어린이》가 서덕출과 이원수를 배출했듯, 소파는 암울한 시대를 사는 가련한 어린이들에게 꿈과 희망을 선사했다.

소파는 어린이들을 위한 읽을거리를 싸게 제공하기 위해 1922년 번안동화집 『사랑의 선물』을 펴냈다. 비록 번안이기는 하지만 이 책은 100년이 지난 지금도 꾸준히 읽히는 스테디셀러다. 《어린이》에 실린 『사랑의 선물』 광고가 눈에 띈다. 가을에는 "낙엽이 우는 가을 밤, 외로운 등잔 밑에 마음이 쓸쓸할 때" 이 책을 읽으라 하고, 한겨울에는 눈 오는 창밖을 바라보는 소녀의 그림과 함께 "눈이 옵니다. 함박눈이, 소리도 없이 퍼억 퍽 저녁때까지 쏟아집니다. 쓸쓸한 저녁 혼자 안에서 어린 가슴이 울고 싶을 때 '사랑의 선물'을 읽으십시오" 라며 독자의 감성을 자극한다.

물론 발간 3년째에 10만 명 이상의 독자를 모은 잡지에 실린 광고이니만큼 그 홍보 효과가 대단했음을 짐작할 수 있다. 하지만 당시 나온 다른 책들은 사라지고 없는 반면, 이 책만이 지금까지 읽힌다는 사실은 광고 외의 본질적 가치가 있음을 말해준다.

한편 《어린이》 등에 실린 이야기나 동요는 슬픈 내용이 많아 너무 감상적이라는 비판도 받았다. 그러나 당시는 어른도 고생이 많았지만, 식민지에 태어난 어린이의 현실과 장래는 더욱 암울했다. 소파가 전한 슬픔은 당시 어린이의 공감대를 자극해 그것이 독서와 예술로 승화하는 힘이 되었다. 그것이 소파가 어린이에게 주고자 한 최선의 선물이자 활동 목표였다. 그중의 하나인 『사랑의 선물』은 제목부터가 상징적이다.

소파는 뛰어난 동화구연가로도 유명했다. 동화구연을 할 때마다 가득 찬 청중석을 눈물바다로 만들었으며, 심지어 감시하러 온 입회 순사도 저도 모르게 흐르는 눈물을 주체하지 못했다고 한다. 《별건곤》에 다음과 같은 일화가 실려 있다.

> 금년 봄에 이화여자보통학교에 끌려가서 전교 학생에게 '산드룡(신데렐라의 불어 발음 Cendrillon)이' 이야기를 할 때 옆에 앉아 계신 남녀 선생님이 가끔 얼굴을 돌이키고 눈물을 씻으시는 것을 보았다.

그러나 그때 학생들은 벌써 눈물이 줄줄 흘러 비단저고리에 비 오듯 하는 것을 그냥 씻지도 않고 듣고 있었다. 그러다 이야기가 산드룡이가 의붓어머니에게 두들겨 맞는 구절에 이르자 그 많은 여학생이 그만 두 손으로 수그러지는 얼굴을 받들고 마치 상갓집 곡성같이 큰소리로 응– 응– 소리치면서 일시에 울기 시작하였다. 옆에 있는 선생님들도 일어나 호령을 할 수 없고, 나인들 울려는 놓았지만 울지 말라고 할 재주는 없고 한동안 단상에 먹먹히 서 있기가 거북한 것은 고사하고 교원들 뵙기에 민망해서 곤란하였다.

위에 든 활동 외에 후세의 학자들은 소파를 아동교육 사상가로도 높이 평가한다. 비록 그의 아동교육철학이 이론으로 집대성되지 못한 아쉬움은 있지만, 서양으로부터 존 듀이의 교육론이 도입되기 이전 시대에 이미 소파는 아동 중심의 교육철학을 정립하고 그것을 실천에 옮긴 사람이다. 소파의 어린이 운동은 장래 조선 독립의 역군이 될 인재를 키우고자 하는 데 목적이 있었다. 소파는 기성세대의 분열상에 대한 좌절감을 신세대에 대한 기대로 전환했다.

《어린이》 잡지는 검열에 걸려 빈번히 기사가 삭제됐고 그때마다 소파는 경찰서를 밥 먹듯 들락거려야 했다. 일경이 작성한 『왜정인물 1권』(국사편찬위원회)에는 소파에 관해 이렇게 적고 있다. "경력 및 활동 : 고 손병희 손녀(오기: 3녀) 용화의 남편으로서 항상 천도교의 중요 임무를 전담함. 1920년 동경에서 천도교 지부를 설립해 손병희 사후 이례적으로 그 상속인이 된 자임. 인물평 외모 : 키 5척 2촌. 둥근 얼굴형에 까만 피부. 비만임. 배일사상을 가지고 있고 불온한 행동을 할 우려가 있음."

일제는 소파의 배일 혐의를 잡기 위해 갖은 음모를 꾸몄는데 번번이 실패했다. 일제강점기 드라마에 단골로 출연해 우리에게 이름이 귀에 익은 종로경찰서 미와(三輪) 경부는《어린이》 잡지의 내용이나 어린이날 행사의 불온성을 밝혀내기 위해 소파를 자주 불러 취조했지만 소파는 그때마다 능청맞은 말로 미꾸라지처럼 빠져나갔다. 《신동아》에 실린 미와의 말에는 소파의 비범함이 묻어난다. "방정환이라는 놈, 흉측한 놈이지만 밉지 않은 데가 있어… 그놈이 일본사람이었더라면 나 같은 경부 나부랭이한테 불려 다닐 위인은 아냐… 일본사회라면 든든히 한자리 잡을 만한 놈인데… 아깝지 아까워…." (윤극영, 「어린이날이면 생각나는 사람들」)

"검은 마차가 날 태우러 왔네, 가방을 주게"

소파는 전국을 도는 강연, 여러 잡지의 간행, 집필, 행사 기획 등으로 바쁘게 일하다 결국 과로로 쓰러졌다. 고혈압과 신장염이었다. 병원에 입원해서도 간호사들에게 동화를 들려주며 웃음을 잃지 않고 지냈지만 당시 의학은 끝내 그를 구하지 못했다. 죽음을 앞두고도 "어린이들을 잘 부탁한다"며 "여보게, 밖에 검정말이 끄는 검정 마차가 와서 검정옷을 입은 마부가 기다리니 어서 가방을 내다주게"라는 말을 남기고 마치 동화 속 한 장면처럼 하늘나라로 떠나갔다.

필자는 소파의 죽음에 관한 일화를 접하고 이런 생각을 해봤다. 해마다 연말이면 온 거리에 내걸리는 산타클로스 대신 뚱뚱보 소파를 어린이의 친구로 등장시키면 어떨까. 어린이날이나 성탄절 밤에 뚱뚱보 소파가 검정 마차를 타고 사랑의 선물을 가지고 온다는 컨셉으로 문화운동을 벌이면 어떨까. 그와 더불어 소파를 다룬 명작 애니메이션이나 뮤지컬도 나올 법하다.

다른 많은 독립지사와 문화인사의 기념관은 많이 건립되어 있지만 독립운동가, 문학가, 사회·문화운동가, 동화구연가, 언론인, 출판인, 교육자, 아동교육 사상가로서 다방면으로 분골쇄신한 소파를 기리는 기념관은 없다. 위인의 기념관은 주로 어린이가 많이 찾는데, 정작 영원한 '어린이의 동무'인 소파의 기념관은 어디에도 없다. 왜 그럴까? 이에는 그럴 만한 사정이 있다. 소파의 유지를 잇는 사업을 한다고 1998년 12월 방정환재단(현 방정환재단과는 관계없다)을 설립한 자는 '방정환 비즈니스' 꾼이었다. 필자는 도서관에서 자료를 찾다가, 재단에서 2000년에 펴낸 『소파전집』을 보았는데 장정이 과도하게 화려하고, 표지를 들추면 대통령 당선자와 국무총리 등 저명인사의 치사가 줄줄이 실린 것을 보고 이상한 느낌을 받았다. 역시나 그는 2007년 말 횡령죄로 기소되었다. 재단은 소파전집 간행의 다음 사업이 기념관 건립이라고 천명했는데, 진행이 되지 않은 이유가 여기에 있었다.

《어린이》 10주년 회고에서 최신복(필명 최영주)은 소파를 그리며 이렇게 썼다. "나는 이 글을 쓰면서 무척 가슴을 괴롭게까지 하며 생각키우는 이가 있습니다. '어린이'를 탄생시킨 산파였고 길러준 어머니였고 또 '어린이' 대장이던 소파 방정환 선생의 생각입니다. 한 몸의 괴로움은 조금도 돌보지 않고 오직 뜨거운 열성과 끈기를 가지고 반석처럼 움직이지 않고 '어린이'의 성장에 힘을 써주시었습니다."

최신복의 무덤이 소파 묘지 바로 아래에 있다. 비석의 앞면에는 그가 지은 동요 「호드기」가 새겨져 있다.

-호드기- 누구가 부는지 꺽지를 말아요 / 마디가 구슬픈 호드기오니 / 호드기 소리를 들을 적마다 / 내 엄마 생각에 더 섧습니다.
-최신복 작-

소파의 묘 아래에 있는 최신복의 묘비석. 비석 앞면에 동요 「호드기」가 새겨져 있다.

'호드기'는 버들피리이다. '꺾다'는 물체를 꺾다가 아니라 곡조를 꺾는 것을 말한다. 원래 슬픈데 꺾으면 더 슬프다는 말이다. 뒷면에는 "경기도 수원에서 태어나신 선생은 화성소년회를 조직해 소년운동에 힘쓰시고, 소파 방정환 선생을 도와 《어린이》《학생》《소년》 등의 잡지 편집에 종사하는 한편, 어린이를 위한 많은 글을 쓰시어 아동문학에 기여하시었다."라고 쓰여 있다.

최신복은 배재학교를 거쳐 일본 유학에서 돌아와 수원에서 화성소년회를 이끌면서 소파와 인연을 맺었다. 소파 사후 《어린이》에 실린 최신복의 추모 글은 소파가 화성소년회의 초청으로 내려와 강연할 때 입회 순사가 소파의 강연에 감동해 눈물을 감추지 못하고 소파를 '선생'으로 모시게 된 일화를 전한다.

동아일보사 수원지국 기자로 일하던 최신복은 소파의 부름을 받고 1929년 개벽사에 들어갔다. 망우리에 소파의 무덤을 만들어준 이도 최신복이다. 조선중앙일보 출판국 기자 시절, 무덤도 없이 홍제동 납골당에 남아 있던 소파를 안타깝게 여긴 그는 윤석중 등과 함께 망우리공원에 소파의 무덤을 만들기로 뜻을 모으고 모금운동을 벌여 소파의 묘를 망우리에 조성했다.

그동안의 조사결과, 비석을 겸한 망우리 묘는 조각가 김복진이 디자인한 것으로 필자는 추정한다. 김복진은 일본 유학 당시 방정환과의 교유가 있었다. 조선중앙일보 문예부장으로서 묘 조성 발기인의 한 사람이었다. 1936년 당시 봉분이 아닌 이런 디자인의 묘는 예술가의 손이 닿지 않으면 불가능했다고 생각한다. 지인들은 소파의 명예를 위해 조선공산당원 김복진의 이름을 올리지 않았을 것이다.

최신복 3대가 소파 곁에 묻힌 사연

최신복은 소파 10주기 때인 1940년 박문서관에서 마해송과 함께 『소파전집』을 간행하는 등의 기념사업과 소파의 유지를 잇는 일로 분주하게 보내다 1945년 38세의 젊은 나이에 과로로 유명을 달리했다. 그의 유언은 "존경하는 선배 소파의 밑에 묻어 달라"는 것. 소파에 대한 그의 사랑은 그것만이 아니었다. 최신복은 열렬한 소파 숭배자였던 자신의 부친이 1939년 타계하자 소파를 더 자주 찾아보고 싶다며 수원의 선산을 놔두고 부친의 묘소를 소파 아래쪽에 모셨고, 1942년에는 모친을 다시 그 옆에 모셨다. 또 자신의 갓난아이가 죽었을 때도 그 옆에 묻었다고 하며, 최신복의 부인도 후에 최신복 묘에 합장됐다. 그리고 「오빠생각」의 작사자 최순애는 최신복의 여동생으로, 후에 「고향의 봄」의 작사가 이원수와 결혼했으니 온 가족이 대대로 소파와 맺은 인연이 깊다.

사회에 나와 이해타산으로 교제하다 저마다 자신의 무덤을 홀로 찾아가는 요즈음, 존경하는 이와 죽어서까지 함께하고자 한 최신복의 사연은 우리에게 이런 화두를 던져준다.

"나는 누구 옆에 잠들고 싶으며 그 누가 내 옆에 잠들고 싶어 할 것인가?"

3

'꿈을 찍는 사진관'의 주인

아동문학가 강소천(姜小泉, 1915~1963)

일제강점기에 '어린이의 벗'이 된 분은 방정환이 대표적이었고
전쟁 후 고난의 시기에는 강소천이 대표적이라 할 수 있다.
"하늘 향해 두 팔 벌린 나무들 같이…"로 시작되는
「어린이 노래」와 「금강산」, 「스승의 은혜」, 「유관순」,
「코끼리 아저씨」, 「태극기」, 「눈사람」 등 우리가 기억하는
수많은 동요의 작사자이며 초등학교 교과서를 만들고
'어린이헌장'을 만든 강소천 선생을 찾는다.

서울 시내에서 가면 중랑구와 구리시의 경계가 되는 망우리 고개를 넘으면 남일주유소가 나온다. 그 전의 건널목을 건너 산 위쪽으로 올라가면 사각 비석이 보이는데 그곳이 강소천 부부의 묘역이다. 사유지에 만들어진 개인묘지로 1963년 1월 1일 행정구역 개편 후로는 행정상으로는 구리시 교문동에 속하지만, 예전에는 구리 쪽 산 아래까지 망우리로 불려 오랫동안 '망우리의 소천 묘'라 했다. 작은 샘이 아동문학의 큰 바다가 되어 망망히 펼쳐져 있듯, 소천 묘에서 바라보는 시야는 광활하여 저 멀리 남산까지 닿는다.

소천(작은 샘) 강용률은 1915년 함남 고원에서 부친 강석우와 모친 허석운의 2남 4녀 중 차남으로 태어났다. 소천의 조부 강봉규는 일찍이 기독교에 입문해 친구와 함께 고향 마둔리에 교회를 세웠을

정도로 독실한 기독교인이었기에 소천 또한 유아세례를 받고 기독교인으로 자라났다.

일제강점기의 어린이의 벗이 방정환이라면, 강소천은 한국전쟁 이후 대표적인 어린이의 벗이었다.

고원공립보통학교 때인 1930년에 잡지 《아이생활》에 동시 「버드나무 열매」를 발표하며 활동을 시작, 1931년 영생고보에 들어간 후 여러 지면에 동시를 다수 발표했다. 캐나다 장로회 선교부가 세운 영생고보의 당시 교장은 김관식 목사로, 그는 독립지사 김규식의 사촌동생이기도 하여 학교는 민족주의의 색채가 짙었다.

하지만 일제의 조선어 교육 철폐에 따른 실의로 4학년 때 휴학하고 북간도 용정의 외삼촌 집에서 머무르던 1년간 주일학교 교사를 하며 동아일보 등에 동시를 다수 발표했다. 이때 윤석중의 원고 청탁으로 쓴 동시 「닭」은 해방 후 교과서에 실리며 대표적 작품이 되었다.

다시 복학한 1936년 5학년 때 영생고보 영어 교사로 부임한 시인 백석과 교유, 그 인연으로 백석은 소천의 동시집 『호박꽃초롱』(1941)에 「서시」를 써 주었다.

1937년 고보 졸업 후 주일학교 교사를 하며 신문과 잡지에 동시와 동화를 계속 발표, 특히 1939년 동아일보에 연재된 동화 「돌멩이」는 예술적 경지까지 오른 작품으로 평가받았다. (동아일보 1939.10.17.)

30세 때 해방을 맞아 고원중학교, 청진여고, 청진제일고 교사를 지내며 아동문학의 재건에 힘썼지만 북한 정권은 신앙의 자유를 인정하지 않았다. 기독교인이자 대지주 집안의 소천은 재산을 모두 빼앗기고 불안 속에 지내다가 1950년 12월 흥남에서 전차상륙함(LST)를 타고 단신으로 월남했다. 월남 이후 다시 만나지 못한 가족과 친구에 대한 그리움은 「꿈을 찍는 사진관」 등 그의 작품에 큰 테마로 자리 잡게 되었다.

거제도를 거쳐 1951년 부산에서 우연히 만난 영생고보 동창 박창해의 주선으로 문교부 편수국에서 근무하고 1952년에는 월간 《어린이 다이제스트》의 주간으로 잡지를 만들기 시작했다. 1953년 휴전이 되어 서울로 올라온 소천은 고보 동창 전택부(1915~2008, YMCA 재건의 주역)를 만나 대한기독교서회가 설립한 새벗사의 일을 도와주다가 전택부가 《사상계》로 자리를 옮기자 그를 이어 《새벗》의 주간을 맡았다.

이후 잡지의 출간, 창작 활동 외로도 1953년 한국문인협회 아동문학분과위원장, 1955년 한국아동문학연구회 설립, 1957년 5월 5일 어린이날을 기해 '어린이헌장'을 발표, 1959년 이화여대와 연세대에서 아동문학 강의, 동년 문교부 국정교과서 편찬심의위원, 1961년 아동문학연구회 회장, 1962년 한국문인협회 이사를 지내는 등 아동문학의 발전을 위해 헌신하는 한편, KBS 라디오 방송 프로그램 '재치문답' 등에 고정출연하며 작가적 재치로 대중적으로도 이름을 널리 알렸다.

1963년 4월 30일 문화공보부의 제2회 '5월 문예상' 문학 부문 수상자로 결정되었으나 안타깝게도 어린이날 바로 다음날 5월 6일 서울대부속병원에서 간암으로 타계했다. 장례식은 5월 10일 새문안교회에서 거행되었고 5월 14일에는 광주에서, 5월 18일에는 대구에서도 각각 추도회가 열렸다.

다음 해 4월 3일 면목초등학교 어린이들은 소천이 지은 「자라는 나무」를 부르며 십리 길을 걸어와 묘지에 30그루의 꽃나무를 심었고 전국 각지 어린이로부터 묘비 건립 성금이 답지해 1주기에 시비 제막식이 열렸다. 생전 자주 찾아가 글짓기를 지도했던 이대부초에서는 어린이 합창단 40명이 오르간을 메고 찾아와 고인의 노래를 불렀다. 3개월 후 배영사는 『강소천 아동문학전집』(전6권)을 출간했는데, 이는 우리나라 아동문학가로서는 최초의 개인 전집이었다. 1965년부터 김동리 박목월 박종화 조지훈 등의 문학가들이 부인 최수정과 함께 소천아동문학상을 제정해 지금껏 이어지고 있다. 1985년 금관문화훈장을 추서받았고 1994년 문화체육부 '5월의 문화인물'로 선정되었다.

묘 우측에는 기독교인으로서의 비석이 서 있는데 앞면에는 "집사 진주 강공 소천지묘", 뒷면에는 "내가 선한 싸움을 싸우고 나의 달려갈 길을 마치고 믿음을 지켰으니 이제 후로는 나를 위해 의의 면류관이 예비되었으므로 주 곧 의로우신 재판장이 그날에 내게 주실 것이니라. 듸모데후서 4장에서"라고 새겨져 있다.

그리고 묘 앞에 세워진 시비의 앞면에는 대표작 「닭」이, 뒷면에는 박목월 시인의 추도사가 김충현 서예가의 글씨로 새겨져 있다.

닭

물 한 모금 입에 물고
하늘 한 번 쳐다보고
또 한 모금 입에 물고
구름 한 번 쳐다보고

「닭」은 북간도에 있을 때 고국의 하늘을 그리워하며 지어 보낸 시

강소천의 묘 앞에는 그의 대표작 「닭」이 새겨져 있다.

라고 하는데, 전쟁으로 월남한 소천은 평생 북쪽 고향의 하늘을 그리워했으니 비석의 시는 고인의 간절한 마음을 전해주는 듯하다.

부인과 자녀

우측에는 부인 최수정 여사의 묘가 있다. 비석 앞면에는 '권사 해주 최씨지묘'라고 새겨져 있고 뒷면에는 이렇게 새겨져 있다. "주께서 내 원수의 목전에서 내게 상을 베푸시고 기름으로 내 머리에 바르셨으니 내 잔이 넘치나이다. 나의 평생에 선하심과 인자하심이 정녕 나를 따르리니 내가 여호와의 집에 영원히 거하리로다 (시편 23장에서)"

최수정 여사는 1919년 출생해 해주 행정(幸町)고녀를 졸업하고 1954년 결혼 후 소천을 내조하며 소천 관련 자료를 꼼꼼히 모아놓았다. 부군 사후, 가족을 부양하기 위해 동방생명(현 삼성생명) 외판원으로 나서 75~77년 연 3년 전국 최고 기록으로 최우수여왕을 차지하며 '보험할머니'로 70여 세까지 활동해 모은 돈을 어린이 사업과 어린이공원 문학비 건립(1987) 등에 쓰고 1988년에 부군 옆으로 왔다.

2녀 1남을 잘 키워 맏딸 남향은 서울대 응용미술과, 2녀 미향은 중앙대 연극영화과를 졸업했고 장남 현구(59년생)는 대기업을 정년퇴직하고 '영원한 어린이의 벗 강소천' 사이트를 만들고 운영하는 등 부친을 기리는 사업에 힘쓰고 있다.

글을 쓰면서 좀 놀랐는데, 아직 우리나라 어디에도 강소천 문학관은 없고 전체를 아우른 아동문학관도 없다. 장남 현구 씨의 말에 따르면 1994년 한 재벌회사로부터 건립 추진 제의가 있었으나 외환위기 등 악재가 겹치며 사업이 무산되었다고 한다. 기념관이나 문학관의 방문으로 어느 세대보다 큰 교육적 효과를 얻는 것은 어린이들이다. 모친 사후에 유족은 많은 강소천 자료와 유품을 모두 국립어린이청소년도서관에 기증해 당시에는 소규모의 전시관이 만들어졌지만 지금은 대부분의 자료가 서고에 처박혀 오로지 연구자들만 찾고 있다. 망우리에 '강소천 아동문학관'을 설립하는 것은 어떨까. 망우리에 계시는 선배 아동문학가 방정환 선생까지 함께 모셔도 좋을 것이다. 묘소 참배와 연계하면 이보다 좋은 현장학습은 없다.

마지막으로, 강소천 묘역의 건너편 언덕에는 유관순 열사의 유해가 합장된 이태원묘지무연분묘합장묘(「유관순」 편 참조)가 있다. 유관순 열사 순국 100주기인 2020년부터 중랑구청과 유관순기념사업회는 해마다 9월 28일 오후 3시에 추모식을 열고 있는데, 늘 강소천 작사의 「유관순」 노래가 불리고 있다.

4

한국 근대 유화의 슬픈 자화상

화가 이인성과 이중섭

1998년 2월 《월간미술》은 미술평론가들의 투표로
'근대 유화 베스트 10'을 선정했다. 이인성의 「경주의 산곡에서」가
공동 1위, 이중섭의 「흰 소」가 단독 2위를 차지했다.
작가별로는 이인성이 김환기와 공동 1위를,
이중섭이 단독 2위를 차지했다.
한국 근대 화단의 대표자 이인성과 이중섭
두 거장이 망우리공원에 있다.

2008년 5월 20일, 언론은 "서울시가 문화재로 관리하던 화가 이중섭의 집과 문인 이상의 생가가 잘못 지정됐다"는 기사를 내보냈다. 졸속행정의 표본을 보는 듯했지만, 그래도 서울시가 유명 예술가의 흔적을 보존하려고 노력하고 있다는 사실에 새삼 위안을 받았다. 그러나 아이러니하게도 이중섭이 전시회를 준비하며 몇 개월 머문 남의 집은 문화재로 대접을 받는 데 반해 그가 1956년부터 머물고 있는 망우리의 묘지는 찾는 이 없이 쓸쓸하기만 하다.

한평생 고달픈 삶을 살았어도 예술가는 그가 남긴 작품으로 후인의 가슴속에 영원히 살아 있다. 무덤의 그들은 비석을 통해 우리에게 '말'을 건다. 그곳에 가면 그들이 살던 집에서보다 더 많은 말을 들을 수 있고 더 많은 느낌을 얻을 수 있다. 그래서 고인의 묘지는 생가보다 더 소중한 문화재라고 할 수 있다. 과거 살기 어려웠던 탓에 묘지를 문화재로 인식할 여유를 우리는 갖지 못했다.

행정당국은 1997~98년 공원화사업 당시, 문화예술인은 박인환만 포함하고 주로 보훈처에 등록된 독립지사 중심으로 연보비를 만들었을 뿐, 이중섭 등 많은 문화예술인은 대상에서 제외했다. 어이없게도 이유는 그런 분들이 망우리에 계신 줄 미처 몰랐다는 것. 망우리공원의 유명 인사 이정표는 2016년 서울시의 인문학길 공사 때 처음 설치되었다. 그 이전에는 이중섭 묘를 아는 이도 적었고, 알아도 혼자서는 찾아갈 수 없었다. 지금으로서는 이해가 되지 않는 모습이었다.

천재 소년 화가, 아소 이인성

(我笑 李仁星 1912~1950)

동락천 약수터 오른쪽 위 좁은 길을 올라가면 독립지사 유상규의 묘가 나오고, 다시 오른쪽 위에 있는 도산 안창호의 묘터를 지나 능선 길을 올라 오른쪽으로 조금 가면 커다란 자연석의 '사설(私設)' 연보비가 보인다. "근대 화단의 귀재 화가 이인성"이라 쓰인 연보비의 뒷면에는 그의 이력이 적혀 있다.

서양화가 이인성은 1912년 8월 28일 대구시 북내정 16번지에서 태어나 17세 때 조선미술전람회에 입선하면서 두각을 드러낸 이래 한국 근대미술 도입기와 성장기에 빼어난 창작활동을 펼쳤다. 일본 도쿄 태평양미술학교 재학시절 제국미술전람회, 문부성미술전람회, 광풍회 공모전 등에 입선, 일본에서도 명성을 떨쳤다. 1935년 귀국한

이인성의 「해당화」
이인성의 묘 오른쪽에는 그의 대표작 가운데 하나인 「해당화」를 기념하여 해당화 한 그루를 심어놓았다.

뒤 대구와 서울에서 활약하면서 선전·제전 등에 여러 차례 입선·특선했으며, 선전 추천작가, 국전 심사위원을 지내는 등 우리 화단에서 확고한 위치를 굳혔다. 한국 미술사에 길이 빛날 작품들을 남긴 그는 1950년 절정의 기량을 더 펼쳐보지도 못한 채 38세로 요절, 불꽃 같은 예술적 인생을 마감했다. 그의 50주기인 2000년에는 호암갤러리에서 회고전이 열렸고, 대구광역시가 이인성미술상을 제정했으며, 2003년 11월에는 문화관광부의 '이달의 문화인물'로 선정되기도 했다. 2003년 10월 16일 이인성 기념사업회 세우다

묘 오른쪽에는 자그마한 검은 단비가 자리 잡고 있는데 거기에도 비슷한 내용의 글이 쓰여 있다. 단비에 쓰인 내용 중 '세계아동미술

전람회 특선'의 '세계아동미술전람회'는 '세계아동예술전람회'가 맞다. 소파 방정환 등이 운영한 출판사 '개벽사'가 주최하고 동아일보가 후원해 경성에서 개최한 것이었다. 필자는 「방정환」 편에서 세계아동예술전람회에 소년 이인성이 특선을 한 사실을 당시 동아일보 기사를 근거로 밝힌 바 있다.

이 전람회의 대표 기획자인 소파 방정환과 소년 이인성이 같은 묘지에 잠든 것을 바라보면서 세상 사람들은 알게 모르게 얽혀 있음을 새삼 느끼게 된다. 세 사람 건너면 다 아는 사람이라는 말이 있듯, 우리는 그 누구에게 또 그 누구로부터 영향을 주고받는다. 나중에 알게 되었지만 이 책에 소개된 고인들은 모두 직간접적으로 연결되어 있다. 그 시대의 공부를 많이 하면 할수록 그 연결선은 늘어난다. 필자는 각 인물의 인연의 선을 이은 인맥지도라는 것도 만들어 강의 때마다 재미 삼아 보여주곤 한다.

이인성은 1930년대에 마라톤 영웅 손기정이나 무용가 최승희만큼 유명한 존재였다. 그의 제자 손동진의 회고에 따르면 당시 어른들은 그림 그리는 아이에게 "너 이인성 될라고?" 하며 농을 건넸다 한다. 그 시대에 이인성은 화가의 대명사이자 아이콘이었다.

'향토색'과 친일 논란

여기에서 드는 의문은 이렇게 천재 화가로 한 시대를 풍미한 사람이 왜 사후에는 그림이나 예술에 관계하는 이들을 제외하곤 별로 이름을 접한 적이 없는 존재가 돼버렸는가 하는 점이다. 필자가 추정컨대 이는 이인성과 관련된 광복 후 친일 논란과 무관치 않다. 물론 그가 실질적이고 뚜렷한 친일활동을 했다는 증거는 어디에도 없다.

이인성의 「자화상」.
그가 그린 자화상은 모두
눈을 감고 있다.

단지 그가 조선화가들이 만든 서화협회 전시회(協展) 등에는 작품을 내지 않고, 조선총독부가 문화정치의 일환으로 만든 관전(官展)인 조선미술전람회(鮮展)에만 참여했다는 게 논쟁의 단서가 됐다.

망우리공원에 함께 있는 위창 오세창(1864~1953)은 당대 최고의 서화가로, 선전에는 단 1회만 참가하고 이후 출품을 하지 않았는데, 이는 선전 출품이 일본의 의도에 부응하는 것이라는 판단에서였다. 이인성의 지속적 선전 출품과는 대비되는 대목이기는 하다.

당시 선전이 향토색 짙은 작품을 선호했다는 사실도 논란거리가 됐다. 이인성을 친일파로 모는 이들은 "당시 향토색의 추구는 식민지 피지배자를 과거에의 향수, 현실도피, 소시민적인 안일, 쇠락과 퇴폐로 유도하는 정책의 일환"이라고 주장한다. 이 논리에 따르면 선전의 향토색 추구 경향에 순응한 예술가는 현실주의, 출세지향, 체제순응적인 친일파라는 결론이 나온다. 예를 들면 1936년 일본 최고의 문부성미술전람회 입선작인 「한정」(閑靜, 원작 망실)에는 조선 고유의 황토색 바탕에 조선의 상징인 흰옷, 그리고 태평소, 고무신 등이 그려져 있는데, 이는 이인성이 심사위원에게 자기 그림이 조선 향토색이 강한 것임을 어필하기 위한 의도에서 그렇게 그렸다는 주장이다.

그러나 이인성이 입선을 위해 의도적으로 향토색을 집어넣었다 해도, 향토색을 드러냈다고 아무나 입선되는 것은 아니었다는 점에서, 또 명예를 얻은 자에 대한 시기심이 당시 화단에도 만연했다는 사실을 고려하면 비록 출세주의자라는 논란은 일으킬 수 있지만 이를 딱히 친일행위로 간주할 수는 없을 듯하다.

일제가 향토색 취향의 그림을 선호했다고 해서 향토색 짙은 그림을 그린 화가를 모두 친일파로 몰아간다면 일제가 3·1운동 후 문화정치의 일환으로 허용한 한글신문을 발행하거나 거기에 가담한 사람도 모두 친일파로 규정돼야 한다. 민족성을 유지하려는 개인의 노력이 일제의 문화정치에 순응한 협잡행위로 치부되는 것은 참으로 억울한 일이다. 오히려 민족성 말살정책에 맞서는 향토색 찾기에 참여하지 않은 행위야말로 친일행각이 아닐까.

당시 동아일보는 이인성의 제전 입선 소식을 실으면서 "향토색 내기에 힘쓸 터"라는 그의 인터뷰 내용을 부제로 뽑았고(1932.10.25), 개인전 기사(1938.11.04)에서는 그에 대해 "우리 양화계의 거벽"으로 칭찬하고 있음을 볼 때 대부분의 사람은 이인성을 향토색을 잘 표현한, 그래서 선전과 제전에도 입상할 정도로 훌륭한 화가이자 큰 자랑으로 여겼다.

'환쟁이'의 불행한 가족사와 황당한 죽음

이인성이 일본 유학 때 만난 부인 김옥순은 대구의 의사 집안 딸로, 학력이 일천했던 이인성은 주위 인사의 추천으로 그녀와 어렵사리 결혼했다. 그 후 대구에서 양화 연구소를 열고 예술다방 '아르스(ARS)'도 운영하며 활발한 창작활동을 펼쳐나갔지만, 부인이 병사한 후 폭음을 일삼고 걸핏하면 주사를 부렸다고 한다.

불행은 거기에 그치지 않았다. 1941년 재혼했으나 부인이 아이를 낳자마자 가출해 버린 것. 광복 후에는 이화여중과 이화여대에서 미술을 가르치면서 세 번째 결혼(1947)을 하고 1949년 제1회 대한민국미술전람회(국전) 심사위원에 위촉되는 등 안정되고 활발한 활동을 하는 듯했지만 6·25전쟁 때 어이없게도 경찰과의 시비로 유명을 달리했다. 38세의 아까운 나이였다.

작가 최인호는 「누가 천재를 쏘았는가…」라는 제목의 에세이(한국일보, 1974.06.05)에서 이인성이 죽게 된 상황을 상상력을 보태 썼는데, 옮겨보면 이런 내용이다. 1950년 모일 술을 먹고 귀가하던 이인성은 경찰관이 검문을 하자 "조선의 귀재 이인성을 모르느냐"고 호통을 치고 무사히 귀가했다. 그가 높은 사람인 줄 알고 놔준 경찰이 잠시 후 그가 '환쟁이'에 불과하다는 말을 동료에게 듣자 화가 치밀어 집으로 들이닥쳐 이인성을 총으로 위협하다가 실수로 총탄이 발사되어 죽었다는 것이다.

한편, 화가 백영수의 회상록 『성냥갑 속의 메시지』에 따르면 이인성이 9.28 서울 수복 후에 술을 먹고 통금이 넘은 시간에 귀가하는데 경찰관이 "누구얏!" 하자 이인성은 "너는 누구얏" 대답했다. "거기 섯!" 하자 "니가 거기 섯!" 대답하고, "안 서면 쏜다!" 하니 "쏘아라!" 대답하자 "탕!" 하고 총이 발사되었다.

전시 상황이라 그랬는지 경찰의 총기 발사는 단순 오발 사고로 처리되었다. 어찌 된 사정이건 우리는 이 사건을 통해 화가를 환쟁이라 업신여기는 한국 사회의 어두운 단면과, 뛰어난 천재 예술가에게 흔

이인성의 묘

히 보이는 독선적 성격의 단면을 동시에 보게 된다.

이인성은 근대 양화계의 거벽이긴 했지만 술만 마시면 안하무인의 행동으로 주위에 적도 많이 만든 듯하다. 죽은 사람의 이름은 많은 추종자에 의해 후세에 알려지는 게 일반적인데, 이인성을 따르는 이는 드물었다. 내 이름을 남이 불러주면 존경의 대상이 되지만 나 스스로 자꾸 부르면 자만이 된다. 그래서일까? 필자는 학교에서 이인성을 배운 기억이 없다. 당시의 교과서 집필자와 인맥 및 학맥으로, 그리고 우정으로도 닿지 않은 그는 교과서에서도 배제된 것이 아니었을까.

그렇게 세월 속에 묻혀 있던 그의 이름은 그에게 개인적 감정이 없는 후세인들에 의해 무대에 오르며 객관적으로 재조명되기 시작했다. 이제 그의 작품은 국립현대미술관이나 리움미술관 등에 상설 전시되어 있으며 고향 대구시에서는 1999년 이인성 미술상을 제정해 매해 시상하고 있고 2023년에는 대구 약령시에 이인성 기념관이 건립된다.

하얗게 센 무성한 곱슬머리의 아드님 이채원(彩園) 씨는 부친 묘소를 자주 찾아와 정성껏 돌보고 있다. 몇 년 전에 묘 오른쪽에 작은 해당화 나무를 하나 심었다. 이인성의 대표작 중의 하나가 바로 「해당화」(1944). 많이 자라나 요즘에는 해마다 꽃을 피우고 있다.

마지막으로 문제를 하나 내니 현장에 가서 풀어 보시기 바란다. 묘 앞 상석에는 아마 조화가 꽂혀 있을 것이다, 그 꽃을 빼들고 상석을 내려다보라. 상석은 무슨 모양일까?

가족을 그리며 잠든 화가, 대향 이중섭

(大鄕 李仲燮 1916~1956)

제주도 서귀포에 묘가 있는 줄 아는 사람이 많은데 국민화가 이중섭의 묘는 망우리공원에 있다. 묘지는 오랫동안 조카 이영진 씨(1935~2016)가 관리했고 지금은 그의 딸들이 관리하고 있다.

중랑망우공간 위편 순환로에서 오른쪽으로 가다 시인 박인환의 연보비를 지나 몇 분만 더 걸어 우측에 오재영 연보비 직전에 난 길로 내려가면 10시 방향에 용마천 약수터가 보인다. 그 약수터 바로 오른편(북쪽) 50m 지점에 큰 소나무가 서 있는 곳이 이중섭의 묘다.

이인성과 이중섭, 이 두 천재는 동시대인이지만 그들의 삶은 여러 면에서 대비된다. 이인성은 가난한 식당집 아들로 자수성가해 일찍이 명예를 얻었지만 강한 개성과 자존심 탓에 유명을 달리한 반면, 이중섭은 자괴와 자학 끝에 목숨을 잃었다. 같은 시대를 살았지만 두 사람은 깊게 교제할 기회가 없었다. 이인성이 도쿄 유학을 마치고 귀국한 1935년에 이중섭이 도쿄로 그림 공부를 하러 떠났기 때문이다. 해방 후의 첫 번째 국전 기념사진에 찍힌 단체사진 속에서 이인성은 앞줄 중앙에, 이중섭은 뒷줄 구석에 서 있는 것이 두 사람의 당시의 위상을 그대로 보여준다.

두 사람의 무덤도 생전의 모습과 별반 다를 게 없다. 이인성의 묘에는 화려한 경력을 나열한 비석이 두 개나 되고 상석도 예술성을 갖췄으며 묘 터도 넓게 잘 정돈되어 있지만, 이중섭의 묘지는 면적도 작고 연보비도 없다. 단지 큰 소나무 한 그루와 사랑하는 두 아이의 모습이 새겨진 작은 조각품(비석) 하나가 단출하게 서 있을 뿐이다.

1916년 평안남도 평원군의 부농 집에서 막내로 태어난 이중섭은 오산학교를 거쳐 1935년 도쿄로 유학을 떠났다. 제국미술대학에서 공부하다 그만두고 자유로운 학풍의 문화학원(분카가쿠인) 미술학부에 들어갔다. 재학 때인 1938년, 2년 후배인 야마모토 마사코(山本方子, 한국명 이남덕)를 만나게 되는데, 그녀의 증언에 따르면 이중섭은 키가 크고 잘생겼으며 운동, 노래 뭐 하나 빠지는 게 없어 자신을 비롯한 모든 여학생의 관심을 끌었다고 한다. 두 사람의 만남은 어느 날 실기수업이 끝나고 수돗가에서 우연히 나란히 서서 붓을 빨면서 시작됐다.

졸업 후 귀국한 이중섭과 편지 왕래로 아쉬움을 달래던 마사코는 전쟁 막바지인 1945년 4월 혈혈단신 현해탄을 건너와 5월 원산에서 이중섭과 한국식 결혼식을 올렸다. 그러나 행복한 신혼도 잠시, 6·25전쟁의 혼란기에 부산과 제주도를 전전하는 궁핍한 피난생활에 병을 얻은 부인은 1952년 임시방편으로 두 아이를 데리고 일본 송환선을 탔다.

1953년 친구 구상 시인이 해운공사의 선원증을 만들어줘 일본에 건너가게 되었다. 이에 대해선 시인 박인환이 힘썼다는 자료도 있다. 박인환의 처삼촌은 당시 해운공사 사장이었고 박인환 자신도 해운공사 선박의 사무장 자격으로 미국에 다녀온 바 있다. 어쨌든 어렵사리 일본에 있는 가족을 만나게 되지만, 일시체류 자격밖에 없던 그는 다시 훗날을 기약하며 한국으로 돌아와야 했다. 오래전에 나온 고은의 『이중섭』에서는 '처가의 박대'로 표현됐지만, 후에 이남덕 여사의 증언에 따르면, 처가 친척인 고위관리가 힘을 써서 항구를 벗어나 도쿄까지 오도록 선처해 주었으므로 불법체류가 되면 그분에게 누가 될지 모른다는 이유에서였다고 한다. 그러나 이것이 이중섭과 가족의 마지막 만남이 되고 말았다.

만약 그의 처가가 평범한 집안이었다면, 또 그가 이기적이고 현실적인 사람이었다면, 친척에 대한 실례는 잠깐이고, 일본에 그대로 눌러앉아 가족과 함께 안정된 삶을 꾸리며 화가로 대성하지 않았을까. 실제 이중섭이 일본에서 돌아왔을 때 그의 친구들은 하나같이 "(그냥 주저앉지) 왜 바보처럼 돌아왔느냐"며 안타까워했다.

석양에 우짖는 황소

황소처럼 힘세고 야성적이지만 온순한 성격의 이중섭은 세상으로부터 많은 상처를 받았다. 일본 책을 한국에서 팔면 돈을 벌 수 있다는 오산학교 후배의 말에 아내가 일본에서 어음을 주고 사 보낸 책을 팔았으나 그 책의 판매대금은 중섭에게 전달되지 않았다. 후배가 중간에서 횡령한 것이다. 그 빚을 갚기 위해 마사코는 일본에서 삯바느질 등을 해가며 오랜 세월 생고생을 하며 살아야 했다.

그가 빚도 갚고 일본에 가서 살 돈을 벌기 위해 온 힘을 다해 개최한 '이중섭 개인전'(1955년 서울, 대구)은 화단의 높은 평가를 얻었지만 경제적인 면에선 완전 실패였다. 많은 사람은 그의 그림을 외상으로 가져간 후 그림값을 갚지 않았다. 전시회를 위해 대구의 여관에 머물 땐 그림을 훔쳐가는 사람도 있었다.

그가 아내에게 보낸 편지에는 가족에 대한 그리움은 물론, 후배에게 돈을 돌려받기 위해, 일본 입국 비자를 받기 위해, 돈을 벌어 하루라도 빨리 가족과 재회하기 위해 얼마나 피나는 노력을 했는지 절절히 드러나 있다. 그러나 개인전의 실패는 화가 이중섭의 희망을 완전히 꺾어버렸다. 마지막으로 다시 친구들이 돈을 모아 밀항선을 타라고 건네주었지만, 그 돈은 시인 친구가 며칠만 쓰고 돌려준다며 가져가 영원히 돌려주지 않았다.

이중섭의 우울증은 극한에 달했고, 영화 「돌아오지 않는 강」의 내용이 자신의 처지와 비슷하다며 같은 제목의 그림을 몇 점이나 그렸다. 일본에서 온 아내의 편지는 봉투조차 뜯지 않았고 식사도 거의 하지 않았다. 황달, 영양실조, 간장염이 뒤를 이었고 정신분열 증세가 나타나기 시작했다. 시인 구상은 그의 말년을 이렇게 회상한 바 있다.

> 9월 6일로 향우 이중섭을 죽인 지 두 돌이 된다. 내가 이렇듯 살해자의 하나로 자처하며 그의 죽음을 비통하게 표현하는 것은 우정을 더욱이나 사후에 과장하려는 게 아니라 어쩌면 한 위인의 치명을 앞에 가로 놓고서도 너무나 무정하고 무력하고 무도했던 자신이 뼈아프게 뉘우쳐지며 때마다 가슴을 찢어놓기 때문이다. 세상에서는 중섭이 병들어 미쳐 죽었다고도 하고 굶어 죽었다고도 하고 자살했다고도 한다. 정신병원엘 두 차례나 입원까지 하였으니 병들어 미쳐 죽은 것도 사실이요, 먹을 것을 공궤치 못했으니 굶어 죽인 것도 진상이요, 발병 1년 반 그나마 식음을 완강히 거부했으니 자살했다 하여도 무방하리라. 그러나 그를 살게 하고 죽게 한 것은 오로지 '고립'이었다. 중섭은 너무나 그림밖에 몰랐다. 그의 생존의 무기란 유일 그림뿐이었다….(동아일보 1958.09.09.)

이중섭의 두 아이 그림이 새겨진 조각 묘비. 조각가 차근호의 작품이다.

그의 불우한 삶은 우리 민족의 고난을 생각게 한다. 그의 대표작인 「황소」(1953)를 보면 석양의 붉은색을 배경으로 누런 소가 슬픈 큰 눈을 하고 우짖는 듯하다. 황소는 불행한 우리 민족의 상징이기도 하고 이중섭 자신의 모습이기도 하다. 1930년대 우리 민족의 소재와 색채로 향토색을 살린 대표 화가가 이인성이라면, 이중섭은 자기와 일체화된 소와 닭 같은 우리 고유의 상징을 통해 민족의 역사성과 심정을 구현한 대표적 화가라고 할 수 있다. 그들은 서양 유화의 형식에 우리의 마음을 심어 한국적 유화 분야를 개척한 근대 유화의 선구자였다.

상품화한 브랜드 '이중섭'

이중섭은 병원에서 죽은 후 무연고자로 처리돼 방치되어 있다가 사흘 만에 평양 종로보통학교 동창 김이석(소설가. 「망우리공원의 문인들」 편 참조)에게 발견됐다. 유해는 서울 홍제동 화장장에서 화장돼 반은 망우리묘지에 묻히고 반은 일본의 가족에게 보내졌다. 일본에서는 처가 야마모토가(山本家)의 묘에 합장됐다. 그의 망우리 무덤 앞 상석은 먼 훗날에 세워진 것으로 오른편에 아들 태현(야스가타)과 태성(야스나리)의 이름이 새겨져 있다.

사망 1년 후 친구 한묵이 '대향이중섭화백묘비'라고 전면 아래에 쓰고 후배 차근호가 아이 둘의 모습을 새긴 조각품이 세워졌다. 오른쪽 밑에는 "화가 이중섭을 여기다 묻고 조고만 이 돌을 세운다"라고 새겨졌다.

차근호는 중섭의 뼈가 묻힐 때 함께 죽겠다며 묘 구덩이로 뛰어들 정도로 중섭을 친형처럼 따르던 조각가였다. 그는 1960년 정부 공모의 4·19 기념탑 조각가로 내정됐으나 이후 석연치 않은 이유로 배제되자 그것이 원인이 되었는지 그해 12월 자살했다.

정부보다 한발 앞서 동아일보가 위령탑 추진을 발표했을 때 그는 그 즉시 설계를 무료로 맡겠다고 자원했을 만큼 탑 제작에 열정을 가졌다. 순수 예술가가 대접받지 못하고 현실적이고 정치적인 예술가만이 출세하는 세상, 그런 욕망의 짓거리에 염증을 느끼고 스스로 세상을 버린 이중섭. 후배 차근호 또한 비슷한 운명으로 선배 중섭의 뒤를 따라갔다.

당시 대구의 미국문화원장이던 아더 맥타가트는 1955년 2월 3일 동아일보에 쓴 개인전 관람기의 끝에 "대체적으로 씨의 작품전은 볼 만하며, 또한 중요한 것은 이 작품은 매집할 가치가 있다는 것이다"라고 했다. 이중섭의 은지화는 맥타가트에 의해 한국 화가 최초로 뉴욕현대미술관에 영구 소장됐고, 그 후 세월이 지날수록 이중섭을 찾는 이는 늘어났다. 그의 드라마틱한 삶이 대중적 인기를 끌면서 그를 다룬 책도 쏟아졌다. 회고전이 열릴 때마다 갤러리는 문전성시를 이

뤘다. 작품의 가치는 높아만 갔다.

그러나 대중성의 부작용이랄까. 벌떼처럼 달려든 세상 사람들은 조용히 잠든 이중섭을 다시 괴롭히기 시작했다. 위작이 판치고, 진품의 값을 올리기 위한 마케팅이 불붙은 것이다.

이중섭의 은지화가 많이 나돌고 있는 것에 대해 화가 백영수는, 당시 부산 금강다방에서 이중섭과 은지화를 그릴 때 그리 많은 숫자가 아니었고 정식 작품이라는 생각을 하지 않았기에 사인은 생각도 하지 않았는데, 요즘 나도는 은지화에는 사인까지 들어 있다고 했다. (『성냥갑 속의 메시지』)

이중섭을 죽음으로 이끈 바로 그 세상의 사람들은 미술시장에서 최고가 된 브랜드 네임 '이중섭'을 연호할 뿐이다. 자본은 예술가를 키우는 스폰서의 기능도 하지만, 예술품이 작가의 손을 떠나면 예술적 가치와는 하등 관계가 없는 '상품'으로 만들어 버린다. 그들에게 '예술은 곧 사기'일 뿐이다.

'브랜드' 이중섭이 경매장에서 화려하게 부활할 때 '예술가 이중섭'의 망우리 묘지는 찾는 이 없어 황량하기만 하다. 파리의 공동묘지에 있는 예술가의 묘 앞에는 생화가 끊이지 않는다고 하는데, 이곳 '국민화가'의 비석에는 자원봉사단의 조화가 꽂혀 있을 뿐이다. 이조차 최근의 일이지 몇 년 전에는 아무것도 없어 필자는 찾아갈 때마다 근처의 야생화를 뜯어 꽂아드리곤 했다.

언제나 푸른 네 빛

2013년 5월 22일, 미망인 이남덕 여사는 93세의 노구를 휠체어에 싣고 다큐멘터리 「두 조국, 하나의 사랑」(감독: 사카이 아츠코) 촬영을 위해 망우리 이중섭의 묘를 찾아 이승에서의 마지막 인사를 나누었고, 2022년 8월 13일 101세의 나이로 남편을 찾아 하늘로 떠나갔다.

일본에 두고 온 두 아들이 보고 싶어 길거리의 아이들을 데려와 몸을 씻겨줄 만큼 아이들을 좋아했던 이중섭. 그래서일까. 비록 찾는 이 드물지만 무덤 인근 용마약수터엔 유치원생의 사생대회가 자주 열린다. 그를 위로하듯 재잘거리는 아이들의 목소리가 바람을 타고 무덤까지 날아든다. 생전에 독일 민요 「소나무」를 늘 부르고 다녔다더니 그의 무덤 곁에도 당시 친구들이 외롭지 말라고 심어주었다는 소나무가 잘 자라 하늘 높이 솟아 있다.

산 밑의 세상에서는 시끄럽고 탁한 소리가 끊임없이 들려오는데 그의 예술혼과 맑은 정신은 아이들의 청아한 목소리처럼 순수하게,

이중섭의 묘와 그 곁에서 외로움을 보듬어주는 소나무

사계절 푸른 소나무처럼 독야청청 변함이 없다. 그의 무덤에서 내려오는 필자의 입에서는 어느덧 노랫가락이 흘러나오고 있었다.

소나무야 소나무야
언제나 푸른 네 빛
쓸쓸한 가을 날에도
눈보라 치는 날에도
소나무야 소나무야
언제나 푸른 네 빛.

5

한국 근대 조각의 선구자

조각가 권진규(權鎭圭 1922~1973)

일본의 명문 무사시노미술대학교는 개교 80주년 기념으로
'졸업생 중 가장 예술적으로 성공한 작가'를 선정해
회고전(2009.10.19~12.5)을 열었다.
주인공 권진규는 1953년 졸업생으로 전시회에는
'한국 근대 조각의 선구자'라는 타이틀이 붙었지만
생전에는 한국 미술계의 냉대로 고독한 삶을 스스로 마감했다.

2010년의 화려한 부활

무사시노미술대학교는 일본 소설가 무라카미 류가 다녔고, 이와이 슌지의 영화 「4월 이야기」에 나온 학교로 우리에게 알려졌지만, 일제강점기에는 제국미술학교라는 이름으로 우리나라의 유명화가를 가장 많이 배출한 일본 최고의 사립 미대다. 그 대학에서 엄정한 심사를 거쳐 80주년 기념전의 작가로 꼽은 이는 일본인이 아닌 한국인 권진규였다.

무사시노대학의 구로카와 교수와 박형국 교수가 일본과 한국을 오가며 250여 명을 인터뷰하고 100여 명으로부터 자료를 입수해 전시회를 준비했다. 그리고 권진규의 작품 두 점을 소장하고 있는 도쿄

국립근대미술관에 작품 대여를 의뢰하자 미술관은 아예 공동 개최를 하자며 적극적으로 나섰다. 도쿄국립근대미술관으로서는 미술관 사상 일본 작가를 제외한 아시아 작가로는 권진규가 처음이었다.

일본의 전시회에 이어 덕수궁 현대미술관에서 열린 전시회(2009.12.22~2010.2.28)는 크게 국내 언론의 주목을 받았다. 그동안 1974년 명동화랑에서 1주기 추모전, 15주기인 1988년에는 호암갤러리에서, 25주기인 1998년에는 가나아트센터가 개관기념으로, 30주기인 2003년에는 인사아트센터가 개관 20주년 기념으로 권진규 회고전을 연 바가 있었으나 이렇게 대규모로 양국 간에 치밀하게 준비되고 홍보된 전작전은 처음이었다.

미술을 잘 모르는 필자도 권진규의 대표작 「지원의 얼굴」의 모델 장지원(서양화가. 1946~)의 인터뷰를 TV에서 보게 되어 오래전 필자의 딸(지원)과 함께 찾은 국립현대미술관에서 본 「지원의 얼굴」을 떠올렸다. 그럼에도 곧바로 전시회로 달려가지 않은 필자가 지금 이 글을 쓴다는 것이 매우 부끄럽지만, 인터넷상에서 '망우리'를 검색하다 우연히 권진규의 묘를 발견하게 된 것도 바로 전시회 기사 덕분이었다.

이인성, 이중섭 외로 권진규라는 우리 근대미술의 선구자가 또 한 분 망우리에 있었다니! 전시회는 놓쳤지만 그의 예술을 조금이나마 느껴보려고 고려대박물관에 있는 권진규 작품을 보러갔으며, 성북구 동선동에 있는 권진규 아틀리에도 찾아가 보았다.

권진규 아틀리에를 기증받아 관리하는 단체는 (재)한국내셔널트러스트이다. 이곳의 방문을 통해 필자는 (사)한국내셔널트러스트의 '꼭 지키고 싶은 우리의 자연·문화유산' 공모전을 알게 되어 2012년 망우리공원을 응모해 산림청장상을 받았다.

권진규의 아틀리에 내부 모습

한국에서 리얼리즘을 정립하고파

1922년 함흥의 부유한 사업가 권정주의 차남으로 태어난 권진규는 어려서부터 강변의 모래나 점토로 인형 만들기를 좋아했으며 아버지가 사준 카메라로 사진촬영을 즐겼다. 건강 문제로 공기 맑은 호반 도시 춘천의 춘천중학에 들어가 우등으로 졸업(1943년, 21세)한 후 미술을 공부하고자 했으나 부친의 거부로 뜻을 이루지 못하던 중, 당시 일본의 의과대학에 재학 중이던 형 진원을 따라 도쿄에 간 기회에 사설 미술학원에 다니며 공부했다. 그러나 곧 일제의 징용으로 비행기 공장에서 일하다가 1944년 탈출해 귀국, 고향의 과수원에 은둔하다 해방을 맞았다.

해방 후에 가족은 서울로 이주해 권진규는 이쾌대(1913~1965, 무사시노 전신인 제국미술학교 출신)가 운영하는 성북회화연구소에 들어

조각가 권진규

가 미술의 기초를 배우며 이 쾌대로부터 무사시노의 교수이며 부르델의 제자인 조각가 시미즈 다카시(1897~1981)에 관해 알게 되어 무사시노미술학교 입학을 결심했다.

1948년 의대를 졸업한 형이 폐렴으로 위독하다는 소식을 듣고 간병을 위해 일본에 건너간 후 다음 해 형의 사망 후에도 계속 일본에 머물다 1949년(27세) 9월 무사시노미술학교에 입학하고 1953년(31세)에 졸업했다.

권진규는 1952년부터 1955년까지 매년 이과전(二科展. 1916년 관전에서 독립한 재야 미술 단체인 이과회의 전시회)에서 매번 입선(1953년은 특선)하며 조각가로서의 기반을 다졌지만 마땅한 직업이 없는 일본 생활은 빈곤했다. 학교 후배 도모(智)와 결혼하고 마네킹 제작, 영화사 촬영 세트 제작 등의 일을 하며 작품 활동을 지속, 1958년에는 일양회(一陽會. 1955년 이과회에서 분파)에도 두 점이 입선해 회원이 된다. 《무사시노 미술》 창립 30주년 기념 특집호는 「두상」(No.20)을 다루며 "조각과를 졸업한 곤도(권진규)는 그동안 이과전에서도 수상했지만, 올해 일양회에서도 수상했고 회우로 추천되었다"고 권진규를 우수한 졸업생으로 소개했다.

1959년, 어머니의 건강이 좋지 않다는 소식에 도모를 두고 홀로 귀국한 후 작품 활동을 시작했지만 이곳은 기대와는 딴판이었다. 여전히 화가를 환쟁이로, 조각가를 석수장이쯤으로 간주했고, 미술계에서는 일본에서 불쑥 나타난 이방인 권진규를 알아주려 하지 않았다. 당시는 일본과의 국교가 단절된 상태라 모든 문화는 일본을 배제하고 미국과 유럽이 표본이 되었다. 또한, 인맥과 학맥으로 그리고 사회적 교제 능력으로 국전에 입선하고 대학의 교수 자리를 얻는 후진적 환경을 벗어나지 못하던 시절, 국내에 인맥도 없고 사교성도 없는 그는 외로운 작업에 몰두할 수밖에 없었다. 당시의 '국전'에 대해 조각가 차근호는 1960년 7월 23일 동아일보에서 이렇게 말했다.

> 해마다 국전이 열릴 무렵에는 으레 말썽이 많아진다. 더욱이 오랫동안 관권이 침염한 국전이 사월혁명을 계기로 하여 어느 정도 쇄신을 기할 수 있을지 궁금한 문제가 아닐 수 없다. 국전의 기구는 전폭적으로 개편돼야 할 것이고 운영권도 미술인의 손으로 넘겨놔야 마땅할 것이다. 구미선진국가에 비하여 우리나라와 같이 전람회의 배경에서 관료적인 냄새가 지독한 것은 아마 없을 것이다. 또한 인습과 전통에 입각한 '아카데미즘'전이 있다면 반드시 그와 대립되는 '앙데빵당'적인 성격이 존립해야 옳을 것이다. 그러기에 나는 국전을 추계와 추계로 갈라서 연2회 개회할 것을 주장한다. 그러면 보수적인 노장파의 고집과 대우도 원만할 터이고 나가서는 진정한 전위적인 세력의 발전도 기약할 수 있을 것으로 믿어진다.

권진규는 국전에 출품하지 않았다. 당시의 자료를 살펴보면 조각 부분의 심사위원은 두세 사람이 매년 이름을 올리며 장기 집권(?)을 했고 입선자는 대개 심사위원의 제자였다. 그런 그들만의 잔치에 권진규가 작품을 낼 이유가 없었다. 기록에 의하면 조선일보 주최의 '현대미술 초대 및 공모전'에 조각 부문의 수석으로 입선한 것이 유일하다.

기념상을 제작하기 위해 아틀리에의 천장도 높게 개조했지만 주문은 없었다. 어느 교회는 그에게 주문해 만들게 한 예수상('십자가에 매달린 그리스도', 1970)이 마음에 들지 않는다고 가져가지 않았다. 집에 들어온 도둑조차 그의 작품을 가져가지 않았다.

서울공대와 홍익대, 수도여사대(세종대) 등에 시간 강사로 나갔을 뿐 정규 교수직은 그에게 돌아오지 않았다. 일본에서 생계를 위해 영화사에서 일했던 경험으로 「현해탄은 알고 있다」(김기영, 1961), 「성웅 이순신」(유현목, 1962) 등의 특수미술(미니어처)을 담당하기도 했는데 동아일보 기자는 권진규를 '엔지니어'라고 소개했다.

귀국 후 6년이나 지난 1965년 수(秀)화랑 주최로 신문회관에서 그의 첫 번째 개인전이자 한국 최초의 조각 개인전이 열렸지만 평판은 싸늘하기만 했다. 시대의 경향이 추상 조각이라 구상 조각은 시대착오 또는 창작 능력의 부재로 매도되었다. 더구나 신라 이후에 끊긴 전통 조각을 되살리겠다며 테라코타와 건칠(乾漆) 작업에 몰두하는 권진규는 더욱 이해받지 못했다.

테라코타(terra cotta)는 이태리어로 '구운 흙'이라는 의미로 외국에서 전해진 단어이지만 중국 진시황릉의 병마 토용이 있고 우리나라에는 신라 토우가 있다. 당시 좀체 남들이 하지 않는 테라코타를 하는 이유에 대해 권진규는 조선일보(1971.06.02)와의 인터뷰에서 이렇게 대답했다. "돌도 썩고, 브론즈도 썩으나 고대의 부장품이었던 테라코타는 아이로니컬하게도 잘 썩지 않습니다. 세계 최고의 테라코타는 1만여 년 전의 것이 있지요. 작가로서 재미있다면 불장난에서 오는 우연성을 작품에서 기대할 수 있다는 점과 브론즈 같이 결정적인 순간에 딴사람(끝손질하는 기술자)에게로 가는 게 없다는 점입니다."

사람이 흙에서 나와 흙으로 돌아간다는 말이 있듯, 금속이 현대문명을 상징하는 재질이라면 흙은 현대인의 고향을 상징하는 재질이

권진규가 건칠 작업으로 제작한
예수상은 예수의 실제 삶과
정신에 근접한 느낌을 준다.

라 할 수 있다. 사람은 흙에서 멀어질수록 심신의 건강을 잃는다. 따라서 현대 물질문명이 발달하면 할수록 흙으로의 갈망은 더욱 커져만 간다. 예술이 가진 효용의 하나가 인간성의 회복에 있다고 한다면, 권진규의 테라코타야말로 시간이 갈수록 더욱 크게 조명을 받게 되는 것이다.

건칠(乾漆)은 신라 때 중국 한나라에서 전해진 것으로 목공예품에 옻나무즙을 발라 윤기를 내고 표면을 보호하는 기법이다. 권진규는 석고형 위에 칠액을 적신 삼베를 겹겹이 발라 말리는 작업을, 때로는 진흙으로 대충의 모양을 만들고 삼베를 감아 칠을 바르고 말린 후 속의 진흙을 빼내는 방식으로 작업을 했다. 옻나무 특유의 색과 질감은 바로 소박함과 자연스러움을 표현하기에 매우 적절한 기법이었다. 위에서 말한 예수상은 건칠로 만들어졌는데, 투박한 질감은 예수의 실제 삶과 정신에 근접했다는 느낌을 준다. 2022년 가나아트센터가 구매해 소장하고 있다.

테라코타와 건칠의 작가 권진규는 너무 시대를 앞섰던 것일까? 가요보다는 팝송을, TV의 골든타임에는 미국 드라마를, 국내소설보다는 번역서가 판치는 시대였으니 다른 문화는 말할 것도 없었다. 서양의 문화를 체득하는 것에 그치지 않고, 그것을 극복해 자기 것을 만들며 시대를 앞서간 선각자 권진규는 고독할 수밖에 없었다.

우리의 조각은 신라 때 위대했다

한국 미술계가 수용하지 못한 한국작가 권진규를 50년 전 일본이 껴안았다. 9촌 조카가 되는 서양화가 권옥연(1923~2011)의 알선으로 1968년 7월 도쿄의 니혼바시 화랑에서 열린 개인전에 대해 요미우리신문은 '강인한(たくましい) 리얼리즘'이라는 제목 하에 "흉상은…단순한 초상만으로 끝나지 않고 있다. 불필요한 살을 최대한 깎아내고 요약할 수 있는 포름(forme. 형상)을 최대한 단순화해 극한까지 추구한 얼굴 안에 무서울 정도의 긴장감이 창조되어 있다. 중세 이전의 종교상(像)에서 보이는 것과 같은 극적 감정의 고양이 느껴진다"고 하면서 "빈곤한 일본 조각계에 자극을 주는" 것으로 높게 평가했다. 도쿄국립근대미술관은 작품 「애자」와 「춘엽니」을 영구 소장했으며, 화랑은 체재비와 제작비를 부담하겠다며 일본에서의 작품활동을 권했다. 또 모교의 스승 시미즈 다카시와 이사장 다나카 세이지의 배려로 무사시노미술대학에서의 교수직(비상근강사)이 내정되었으나 이는 후에 아쉽게도 학내 분규로 인해 무산되었다.

고국으로 돌아온 권진규는 일본에서의 전시회 성공에 힘입어 한때 왕성하게 제작에 힘을 기울였으나 여전히 한국 미술계의 무관심으로 일본에 이은 전시회를 국내에서는 열 수 없었다. 결국 니혼바시 화랑의 일본 체재 요청을 받아들이려고 생각하던 중, 마침 다행히도 명동화랑(대표 김문수)이 나서서 생활비를 대주며 개인전을 열도록 권유했다. 조선일보(1971.06.02) 기사는 그때의 사정을 알려준다. 기자는 "하마터면 저력 있는 조각가 한 사람을 일본에 뺏길 뻔했다"며 전시회를 준비하는 권진규 인터뷰 기사를 실었다. 권진규는 "자기를 알아주는 곳으로 가고 싶지만 될 수 있으면 조국에 있고 싶다"고 했다. 일본에서 결혼한 도모의 처가는 권진규의 귀화를 권유했지만 끝내 귀화하지 않았던 사실이나 훗날 도모의 증언(《계간미술》)을 보더라도 권진규의 말은 거짓이 아닌 듯하다.

또 이어서, 한국의 조각계와 조각에 대한 평소의 신념을 묻는 질문에 대해 권진규는 이렇게 대답했다. "한국에서 리얼리즘을 정립하고 싶습니다. 한국 조각에는 그 구조에 대한 근본 탐구가 결여돼 있습니다. 우리의 조각은 신라 때 위대했고 고려 때 정지했고 조선조 때는 바로크(장식화)화했습니다. 지금의 조각은 외국 작품의 모방을 하게 되어 사실을 완전히 망각하고 있습니다. 학생들이 불쌍합니다."

이런 각오로 권진규는 최선을 다해 마침내 1971년 12월 개인전을 열었지만 여전히 우리의 미술계는 권진규를 포용할 그릇이 되지 못했다. 반응 및 판매가 저조해 권진규와 화랑은 실의에 빠졌다. 일본 전시회 이후 무너지기 시작했던 그의 영혼과 육신은 이 전시회를 기점으로 급격한 내리막을 걷게 되었다.

절지(折枝)여도 포절(抱節), 포절 끝에 고사(枯死)

전시회 실패 이후 고혈압과 수전증 등으로 작품 제작에 거의 손을 떼고 있을 즈음 1972년 3월 3일 조선일보에 화가의 수상(8) '예술적 산보'라는 권진규의 글이 실렸다.

절지(折枝)여도 포절(抱節)하리라. 포절 끝에 고사(枯死)하리라." (가지가 꺾여도 절개를 지키리라. 절개를 지키며 말라 죽으리라)
나뭇가지가 바람이 꺾이는 겨울날의 밤, 마디는 마냥 굵어지고 봄의 꽃순을 잉태한다.
나무들이 합창할 때 항용 가지들은 속곳을 내던진 여자같이 분수를 몰랐고 불타는 숯덩어리처럼 마냥 타오르다가 점점이 까맣게 삭는다.
허영과 종교로 분식한 모델, 그 모델의 면피를 나풀나풀 벗기면서 진흙을 발라야 한다. 두툼한 입술에서 욕정을 도려내고 정화수로 뱀 같은 눈언저리를 닦아내야겠다. 모가지의 길이가 몇 치쯤 아쉽다. 송곳으로 찔러보아도 피가 솟아 나올 것 같지 않다.
전신이 니승(尼僧)이 아니라 해도 좋다.
전신이 수녀가 아니라 해도 좋다.
지금은 호적에 올라 있지 않아도,
지금은 이부종사할지어도,
진흙을 씌워서, 나의 노실(爐室)에 화장(火葬)하면 그 어느 것은 회개승화(悔改昇華)하여 천사처럼 나타나는 실존을 나는 어루만진다.
어느 해 봄, 이국의 하늘 아래서 다시 만날 때까지를 기약하던 그 사람이 어느 해 가을에 바보 소리와 함께 흐느껴 사라져 갔고* 이제 오늘은 필부고자(匹夫孤子)로 진흙 속에 묻혀 있다. 옛적에는 기식을 할 왕도 있었거늘 이제는 그러한 왕들도 없다.
표박유전(漂迫流轉)이 미의 피안길이 아니기를, 운명이 비극의 서설이 아니기를 바라는 나머지 생존하는 자의 최소한의 주장이 용서되기를….

* 1968년 일본 전시회 때, 도모가 전시장에 찾아와 권진규를 보고 '바보'라고 하며 흐느꼈다. 하지만 도모는 이미 재혼한 몸이었고 권진규는 어떻게 할 수도 없었다.

권진규의 묘지 앞 상석에는
그가 사용한 낙관이 새겨져 있다.

어느 착란자의 영상(影像)에서 진실의 편린이 투영되었을 적에 적이 평상자는 자기 자체를 의심한다.

진실의 힘의 함수관계는 역사가 풀어야 한다. 그릇된 증언은 주식거래소에서 이루어지고 사랑과 미는 그 동반자에게 안겨주어야 한다.

아무도 눈여겨보지 않는 건칠을 되풀이하면서 오늘도 봄을 기다린다. 까막까치가 꿈의 청조를 닮아 하늘로 날아 보내겠다는 것이다. 〈끝〉

'아무도 눈여겨보지 않는' 작업을 하는 고독한 예술가는 봄날에 파랑새처럼 하늘을 날아보고자 했으나 꿈은 이루어지지 않았다.

72년 3월 권진규는 이중섭전을 두 번이나 찾아가 보았다. 이중섭의 「황소」를 조각으로 만들었다. 가르치는 학생에게는 서양미술의 한국화, 토착화를 강조하며, 대표적 인물로 이쾌대, 이중섭, 박수근을 높이 평가했다. 자신과 비슷한 길을 걸었던 동류 미술가들에게 동감을 표현하며 당시의 풍조에 대한 울분을 드러낸 것일까. 몇 번의 결혼 실패로 삶의 동반자도 없이, 몸 하나 뉘일 정도의 쪽방에서 자고 낮에는 음침한 작업실에서 팔리지 않는 작품을 만드는 예술가의 몸과 정신은 말라만 갔다.

73년 1월 고려대학교박물관은 개관을 앞두고 권진규의 작품을 사고자 했다. 권진규는 「마두」, 「자소상」의 두 점을 팔고 다시 박물관의 요청에 따라 「비구니」를 기증했다. 5월 3일 고려대박물관 현대미술실 개관식에 참석한 권진규는 다시 다음날 5월 4일 아침에 박물관에 가서 자신의 작품을 한참 바라보고 집으로 돌아와 오후 5시 아뜰리에의 이층 쇠사슬에 목을 매고 자살했다. 결국, 박물관에 소장된 작품은 죽어가는 자신에게 준 마지막 선물이 되었다. 가지가 꺾여도(折枝) 절개를 잃지 않고(抱節) 그는 끝내 말라죽은(枯死) 것인가.

2022년 탄생 100주년, 조각의 선구자로 우뚝 선 권진규

권진규의 작품은 국내에서도 삼성의 이건희와 BTS의 RM이 소장할 정도로 높은 가치를 인정받고 있다. 권진규의 여동생 권경숙 여사는 2006년 동선동 옛집을 한국내셔널트러스트에 기증해 '권진규 아틀리에'로 태어나게 했고, 국내외에 흩어진 권진규의 작품을 수집하는 노력을 평생 해왔다.

그러한 한편, 춘천에 권진규 미술관을 만든다는 어느 사업가에게 작품을 위탁했다가 돌려받지 못할 위험에 처해 소송까지 가는 고생도 했다. 간신히 되찾은 작품 대부분은 서울시립미술관에 기증되었다. 시립미술관은 2022년 봄에 탄생 100주년 전시회를 열었고 2023년 6월부터 남서울미술관에 상설전시장을 마련했다. 이제야 위상에 걸맞은 자리를 잡은 듯하다.

권진규기념사업회는 권경숙 여사의 2남 허경회 씨(1954~)가 대표를 맡고 있다. 서울대 경제학과를 나와 파리 10대학에서 경제철학 박사를 받았다. 외삼촌 권진규와 4년을 함께 산 기억을 담아 2022년 『권진규』를 출간했다. 3남 허명회는 고려대 통계학과 명예교수이고 그의 아들이 필즈상 수상자 허준 프린스턴대 교수다.

필자로서는 권진규의 묘가 가장 찾기 어려웠다. 망우리에 있다는 정보를 접하고 처음 친구들과 같이 간 날에는 1시간을 헤매다 그냥 내려왔다. 다음 주에 혼자 다시 찾아갔다. 역시 한참 헤매다가 지쳐서 바위에 앉아 쉬는데 옆의 비석에 권진규의 한자 이름이 보이는 게 아닌가! 묘는 2022년 봄에 깔끔하게 정비되었고 가는 길에는 야자매트가 깔려 있어 이제는 찾아가기 쉽다. 2022년 4월 중랑망우공간 개관기념으로 기념사업회가 기증한 자소상(1969)의 복제품이 건물 입구에 전시되어 있다.

6

이념의 벽 앞에 잊힌 문인

함세덕과 최학송

연극 및 영화 「동승」의 원작자 함세덕은 1988년 해금
전까지는 우리에게 알려지지 않았다. 광복 후 월북한 그는
6·25전쟁 때 망우리공원에 묻혔으나 무덤에 비석조차 없었다.
'빈궁 문학'의 최고봉이라 평가되는 최학송도
'북쪽에서 찬양받는 작가'라는 이유로 외면당했다.
세월이 흘러 두 작가의 작품이 교과서에 실리고 무덤에 비석까지
생긴 지금, 오랫동안 하지 못한 그들의 말을 들어본다.

망우리공원 순환산책로의 반환점이 되는 정자에서 동락천 약수터 방향으로 내려가면 구리시 쪽의 전망 좋고 양지바른 터에 함세덕(咸世德 1915~1950)의 묘소가 있다. 사람들이 가지 않는 길로 가다가 우연히 발견했으니 그가 여기에 잠든 사실을 아는 이는 그의 친족 정도이리라. 다른 유명인의 묘는 산책로나 등산로 주변에 있어 사람들 눈에 잘 띄지만, 그의 묘는 경기도 쪽으로 내려가는 길에서도 한참 떨어져 있어 마주칠 기회가 거의 없다. 그의 무덤에 이르려면 길이 아닌 길을 헤치고 가야 한다. 바지와 신발을 풀 이슬에 적시면서 묘지 사이를 헤매고 다녀야 한다. 글이 있거나 사연이 있는 비석이라면 그 주인이 무명인이라도 상관없다고 생각했기에 찾아낼 수 있었던 무덤, 바로 함세덕이 묻힌 곳이다. 길 아닌 길에 발견이 있다.

조봉암 묘를 지나 아차산 방향으로 50m 가면 '동원천 약수터' 와 함께 함세덕의 이정표가 서 있다. 그 아랫길로 2분 정도 내려가다 우측에 있는 영천 최씨 묘에서 7번째 나무 혹은 15m 정도 내려가 우측으로 가서 4번째 묘역에 있다. 그 바로 전의 무덤(109510)은 동생 함성덕 부부의 묘다.

무덤의 비석 앞면에는 "陽根咸公世德之墓(양근함공세덕지묘)". 양근(陽根)은 경기도 양평을 말한다. 왼쪽 면에는 이렇게 적혀 있다. "1915년 5월 23일 강화에서 3남 3녀 중 2남으로 출생. 1950년 6월 29일 서울에서 ■사했다."

한국 연극사의 한 축

비석의 뒷면에는 "극작가. 1936년 '조선문학'지에 '산허구리'를 발표해 문단에 등단. '동승(童僧)'으로 극연좌상(劇硏座賞)을 수상. '해연(海燕)'으로 신춘문예 입선. '무의도기행(無衣島紀行)' '추장(酋長) 아사베라('이사베라'의 오기)' '기미년 3월 1일' '태백산맥' '에밀레종' '산적' '대통령' 등 24편의 작품을 남겼다"는 글이, 그리고 바로 옆면에는 "삶은 누군가의 손을 붙잡는 일이고, 누군가에게 손을 내미는 일이다. '동승' 중에서"라는 글이 새겨져 있다.

그러나 작품 「동승」이나 희곡집 『동승』은 물론, 전집의 모든 작품을 찾아봐도 이런 글은 보이지 않았다. 출처의 확인은 당분간 숙제로 남겨둔다. 어쨌든 손을 내미는 것은 살아 있을 때만이 아니다. 그는 비석을 바라보는 내게 손을 내밀고 있었다. 나는 그가 내민 손을 가만히 잡고 그의 파란만장한 삶과 문학에 대해 들어본다.

함세덕의 부친은 인천일본어학교를 졸업한 후 나주군과 목포부의 주사로 공직생활을 했다. 함세덕은 인천에서 태어났으나 부친의 목포부 주사 시절 그곳에서 유년기를 보냈다. 그 후 부친은 공직을 그만두고 귀향해 객주업(거간, 유통업)을 시작했다. 함세덕은 인천에서 인천공립보통학교(현 창영초교)를 거쳐 인천상업학교(인천고교)를 졸업했다. 그의 작품에 유난히 바다가 많이 나오는 것은 목포와 인천이라는 지역적인 영향 때문이다.

상업학교 4학년 때는 졸업생 환송을 위해 연극 「아리랑 고개」를 공연하며 연극에 대한 꿈을 키웠다. 상업학교 졸업 후에는 남들처럼 안정적인 직장인 은행에 취직하지 않고 서울 충무로의 책방에 취직해 독서와 습작에 열중했다. 1935년 동아일보에 세 편의 시를 투고했고(2월 1일 「내 고향의 황혼」, 3월 19일 「저 남국의 이야기를」, 9월 27일 「저녁」), 책방 손님 김소운(수필가)을 통해 유치진을 알게 되면서 연극계에 들어섰다. 1936년 21세의 나이로 《조선문학》에 「산허구리」를 발표하며 등단, 1939년 3월 동아일보사 주최 제2회 연극경연대회에 올린 「도념(동승의 원제)」의 작가로 크게 주목받았고, 이어 1940년 「해연」(갈매기)으로 조선일보 신춘문예에 당선되어 극작가로서 자리를 잡았다. 이후 함세덕은 유치진과 함께 한국 연극사에 큰 족적을 남기게 됐으나, 두 사람은 해방 공간에서 이념적으로 반대의 길을 걸어갔다.

적(敵)의 전사?…지워진 글자

함세덕의 무덤에 세워진 비석은 얼마 되지 않은, 거의 새것이었다. 「함세덕 무덤 앞에서」라는 김성우의 글(『문화의 시대』)에서도 '비석은 없다'라고 한 걸 보면 이 비석은 1988년 월북문인 작품이 해금

된 후에 세워진 것이다.

그런데 비문을 살펴보면 '서울에서 ■사'라고 한 글자가 보이지 않는다. 몇 년 전에는 그래도 희미하게 보였기에 필자는 그 글자가 '전'자임을 안다. 이제는 아예 메워 버렸다. 누군가의 훼손에 상처를 입은 유족이 아예 보이지 않게 메워 버린 것일까. 함세덕은 1946년 월북해 북한에서 작품활동을 하다 1950년 6·25 때 인민군 선무반의 일원으로 서울로 내려와서 수류탄을 실수로 터뜨리는 바람에 사망한 것으로 전해진다.

90년대 초에 세운 것으로 추정되는 함세덕의 비석에 훼손된 흔적이 보인다.

함세덕은 이념적으로 명백한 좌파 문인이었다. 광복 전의 대표작을 모아 1947년 6월 20일 박문서관에서 발행한 희곡집 『동승』에는 「동승」, 「추석」, 「무의도 기행」, 「해연」, 「감자와 족제비와 여교원」이 실려 있는데, 저자의 후기는 이렇게 맺어졌다. "이 희곡집은 작가 함세덕의 전시대의 유물로 보관되는 데만 간행의 의의를 찾을 수 있을 줄로 안다. 나는 8·15를 계기로 완전히 이 작품들의 세계에서는 탈피했다." 즉 함세덕은 후기를 통해 자신은 「동승」과 같은 서정극의 세계를 떠나 이제 이념의 세계에 들어섰음을 선언한 것이다. 광복 후 그의 행동은 이

선언을 뒷받침한다. 남로당에 가입해 연극활동을 하다 미 군정이 정치 연극을 금지하자 『동승』 간행 후인 1947년 가을에서 1948년 봄 사이로 추정되는 시기에 송영, 황철 등과 함께 월북했다. 마치 「동승」에서 주인공 도념이 눈 내리는 날 몰래 절을 떠나 사바세계로 간 것처럼, 그는 '이 작품들의 세계에서 완전히 탈피'해 북으로 갔다.

시대 상황이 월북의 빌미를 제공했다는 말도 있다. 광복 후 남한에서의 연극활동은 밥 벌어먹기 힘든 직업이었지만, 북쪽은 정치적 도구로써 연극의 가치를 인정해 정권 차원에서 지원했다. 그래서 남한에서 극장도 제대로 빌리지 못하던 남한 연극인들 가운데 이념과 관계없이 친북으로 기운 이가 적지 않았다. 그들은 그곳에서 순수는 없고 이념만의 무대를 갖게 될 줄은 꿈에도 생각지 못했다.

장기판의 청홍전(靑紅戰)

함세덕은 북으로 넘어간 뒤 「대통령」이라는 작품을 통해 이승만 정권을 비난하는 작품을 발표하는 등의 활동을 하다 6·25 때 인민군을 따라 서울로 내려와 '전사'했다. 1951년 10월, 전시 공보당국이 함세덕, 이태준, 김사량, 한설야, 이기영, 홍명희, 오장환, 송영 등 6·25 전 월북작가 38명을 A급으로 분류, 기간발금(旣刊發禁)및 문필 금지 조치를 취한 후 1988년 해금 전까지 함세덕은 알려지지 않았고 알아도 말할 수 없는 작가로 존재했다.

작품 「해연(海燕)」(갈매기)의 마지막 장면에 나오는 등대지기의 대사는 꼭 그가 자신의 운명을 예측한 것 같은 느낌을 주기에 충분하다.

함세덕(사진 정가운데 인물)

인생이란 운명의 장기판인가 보다. 한참 놀다가 결국은 제각기 말 상자 속으로 들어가게 되고 마나 보다.

희곡집 『동승』에 실린 「해연」에는 등대지기의 대사로 나와 있지만, 이는 원래 영국 출신의 작가 홀 케인의 글귀다. 함세덕은 신춘문예에 당선된 「해연」의 맨 앞에도 이 글귀를 적어 두었다. "인생은 낮과 밤의 장기판이다. 그 우(위)에서 운명은 장기를 두고 논다. 장(將)이 물러서고 졸(卒)이 이쪽저쪽으로 뛰고 하지만 결국은 제각기 상자 속으로 들어가게 된다. -홀 케인." 그 자신, 인생이라는 장기판에서 좌우의 청홍전을 벌이다 결국은 망우리묘지라는 상자로 들어간 것이 아닐까.

사바세계로 떠난 동승

그는 남한에서 90년대 초반 「동승」이라는 작품으로 가장 먼저 재조명됐다. 초기작이지만 그 작품은 정치색이 없는 서정극이었기 때문이다. 「동승」은 그의 책 후기에서 밝히고 있듯, 인천상업학교 5학년 때 친구들과 금강산 여행시 마하연에서 본 동자승의 이미지를 형상화한 작품이다. 줄거리는 이렇다.

동승 도념(道念)의 어머니는 비구니였으나 사냥꾼과 사랑에 빠져 낳은 도념을 버리고 속세로 떠났다. 도념은 주지의 손에 자라면서 어머니를 그리워한다. 그 절에서, 죽은 아이의 명복을 빌던 대가집 미망인은 주지의 반대를 무릅쓰고 도념을 수양아들로 삼고자 한다. 도념은 미망인이 목에 두른 목도리를 보고 자기 어머니에게도 같은 목도리를 만들어주겠다며 사냥한 토끼를 관음보살 뒤에 숨겨놓았다 발각돼 고초를 치른다. 주지는 미망인에게 이 '죄덩이'를 데려가면 더 큰 죄를 짓게 할 것이라며 포기하라고 잘라 말하고, 미망인도 남편과 아이를 잃은 죄 많은 자신의 신세를 한탄하며 도념을 포기한다. 그러나 도념은 주지 몰래 혼자 어머니를 찾아 길을 떠난다. 산에는 흰 눈이 펑펑 내린다….

주지가 보기엔 세상은 죄 많은 곳일 따름이지만 도념에게는 그리운 어머니가 있는 곳이었다. 「동승」에서 주지와 도념이 나눈 대화 한 구절을 보자.

·

주지 : 도념아 너 저 연못을 봐라. 5월이 되면 꽃이 피고 잎사귀에 구슬 같은 이슬이 구르고 있지 않니? 저렇게 잔잔한 연못도 한 겹 물 퍼내고 보면 시꺼먼 개흙투성이야. 그것뿐인 줄 아니? 10년 묵은 이무기가 용이 되서 하늘로 올라가려고 혓바닥을 날름거리며 비 오기만 기다리고 있단다. 동네도 꼭 저 연못과 마찬가지야. 그야말로 경문에 아로새겨 있는 글자 그대로 오탁(汚濁)의 사바니라.

도념 : 아니에요. 모두들 그렇지 않대요. 연못 속에는 연근이라는 뿌럭지가 있지 이무기는 없대요.

어떤 이념이나 문학사조의 유행에 따른 작품은 생명이 오래가지 않는다. 「동승」이 자연스럽게 함세덕의 대표작으로 아직도 생명을 잃지 않고 계속 무대에 오르고 리베이크되는 것도 그 때문이다. 「동승」을 각색해 만든 1949년의 영화 「마음의 고향」(윤용규 감독, 한형모 촬영, 미망인 최은희)은 그해 최고의 흥행작이었다. 영상자료원에서 찾아볼 수 있다.

"고통스러운 세월이었다…"

이해랑은 광복 이후 함세덕의 사상적 변신에 대해 "'동승'의 세계로 돌아가라고 외치고 싶다"고 했다. '동승'으로 출발해 어머니가 있는 동네로 내려온 함세덕에게 세상은 과연 오탁에 가득 찬 사바였을까.

함세덕의 묘 뒤에는 부모의 묘가 있다. 묘비 옆면에 "항상 기뻐하라. 쉬지 말고 기도하라. 범사에 감사하라. 데전(데살로니가전서) 5장 16.17.18절. 어머님은 이렇게 사셨습니다", 뒷면에는 "아버님 어머님 불효를 용서하시고 사모하는 하날 나라 주님 곁에서 영원한 복락을 누리십시오"라고 적혀 있다.

'불효를 용서하시고'라는 말은, 월북으로 부모 속을 애타게 하고 부모보다 먼저 죽은 세덕의 마음을 유족이 대신 표현한 것이 아닐까. 해금 후 함세덕을 알리기에 성원을 아끼지 않았고 비석을 세우기도 한 동생 함성덕은 『함세덕문학전집』에서 "형이 월북한 이후, 때때로 함세덕의 아무개라고 할 때 그 어려움이 많았었고, 해명할 수도 없고, 해명할 필요도 없고, 말을 할 수도 없는 고통스러운 세월이었다.…"라고 말했다. 그는 1992년 병석에서 이런 말을 남기고 그해 가

함세덕의 묘

을 세상을 떴다.

한편 함세덕 형제 중 장남인 함금성은 함세덕 옆에 묻혀 있었으나 나중에 이장됐다. 부친의 나주 근무 때 태어난 세 살 위의 이복형으로 중동중학을 거쳐 조선의사검정시험에 합격, 인천병원에서 근무하다 1944년 인천 송현동에서 내과의원을 개업했다. 함금성은 서울신문사가 발행한 대중잡지 《선데이서울》 1968년 12월 15일자에 그 이름이 보인다. "…희한한 신종 인기직업이 하나 생겼다. 태아감별사 … 함금성(의사·57)씨… 그 자신 딸만 여섯을 두어 고심하던 중 이 분야의 권위라는 일본의 '가기사끼' 박사를 사숙, 드디어는 그의 이론에 따라 1남을 얻게 됨으로써 용기백배하게 되었다는 것…."

유족이 없는 서해 최학송(曙海 崔鶴松 1901~1932)

그는 별다른 학벌도 없고 찢어지게 가난한 작가였다. 밑바닥 삶의 체험을 작품으로 승화시킨 독보적인 작가라는 평가를 받는 그가 우리 문단과 남한 사회로부터 주목을 받지 못한 이유는 카프(KAPF·조선프롤레타리아예술가동맹) 가입 전력과 작품의 '불온성' 때문이었다. 가족이 이곳에 없는 것도 큰 이유가 됐을 것이다.

중랑망우공간에서 오른쪽으로 가다 27번 전봇대 근처 길가 왼쪽에 문학비가 서 있다.

> 작가 최학송 문학비. 여기에 최학송 선생이 잠들어 있다. 함북 성진 태생인 서해는 일제하 만주와 한반도를 전전하며 곤궁하게 살다 서울서 숨을 거두었다. 그는 하층민의 현실적 삶을 반영한 소설 '고국' '탈출기' '해돋이' '홍염' 등의 문제작을 남겼다(앞면). 2004년 7월 9일 서해 서거 72주기에 우리문학기림회원 이영구 김효자 이명숙 이명재 허형만 고임순 김원중 이응수 하혜정 노영희 임헌영 김성진 홍혜랑 임영봉 곽근 짓고 황재국 써서 함께 세우다(뒷면).

최학송의 묘는 곽근 동국대 명예교수가 망우리공원 관리사무소의 도움을 얻어 2003년 찾아내 학계에 알렸고 다음 해 우리문학기림회가 묘 입구에 문학비를 세웠다. 우리문학기림회는 1990년 이래 한국문학을 기리고 소외된 문인들의 업적을 선양, 평가해온 문학애호인 모임이다. 2014년 8월 현재, 김우진 홍명희 박화성 조운 이태준 김소운과 심연수, 김유정 등 22명의 문학비를 건립했다.

그러나 이 같은 사적 단체가 매년 묘지 관리까지 하기는 어려운 일이다. 아무도 돌보지 않아 오랫동안 헐벗었던 최학송의 묘를 사비를 들여 돌보는 이가 있으니 그는 교사 출신의 정종배 시인이다. 정종배 시인은 2010년 아예 최학송 묘의 관리인으로 이름을 올렸다. (사)한국내셔널트러스트와 중랑구청 등의 협찬을 받아 기념사업회는 해마다 기일 7월 9일 즈음에 추도식을 열고 있다.

문학비 위에 묘가 있다. 묘비 앞면에 '서해최학송지묘', 뒷면에는 "'그믐밤' '탈출기' 등 명작을 남기고 간 서해는 유족의 행방도 모르고 미아리 공동묘지에 누웠다가 여기 이장되다. 위원 일동"이라고 새겨져 있다. '위원 일동'은 시인 김광섭 등으로 이뤄진 이장위원회를 말한다.

불운한 천재 문학가

눈길을 끄는 것은 '유족의 행방도 모르고'인데, 문학과지성사에서 출판한 『탈출기』 권말에 있는 연보를 보면 "최학송은 위문협착증으로 사망한 후 1932년 7월 9일 미아리 공동묘지에 묻혔으며 장례는 문인장으로 치러졌다"고 하며, "그해 9월 28일 모친과 부인 그리고 두 아들이 모두 함경도 회령으로 떠났다"고 한다. 또한 비석 옆면에 '이장일은 단기 4291년(1958) 9월 25일'이라고 새겨져 있는 것을 보면 그의 유족은 북쪽에 있으니 '행방도 모르는' 것이다. 당시 잡지 《동광》은 서해의 사망 기사를 이렇게 다뤘다.

> 서해 최학송 군이 죽었다. 누구나 아깝게 아니 여기는 이가 없다. 그는 처음 보따리 하나 가지고 혈혈단신으로 20세에 서울로 왔다. 와서 방인근 군이 경영하는 조선문단사에 투신했으나 그 역시 고생살이였다. 조운(시조 시인) 군의 여동생과 결혼하였을 때도 세간 하나 없이 살림이라고 시작했다. 중외일보 기자로도 월급 못 받는 달이 받는 달보다 많았다고 한다. 그렇게 고생을 하다가 겨우 좀 안정된 생활을 하게 되니까 그만 세상을 떠났다. 의탁 없는 노모와 슬하의 두 아이를 두고 며칠째 '살아야 한다, 살아야 한다' 부르짖으며 떠났다

최학송 문학비와 비석 뒷면

고 한다. 그의 훌륭한 천재가 직업 때문에 충분 발휘가 못 되다가 또 요절하였으니 이것은 조선의 막대한 손실이라고 장례에 참석한 이마다 애석히 여기었다. ('박명의 문인')

서울에서 기자 생활을 하며 먹을 걱정을 안 하게 된 것도 잠시, 가장이 그렇게 일찍 세상을 뜨니 아무 경제적 능력이 없는 유족의 고생은 참담한 것이었다. 사망 1주기를 맞아 《삼천리》(1933.09.01)에서 한 기자가 유족의 소식을 전하길, "7월 중순이라 재경문인들이 피서를 떠나 추도회는 9월로 미루었는데, 서해의 노모, 약처(弱妻), 유자(幼子)는 모두 두만강변에 가서 산다고 하니 일대의 재인(才人)도 이 참경에 눈이나 감고 누웠는가"라고 했을 정도다.

최학송은 재능뿐 아니라 인간성도 좋았는지 장례는 조선 최초의 문인장으로 치러졌다. 《삼천리》 1932년 8월호에는 이광수, 김동인, 염상섭, 박종화, 김동환 등 많은 문인이 최학송을 추모하는 글을 실었다. 그리고 경성의대부속병원의 외과의사 유상규(「유상규」 편 참조)는 《신동아》에 「최서해의 죽음, 인술의 경계표」라는 글에서 서해의 위병은 오래전부터 제대로 먹지 못해 생긴 병이라고 밝혔다.

'빈궁(貧窮)문학'의 최고봉

최학송의 소설은 매우 거친 문장이지만 독자를 끌어당기는 힘이 있다. 주로 간도에서의 비참한 삶을 생생하게 그린 유일한 작가로 손꼽히는데, 빈곤한 삶에 대한 거친 묘사는 매우 리얼해서 절절하게 전달된다.

대표작 「탈출기」의 주인공은 간도에서 비참한 삶을 산다. 그런 삶에서 아무리 노력해도 개선될 희망이 보이지 않기에 이 삶에는 뭔가 구조적인 문제가 있다고 생각한다. 개인의 노력으로도 어찌할 수 없는 빈곤에는 제도의 문제가 있다. 이 왜곡된 구조에서 삶의 희망은 없으니, 이를 타파하기 위해선 분연히 총칼을 들고 일어나야 한다고 결심하고 집을 '탈출'해 XX단에 가입한다. 일제강점기 신문기사 등에서 'XX' 표기(복자 伏字)는 대개 '독립'을 가리킨다.

여기서 '왜곡된 구조'란 '일제'를 가리켰지만 후일 북한은 일제 대신에 '지주 및 자본가'를 거기에 대입시켜 정치적 목적으로 이 작품을 이용했다. 카프에 가입한 사실을 두고도 이론이 분분한데 문학과지성사의 서해 연보에는 "1925년 김기진의 권유로 카프에 가입했다가 1929년(29세)에 탈퇴"한 것으로 나와 있다.

「홍염(紅焰)」은 가난 때문에 약값 대신에 딸을 한약방집에 빼앗긴 주인공이 한약방집에 불을 지른다는 내용인데, 빈곤에 처한 하층민의 현실을 리얼하게 반영했다고는 하나, 약방 집에 불을 지르는 설정으로 나간 것은 가진 자와 못 가진 자의 투쟁 방향을 선동한 면이 다분하다. '목적의식'이 없었다 하더라도 목적적으로 이용당하기 충분한 작품이다. 그러나 이 작품은 1929년 카프 탈퇴 전에 발표된 것임을 고려해야 할 것이고, 요즘 이런 작품을 읽고 '계급투쟁 하자'고 분기탱천하는 사람은 없을 터이니, 그는 이제 우리 문학사에서 빈곤을 개인적인 문제가 아니라 사회적인 문제로 드러낸 독보적인 작가로 평가되기에 모자람이 없다.

7

가사가 세 번이나 바뀐 노래의 주인

작곡가 채동선(蔡東鮮 1901~1953)*

작곡가 채동선의 가곡 「그리워」는
원래 시인 정지용의 「고향」에 곡을 붙인 것으로,
빼앗긴 고향의 이미지를 담아 일제강점기에 크게 유행했다.
그러나 같은 곡이 박화목의 「망향」으로,
다시 이은상의 「그리워」가 되었고, 최근에 다시 「고향」으로도
불리게 된 한국사의 기구한 사연이 여기 있다.

채동선의 묘(2008년 당시)는 인적이 드문 길에 있어 아는 사람이 드물다. 순환로의 반환점이 되는 정자 뒤편으로 난 작은 길을 내려가다가 갈림길을 한 번 지나쳐 내려가서 나온 갈림길의 오른쪽으로 향하면 갓머리를 쓴 큰 비석이 보인다. 필자가 대학 때 망우리공원을 찾아가 발견했던 비석 중의 하나가 채동선의 것. 학교 때 전혀 들어보지 못한 이름, 그러나 납작한 현대식 모양의 묘와 유명한 음악평론가 한상우의 글이 새겨진 비석의 주인공…. 필자는 20년이 지난 후

* 채동선의 묘는 2012년 고향인 벌교 부용산으로 옮겨져 부인 이소란과 합장되었다. 본고의 시점은 2008년이다. 하지만 보다 많은 국민이 쉽게 찾을 수 있는 이곳 망우리공원의 묘터에도 과거 비석의 재이전이나 추모비의 건립이 필요하다고 생각한다. 그 생각의 공유를 위해 개정판에도 이 글을 남겨 놓는다.

비로소 그에 대해 공부를 시작했다.

채동선 씨라면 누구를 물론하고 얌전한 제금가(提琴家)인 것은 알 것이라고 믿는다. 씨는 조선에서 제일 먼저 '바요링'을 사 가지고 공부를 시작한 이다. 얼마 동안 경성에서 중학 시대(제일고보)에 열심으로 바요링을 공부하다가 중학을 마치고 동경으로 건너가서 와세다대학 문과에 통학하는 일편 역시 그 길을 닦으며 연구하다가 와세다대도 마치고 독일로 유학을 갔었다. 독일 유학을 4, 5년 동안 할 즈음 전혀 제금을 전공하였던 것이다. 그곳에서 많은 천재라는 말을 듣다가 얼마 전 조선에 돌아와서 공회당에 2, 3회의 제금독주회를 열어 반도 악단에 큰 센세이슌을 일으켰다. 그리고 제금으로 이이를 지나칠 사람은 없다고들 한동안 야단이었으며 떠들었던 것이 사실이다. 그 후 이화여전을 마친 김양과 결혼하여 동대문 밖에서 재미있는 신혼 생활에 얽매였음인지 근일 독주회커녕 음악회에까지 좀처럼 나오지 아니한다. 그리고 옛날 선배 모양으로 음악회에 구경 다닐 때엔 반드시 조선 의복을 잘 입는다. 사치와 치장을 싫어하는 우리의 제금가이다. (채규엽, 「인기음악가 언파레-트(on parade 총출동)」,《삼천리》 1932년 5월호)

예로부터 가야금, 거문고 연주가를 제금가라고 했다. 바이올린도 처음 국내에 들어왔을 때는 들고서(提) 현으로 소리를 내는 악기라 제금가라고 했다. 채동선의 아내는 김양이 아니라 이소란(이화여전 영문과졸)이다. 누이 채선엽(소프라노, 이화여고 동창회장, 이대 예술대학장 역임)의 친구다. 그리고 이 글을 쓴 채규엽은 채동선과 같은 성이라 친척이 될지 모르나 적어도 가족관계는 아니다. 채규엽은 일본중앙음악학교를 졸업한 성악가 출신으로 국내 최초의 직업가수이다.

채동선

1935년 10월 삼천리사의 레코드 가수 인기 투표 결과 남자가수 1위였다.

비문을 읽어본다. "채 선생은 1901년 6월 11일 채중현의 장남으로 전라남도 보성군 벌교읍에서 출생하셨다. 선생은 경기고등학교를 거쳐 일본 조도전(와세다) 대학 영문과를 졸업하고 독일 백림대학에서 작곡과 바이어린을 전공했다. 귀국 후 선생은 해방된 조국을 위해 음악예술 활동에 헌신했고 가곡 그리워를 비롯한 수십 편의 작품을 남기었다. 예술원 회원으로 활동하던 중 1953년 2월 2일 피난지 부산에서 53세를 일기로 별세하셨다." (옆면)

그리고 비석의 뒷면에는 잘 알려진 가곡 「그리워」의 가사와 함께 생애와 업적이 다음과 같이 새겨져 있다.

그리워

이은상 시/ 채동선 곡

그리워 그리워 찾아와도
그리운 옛님은 아니뵈네
들국화 애처럽고
갈꽃만 바람에 날니고

마음은 어디고 붙일 곳 없어
먼-하늘만 바라본다네
눈물도 우슴도 흘러간 세월
부질없이 헤어리지 말자
그대 가슴엔 내가 내 가슴엔 그대 있어
그것만 지니고 가자꾸나
그리워 그리워 찾어와서
진종일 언덕길만 헤매다 가네

채동선 선생은 53세란 짧은 나이에 타계하셨으나 불멸의 가곡 〔그리워〕를 통해 살아있는 민족혼은 영원히 우리의 마음속에 구비치고 있다. 일제의 압박 속에서는 한복에 두루마기를 입고 관직을 마다하며 초야에 묻혀 음악예술 속에 온통 마음을 불살라버린 선생이시지만 해방이 되자 참고 살아온 정열이 일시에 폭발하려는 듯 나라를 세우는 일에 앞장스셨다. 한편 조국의 독립과 영원한 번영을 위해 칸타타 조국, 한강, 독립축전곡을 작곡하셨고 우리 고유음악을 발전시키기 위해 많은 민요를 채보하셨다. 선생의 모든 예술작품은 애국심의 표현이라 하겠거니와 음악 속에 담겨있는 나라사랑하는 마음은 영원히 메아리 칠 것이다. 대한민국 정부는 이에 선생의 업적을 기려 1979년 문화훈장을 추서하였거니와 선생이 남긴 업적에 조금의 보탬이 되어지기를 바란다. 1983년 2월 2일 한상우 씀.

가사가 세 번이나 바뀐 곡

비문을 쓴 한상우 씨는 오랫동안 라디오 클래식 음악을 진행하신

분이라 클래식을 잘 몰랐던 필자도 그 이름을 기억한다. 고전음악과도 같이 깊고 부드러운 목소리가 지금도 귀에 아련한데 2005년 8월 18일 별세했다.

「그리워」는 원래 정지용의 시 「고향」에 곡을 붙여 1933년 채동선 가곡집에 실린 것이다. 팝페라 가수 임형주도 앨범 『Silver Rain』(2003)에서 「그리워」를 불렀다. 돌아온 고향이 과거의 그곳이 아니라 일제하의 그곳이라는 은근한 의미로 당시 큰 인기를 얻었다. 해방 후에도 계속 교과서에 실려 사랑받던 가곡이었으나 6·25전쟁 때 정지용(1902~1950)이 납북 문인이 되는 바람에 황급히 출판사는 아동문학가 박화목(1924~2005)에게 부탁해 「망향」으로 가사를 바꾸어 출판, 한동안 「망향」이라는 노래로 불렸다.

채동선이 출간한 가곡은 12곡인데 그중 8곡이 정지용의 시를 가사로 쓴 것이었으니 필자의 학창 시절에 전혀 채동선의 노래를 접하지 못한 이유가 여기에 있다. 「향수」, 「압천(鴨川)」, 「고향」, 「산엣색시·들녘사내」, 「다른 하늘」, 「또 하나 다른 태양」, 「바다」, 「풍랑몽」의 8곡이 정지용 시이고, 나머지 4곡은 「그 창가에」(모윤숙), 「내 마음은」(김동명), 「새벽별을 잊고」(김상용), 「모란」(김영랑)이다.

그러다가 다시 1964년, 채동선 타계 12주기에 맞추어 유족은 「망향」을 이은상의 가사를 붙인 「그리워」로 바꾸었다. 나머지 곡들도 계속 새 가사로 발간되었지만 여전히 교과서에 실릴 처지가 되지 못하다가, 1988년 마침내 정지용의 시가 해금되자 채동선의 가곡들도 동시에 부활하게 되었다. 하나의 시에 여러 작곡가가 곡을 붙이는 경우는 있어도 한 곡에 몇 개의 다른 가사가 붙여진 것은 세계 음악계에서도 매우 드물 것이니, 이는 격동의 우리 역사가 만들어낸 희한하고 가슴 아픈 사연이 아닐 수 없다.

채동선은 전남 보성군 벌교에서 부호 채중현의 장남으로 태어났다. 부친 채중현은 벌교남초등학교 설립 당시 부지를 제공하는 등 고향에서 덕망이 높았다. 그러한 선각자의 장남 채동선은 수십 리 떨어진 순천공립보통학교에 하인과 함께 걷기도 하고 업히기도 하면서 다녔고, 졸업 후 서울로 와 제일고보(경기중학)에 입학했다. 재학 중에 홍난파로부터 바이올린을 배웠지만 부친의 뜻도 그러하고 자신도 당시는 음악가가 될 생각은 없었다. 3·1운동의 적극적인 가담으로 인해 학교를 그만두게 되자 일본 와세다대학으로 유학을 떠나 영문학을 전공했는데 음악에 대한 열정을 버리지 못해 결국 독일로 유학해 5년간 바이올린과 작곡을 공부했다.

1929년 가을에 귀국해 동아일보 주최로 11월 28일에 첫 번째 귀국독주회를 성황리에 열고 음악 활동을 시작했으나 일제의 압박이 심해지면서 두문불출 은거에 들어가 낮에는 농사일을 하고 밤에는 작곡을 하며 해방의 그날을 기다렸다. 1945년 광복 후에는 나라의 음악계 발전을 위해 여러 단체를 이끌기도 하고, 「독립축전곡」, 「한강」, 「한글날 노래」, 「3·1절 노래」, 「개천절 노래」, 「무궁화 노래」 등을 작곡하는 등 해방 한국의 재건을 위해 노력했다. 그러나 이 기념곡들 또한 정지

채동선의 비석 뒷면에는 가곡 「그리워」의 가사와 함께 그의 생애와 업적이 새겨져 있다.

용과의 관계로 채택되지 못했다. 또한, 그는 우리나라 최초로 전통 민요를 귀로 들으며 양악 악보로 채보한 큰 업적도 남겼으나, 6·25 때 피난지 부산에서 53세를 일기로 안타깝게 병사하고 말았다. 그가 피난지에서 마지막으로 남긴 작품이 국민가요풍의 「무궁화의 노래」인데 이는 그가 얼마나 나라를 사랑했는지를 말해준다.

1979년 정부는 은관문화훈장을 추서했고, 1983년에는 유족과 음악계 인사에 의해 채동선기념사업회가 설립되었으며, 정지용 해금 후인 1989년에는 보성군에서도 기념비를 세우고 매해 열리는 벌교꼬막 축제에 채동선 음악회를 함께 열고 있으며 2007년 12월 채동선음악당이 건립되었다. 다시 최초의 곡으로 돌아간 「고향」의 가사를 옮긴다.

고향

_정지용

고향에 고향에 돌아와도
그리던 고향은 아니러뇨
산꿩이 알을 품고
뻐꾸기 제철에 울건만
마음은 제 고향 지니지 않고
머언 항구로 떠도는 구름
오늘도 뫼끝에 홀로 오르니
흰 점꽃이 인정스레 웃고
어린시절에 불던 풀피리 소리 아니나고
메마른 입술에 쓰디쓰다
고향에 고향에 돌아와도
그리던 하늘만이 높프르구나

낙엽 따라 가버린 '오빠'의 원조

가수 차중락(車重樂 1942~1968)

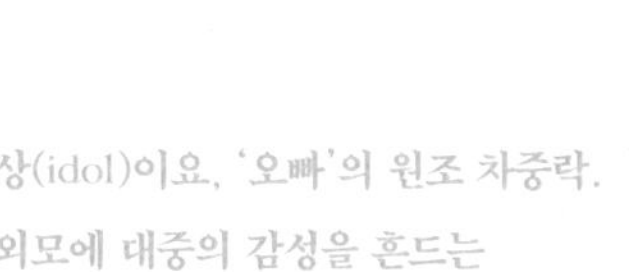

60년대 가요계의 우상(idol)이요, '오빠'의 원조 차중락.
멋진 남성적 외모에 대중의 감성을 흔드는
음성으로 최고의 인기를 얻었으나
26세의 아까운 나이에 세상을 떠나 이곳 망우리에 잠들었다.
동생 차중용의 증언을 토대로 살펴본 차중락 일생의 빛과 그림자…,
그리고 최초로 공개되는 연인 알린의 편지.

1966년, 대학을 휴학하고 평화봉사단으로 한국에 와있던 미국 여대생 알린(Allen, 주로 '알렌'으로 알려짐)은 어느 날 친구와 함께 미군 클럽을 찾았다. 클럽의 무대에 오른 어느 한국인 밴드가 노래를 시작했다. 노래는 그녀도 잘 아는 엘비스의 「Anything that's part of you」. 그녀는 맥주잔을 기울이며 무심코 노래를 듣다가 갑자기 가슴이 떨려왔다. 엘비스의 노래를 엘비스보다 더 잘 부르는 리드 싱어. 잘생긴 얼굴에 건장한 몸, 그런 '남성'에서 흘러나오는 부드럽고 청아한 바이브레이션. 강인함과 부드러움, 그리고 지성과 감성이 함께 느껴지는 저 가수는 누구일까? 노래가 끝나자, 클럽의 손님들은 일제히 자리에서 일어나 큰 함성과 박수를 보냈다. 알린은 떨리는 가슴을 주체할 수가 없었다. 사회자의 소개말에 귀를 기울이니, 밴드의 이름은 '키보이스(Key Boys)'로 미8군 무대에 오르는 많은 가수 중에서도 특A급의 밴드라 하고, 리드 싱어는 '코리언 엘비스'라고 불리는 차중락으로 나이는 24세. 그날, 알린의 마음에는 영원히 꺼질 것 같지 않은 사랑의 불꽃이 타오르기 시작했다.

스타 탄생

차중락은 1942년 부 차준달과 모 안소순의 셋째 아들로 신당동에서 태어났다. 형제는 위로부터 중경, 중덕, 중락, 중광, 중용, 선희, 중선, 중화, 중배, 순영, 선미의 8남 3녀. 부친은 큰 인쇄소를 경영해 집안은 부유한 편이었다. 부친은 보성전문 마라톤 선수, 모친은 경기여고 단거리 선수였고, 1950~60년대의 대표적 시인 김수영은 큰이모의 장남. 그 피를 이어받아 형제들은 모두 머리도 좋고 예체능에도 뛰어났다. 맏형 중경을 비롯해 남자형제는 대부분 경복고 출신의 엘리트에, 역도·야구·육상 등 각 분야에서 선수로 뛸 정도로 운동에 능했고, 중경이 쓴 동시는 오랫동안 초등학교 4학년 교과서에 실렸으며 중락이 초등학교 때 그린 포스터는 거리에 나붙기도 했다.

장충초교를 나온 중락은 경복중고를 다니며 육상선수로 활약했고 대학에 들어와서는 보디빌딩을 해 대학 1학년 때인 1961년 미스터코리아 2위에 입상했다. 그런 건장한 차중락의 이미지와는 달리, 그는 어릴 적에 몸이 약해 병도 자주 앓았고, 그 탓인지 다른 형제와 달리 유순하고 감상적인 성품을 지녔다. 중학교 3학년 때 절친한 친구가 연애사건으로 음독자살한 것이 그의 성격에 적잖은 영향을 주었을 것으로 동생 중용은 회고한다.

중락의 장래 희망은 영화감독으로 미술적 요소를 부각시킨 영화

1967년 차중락의 신인상 수상식 사진. 왼쪽부터 동생 차중용, 차중락, 시인 김수영, 어머니, 맏형 차중경이 보인다. 맨 앞줄에는 차중경의 딸들이다.

를 만들고 싶어 했다. 중용과 영화관에도 자주 갔고 제임스 딘을 좋아했다. 한양대 연극영화과에 다닐 때, 어머니 친구의 아들 후랭키 손(「목포의 눈물」 작곡가 손목인의 아들)이 일본에서 활동하다 귀국해 중락의 엘비스 노래를 듣고, "요즘 일본에서는 사카모토 큐(坂本九)라는 가수가 엘비스를 흉내 내서 인기가 높은데 네가 훨씬 낫다. 일본에 가면 크게 성공할 것"이라는 말에 중락은 일본행을 결심했다. 그가 일본에 가려고 한 것은 노래로 아르바이트를 하며 영화를 공부하려는 목적에서였다. 그러나 당시 한일 간은 국교가 없던 상태라 일반인에게 일본에 가는 유일한 방법은 밀항뿐. 참으로 낭만적이고 저돌적인 20세의 청년 중락은 학교도 중퇴하고 부산으로 가 밀항선을 탔으나 캄캄한 새벽에 내려진 곳은 어처구니없게도 원래의 부산 해변이었다. 그렇게 밀항사기에 걸려 수중에 돈 한 푼 없는 그가 식당에 들어가 밥을 구걸했으나 매정하게 당장 쫓겨나 버렸다. 중락은 후에 중용에게 이렇게 말했다. "세상이 참 희한하기도 하지. 지금은 하늘에서 떨어진 미남이라고 난리인데, 똑같은 얼굴의 내가 그때는 거지 취급을 받았으니 말이야. 인기라는 게 뭔지…."

서울로 돌아온 후, 아버지의 사업이 잘 풀리지 않게 된 사정도 있어, 중락은 키보이스 멤버인 사촌형 차도균의 권유로 1963년 10월 키보이스에 합류했는데, 미8군 무대에 오른 첫날부터 큰 인기를 끌었다. 시민회관(세종문화회관 자리)에서 시민에게 선보인 첫 공연 때 중락은 가죽부츠 대신에 검은 고무장화를 신고 나갔는데, 이 모습까지 엘비스와 흡사하다 하여 한국의 엘비스로 깊이 각인되었다.

미8군 무대에서 만난, 늘씬한 키에 미모의 여대생 알린의 적극적인 접근에 중락은 영어도 배울 겸 호기심 반 호감 반으로 데이트를 했으나, 이미 마음을 준 애인이 있어 알린의 사랑을 받아줄 마음의 공간은 없었다. 자기가 미국으로 돌아가 대학을 마친 후 돌아오면 결혼해주겠냐는 알린의 말에, 중락은 그저 고개를 끄덕이는 기약 없는 의사 표시로 알린을 미국으로 떠나보냈다.

중락의 애인은 이화여대생으로 같은 동네인 장충동에 살았다. 미국 여배우 에바 가드너를 닮은 미인이었다고 하고, 키보이스 멤버 윤항기의 글에서는 이대 메이퀸으로 소개되었다. 그녀의 부모는 대학 중퇴에 연예인인 중락과의 교제를 반대했지만 둘의 사랑은 변치 않았다. 그러나 그녀는 졸업 후 스튜어디스가 되고, 중락은 밤에 무대에 서는 밴드 활동으로 서로 스케줄을 맞추기 힘들었고, 게다가 중락이 미국여자를 비롯해 주위에 여자들이 많다는 말을 친구로부터 전해들은 그녀의 마음은 약해질 수밖에 없었다. 마침내 어느 날, 그녀는 집안의 소개로 만난 남자를 따라 미국 유학을 간다는 말을 남기고 중락을 떠나갔다.

그해 1966년 11월 10일, 신세기레코드 사장의 아들 강찬호 작사에, 정민섭이 엘비스의 「Anything that's part of you」를 편곡하고,

실연 가수 중락의 아픔이 그대로 녹아든 「낙엽 따라 가버린 사랑」이 완성되었다.

찬바람이 싸늘하게
얼굴을 스치면
따스하던 너의 두 뺨이
몹시도 그리웁구나
푸르던 잎 단풍으로
곱게 곱게 물들어
그 잎새에 사랑의 꿈
고이 간직하렸더니
아아아 그 옛날이
너무도 그리워라
낙엽이 지면 꿈도 따라
가는 줄 왜 몰랐던가
사랑하는 이 마음을
어찌하오 어찌하오
너와 나의 사랑의 꿈
낙엽따라 가버렸으니

이 노래는 처음에 부산에서 돌풍을 일으켜 서울로 전파됐다. 키보이스는 1965년 해운대에서 한국 록그룹 사상 처음으로 단독 야외공연을 해 한국의 '비틀즈' 혹은 '비치보이스'로 불리며 열광적인 환호를 받았을 정도로 키보이스와 차중락의 인기는 부산에서 특히 높았다. 부산의 음악다방 DJ는 매일 이 노래를 신청곡으로 받아 틀었고, 다시 많은 부산팬이 방송국에 전화를 걸어 신청하는 바람에 이 노래는 전파를 타고 전국으로 퍼져나갔다.

1967년, 중락은 신세기 레코드의 전속작곡가 홍현걸의 주선으로 솔로로 데뷔했고, 같은 해 TBC(동양방송) 라디오 드라마 주제가인 「사랑의 종말」(이봉조 작곡)이 크게 히트를 쳐, 연말에 동양방송 방송 가요대상 신인상을 수상, 동갑내기 라이벌 배호와 함께 트로트와 팝으로 가요계를 양분하는 새로운 스타로 각광을 받았다.

빛과 그림자

단 세 편의 영화에 출연하고 교통사고로 죽은 제임스 딘이 지금도 사랑을 받는 것은, 청춘의 브랜드와도 같은 '저항과 고독'을 표현한 그의 멋진 연기뿐 아니라, 우수에 젖은 촉촉한 눈매로 각인되는 외모나 분위기가 크게 작용했음은 부정하지 못한다. 중락의 시대에도 노래 잘하는 가수가 많았지만, 우상으로 팬의 사랑을 받은 이는 드물었다. 1969년 이대 강당에서의 클리프 리처드 공연 때 나타난 여성팬들의 열광적 모습에 기성세대는 놀라며 이해하지 못했지만, 지금 돌이켜보면 당시 팬들은 폭발적인 사랑의 에너지를 쏟을 우상의 출현을 기다렸던 것이다. 그런 문화적 현상이 처음 우리 사회에 나타난 것은 차중락과 배호 때부터다. 시대의 요구를 충족한 차중락은 한국 가수로는 첫 번째 우상, 즉 요즘 '오빠'의 원조였다. 남성적 매력이 넘치는 외모, 경복고 출신의 엘리트, 20대 중반의 청춘, 가슴을 파고드는 감성적 목소리는 대중의 스타가 되기에 충분했다.

중락의 집에는 전화가 세 대 있었는데, 외부에서 집으로 전화를 걸면 계속 통화 중인 때가 빈번했다. 그 당시의 전화 시스템은, 전화를 건 여성팬이 수화기를 놓지 않으면 집에서 수화기를 놓아도 전화가 끊어지지 않았던 것. 여성팬들이 늘 집 앞에서 진을 치는 것은 물론이고, 하루는 시골에서 올라온 듯 보따리를 든 처녀가 집을 찾아와 "더 바라지 않으니 빨래만이라도 해주며 옆에 있게 해 달라"고 애원하며 버티기도 했다. 같은 연예계의 여배우나 여가수의 공세는 말할 나위가 없었다. 또, 당시의 잡지에는 미모의 이혼녀 모 씨가 공연장 앞에 외제차를 세워놓고 기다리다가 공연이 끝나자마자 중락을 납치하듯 데려갔다는 둥, 모 재벌집 딸이 적극적으로 대시한다는 둥 진위를 알 수 없는 기사가 계속 실렸다.

그를 찾는 사람은 여성팬만이 아니었다. "우리 어머니 환갑잔친데 너 꼭 보고 싶대", "동창회에 꼭 나와 한 곡 불러 줘야지"… 이처럼 지인들의 쇄도하는 요청을 이기적이지 못한 여린 성격의 중락은 거부하지 못했다. 부산과 서울을 오가는 프로펠러 비행기는 하루 한편에 안개가 조금만 껴도 뜨지 않는 날이 많았다. 고속도로도 없을 때라, 지프차로 편도 18시간을 달리는 강행군이 거듭되었으니, 아무리 건장한 중락이라 해도 몸이 상하지 않을 수 없었다. 이런 에피소드도 있었다. 하루는 TBC(동양방송) 아침 방송에 '차중락과 함께'라는 코너에 출연하기로 되었는데, 부산에서 비행기가 뜨지 못해 방송이 펑크 날 상황에 급거 동생 중용이 대신 출연했다. 중용은 형제 중에서도 중락과 외모와 목소리가 흡사해, 카메라가 얼굴을 정면으로 찍지 않는 기교를 부리며 무사히 방송을 마쳤는데, 전국의 시청자들로부터 전화가 빗발쳤다. 가짜라는 항의가 아니라, '중락의 얼굴이 핼쑥하게 말라서 안타깝다'는 것. 그 사건으로 중용 또한 노래 실력을 인정받아 다시 방송출연을 하게 되었다.

엔터테인먼트 회사도 매니저도 없던 시절, 세인의 욕망 앞에 그대로 노출된 몸은 지쳐만 갔다. 여기저기에서 던진 욕망의 덫에서 자기를 빼내지 못한 탓이었던가, 결국 1968년 9월 29일, 청량리 동보극

차중락 묘지의 겨울 풍경. 그의 대표작 낙엽따라 가버린 사랑의 분위기를 자아낸다.

장에서 공연 중 돌연 쓰러진 중락은 혼수상태에 빠졌고, 「낙엽 따라 가버린 사랑」을 취입한 바로 그날인 11월 10일, 많은 팬이 병원 앞을 지키는 가운데 그는 26세의 안타까운 나이로 조용히 숨을 거두었다. 병명은 뇌막염. 중락 사후, 연예잡지에서는 중용이 중락의 뒤를 이어 가수로 나선다는 추측성 기사도 나왔으나, 중용은 형의 죽음을 통해 연예계에 환멸을 느껴, 대한화재보험에 들어가 27년간 근무하고 상무로 퇴직, 지금은 금융컨설팅회사를 경영하고 있다.

한편, 중락이 쓰러지기 2주 전, 미국으로 떠났던 알린은 대학을 졸업하고 2년 만에 다시 한국을 찾았다. 알린은 중락을 잊기 위해 여러 나라를 여행도 해봤지만 그녀의 영혼은 항상 동쪽을 향하기만 했다. 중락의 집을 찾아와 어머니 앞에서 곱게 무릎을 꿇고 앉은 알린은 미니스커트 밑으로 드러난 다리를 감추려고 자꾸만 치마를 밑으로 내렸고, 일어날 때는 다리가 저려 일어나지 못해 주위 형제들이 부축해 주었다. 참한 그 모습에 가족도 그녀를 따뜻하게 대해 주었다. 어느 날 알린과 함께 중락의 공연 무대를 찾은 중용은, 옆에 앉은 알린의 눈에서 조용히 흐르는 눈물을 보고 그녀의 사랑이 여전히 그토록 깊다는 것을 알았다. 그러나 며칠 후 쓰러진 중락은 혼수상태에 빠졌고, 알린은 병원에서 밤을 지새우며 정성을 다해 간호했지만, 중락은 다시 깨어나지 못하고 영원한 안식처로 떠나갔다. 중락의 장례 후에도 며칠 동안 중락의 집에서 지낸 알린은 중락에게 보내는 편지를 한국 친구에게 대필시켜 중락의 어머니에게 전달했다. 그리고 상식 없는 이들로 인해 중락과의 신성한 사랑이 모독받기를 바라지 않으니 영원히 공개하지 말아 달라는 부탁과 함께.

아소, 님아 너무 슬퍼마사이다

차중락의 묘는 순환로 전신주 36번에서 중랑망우공간 방향 30m에 있는 길로 5분 정도 내려가면 왼편에 있다. 서일대학, 면목역 방향이다. 혹은 역으로 면목역 2번 출구에서 진로아파트 가는 마을버스를 타고 종점에 내려 200미터 정도 올라가면 오른쪽에 있다. 다소 큰 무덤과 우뚝 선 큰 비석이 생전의 차중락 이미지 그대로다. 비석에는 시인 조병화의 시가 맏형 차중경의 글씨로 새겨졌고 밑 부분에는 '차중락 기념사업회'라는 글 아래, 비석 건립에 참여한 연예계 인사의 이름이 새겨져 있다.

낙엽의 뜻

_1969.2.10 시 조병화

세월은 흘러서 사라짐에 소리 없고

나무닢 때마다 떨어짐에 소리 없고
생각은 사람의 깊은 흔적 소리 없고
인간사 바뀌며 사라짐에 소리 없다
아, 이 세상 사는 자, 죽는 자, 그 풀밭
사람가고 잎지고 갈림에 소리 없다.

형 차중경 씀

그가 묻히던 날, 하늘에서 첫눈이 내렸다. 유족과 친지 그리고 알린을 비롯한 많은 여성팬의 오열과 절규 속에 중락은 땅에 묻혔다. 그의 사후에도 무덤을 찾는 팬이 끊이지 않았고 심지어는 무덤에서 밤을 새우는 팬도 있었다. 1969년 대중잡지 《로맨스》에 나온 기사 「우리 님 무덤가에 피는 꽃은…」(글 오훈)은 차중락의 무덤 앞에 있는 '싸인-북'에 대해 소개하며, 팬의 사랑이 아직도 무덤 앞에 쌓이고 있다며 그 사연을 전했다.

사인북은 열성 여고생 팬 정숙(가명, 천호동)이 1968년 12월 24일에 무덤 앞 언 땅을 손으로 파서 돌을 깔아 만든 작은 움에 넣어 둔 것으로 사인북에는 정숙이 그곳에 올 때마다 써 넣은 편지글뿐 아니라, 다른 많은 팬의 추모 글이 적혀 있었다. 정숙은 당시 이화여고 3학년으로 오랫동안 팬클럽 회장을 했다.

1월 16일
눈이 오기에 달려왔지요. 오빠 얼굴에 흰 눈이 소복이, 하얀 눈을 조용히 쓸어드렸죠. 이젠 춥지 않으시겠죠? 아까 먹고 온 아침밥 점심밥 이곳에서 전부 없어졌으니 이건 필시 오빠 책임. 나중에 비후스틱 2인분을 내실 각오는 돼있겠죠? 이만 가봐야겠어요. 해가 저물었

군요. 춥단 말씀 아예 하지 마세요. 안녕.(정숙)

2월 1일
오빠의 노래 소리가 귓전을 울리기에 찾아왔어요. 그 옛날이 너무도 그리워서… 잠시도 잊지 못하는 오빠의 옷인 양 두텁게 입혀졌군요. 오빠! 옷을 벗겨드리면 추우시겠죠. 하지만 참아주세요. 머지않아 올 봄의 푸른 옷을 입으실 때까지… 오빠가 보고 싶다고 그리워 찾아오면 오빠의 모습은 보이질 않는군요. 오늘도 애경이는 오빠가 그리워 이렇게 찾아왔어요. 누가 뭐래도 울지 않겠어요. 오늘도 벌써 안녕을 해야겠군요. 보곺으면 찾아오겠어요. (애경)

이 글 다음에는 기자가 다음과 같은 코멘트를 달아놓았다. "중간중간 군데군데 눈물이 번진 듯 글씨가 희미하도록 얼룩이 졌다. '오늘도 애경이는 오빠가 그리워 찾아왔어요'라는 구절과 '누가 뭐래도 울지 않겠어요'라고 쓰인 곳은 알아보기 힘들 정도로 눈물로 지워져 있었다."

2월 2일 밤 7시 10분
오늘은 제가 한발 늦었군요. 벌써 산지기 아저씨가 눈을 치워놓으셨으니… 미안, 오빠, 저 이제 졸업했어요. 설마 그때 약속을 잊진 않으셨겠죠. 별처럼 달처럼 언제나 영원히 오빠를 지켜보았음 참 좋겠어요. 오빠 눈 좋아하세요? 요사이 눈이 너무 내려 교통이 두절되기까지 했는데 오빤 자꾸 데리고 오시니 말예요. 발 시렵고 손 곱아서 이만 쓸래요.(정숙 올림)

정숙은 나중에는 자신의 일기책도 그곳에 놓아두었다. 다음은 11월

12일 영결식 날에 쓴 정숙양의 일기.

오늘 그대의 영결식에서 님의 친구들이 많이 왔었답니다. 최희준씨를 비롯하여 현미, 김상희, 이상렬, 박춘석, 이봉조, 그대와 함께 노래 불렀던 '키보이스' 멤버 여러분들이 왔었다오. 내 그대와 함께 산에 올라가 식을 하매 억울하고, 분함이 터져 이루 헤아릴 수 없나이다. 내 그대 따라가지 못함을 또한 억울하게 생각하여이다. 그대 간 후에도 어찌된 일인지 밥은 먹힘네다. 님아 용서하시옵소서. 그대가 땅 속에 있다니 이게 웬말이오. 춥지는 않으시오. 또 얼마나 갑갑하시오. 내 그대의 머리맡에 국화송이 하나 놓아두니 나 보고 싶으시거들랑 그 꽃을 보옵소서. 이제는 누가 매일 임을 돌봐주며 그 누가 매일 오리이까. 아소 님아 너무 슬퍼마사이다.

정숙은 다음 해에 대학에 입학했다. 후에 정숙과 또 다른 팬이 그 후 얼마나 자주 차중락의 묘를 찾아왔는지, 그리고 50년이 지난 지금, 할머니가 된 그때의 여성팬이 지금도 가끔 '오빠'의 묘를 찾아오는지 필자는 알 수 없다. 그럼에도 내가 부모 세대의 가수를 기리는 건 무슨 까닭일까? 얼굴도 보지 않은 가수 남인수의 「애수의 소야곡」이 좋은 것은 무슨 연유인가? 그것은, 문학에 고전이 있듯 노래에도 고전이 있기 때문이리라. 그러니, '아소 님아 너무 슬퍼마사이다.' 공교롭게도 차중락의 마지막 앨범에 실린 곡은 「낙엽의 눈물」이었다.

바람이 싸늘히 지는 잎사귀
한두잎 떨어져서 흘러가다가
뒤돌아보는 마음 하도 서러워

저물고 쓸쓸한 산길에
밤새가 울어
남몰래 외로이 지는 잎사귀
한두잎 떨어져서 흩어지다가
아쉬워 서로 찾는 마음 서글퍼
어둡고 바람 부는 산길에
밤새가 울어

차중락 사후 처음 공개하는 알린의 편지

차중락이 떠난 지 50년이 넘었다. 지금 알린의 소식은 알 수 없지만 살아 있다면 그녀 역시 조용히 일생을 정리할 나이일 것이고, 한국 가요사에 중요한 자료가 될 수 있는 편지가 이대로 묻혀버리는 것은 안타깝다는 생각에, 동생 중용은 그동안 보관하던 알린의 편지를 세상에 공개하기로 했다.

중락씨,
당신 어머니의 두 눈을 통하여 내 이야기를 들어 주십시오. 이것은 우리 영혼의 교통의 절반입니다. - 가슴 속 깊은 비밀을 모두 고해바치는 - 그 교통은 당신의 뜻하지 않은 죽음으로 결코 이룰 수 없었던 교통이긴 하였습니다만, 나는 당신을 잊을 수가 없어서 한국으로 돌아왔습니다. 또한 우리의 진실한 사랑 - 생생하고 절실한 - 의 추억이 내 가슴속에 불어넣어졌기 때문이기도 합니다.
그것은 문화와 종교의 차이를 넘어선 눈빛과 피부색의 차이를 넘어선 사랑이었습니다. 나는 당신 나라의 말을 배우고 문화에 동화되고 그리고 당신의 편에서, 한 여인으로서 당신의 아내로서 그리고 당신의 자식들의 어머니로서 살아갈 각오가 되어 있었던 것입니다. 왜냐하면 나는 당신을 사랑했기 때문입니다. 왜냐하면 나는 우리의 이룰 수 없는 사랑을 결코 잊을 수가 없었기 때문입니다.

나는 당신을 잊으려고 해 보았습니다. 2년간이나 참으며 무작정 닥치는 대로, 스페인으로 간 이래 여러 나라를 여행해 보았지만 항상 동쪽을 향하여 아니 한국을 향하여 오게 되었습니다. 그것은 내 영혼이 자꾸만 돌아가고 싶은 충동을 느꼈기 때문입니다.

중락씨, 우리들의 이별은 불가피한 것이었습니다. 우리는 따로 따로 우리들 자신에 대하여 우리들 세상에 대하여 그리고 인생에 대하여 우리가 할 수 있는 모든 것을 배워야 했던 것입니다. 그래서 나는 그토록 낯설고 신비에 가득 찬 당신의 나라에서 영원히 행복하게 살 수 있을지, 그리고 당신이 하는 것보다 더 훌륭히 당신의 인생을 행복하게 해 드릴 능력이 내게 있는지의 두 가지 의문을 가졌던 것입니다. 그렇지만 동시에 나는 그 이룰 수 없는 사랑을 잊어보려고도 했던 것입니다.

나는, 나무들이 그 잎사귀들로 무성하고, 길을 따라 꽃들이 줄을 잇던 9월 대보름날에 이곳에 왔습니다. 내가 약속대로 돌아올 것을 당신이 꼭 기다리고 있으리라 믿고 내 가슴은 기대로 불탔습니다.

당신이 아직도 총각이라는 것을 믿을 수만 있다면, 나는 하늘을 이불 삼고 땅을 베개삼아 당신과 함께 살아갈 용의가 있었습니다. 나는 당신을 사랑했으며, 2년간의 여행을 통하여 이 세상의 모든 편리가 허무하다는 것을 배웠습니다. 그리고 그 미소와 당신의 이 모습 저 모습을 기억하면서 결코 당신을 잊을 수가 없었던 것입니다.

당신은 찾기가 어려웠습니다. 내가 없는 동안 당신의 세계는 엄청나게 변해 있었으며 기약된 출세의 문턱에 서 있었습니다. 우리는 우미

회관에서 처음으로 만났지요. 내가 들어섰을 때 당신은 노래를 하고 있었습니다. 나는 당신의 노란 쉐터와 두텁게 빗어 넘긴 검은 머리와 물기에 젖은 눈동자를 기억합니다.

1966년 평화봉사단으로 한국에 와 차중락과 뜨겁지만 안타까운 사랑을 나눈 알린

오랜 세월을, 들을 수는 없었지만 결코 잊어본 적이 없었던, 당신의 목소리의 공명과 친근감을 아직도 기억합니다.

…… (일부 생략 및 원고 일부 망실)……없고 결코 맺지 못할 이룰 수 없는 사랑이었던가요? 아, 꿈이로군요.

과거에 나는, 어려운 문제나 얼굴이 붉어지는 처지 고통에서 도망쳤습니다. 그러나 이번만은 결과야 어떻든 여기 남아있기로 했습니다.

당신의 친구들은, 당신이 아직도 날 사랑하고 있지만 양심의 가책 때문에 나를 멀리 했다고 일러주었습니다. 그들은 나에게 수없이 확신시켰습니다. - 사랑은 죽고 잊혀졌으니 당신은 거리낌 없이 나를 보고 모든 것을 잊고 집으로 돌아가라고 말씀할 수 있을 것이라고. -

아마도 우리가 다시 만난다면, 당신은 날 보고 모든 것을 잊고 돌아가 달라고 하시겠지요. 당신은 당신의 직업을 사랑했고 그리고 나를 사랑했습니다. 그러나 사실 당신의 직업은 인생 그것이었기 때문에, 만일 우리 사랑의 재현이 있어 그곳에서 다시 만날 때 당신은 눈물을 머금고 나를 배반했겠지요. - 내가 다시 이 땅에 온 것이 한갓 뜬 구름 같은 기약이 되도록. - 꿈이 깨어지고 내 세계는 일변했습니다. 세상은 슬픔의 바다, 인생은 비애의 연속입니다.

나는 서울에 돌아와서 삶과 죽음의 수레바퀴의 돌연변이 속에, 검은 운명의 손길이 당신을 제물로 잡아, 생명의 힘보다 살겠다는 의지보다 더 힘센 질병, 뇌염이라는 한없는 혼수상태의 심연으로 내던진 것을 보고 말았습니다.

매일같이 나는 병원에 갔으며, 당신의 힘없는 사지를 보살폈고 당신의 재생을 기원했습니다. "중락씨, 꼭 살아야 해요. 의지를 가지세요. 살아야겠다는 그 의지 말이에요. 만일 내가 온 것이 당신의 출세와 인생의 장애라면 가슴 속의 가시라면 나는 떠나겠습니다. 그러나 제발 나아서 온 세상을 그 노래 - 당신의 아름다운 그 노래로 가득 채워주십시오. 그리고 당신이 완쾌되면 나는 조용히 떠나가겠습니다. 만일 그것이 당신의 뜻이라면."

바람이 불 때마다 잡초는 움직이고 먼지가 일었습니다. 가을의 태양은 창백하고 낙엽은 떨어지고 찬바람이 불어왔습니다. 열차의 텅 빈 외로운 기적소리가 찬바람을 타고 들려왔습니다.

죽음.

이토록 자연스럽고 어쩔 수 없는 인생의 한 과정. 시원하게 펼쳐진 푸른 하늘은 새로 거둬들인 논 끝으로 조용히 내려앉고, 바람은 대지와 죽음의 냄새를 함께 몰고 왔습니다.

아, 나는 그 아침 - 슬픔에 흐느끼는 그 아침을 맞이하고 말았습니다. 당신의 장례식이 끝난 지가 얼마 안 되어 얘기하자니 너무 고통스럽습니다. 그러나 얘기하렵니다.

중락씨, 당신의 가족들은 나에게 몹시 친절했습니다. 서로 알지 못하는 사람들인데도 당신의 병환 때 그리고 쭉 후로… (나는 당신의 어머님과 처음으로 다방에 들어간 것과 당신 아버님의 생신날 당신의 집으로 함께 간 추억을 결코 잊지 못할 것입니다.)

그리고 우리는 (어머님과 나) 언어의 장벽으로 가끔 방해를 받았지만, 오직 당신의 회복을 위하여 함께 일하고 기도함으로써 더욱 친밀해졌습니다. 나의 감동과 존경은 날이 갈수록 더해갔으며 나는 그들이 조용히 그리고 부지런히 당신을 돌봐주고 있는 것을 보았습니다. 나는 현명하게 행동하려고 노력했으며 당신이 살아생전 좋아하시던 그 옷을 입고 있었습니다.

당신의 세계, 당신의 습관은 나의 그것과는 판이하게 다르지만 나는 그것들을 보고 듣고 배웠습니다. 그러나 그것은 어려운 일은 아니었습니다. 왜냐하면 나는 당신과 가족들 그리고 친지들 – 내가 돌보아주고 싶었던 사람들을 기쁘게 해 드리기로 했기 때문입니다.

중락씨, 내 이룰 수 없는 사랑이여,

많은 사람들이 그들의 마지막 존경을 당신께 바치려고 찾아왔습니다. 나는 사실 당신의 뜻밖의 죽음을 당하여 위풍당당하고 복잡한 허례보다는 조그맣고 간략한 식〔장례식〕을 올렸으면 하고 얼마나 원했는지 모릅니다. 테레비 중계도 없고, 걷잡을 수 없이 많은 군중도 없는, 오직 당신의 가족과 친지들만 있었으면 하고.

* * *

우리가 만났던 조용한 날들을 기억합니다. 서울거리를 걷다가 갑자기 당황하여 다방이나 영화관으로 뺑소니치던 그 추억. 다만 당신은 한국인, 나는 외국인이라는 이유 때문에 우리를 괴롭혔던 그 무서운 눈길들을 피하여 청덕궁의 나무들이 늘어선 길을 따라 걸었던 추억.

그러나 지금 당신은 유명해지고 많은 사람들의 입에 그 이름 그 명성이 오르내리고 있습니다. 그들의 가슴 속엔 당신의 노래가 있습니다.

그러나 나는 옛날 옛적의 중락씨를 알았고 사랑했을 뿐 - 그래서 오늘의 화려한 식은 마치 거짓말 같이 느껴집니다. 다만 내 가슴속에는 검은 상처가 남아 있을 뿐. 우리는 함께 울었습니다. ; 당신의 가족과 친지들과. … (중략) 다시 한 번 말씀 드리지만, 나는 당신을 잊고 새 출발하려고 무진 애를 썼으나 그것은 허사였습니다. 왜냐하면, 우리의 덧없는 행복한 순간들의 아름다운 추억, 당신의 미소, 그 부드러움, 깊은 이해심, 당신의 인생에 대한 애착, 그 성실성과 친절 그리고 그 강인성이 자꾸만 나를 괴롭혔기 때문입니다. 이것이 현실입니까, 꿈입니까? 삶과 죽음의 수레바퀴가 완전히 뒤바뀌어 당신을, 그렇게 젊고 씩씩했던 당신을 잡아갔군요. - 그 시원한 미소의 깊이와 공명, 삶을 사랑하던 당신의 투쟁. -

이 수레바퀴의 잘못된 윤회가 내 가슴을 어리벙벙하게 만듭니다만, 내가 사랑하는 그 남자 당신으로부터, 1년간의 빼앗긴 행복의 침전된 추억으로부터, 한때 청순하고 진실했던 우리의 사랑으로부터, 우리의 첫 이별의 상처로부터, 그리고 내 상처 난 가슴에 그토록 깊이 간직된 당신의 이 말씀으로부터 나는 힘과 용기를 얻습니다. "알린, 참아주세요. 동양의 미덕은 참는 것입니다. 우리는 다시 만나 사랑할 수 있겠지요."

깊은 한숨과 함께 이 격렬하고 착잡한 생각들을 날려 보내야 할 때가 온 것 같습니다. 하지만 중락씨, 당신은 영원토록 내 가슴속에 불타고 있을 것입니다.

그러나 내일 나는 이 끈질긴 슬픔을 이기고 햇빛을 찾아 떠나겠습니다. 그리고 다시 살아보고 싶습니다. 내 가슴으로 하여금 웃는 것이 무엇인지 가르쳐 주고 싶습니다. 왜냐하면 이 세상은 불가능은 없는 세상이기 때문입니다.

그러나 이 쓰라린 가슴의 상처의 추억이 없어질 때까지는, 그리고 언젠가 때가 와 이 고통이 사라지는 날까지는, 나는 내 사랑, 이룰 수 없었던 내 사랑을 그리워하고 있을 것입니다.

9

한국 야구의 원조 '호무랑' 타자

야구인 이영민(李榮敏 1905~1954)

1904년 우리나라에 야구가 들어왔고
1982년에는 프로야구가 출범했다.
이제는 가장 인기 있는 대중스포츠로 자리 잡았고
우리 선수의 해외에서의 활동도 눈부시다.
우리나라 야구 스타의 원조, 동대문구장의 첫 번째 홈런 타자인
이영민의 스토리가 여기에 있다.

1928년 6월 8일 오후 4시 반, 경성운동장(동대문운동장. 1925년 개장)에서 연희전문과 경성의전의 제2회 야구 정기전이 열렸다. 연전은 모두 조선인 학생이고 경의전 선수는 모두 일본인이었기에, 당시의 연-경전은 지금의 한일전보다 더 열띤 분위기였다. 어느 정도냐 하면, 1932년의 시합 때는 9회 말 2사 후에 연전의 모 선수가 결정적인 실책을 범해 역전패를 당하자 기고만장한 일본인과 실망한 조선인 관중 사이에 패싸움이 일어나 경찰과 헌병이 동원되었고, 실책을 범한 선수는 자책감에 그만 학교를 자퇴했다. 또, 연전이 승리하면 조선인 관중은 어깨동무를 하고 거리를 누비며 기쁨을 만끽했다.

연전의 1회 말 공격. 1번과 2번이 연달아 아웃된 후 팀의 주장이며 3번 타자 이영민이 타석에 들어섰다. 이영민은 제2구의 인코너

직구에 힘차게 배트를 휘둘렀다. 딱! 소리가 나며 하늘 높이 치솟은 공은 쭉쭉 뻗어나가 놀랍게도 스코어보드를 여유 있게 넘은 중월(中越) '호무랑'. '호무랑'은 홈런의 일본어 발음인데 이후 이영민의 별명이 되었다. 시합 결과는 연전의 3-2승.

6월 10일의 동아일보는 '경성구장 개설 이래 초유의 대본루타(빅 홈런)', 중외일보는 '경성구장 생긴 후 최신기록의 홈으런힛, 담장을 훨씬 넘기었다'는 제목으로 조선운동계의 '희한한 사건'이라며 크게 보도했다. 경성구장에서 홈런을 친 사람으로는 1927년 5월 20일 미국 흑인프로야구팀 로열자이언츠의 '케디'가 식산은행(산업은행)과의 시합(22-4로 대승)에서 터뜨린 것이 처음이지만 동양인으로서는 이영민이 처음이며, 게다가 케디의 기록을 훨씬 초과한 375척(약 113미터)을 기록했다고 중외일보는 전했다. 또 동아일보는 이영민이 홈런을 친 배트는, 전달 5월 동아일보 주최 4구락부 연맹전에서 이영민이 전(全)배재 선수로 출전해 3개의 홈런을 친 기념으로 수여한 배트였음을 자랑했다.

숙명의 라이벌, 이영민과 미야다케

연전-경의전 시합이 마이너 한일전이었다고 한다면, 이영민이 졸업 후 식산은행 선수로 1930년 7월 15일 경성구장에서 벌인 게이오대학과의 시합은 메이저 한일전이라 할 수 있다. 물론 식산은행 선수는 이영민을 제외하고 모두 일본인이었으므로 팀으로서는 한일전이라 할 수 없다. 그러나 군계일학의 실력을 갖춘 이영민은 팀의 대표주자로 우뚝 선 존재였기에, 그는 비록 일본인 팀에 속했지만 조선을 대표함에 부족함이 없었다. 조선인 관중은 식산은행의 승패는 관심

야구 스타의 원조 이영민

을 두지 않고 오로지 조선의 대표 이영민의 활약에 환호를 보냈다. 박찬호와 이승엽, 추신수, 류현진 등이 미국과 일본에서 활약하는 모습을 지켜보는 우리의 마음과 다르지 않을 것이다. 아니, 나라 잃은 국민의 마음을 어찌 지금 우리의 마음에 비할 수 있으랴.

이영민은 불행한 식민지 조선인의 기대를 한 몸에 받고 은퇴하는 그날까지 고군분투의 한일전을 벌인 것이다.

게이오대학의 투수는 도쿄6대학리그의 스타 미야다케 사부로(宮武三郎). 그는 후에 '전전(戰前. 2차 세계대전 종결 1945년 9월 2일 이전) 최고의 천재 야구선수'라는 평을 받은 자다. 일본의 이영민이라 할 만큼 경력도 화려하다. 고교 때는 고시엔대회 우승을 이끌었고, 1927년 게이오대 1학년 때 도쿄대와의 시합에서 진구구장(神宮球場) 첫 번째 홈런을 쳤다. 투수로서는 통산 38승 8패로 현재까지 게이오대 역대 최고 승률이고 타자로서는 1930년 수위타자에 올랐다. 그의 통산 7홈런은 1957년까지 최다기록이었다. 투수로서 3할(200타수 이상)의 타율은 그 외로는 괴물투수라 불린 에가와 스구루가 유일하다. 1936년 프로팀 한큐(현 오릭스) 창단 멤버로 들어가 초대 주장을 맡았다. 이영민에 버금가는 미남 스타로서 여성팬에게 인기가 많았다. 은퇴 후에는 야구해설가를 지내다 이영민과 같은 나이인 49세에 세상을 떠났고 1965년 명예의 전당에 들어갔다.

한편, 미국의 홈런 타자 베이브 루스 또한 투타 최고의 선수였기에

京城球場開設以來
初有의大本壘打
延專李榮敏君이담을넘겨
本社授與의本壘打새르로

徽文對醫專野球

普成高普校의
體育獎勵新方針

경성구장에서
동양인 최초로 홈런을 친
이영민 선수를 보도한
동아일보 기사

그와 비슷한 이영민은 '조선의 베이브 루스'라고 불렀다. 이영민이 1934년 미국 올스타와 대전한 일본대표팀에 참가해 베이브 루스와 함께 찍은 사진은 남아 있으나 미야다케와 찍은 사진은 찾지 못했다.

경성구장 초유로 만여 명의 관중이 운집한 시합의 결과는 11-3으로 게이오대의 승리. 그러나 그날의 스타는 빅 홈런을 친 이영민이었다. 조선일보(1930.07.17)는 "이영민은 6회초에 미야다케의 제1구를 쳐 중월대비구(中越大飛球)로 통쾌한 책월대본루타(柵越大本壘打, 장외 홈런)를 치고 유유히 본루에 돌입하는 모습에 만장군중은 박수갈채를 아끼지 않아 그 환호성은 구장을 진동시켰다"고 전했고, 총독부 기관지이며 시합의 주최자인 경성일보는 7월 16일자 스포츠면 반에

경성일보가 홈런 기념으로
증정한 컵을 들고 있는 이영민

이영민과 베이브 루스가
함께 찍은 사진

걸쳐 이영민의 활약을 중심으로 시합 결과를 상세히 쓰고, 홈런 기념으로 자사가 증정한 컵을 든 이영민의 사진을 크게 실었다. 다음은 기자 다카하시의 글.

> 수훈자 이군. 이 시합의 흥미는 이영민의 홈런이었다. 미야다케가 오버 쓰로로 내리 꽂은 스피드 있는 직구를 이영민이 혼신의 힘을 다하여 치니 센터 오버하여 울타리를 넘어 만장을 놀라게 했다. 6대학의 우승팀 대투수의 호구(豪球)를 가볍게 홈런으로 친 수훈은 매우 훌륭하다고 해야 할 것이며 그는 확실히 경성 리그의 이름을 빛냈다.

한편, 조선체육회장을 지냈고 많은 야구대회의 대회장을 역임한 윤치호는 그날의 시합을 이렇게 기록했다. "7월 15일 화요일. 맑음. 오후 4시에 일본 최강의 게이오대와 경성 최강인 식은(殖銀)의 야구 시합을 보러 경성구장에 갔다. 은행 팀의 유일한 조선인 이영민은 펜스를 넘기는 완벽한 홈런을 쳤다(made a clear home run). 일본인 관중이 그에게 환호를 보내는 것을 보니 흐뭇했다. 게이오대는 에러가 거의 없이 예상대로 4-1(11-3의 오기)로 이겼다. 내 관심은 내내 한 조선인이 펼치는 멋진 플레이를 보는데 쏠려 있었다. 일본인들은 그들의 팀에 더 많은 조선인을 받아들여야 할 것이다."(『윤치호일기』, 원문은 영문. 필자 역)

대결은 다시 도쿄에서

미야다케와의 대결은 3년 후 일본에서 다시 이루어졌다. 1933년 8월 도쿄 진구구장에서 열린 제7회 흑사자기 쟁탈 도시대항야구대회. 프로 야구 출범 전에는 이 대회가 만주, 대만, 대련, 조선에서도 참여한 가장 큰 대회였다. 이영민의 전(全)경성팀과 미야다케의 도쿄구락부(클럽)가 결승전에서 만났다. 도쿄구락부는 도쿄6대학리그 출신 우수선수가 모인 일본 최강의 팀. 프로팀 요미우리 자이언츠의 전신이기도 하다. 요미우리가 쟁쟁한 선수들을 보유한 명문구단의 전통을 가지게 된 것은 창단 때부터 도쿄6대학리그의 우수선수를 확보할 수 있었기 때문이다.

미야다케는 이미 5회 대회(1931) 때 결승전에서 홈런을 치며 팀의 우승을 이끈 바가 있고 전경성팀의 유일한 조선인 이영민은 이번에는 3번 타자 및 선발투수로, 미야다케는 4번 타자 및 선발투수로 나왔다. 이영민은 1930년 7월 15일 경성구장에서 미야다케와 대결해 친 홈런이 자신의 야구 일생에서 가장 기억에 남는다고 회상했듯 다시 만난 미야다케에 대해 왠지 자신감에 넘쳐 있었고, 미야다케는 결승에 오르기까지의 연투(連投) 탓인지 왠지 지친 모습이었다. 이영민은 투수로서 도쿄구락부 타선을 봉쇄하고, 타자로서는 미야다케의 공을 어렵지 않게 쳐내는 맹활약으로 미야다케는 5회(京4-東2)에 1루수로 물러나고, 다시 이영민의 8회 적시타로 경성팀은 1점을 추가, 5-2로 리드해 거의 우승이 눈앞에 다가온 듯했다. 9회 말 2사에 투 스트라이크, 주자 없는 상황에서 4구와 연타를 맞아 동점을 내주고, 연장 10회 말 다시 안타를 맞은 이영민은 좌익수로 교체됐으나, 결국 3루 에러로 6-5로 역전패당했다. 동아일보(1935.08.12)는 경성팀의 석패를 보도하면서, "우수한 타수는 경성군 이영민, 세키, 오가사와라, 도쿄군 미야다케, 나카무라, 데츠카"라고 덧붙였다. 이영민에게는 평생 잊을 수 없는 경기였다. 결과적이지만 9회 말 마지막 상황에서, 홈런을 맞아 1점을 내주더라도 '드롭'이 아닌 직구를 던졌어야 했다고 후에 이영민은 매우 아쉬워했다.

전경성팀은 강적 도쿄구락부에 분패했지만, 이영민은 이 시합에서의 활약으로 '공(攻), 수(守), 주(走)를 갖춘 만능선수로 조선의 군계일학'이라며 일본야구계의 큰 주목을 받았다. 1934년, 프로팀 창설을 준비하던 미야케(三宅. 후에 요미우리 초대감독)가 선수 선발차 조선에 건너와 이영민에게 입단을 권유했으나 이영민은 결정을 보류했다. 그해 10월 이영민은 요미우리 신문사가 주최한 미국 메이저리그 올스타팀 초청 경기에 대항할 전일본팀 30명에 뽑히고 다시 제1전에 나갈 베스트 14명에 선발되자, 그 기회에 일본 현지에 가서 상황을 살펴보고 입단 여부를 결정코자 했다. 그러나 미국 올스타와의 시합에서 대타로만 출장하는 차별을 받아 미래가 불확실하다는 판단을 내렸다. 그는 결국 입단을 포기하고 돌아왔다.

다음 해 제9회 도시대항전(1935)에서 이영민이 속한 전경성팀은 준준결승에서 다시 숙명의 라이벌 도쿄구락부와 2년 만에 맞붙었다. 우승 후보끼리의 혈투에서 좌익수 3번 타자 이영민은 3안타(1, 5, 7회)에 1파인 플레이로 고군분투했으나, 팀은 2년 전과 같은 기연(奇緣)의 5-6 스코어로 분패하고 말았다. 도쿄팀의 미야다케는 투수(6회, 1-6에서 교체)와 1루수로 뛰어, 2루타 1, 폭투 1, 피안타 4를 기록했다. 어렵게 경성팀을 물리친 도쿄구락부는 그 후 준결승을 거쳐 우승까지 거머쥐었는데, 스타 미야다케는 준결승에서 홈런을 치고 결승전에서는 승리투수로 뛰어 도쿄팀 우승의 주역이 되었다.

팀으로는 매번 졌지만 개인으로는 언제나 미야다케와 대등하거나 능가한 실력을 보여준 이영민이 프로구단 요미우리에 입단해 활동했다면 틀림없이 한일 야구 역사에 큰 업적을 남겼을 것이다.

'조선이 낳은 10대 운동가' 투표에서 1위

경북에서 태어난 이영민은 대구 계성중학을 다니다 배재고보에 스카웃되어 1925년 졸업하고 연희전문에 진학했다. 야구뿐 아니라 육상과 축구, 농구에도 능한 만능스포츠맨이었다. 축구는 연전 및 경성의 대표선수를 지냈고, 1926년 10월에 조선축구단의 일원으로 도쿄에 가 조선 최초의 원정경기를 치른 바 있다. 1933년에 시작된 경성과 평양 간의 경평전에는 경성축구단의 감독으로 활약하기도 했다. 1939년 9월 19일의 조선축구협회(회장 박승빈, 「'박승빈」 편 참조) 창립 당시 이사로 참여한 후, 1945년까지 이사 및 주사로 활동했다. 육상에서는, 1927년 7월 27일에 열린 일본유학생환영 육상경기대회에서 100미터(11초6)와 400미터(55초)에서 우승, 이어서 1928년 6월 23일 제5회 전조선육상대회에는 200m(23초6)와 400미터(54초 6, 조선신기록)에서 우승한 단거리의 1인자였다.

이렇게 각 분야, 동에서 번쩍 서에서 번쩍하는 그를 보고 혀를 내두르지 않은 이가 없었다. 이는 과장된 표현이 아니다. 당시 조선의 이영민에 대한 평가가 어떠했는지 잘 보여주는 사실이 있다. 1931년 12월 27일 《동광》은 각계인사의 추천을 받아 '조선이 낳은 10대 운동가'를 뽑았는데 이영민이 14표로 최다 득표를 했다.

1937년 3월 1일, 이영민은 15년간 520경기를 치르며 최우수타격상과 우승을 휩쓸고 선수의 정점에서 야구계를 은퇴, 직장 생활을 하면서 조선 스포츠계를 위해 일했다. 해방 후에는 대한야구협회의 이사장 및 부회장으로 각종 야구대회의 창설 등 한국야구의 발전을 위해 힘썼다. 그러나 1954년 8월 12일 새벽, 집에 침입한 강도의 총에 이영민은 불귀의 객이 되고 말았다.

망우리공원의 이영민은 삼십여 년 전 유족(미국 거주)이 화장하고

이영민 비석의 앞면과 뒷면

묘를 없애서 지금은 비석만 남아 있다. 전신주 30번 건너편에서 31번 방향 10미터에 있는 길에 이정표가 서 있다. 백 미터쯤 내려가 다시 좌측을 가리키는 이정표를 따라가면 아래쪽에 묘 입구에 이정표가 서 있다.

홈런왕에 걸맞은 큰 덩치의 비석에는, 앞면에 단지 '이영민지묘, 1905.12.26~1954.10.12(8.12의 오기. 동아일보 1954.08.13자 근거)', 뒷면에는 '단기 4288년(1955) 10월 12일 립(立) 대한야구협회', 그 외로는 유족의 이름이나 추모의 글도 없다. 윤치호의 표현 'made a clean home run'처럼 심플하고 깨끗하게 하늘로 돌아간 홈런왕의 이미지를 나타낸 것일까. 아니면 불의의 죽음을 당해 말을 잊은 것일까.

필자는 이영민 묘가 어느 위치에 있는지 알고자 양재역에 있는 대한야구협회까지 찾아간 적이 있다. 그러나 협회에는 자신들이 직접 세운 비석에 관한 기록이 없었다. 과거의 야구 영웅이 협회에서조차 이렇게 대접받고 있다는 사실과 무관심한 냉대에 놀랄 뿐이었다. 또, 몇 해 전 중랑구에서 기억봉사단이라는 망우리공원 자원봉사팀을 모집할 때 이영민 묘터를 협회에 권했지만 대답이 없었다. 야구는 기록의 스포츠인데 협회는 자신들의 역사를 확실히 먼저 챙길 일이다.

일본인의 야구 사랑을 엿보면 놀랄 만큼 부럽다. 오래전 일본 고베에 출장 갔을 때 일본 친구와 뒷골목의 허름한 선술집에 들어가 술을 마셨는데, 마침 TV에서 한신타이거즈의 경기가 방영 중이었다. 주인과 손님들 사이에는 과거 10년, 20년 전의 어떤 시합에서 누가 몇 회에 어떤 드라마를 연출했는지 열띤 대화가 끊이지 않았다. 또 영화로도 나온 일본소설 『박사가 사랑한 수식』에서 수학의 천재인 박사가 과거 시합의 데이터를 줄줄 읊어대는데 그것은 그리 놀랄 일이 아니다. 일본에서는 그 정도 아는 야구팬들이 많다. 고교야구팀 수는 일본이 4,000개를 넘지만, 우리나라는 2022년 기준 87개(봉황대기 참가팀)에 불과하다. 리틀야구이건 클럽 활동이건 잘하건 못하건 어디선가 선수로 뛰는 야구 인구가 일본에 580만 명이나 된다. 그들은 선수를 그만 두어도 평생 열성 팬으로 남는다.

우리의 경우 기본적으로 야구 인프라가 일본처럼 갖춰지지 않으면 반짝했다가 다시 텅 빈 야구장을 바라보는 일이 반복될 것이다. 소수의 집중된 훈련에 의한 후진국형 메달 따기는 이제 그만 둬야 한다. 이제 스포츠는 개인의 입신양명이나 나라를 빛내기 위한 것이 아니라 국민의 몸과 정신을 건강하게 하는 데 중점을 둔 본래의 스포츠정신으로 돌아와야 한다. 중국이 메달을 최고로 많이 따서 스포츠 최강국인가? 아니다. 선수 최강국일 뿐이다.

고인을 추모하여 협회는 1958년부터 고교생에게 '이영민타격상'을 수여하고 있지만, 한국야구의 선구자이면서 협회조차 관리하지 않는 비운의 스타 이영민은 대다수 국민에겐 여전히 낯선 이름일 뿐이다.

10

비운의 영화인이 부른 '밤하늘의 부루스'

영화감독 노필(盧泌 1927~1966)

망우리공원에 쓸쓸히 잠든 영화감독 노필.
60년대의 대표적 음악영화 「밤하늘의 부루스」(1966)로 흥행에 성공해
음악영화의 1인자로 불렸지만 남은 것은 빚밖에 없었다.
당시 영화계의 구조적 모순과 불운한 자신의 삶을 향해
마지막 '컷'을 외친 노필 감독.
그를 비롯한 많은 영화계 선배들의 고생이 지금 세계적인
한국 영화의 밑거름이 되었음을 그 누가 의심하랴.

종합 버라이어티쇼 & 세미뮤지컬 「밤하늘의 부루스」

밤하늘에 울려 퍼지는 트럼펫 소리의 기억이 있는가. 혹은 영화 「지상에서 영원으로」에서의 트럼펫 소리를 기억하는가. 노필 감독의 영화 「밤하늘의 부루스」가 내 어릴 적의 어렴풋한 기억을 불러일으켰다. 소년의 여름밤, 잠결에 뒷산에서 가끔 들려오던 애잔한 트럼펫 소리가 오랜 세월의 간격을 넘어 들려온다. 소리와 멜로디는 잊었지만 아련한 그때의 느낌이 들려온다고 해야 하나. 어느 날 밤, 산을 오르는 트럼펫의 주인공 청년을 발견한 나와 친구는 무턱대고 "아저씨 같이 가요" 하며 뒤를 따라갔다. 바위에 걸터앉아 밤하늘을 향해 트럼펫을 불던 그 청년의 얼굴은 잊었지만 그의 이미지는 노필 감독과

오버랩된다.

영화 「밤하늘의 부루스」 포스터

트럼펫곡 「밤하늘의 부루스(Wonderland by Night)」는 심야의 음악방송 시그널에도 많이 쓰여 귀에 익숙하다. 이 곡명을 따서 만들어진 노필 감독의 「밤하늘의 부루스」는 70년대 중반까지만 해도 성행했던 극장쇼의 면면을 보여준다. 이 영화는 가수와 코미디언, 그리고 무용단이 나오는 버라이어티쇼가 탄탄한 멜로드라마와 함께 엮여 '세미뮤지컬'이라고 불렸다. 이 작품은 노필 감독의 대표작으로 필름을 상암동 한국영상자료원이 소장하고 있다.

상수(최무룡)와 유미(이빈화)는 '원앙새 콤비'로 불리는 인기 듀엣. 유미는 상수를 사랑하지만 상수의 마음에는 유미의 이종사촌 동생 경희(태현실)가 있고, 소속사(레코드사) 사장이며 나이트클럽 오너인 손 사장(박암)은 자기 클럽에서 피아노 아르바이트를 하는 경희를 금품으로 유혹하지만 경희 또한 오로지 상수뿐이다. 상수는 사실 유미의 인기에 얹힌 파트너이므로 현실을 생각한다면 유미를 떠날 수 없다. 그렇지만 그런 모든 현실적 욕망을 버리고 오로지 순수한 사랑으로 상수와 경희는 결혼한다.

경희를 상수에게 빼앗긴 손 사장은 듀엣을 해산시키고 이제 유미를 유혹한다. 유미 또한 실연의 아픔 때문에 사랑하지도 않는 손 사장과 함께 프랑스로 노래 유학을 떠난다. 바로 그날, 택시를 타고 신혼여행을 떠나던 상수와 경희는 손 사장 사주에 의한 교통사고를 당한다. 가슴을 크게 다친 경희는 의사로부터 부부관계를 하지 말라는 경고를 받는다.

생활이 어려워진 상수는 솔로로 나서기 위해 신곡을 취입하려는데 그 또한 교통사고의 여파로 노래 실력이 예전 같지 않다는 말을 듣고, 또 손 사장의 방해로 가요계에서 따돌림을 받아, 생활을 위해 어쩔 수 없이 지방 극장 무대에 선다. 그러나 상수가 무대에서 부르는 '차분한' 팝송은 관객의 귀에 들어오지 않는다. 무대에서 상수가 「I Left My Heart In San Francisco」를 부르자 관객은 집어치우라고 야유를 보낸다. 이 장면에서 나는 상수를 통해 노필 감독의 외로움을 보았다.

도중에 퇴장을 당한 상수는 극장 사장에게 돈도 못 받고 구타를 당하는 모욕을 당한다. 그 장면을 우연히 훔쳐보게 된 경희는 상수의 장래를 위해 몰래 곁을 떠날 결심을 한다. 그때 파리에서 1년 만에 돌아와 컴백한 유미는 더욱 세련된 자태로 예전의 인기를 얻고 있었는데, 경희는 유미를 찾아가 마음에도 없이 "지지리 못난 남편 지긋지긋하다"고 상수 욕을 하고, 상수에게는 다시 유미와 함께 듀엣 가수로 나서길 권한다. 유미도 경희에게 '버림받은' 상수를 구하고자 자신의 높은 인기를 이용해 일류악단을 통해 상수를 끌어당긴다. 상수도 어쩔 수 없이 다시 유미와 재결합한다. 듀엣으로 새 출발이 결정된 그날 밤, 경희는 건강이 많이 좋아졌다는 거짓말을 하며 상수와 마지막 잠자리를 같이하고 다음날 상수가 부산 공연을 위해 떠난 후 편지를 남기고 자취를 감춘다.

상수가 경희를 찾아 친정오빠(허장강)의 목장을 찾아왔지만 오빠는 모른다며 돌려보낸다. 상수가 떠난 후 숨어서 지켜보던 경희는 견딜 수 없는 그리움에 상수가 떠난 기차역으로 달려가지만 기차는 기적 소리를 울리며 저만치 떠나간다. 철로에 서서 멀어져가는 기차를 바라보며 오열하는 경희, 그녀 뒤로 한없이 뻗은 철로, 이 영화에서 가장 슬프게 아름다운 씬이 아닐까.

경희가 상수를 떠난 것은 결핵성 늑막염이 악화되어 몇 달 살지 못한다는 선고를 받았기 때문. 그 후 한동안 오빠 목장에서 요양하던 경희는 우연히 라디오에서 상수와 유미 듀엣이 방송국 개국 3주년 기념공연의 피날레를 장식할 노래를 공모한다는 말을 듣는다. 경희는 상수에게 줄 마지막 선물, 그리고 자신이 받을 마지막 선물로써 노래를 작곡한다. 결혼 전에 상수가 지어서 들려준 가사에 곡을 붙인 악보는 죽음의 막바지에 가까스로 조카 손에 들려 방송국 개국 3주년 쇼에서 이제 막 노래를 부르려는 상수에게 전달된다. "경희 고모가 위독하니 죽기 전에 노래를 들려 달라"는 조카의 부탁에, 상수는 라디오를 통해 경희에게 죽지 말라고 곧 간다는 말을 하고 경희가 작곡한 노래 「밤하늘의 부루스」를 부른다. 경희는 병석에 누운 채 라디오를 통해 흘러나오는 노래를 듣다 이내 숨을 거둔다.

적막이 스미는 밤하늘에
트럼펫 메아리 퍼지네
내 사랑 그대 고이 잠자라
저 멀리 떨어진 그대
포근히 잠들어라…

'착한 영화인'의 '꿈은 사라지고'

이 영화에는 많은 인기 연예인이 특별출연했다. 이미자, 유주용, 위키리, 안성희, 남일해, 이금희, 조애희, 쟈니브라더스, 박재란 등 당대 최고 인기가수가 극 중에 노래를 불렀고, 코미디언 서영춘 외에

영화 「붉은 장미의 추억」 출연 배우들과 스탭이 함께 찍은 사진(앞줄 좌측부터 허장강, 김지미, 신영균, 한 사람 건너 노필의 모습이 보인다).

도 이기동, 남보원, 후라이보이(곽규석) 등이 사회자나 막간 쇼맨으로 나왔으며, 박춘석과 그 악단, 보난자악단, 워커힐악단, 이기송과 그 악단 등 당시 최고의 악단들이 번갈아 출연했고, 워커힐 댄싱팀도 좋은 볼거리를 제공했다. 최무룡과 이빈화의 노래는 진송남과 권혜경이 대신 불렀다.

최초의 음악영화는 유동일 감독과 가수 현인 출연의 「푸른 언덕」(1949)으로 기록되었으나 「나 혼자만이」(1958)를 만든 한형모가 본격적 장르의 개척자로 인정받았고, 노필의 「꿈은 사라지고」(1959. 최초의 권투영화), 「사랑은 흘러가도」(1959)가 그 뒤를 이었으며, 마침내 1966년에 개봉된 「밤하늘의 부루스」의 성공으로 노필은 음악영화의 1인자로 인정받았다.

그러나 노필 감독은 석 달 후인 7월 29일 새벽 삼청공원에서 목을 매고 자살했다. 많은 정성을 들여 만든 「밤하늘의 부루스」가 4월 3일부터 20일까지 17일간 국도극장에서 개봉되어 8만 6천 명의 관객을 모았는데, 당시 흑백영화는 5만 명, 컬러영화는 8만 명의 개봉극장 관객을 모으면 적자는 보지 않는다는 것이 상례였다. 그래서 노필 감독 영화의 주연을 자주 맡으며 친하게 지냈던 주연배우 최무룡도 "흥행엔 성공한 것이라 돈을 모은 줄 알았는데…"라고 말했을 정도로 그의 죽음은 많은 영화인에게 큰 충격을 주었다.

노필은 1927년 서울 화동에서 부잣집 4대 독자로 태어나 경기중학을 졸업했다. 대학(연대 국문과(동아일보) 혹은 해양대학(《영화TV 예술》)을 중퇴, 영화에 뜻을 두고 미공보원 '뉴스' 촬영반에서 일하다가 22세 때인 1949년 「안창남 비행사」로 감독에 데뷔했다.

그러나 곧 한국전쟁 때 부친은 납북되고 자신은 인민군 의용군으로 강제 징집되었다. 탈출해 포로수용소에 있다가 '민간인 억류자'로서 석방되었다.

전쟁이 끝난 후 그는 이용민 감독의 조감독이 되어 감독수업을 다시 시작했다. 이용민의 「서울의 휴일」(1956) 「산유화」(1957)가 그때의 작품이다. 과묵하게 열심히 일하는 그의 모습을 본 아시아영화사 이재명 대표의 권유로 10년 만에 메가폰을 들고 「그 밤이 다시 오면」(1958)을 연출해 실력을 인정받았다.

그 후 영화평론가 출신 제작자 황영빈과 함께 「사랑은 흘러가도」(1959), 「그 이름을 잊으리」(1960), 「심야의 부루스」(1960)를 연출해 일류 감독의 평판을 얻었다. 작품 모두 괜찮은 평가였는데 황영빈도 사업에 익숙지 않은 제작자였기에 돈을 벌지 못했다. 황영빈과의 마지막 영화 「심야의 부루스」(1960)는 노필의 간곡한 권유로 제작에 착수한 작품으로, 노필은 더 좋은 영화를 만들기 위해 자신의 보수도 보탰고, 노필에 감동한 주연배우 최무룡도 출연료는커녕 3백만 환의

빚더미에 絞殺된 映畵監督 盧泌씨

「꿈은 사라지고」

製作者의 橫暴에 妥協못한 映畵道

外道의製作 손대 「自虐의 블루스…」

◇자살한 盧泌감독

영화 「꿈은 사라지고」 포스터

신아일보에 실린 노필의 기사

제작비를 보탰다고 한다.

이후 다른 제작자들과 「별의 고향」(1961) 「심야의 고백」(1961), 「사랑과 죽음의 해협」 「대도전」(1962), 「붉은 장미의 추억」 「복면대군」(1963), 「빗나간 청춘」 「검은 상처의 부루스」(1964), 「애수의 밤」(1965)을 내놓았고 최후의 작품 「밤하늘의 부루스」를 제작, 감독해 39세로 생의 막을 내릴 때까지 17년간 30여 편을 만들었다.

비교적 양심적인 작품 활동을 고집한 그는 주로 음악영화나 멜로물을 만들었는데 한때는 제작자에게 잘 팔리는 감독이었으나 흥행 위주의 작품을 거부하며 대형 제작자로부터 외면당하기 시작했다. 더구나 그가 30대의 젊은 감독 김수용, 강대진, 김기덕 등 11인과 함께 순수예술영화 활동을 기치로 내건 신우회(信友會)를 조직하자, 대형 제작자는 더욱 노필을 멀리하게 되었다고 한다.

가난한 감독 노필. 그는 말이 없는 내성적인 성격으로 자기 돈으로 조감독을 장가보낸 일도 있는 인정 깊은 사람이었다. 평소 '차분한' 음악영화를 만들고 싶어 했다. 트럼펫곡 「Broken Promise」을 내세운 「검은 상처의 부루스」와 뒤이은 「애수의 밤」의 실패로 더 이상 제작자의 연출 의뢰가 들어오지 않자, 노필은 영화에의 열정을 불태울 곳이 없어 감독으로서는 외도 혹은 모험이라는 제작에 직접 손을 댈 수밖에 없었다.

여기저기서 돈을 끌어모아 처음으로 제작에 손댄 영화 「밤하늘의 부루스」는 화려한 출연진과 코미디의 혼합 등으로 흥행성도 가미되어 성공할 수 있었다. 그러나 그가 죽은 뒤 그의 집에 남은 돈은 단돈 80원(당시 설렁탕 한 그릇 값)뿐이었고 그가 진 빚은 갚을 수 있는 전망이 보이지 않아 죽음밖에 길이 없다고 생각하게 만들 정도였다.

왜 그랬을까? 관치 영화법의 부작용이 그를 죽음으로 몰고 간 것이었다. 당시의 영화법은 일정한 규모를 갖춘 영화사에게만 허가를 내주었기에 노필과 같은 군소영화업자는 높은 수수료(속칭 화명료(畵名料))와 시설 사용료를 내면서 어쩔 수 없이 허가 영화사의 이름과 세트장을 빌렸다. 통상 화명료가 30만 원 정도인데 「밤하늘의 부루스」는 어쩐 일인지 50만 원으로 계약되었고(더군다나 영수증도 받지 못하는 돈), 지방 흥행사와의 계약 실수로 50만 원의 손해를 보았으며, 경영비의 예산 오버로 150만 원의 출혈이 있었다고 한다.

빚의 규모에 관해서는 설이 분분하지만 대중잡지 《로맨스》(1966.10)는 이 영화로 노필이 "백만 원의 빚만 안게 되었고 급한 빚 20만 원 때문에 고민하다 저승길을 택했다"고 했고, 《영화잡지》는 "표면으로는 50만 원이지만 배후에는 훨씬 더 많은 3, 4백만 원의 빚을 짊어졌다는 얘기가 타당할 것"이라 했다.

《내외영화》(1966.08)가 노필의 자살을 '영화정책이 빚어낸 희생 제1호'라고 했듯, 제작과 비즈니스 경험이 없는 예술가가 영화법이라는 핸디캡을 안고서 인간성 부재의 냉혹한 자본과 도박의 세계에 뛰어들었으니 그의 패배는 어쩌면 당연한 것이 아니었을까. 그의 죽음은 군소영화업자의 고민을 처절하게 대변한 것이었다.

노필은 죽기 며칠 전 "여보! 내가 없어도 저 애들 삼형제를 당신 힘으로 기를 수 있겠지?"라는 말을 해 부인은 가슴이 뜨끔했지만 남편은 평소 착실하고 차분한 성격으로 집에서는 바깥의 고민을 말하지 않는 사람이라 차마 자살이라는 엄청난 결과까지는 예측하지 못했다. 노필은 집을 찾는 채권자를 피해 집을 나가 전전하는 날이 많았는데 어느 날 불쑥 집에 돌아와 옷을 갈아입고는 "벗은 옷 빨 필요 없다"는 말을 던지고 쫓기듯 집을 나갔다. 다음 날(29일) 오후, 부인은 남편이 삼청공원의 숲에서 목을 맨 사체로 발견되었다는 비보를 접했다.

삼청공원은 경기중학 시절 꿈을 키우던 곳. '꿈이 사라진' 예술가는 그 시절이 그리웠던 것일까. 그는 피우다 만 파고다 담배 한 갑과 라이터, 그리고 장례비로 쓰라며 시계를 판 돈 3,600원을 호주머니에 남겼다. 그리고 그는 죽은 후의 모습이 흉하지 않도록 감독다운 계산으로 위치를 잡아 두 발을 곱게 땅에 딛고 서 있었다고 한다. 유서는 2장을 남겼는데, 채권자와 지인들 앞으로는 구구절절 "미안하다, 죄송하다, 용서해 달라"는 말이, 그리고 후에 부인 앞으로 우편으로 발송된 유서에는 "… 내가 있음으로 오히려 집 한 칸 있는 것마저 날라 갈 지경이니 차라리 내 한 목숨 죽음으로서 집이나 지니고 애들 길러가는 편이 당신 고생은 되겠지만 날 것 같구려…"라고 적혀 있었다.

노필의 비석

다음 날 30일 오후, 흐린 하늘에 간간이 부슬비가 내리는 날, 노필의 장례식은 영화감독협회장으로 거행되었다. 4일 후인 1966년 8월 3일, 정부는 제2차 영화법을 법률 제1830호로 공표함에 따라 국산 극영화 의무 제작 편수 15편을 2편으로 줄이는 등의 등록요건 완화와 대명제작금지 조항이 신설되었다.

어느 잡지 기자는 노필 감독 기사에 아래와 같은 비명을 적어 자기 마음에 새겨두었다. "여기 젊은 방화계의 중견 감독 노필은 그의 의욕을 다하지 못한 채 죽음을 안았다. 만일 노필을 아는 사람이 이 비석을 지나갈 때 「밤하늘의 부루스」가 그의 마지막 음악 작품이라는 것을 기억해 두기를 바란다. 그리고 외국감독 '마빈 드로이'를 퍽 좋아했던 감독이라는 것도…."

노필의 사후, 가족의 고생은 이루 말할 수가 없었다. 차남은 몇 년 전에 병환으로 타계하고 장남과 삼남은 평범한 직장인으로 살고 있다. 그래서인지 가족에게는 고인의 유품과 사진이 거의 남아 있지 않다. 단 한 장 얻은 사진은 「붉은 장미의 추억」(1962) 감독 때 찍은 것이다.

비석은 마치 콘크리트로 만든 듯 초라하지만 예술가다운 형태로 아담하게 조각되어 있다. 앞면에 '영화감독 교하노공필지묘(交河盧公泌之墓)', 옆면에는 '영화인 일동'이라 새겨져 있다. 묘는 순환로 반환점이 되는 정자의 뒤쪽으로 직진해 오른쪽에 있다.

11

여성 최초의 예술원 회원 및 기독교 장로

끝뫼 김말봉(金末峰 1901~1961)

일제강점기 신문 연재소설 「밀림」과 「찔레꽃」으로
대중의 폭발적인 인기를 얻은 소설가 김말봉은
이후 문단의 대모라고 불리며 여성 최초의 예술원 회원이
되었고, 또한 여성 최초의 기독교 장로가 된
여성계의 선구자였다.

중랑망우공간 카페에서 북서쪽 방향 묘지로 들어가 멀리 오른쪽 아래를 보면 검은 사각 비석이 보인다. 앞면에는 비문 "작가 김말봉 장로지묘" "마음 깊은 곳에 숨어 있는 / 푸른날개에서"가 쓰여 있고 글씨는 당대의 명필 시암 배길기(時庵 裵吉基 1917~1999)가 썼다. 「푸른 날개」는 1954년 조선일보에 연재된 소설이다. 비석의 글은 「푸른 날개」의 '꿀벌, 바람, 나비' 장에서 "그러나 이런 것은 지순의 마음 깊은 곳에 숨어 있는 근심에 비하면 아무것도 아니다."라는 문장에서 따온 것으로 보인다. '푸른 날개'는 영혼의 날개가 저 높이 푸른 하늘을 지향한다는 의미다. 즉 "고인 김말봉은 우리 마음 깊은 곳에 영원히 간직될 것이다"라는 의미로 새겨진 것이다. 그리고 옆면에 "1962년 2월 9일 문우와 교우들이"라고 적혀 있는데 교우는 김말봉

이 1957년 장로가 된 서울성남교회(서울역 앞) 교우를 말한다.

오른쪽에는 김말봉의 세 번째 남편 낙산 이종하(洛山 李鍾河 1899?~1954)의 묘가 있다. 이종하의 묘비 뒷면에 적힌 네 아들 중 오른쪽 둘은 전처소생이고 왼쪽 둘은 김말봉 소생이다. 이종하의 차남 이현우(1933~?)는 부산 출신의 방랑시인으로 동국대 재학 당시 천상병, 김관식과 더불어 문단의 3대 걸물로 불렸다. 대학도 중퇴하고 거지들과 생활하며 어느 날 갑자기 친구 앞에 나타나 돈을 받아 다시 사라지기를 반복하다가 1983년 이후 행방불명되었다. 『끊어진 한강교에서』라는 시문집이 1994년 간행되었다.

말봉은 1901년 부산에서 딸 3형제의 막내로 태어났다. 그 시절 많은 부모가 그러했듯, 아들을 바라는 마음에서 말봉이라 이름 짓고 사내 옷을 입혀 사내처럼 길렀다. 그의 호방하고 자유스러운 성격은 여기서 비롯된 것으로 전한다.

부산 일신여학교 3학년을 수료하고 상경해 정신여학교에 편입, 1918년 졸업하고 황해도 재령의 명신여학교에서 교사로 근무했다. 1919년 3월 6일 일어난 재령 만세운동을 준비하고자 학교에서 김말봉이 태극기 제작에 관여했다는 내용이 애국지사 장선희의 기록(보훈처 공훈록)에 보인다. 하와이로 시집간 언니 김보배의 도움으로 1920년 도쿄로 건너가 쇼에이(頌榮)고등여학교를 거쳐 교토의 도시샤대학 영문과에 1923년 입학했다. 도시샤에서는 시인 정지용과는 한 살 차이의 누님 동생으로 교유했다.

세 번의 결혼

감말봉의 첫사랑은 전상범(1896~1936)이었다. 3·1운동 후 총독부 문화정치의 일환으로 신문화 운동의 바람이 불었을 때 말봉은 부산에서 김경순, 전상범 등의 초량교회 청년들과 함께 그 지역 신문화 운동을 이끌었다. 상범은 1920년 부산 제2상업학교(부산상고)를 나와 1921년 사업을 하는 한편, 경남주일학교진흥회 간사 등을 맡으며 신앙 활동도 열심인 훤칠한 키의 미남으로 많은 여성의 사랑을 받았는데 말봉도 그중 한 여자였다. 하지만 아직 19세의 소녀 말봉은 S언니(의언니, step-sister) 김경순에게 양보하고 일본으로 유학을 떠났다.

김경순이 1남 1녀를 낳고 1923년 사망한 후, 1925년 3월 방학을 맞아 일본에서 귀국한 말봉은 오랜만에 상범의 집을 찾았으나, 이미 상범의 집에는 일신여학교 교사 여운영이 드나들며 결혼 날까지 정해진 상태였다. 말봉은 쓸쓸한 마음으로 다시 일본으로 돌아갔다. 그해 4월 3일, 부산철도호텔에서 거행된 전상범·여운영의 결혼식은 초량교회 정덕생 목사가 주례를 맡았다.

1927년 봄 도시샤를 졸업하고 귀국한 말봉은 일본에서 동거하던 이의현과 목포(남교동 133)에서 살았다. 다음 쪽에 실린 김말봉 중년의 사진으로 외모를 가늠하기가 어렵겠지만, 김말봉은 도시샤 대학 시절에 "버들 같이 휘영휘영한 몸매와 호수 같은 두 눈과 구슬 같은 목소리로 많은 청년 숭배자들을 거느렸다"고 동창 모 시인이 회고했다(경향 1948.03.07.). 모 시인은 정지용으로 추정된다. 그리고 도시샤에 유학 온 인도 왕자의 세 번째 부인(순위가 높다고 하는데!)으로 청혼을 받은 적도 있었다고 하고, 중년 이후 말봉을 접한 많은 이들은 하얗게 동그스름한 흰 얼굴에 노래도 잘하는 청아한 목소리를 기억하고 있다.

목포 거주 시에 목포여성청년회 회장(조선 1927.06.07.)을 맡고, 신간회 목포지회 설립시에 간사로 참여하고(조선 1927.06.21.), 목포청년동맹 창립대회에서 검사위원으로 선출되고(조선 1927.10.07.), 근우

김말봉

회 목포지회 설립 시 발기인으로 참여하며(동아 1927.12.06.) 연설을 잘하는 여성계 지도자로 이름을 전국에 알렸다. 재령 3·1운동 때의 기록과 더불어 이 정도면 충분히 독립지사라고 부를 만하다.

말봉은 1930년 9월 1일 《삼천리》의 앙케이트에서 "이 세상에서 가장 소중한 것이 무엇입니까"라는 질문에 "지금 세 살 된 딸 '매매'가 가장 중요하다"고 대답했고, 한신대 명예교수 이장식은 1947년 말봉의 딸이 한국신학대학교에 다녔다고 한 것으로 보아 1928년에 이의현과의 사이에서 낳은 첫딸이 나중에 전상범 호적에 오른 딸 재금이 맞는 듯하다.

말봉이 적을 둔 초량교회 당회록에는 이런 기록이 있다. "김말봉씨는 믿지 않는 자와 혼인함으로써 1년간 책벌 하에 두기로 오는 주일에 광고하기로 한다(1926년 3월 20일)."(김인수, 『예수의 양 주기철』, 2007). 그리고 인터넷 '한국기독교회사' 사이트에 올라와 있는 1927년 10월 초량교회 당회록에는 "불신자와 혼인한 죄로 1년 동안 칙벌 아래 있던 김말봉씨는 기한이 됐으므로 칙벌을 풀기로 회중이 가결한다"는 내용이 있고 주기철 당회장의 도장이 찍혀 있다. (http://photohs.co.kr/xe/2885)

즉 첫 번째 결혼의 시점은 1926년 3월 20일 이전으로 추정된다. 그러나 결혼은 오래가지 못했다. 1928년에 가을, 말봉은 수주 변영로로부터 중외일보 기자 권유를 받자 첫 남편과의 관계를 정리하고

김말봉 묘비

경성으로 떠났다.

얼마 후 상범이 느닷없이 경성의 하숙집으로 찾아왔다. 하지만 윤리적으로 이루어질 수 없는 관계라 말봉은 상범을 받아들일 수 없었다. 상범을 부산으로 돌려보낸 후 말봉은 평양으로 취재를 떠났다. 그런데 열차 안에 상범이 나타났다. 괴로운 마음에 어디론가 멀리 가고자 부산행이 아닌 반대편 기차를 탔다는 것. 사실은 이는 상범의 친구 변영로가 귀띔해준 정보였다. 여행 중의 남녀는 현실을 잊기 쉬운 것인가. 둘은 도중에 내려 불같은 사랑의 밤을 보내고 경성으로 돌아와 동거에 들어갔다. 소문은 부산에도 전해졌다. 작가의 길을 걷고자 신문사를 사직한 말봉은 상범과 부산으로 내려왔으나 주위의 비난 속에서 가정을 꾸리지 못하다가, 절망한 여운영이 만주로 떠나버린 후, 마침내 정식 부부가 되었다. 이상은 『이별 속의 만남-김말봉』(김항명 등, 성도출판사, 1991)에 나오는 내용이다.

1930년 12월 초에 엽서가 지인들에게 도착했다. "우리가 지난

11월 26일 상오 11시에 영주동 525번지 자택에서 결혼시글 거행하얏삽기 이에 삼가 알리옵나이다. 1930년 11월 29일 전상범·김말봉" (31.01.01.《별건곤》)

상범은 오륙도가 내려다보이는 좌천동에 방 하나를 얻어 집필용으로 마련해 주는 등 전폭적인 지원을 아끼지 않았다. 그렇게 작품도 쓰며 1남 2녀를 낳는 행복한 결혼생활이 이어지는 가운데 1932년에는 중앙일보 신춘문예에 단편 「망명녀」가 당선되어 부산 출신 첫 신춘문예 당선자가 되었고 1934년에 단편 「고행」, 「편지」 등을 발표, 이윽고 1935년 9월 26일부터 우리나라 최초의 대중소설 「밀림」을 동아일보에 연재하기 시작했다. 연재는 일장기 말소사건으로 동아일보가 정간을 당하는 바람에 233회(1936.08.27)로 중단되었다. 이로써 김말봉은 자신의 이름을 대중과 문단에 강하게 인식시키는 데 성공했다.

그러나 「밀림」을 연재 중이던 1936년 1월 상범은 쓰러졌다. 상범은 그 능력과 인품으로 미쓰이물산 조선지점의 총지배인까지 승진했으나 연이은 접대 등의 과로 탓인지 장티푸스에 걸려 1월 19일 40세의 나이로 사망했다. 사랑하는 상범을 하늘로 먼저 보낸 말봉은 큰 실의에 빠졌다.

전처소생까지 합해 6남매를 부양하기 위해 다방도 해보고 국수집도 해 보았으나 장사는 여의찮았다. 그때 상범과 같이 신간회 부산지회 활동을 하던 후배 이종하는 김말봉을 물심양면으로 도와주었다. 온후한 신사인 이종하의 구애에 말봉은 가족을 합치기로 했다(1937). 그녀 혼자 힘으로 글 쓰며 6남매를 키울 힘은 없었고 이종하도 상처한 몸으로 두 아들이 있었다.

말봉을 안타깝게 생각한 변영로가 조선일보 편집국장 이은상에게 김말봉의 소설 연재를 권하자, 「밀림」을 눈여겨봤던 이은상은 기꺼

이 김말봉에게 소설의 연재를 의뢰했다. 말봉이 고심 끝에 정한 제목은 '찔레꽃'. 상범이 생전에 좋아하던 기타하라 하쿠슈 작시의 가곡 「찔레꽃」에서 따왔다고 전한다. 말봉의 피아노 반주에 맞춰 상범이 자주 불렀던 노래였다. 그런데 기타하라 하쿠슈 작시, 야마다 고사쿠 작곡의 유명한 일본 가곡(동요)은 'からたちの花(가라타치노하나)'인데 정확한 번역은 찔레꽃이 아니라 탱자꽃(탱자나무꽃)이다. 탱자와 찔레는 둘 다 가시나무이고 꽃도 흰색이다. 당시 일본어를 번역할 때 우리나라에 흔한 찔레꽃으로 옮긴 듯하다.

그러니 이 소설은 상범이 말봉에게 남긴 마지막 유물이요, 말봉이 상범에게 보내는 마지막 추도사가 되었다. 「밀림」의 연재로 닦은 노련미 덕분인지 「찔레꽃」은 전국적으로 폭발적인 인기를 얻었다(1937.03.31~10.03). 상범의 전처 딸 혜금은 말봉의 원고를 정서해 주고 매일 마감에 쫓기며 경성행 기차에 원고를 부치는 일을 도맡았다. 혜금은 1943년 작곡가 금수현과 결혼했는데 금수현의 「그네」는 말봉의 가사다. 금수현의 아들이 지휘자 금난새 씨다.

그렇지 않아도 일장기 사건으로 정간 중(1936.08.28~1937.06.02)이던 동아일보는 경쟁사 조선일보가 「찔레꽃」으로 판매부수가 계속 늘어나는 것을 애타게 바라보다가 마침내 10월 2일 찔레꽃이 연재를 끝맺자, 정간으로 중단되었던 「밀림」의 연재를 1937년 11월 1일부터 재개했다. 1938년 2월 7일자로 전편(삽화 한무숙)을 마치고 잠시 쉬다가 후편을 1938년 7월 1일부터 1938년 12월 25일까지 연재했으나 미완으로 끝났다. 이후로 일제가 일본어로 작품을 쓸 것을 강요하는 등의 압박을 해오자 말봉은 집필을 중단하고 해방 전까지 가정에 전념했다.

해방 후의 사회활동

해방 후에는 서울로 이주해 집필 외로 박애원 경영, 공창 폐지 등의 사회운동에도 적극적으로 나섰다. 공창 폐지의 주장을 담은 「화려한 지옥」(1945년 부인신보 연재) 등 이후의 소설은 기독교 정신에 입각한 사회운동의 논리를 담은 것이 많아 그의 소설은 해방 전은 제1기(애정소설), 해방 후는 제2기(사회 참여 소설)로 구분한다.

이종하는 신간회 경남지부의 간부요 밀양 소작쟁의 사건의 주모자였고, 김말봉은 3·1운동 때의 항일투사였기에 부부는 해방 후 곧바로 아나키스트의 독립노농당에 들어가 각기 노농부장과 부녀부장으로 피선되었다.

부녀부장 말봉은 공창 폐지 운동에 나섰다. 통솔력과 언변이 뛰어난 말봉은 1946년 8월 11일 시내 14개(후에 19개) 여성단체가 모인 폐업공창구제연맹의 회장을 맡아 성매매 피해 여성 대책과 공창 폐지에 나섰다. 일신여학교 동창 박순천을 비롯해 고황경, 황신덕, 박현숙 등의 여성 지도자들과 함께 입법 활동에 나서, 47년 11월 14일 공창폐지령이 공표되고 48년 2월 14일 마침내 발효되었다. 한편 구제 활동에 관해서는 희망원의 설립을 추진했으나 진행이 여의찮아 김말봉은 사재를 털어 박애원을 설립해 운영했다.

6·25전쟁 때 부산에서 살며 그녀 또한 아들 영이가 전사하는 슬픔도 겪었으나 집을 찾아온 반공포로 김태영(1933~ 소설가)과는 모자지간의 연을 맺었고, 박인환 시인 등 많은 불우한 피난 문인의 뒤를 돌봐주는 문단의 대모 역할을 톡톡히 했다. 1952년 9월에는 베니스 세계예술가대회에 참가해 한국의 어려운 실상을 널리 알렸고 1955년에는 미 국무성 초청으로 1년간 신학교 유학을 겸해 미국을 둘러보며 펄벅 작가 등을 만나고 돌아왔다.

1957년 여류작가 최초로 당당히 예술원 회원에 투표로 선출되었고, 동년 서울성남교회(성바울전도교회)에서 우리나라 최초의 여성 장로가 되었다.

문학이 가진 목적의 하나는 보다 나은 현실을 만드는 데 필요한 인문학적 토대를 제공하는 것인데 문학의 정신, 기독교의 정신을 작품뿐 아니라 실천을 통해 세상에 펼친 김말봉은 실로 우리 여성계와 문단에서 높이 평가받아 마땅한 작가라고 할 수 있다.

1954년 이종하가 55세의 창창한 나이로 폐환으로 사망하자 말봉은 슬하의 많은 자식의 뒷바라지를 위해 심할 때는 연재를 서너 개나 동시에 집필하는 힘든 나날을 보내다가 1960년 4월 폐암 진단을 받고 세브란스병원에 입원했다. 그 얼마 전에 자유당의 요청에 따라 생활에 다소나마 도움이 될까 하여 지원 연설에 나섰지만, 그것이 부정선거에 의한 4·19혁명을 초래한 결과를 지켜보며 뒤늦게 자신의 과오를 뉘우쳤다. 원래 불의를 참지 못하는 성격의 그는 이런 심적 타격도 겹친 듯 1961년 2월 9일, 종로의 내과의원에서 친지들의 찬송가와 기도 속에 60년의 파란만장한 삶을 마감했다.

1963년 3월 17일자 조선일보는 "김말봉 씨는 입원비가 떨어져 치료도 못한 채 퇴원한지 얼마 안 되어 운명했다"며 가난한 문인들의 실상을 전했다.

입관 때 김태영은 "내가 죽으면 이 세상에서 가져갈 것이라곤 성경밖에 없다"고 김말봉이 늘 하던 말을 떠올리고 서재에 있던 성경책을 가져와 김말봉의 가슴에 고이 안겨 드렸다. 김재준 목사가 성남교회에서 거행된 영결식에서 조사를 했고 망우리의 묘지 하관식을 진행했다. 묘지까지 따라온 노산 이은상은 "구름 같이 왔다가 바람 같이 갔다. 그것만은 진실이다. 다른 것을 모르겠다"라고 말했다.

찔레꽃이 피었네요
하얀 하-얀 꽃이 피었어요
찔레꽃 가시는 아파요
파란 파-란 바늘 가시죠
찔레는 밭의 울타리에요
언제나 늘 지나는 길이죠
찔레도 가을에는 열매를 맺죠
동그랗고 동그란 노란 열매에요
찔레꽃 옆에서 나는 울었어요
모두 모두가 고마워서요

(일본「찔레꽃」의 가사, 필자역)

12

망우리공원의 문인들

김상용 · 김이석 · 계용묵 · 이광래

'인적 끊긴 산속 돌을 베고 하늘을 보오', 월파 김상용

(月坡 金尙鎔 1902~1951)

「남으로 창을 내겠소」로 유명한 시인 김상용의 묘비 뒷면에는 「향수」가 적혀 있다.

鄕愁향수(月坡先生詩월파선생시)

人跡(인적) 끊긴 山(산)속
돌을 베고
하늘을 보오.

구름이 가고,
있지도 않은 故鄕(고향)이 그립소

김상용

묘비 왼쪽 면에는 "단기 4235(1902)년 8월 17일 경기도 연천서 나셔서, 4284(1951)년 6월 22일 부산서 돌아가셨고, 4289(1956)년 3월 30일 이 자리에 옮겨 뫼시다"라고 적혀 있다.

구리시 쪽에서 산책로를 거의 다 올라온 길 왼편에 있는, 마치 무명인처럼 쓸쓸한 무덤이 시인 김상용의 무덤이다. 김상용이라는 이름을 기억하는 사람도 2016년 이정표가 생기기 전까지는 이 무덤의 주인이 시인 김상용인지 미처 깨닫지 못하고 지나칠 정도로 무덤은 극히 평범하다. 이정표(형제약수터/아차산) 아랫길 바로 오른쪽에 있다.

시인 박수진 씨가 쓴 글을 우연히 보고 시인 김상용의 존재를 알았다. 박수진 시인이 알려준 길을 찾아가보니, 필자가 몇 번이나 지나다니던 길이었다. 후세인의 정서에 큰 영향을 끼친 유명 시인의 묘가 이렇게 소외되어도 좋은 것인지 하는 생각이 들었다.

월파는 1902년 경기도 연천에서 한의사 김기남의 2남 2녀 중 장남으로 태어났다. 여동생은 시조시인 김오남(1906~1996)이다. 1917년 경성제일고보를 다녔으나 3·1운동에 가담해 제적당하고 다시 보성고보에 들어가 1921년 졸업하고 일본 릿쿄(立教)대학에서 영문학을 전공했다. 귀국 후 1928년 이화여전의 교수를 지내다 1943년 일제에 의해 영문학 강의가 폐지되자 학교를 사임하고 동료 교수인 김신실(1899~1993. 최초의 여성체육인)과 함께 종로 2가에서 장안화원을 경영했다.

해방 후 미군정에 의해 강원도지사로 발령받았으나 허수아비 같은 지위인 것을 깨닫고 곧 사임하고 다시 이화여대 교수로 복귀했다. 1946년~1949년 보스턴 대학에서 공부하고 돌아와 귀국 후 다시 이대 교수와 학무위원장을 지냈다. 1950년 9·28 서울 수복 후 공보처장 김활란의 부탁으로 한국 최초의 영자신문 '코리아 타임스'(후에 한국일보가 인수)를 11월에 창간하고 초대 사장을 지냈다. 1951년 부산으로 피난했다가 김활란의 집에서 열린 파티에서 게를 먹고 식중독으로 사망했다. 잠시 부산에 모시다가 1956년 망우리로 이장했다.

김상용은 단신이지만 팔씨름은 평생 단 한 번밖에 지지 않았다고 할 정도로 매우 다부지고 강한 체력을 가졌다. 등산가로 전국의 산을 수시로 찾았고, 하루 종일 바다에 떠 있을 정도로 수영도 잘했다. 그런 강한 체력을 가지게 된 사연이 있다고 한다. 김상용은 어릴 때 동네 깡패에게 폭행을 당한 적이 있다. 곧 수학을 위해 상경한 후, 절치부심 체력을 단련했고 마침내 5년 후에 고향의 그 깡패를 무릎 꿇렸다고 한다. 그럼에도 자연을 사랑하고 꽃을 사랑하는 관후하고 담백한 성격의 시인이요 영문학자로 이화여대 학생들의 존경을 받은 '잊을 수 없는 스승'이었다.

《문장》지에 주로 우수와 동양적 체험이 깃든 관조적 경향의 서정시를 발표하고 1939년에 시집 『망향』을 발간했다. 그가 남긴 유일한 시집이다. 광복 후에는 수필집 『무하선생방랑기』를 간행해 과거의 관조적인 경향보다는 인생과 사회에 대한 풍자적이고 비판적인 안목을 보여주었다. 또한, 영문학자로서 포(Poe, E.A.)의 「애너벨리」 등도 번역해 해외문학의 소개에도 이바지했다.

일제 말에 그는 김팔봉, 노천명, 김동환 등과 함께 조선 청년들의 징병을 축하하는 친일시를 발표한 바가 있다. 1937년 중일전쟁 이후

전쟁에 광분한 일제는, '인적 끊긴 산속으로 들어가 돌을 베고 하늘을 보고픈', 그리고 '왜 사냐고 물으면 그냥 웃고자 하는' 시인을 그냥 두지 않았던 것이다.

'왜 사냐건 웃지오'는 요즘은 방송 연예 프로그램에서도 자막으로 자주 인용되는 구절인데 출처를 될 만한 고전을 굳이 찾는다면 이태백의 산중문답에 이런 글이 나온다. "어찌하여 이 푸른 산속에 사느냐고 묻는다면, 빙긋 웃을 뿐 대답하지 않지만 마음은 한가롭다.(問余何事棲碧山, 笑而不答心自閑)"

묘비에 적힌 「향수」의 내용 그대로, 김상용 시인은 인적이 끊긴 이곳 망우리의 산 속에서 '남으로 창을 내고' 돌을 베고 하늘을 바라보고 있는 듯하다.

남으로 창을 내겠소

남으로 창을 내겠소
밭이 한참갈이
괭이로 파고
호미로 풀을 매지오.

구름이 꼬인다 갈 리 있소
새 노래는 공으로 들으랴오
강냉이가 익걸랑
함께 와 자셔도 좋소.

왜 사냐건
웃지오.

「실비명」의 작가, 김이석

(金利錫 1915~1964)

문일평 묘를 바라보고 왼쪽 두 번째 묘에 소설가 김이석이 묻혀 있다. 뒷면에 소설 「실비명(失碑銘)」의 일부가 새겨져 있다.

> 오색기가 하늘 높이 펴쳐지는(펼쳐지는) 매화포 소리가 쾅하고 울려지면 그 소리를 따라 백여 명의 건아들이 서로 앞을 다투어서 평양역을 향하여 달리었다. 시가 곳곳에서는 군악이 울려났고 시민들의 환호소리는 하늘을 진동했다. 참으로 장관이었다.

이 글은 평양시민대운동회의 꽃인 마라톤 경기 장면이다. 이 마라톤 대회에 3등을 한 적 있는 인력거꾼 덕구. 그러나 일찍 아내를 여의고 재혼도 하지 않고 외딸 도화를 정성껏 키웠지만 다 큰 딸을 인력거에 태우고 가다 교통사고로 사망한다. 아버지의 무덤에서 도화가 터뜨리는 울음….

한식날 도화는 아버지 덕구의 비를 세워주는데, 딸이기에 자식의 이름마저 새기지 못해 '실비명'이다. 지금은 생각하기 어렵지만 과거에는 비석에 딸의 이름을 올리지 못했다. 그리고 망우리 김이석의 비석에도 부인과 자식의 이름이 없다. 박순녀와 재혼한 그는 2남 1녀를 두었다고 하는데 가족의 이름은 없다. 북에 두고 온 가족을 배려해 적지 않은 것일까. 이 또한 실비명이 아닌가. 하지만 가족 이름 대신에 김이석은 그의 대표작 「실비명」 속의 가장 화려한 삶의 순간을 옮겨 적은 비명을 얻었다.

김이석은 1915년 평양에서 출생했다. 1933년 평양 광성고보를 거쳐 1936년 연희전문학교 문과에 입학했으나 1938년 중퇴했다. 같은 해 이효석의 추천을 받아 단편 「부어」가 동아일보 신춘문예에 입선했으며, 1941년 평양 명륜여상 교사를 지냈다. 1951년 1·4후퇴 때 가족을 두고 월남, 종군작가단으로 활동했다. 1952년 「실비명」을 발표하고, 1953년 이후 《문학예술》 편집위원을 지내며 활발한 활동을 했다. 1957년부터 집필에만 전념하는 한편, 1958년 소설가 박순녀(1928~)와 재혼, 안정된 생활을 하면서 활발한 창작활동을 전개했다. 창작집 『실비명』은 1956년에 간행됐다. 1957년 제5회 아시아자유문학상을 수상하고 1964년 제14회 서울시문화상을 받았다. 1964년 9월 18일 역사장편물 『신홍길동전』을 쓰던 중 잠시 기지개를 켜다가 고혈압으로 쓰러져 사망했다.

김이석은 이중섭과 평양종로보통학교의 동창이었다. 월남 후에도 가깝게 교류해, 이중섭 전시회 때는 팔린 그림의 수금도 담당했다. 이중섭이 병원에 홀로 타계했을 때 가장 먼저 발견한 사람이 그였다. 대부분의 책과 백과사전에는 그의 출생년도를 1914년으로 밝히고 있으나 비석에는 1915년으로 새겨 있어 비석을 따르기로 한다.

부인 박순녀는 함홍 출신으로 서울사대 영어교육과를 나와 방송작가와 교사, 번역가로 활동하며 아이들을 키웠다. 1960년 조선일보 신춘문예 당선, 1970년 현대문학상을 받았고 2014년 출간한 『이중섭을 찾아서』라는 단편집으로 한국문학상을 수상했다. 그 책에 따르면, 박순녀는 「실비명」을 읽고 김이석과의 결혼을 결심했다.

「백치 아다다」의 작가, 계용묵

(桂鎔默 1904~1961)

평북 선천 출생. 한학을 공부하다 1921년 상경해 중동학교에 들어갔지만 조부가 신학문을 반대해 낙향했다. 다시 올라와 휘문고보에 입학했으나 또다시 강제로 고향으로 끌려 내려가 4년간 독서로 세월을 보냈다. 1928년 일본에 건너가 동양대학 동양학과에서 공부했으나 1931년 집안이 파산해 도중에 귀국했다.

1925년 「상환(相換)」이 《조선문단》에 당선되어 문단에 나왔다. 「백치아다다」, 「최서방」, 「인두지주」(사람 머리의 거미), 「별을 헨다」 등을 남겼다. 작품은 주로 소박한 소시민이나 소외자에 대한 관심, 인간성 회복에 관점을 두었다. 장편을 남기지 않은 아쉬움은 있으나 순수를 추구한 그의 작품은 오랜 생명력을 갖는다. 1935년 발표한 대표작 「백치 아다다」는 1956년 영화로 만들어져 큰 인기를 끌었는데 문예작품이 영화화되기 시작한 시금석이라는 평가를 받았다. 이후 TV의 드라마와 단막극으로도 자주 제작되었다.

1938년 조선일보 기자를 지냈다. 해방 후 1945년 정비석과 함께 잡지 《대조(大潮)》를 창간하고, 1947년 8월 《예술조선》 편집국장, 1947년 10월 백인제, 김억과 함께 출판사 수선사를 설립하고 편집책임자가 되었다. 수선사에서 1949년 7월 단편집 『별을 헨다』를 출간하고 1949년 12월 한국문학가협회(위원장 박종화) 결성시 중앙집행위원으로 참여했다. 6·25 전쟁 때는 제주도에 피난해 양담배 노점을 하며 지냈다. 1955년 4월 수필집 『상아탑』(우생출판사)을 출간했고 5월 서라벌예대의 출판국 책임자로 선임되었다. 1961년 《현대문학》에 「설수집(屑穗集)」을 연재하던 중 위암으로 정릉동 자택에서 타계했다.

묘는 중랑전망대 가기 전 길가에 이정표가 서 있으니 따라서 내려가면 된다. 현대문학사(주간 조연현)가 성금을 모아 1주기 때 비석을 세웠고 제막식 때 시인 고은이 독경을 했다(경향신문 1993.03.28). 비석 앞면에 "작가계용묵지묘", 옆면에 "1962년 8월 9일 현대문학사와 문우 일동이 세우다", 후면에는 "중요작품명. 백치 아다다. 병풍에 그린 닭이. 별을 헨다. 이 밖에 60여 편을 남겼다"라고 새겨져 있다.

1969년 12월 18일 동아일보는 60년대를 마감하면서 '오늘의 한국을 엮고 간 60년대의 100인'을 선정했는데, 1961년 별세한 12인의 인물 중, 망우리 인물은 김말봉과 더불어 계용묵이 선정되었다. 그만치 소설가 계용묵이 당시 우리 문화에 끼친 영향은 매우 컸다.

한국 연극계의 선구자, 이광래

(李光來 1908~1968)

극작가·연출가·연극이론가. 경상남도 마산 출생. 마산 창신학교를 거쳐 1928년 배재고보를 졸업하고 와세다대학 영문과 3학년 때 중퇴하고 귀국했다. 조선일보와 중앙일보 기자를 지냈다. 1935년 극예술연구회, 조선연극협회에 가입했고, 1936년 1월 「촌선생(村先生)」이 동아일보 신춘문예에 당선되어 극작가로 데뷔했다. 1938년 중간극을 표방하는 극단 중앙무대를 설립해 극작·연출·제작 등을 맡아 활동했다.

1945년 10월 극단 민예(민족예술무대)를 조직해 좌익연극단체인 조선연극동맹과 대항하는 우익민족연극운동을 펼쳤고, 1949년 유치진, 서항석, 김영수 등과 함께 한국연극학회를 창립하고 간사장을 맡았다. 1950년 국립극장 창설과 함께 전속극단 신협(신극협의회)의 대표로서 민족극의 기반을 다지는 데 한몫했다. 1953년 서라벌예술대학 초대연극학과장을 맡아 연기자들을 길렀고 1955년 한국문협 이사 및 희곡분과위원장에 1957년 예술원회원(연예부문)에 선출되었다. 대한민국문화포장(63), 예술원상(67), 삼일연극상(69) 등을 수상했다.

1968년 10월 30일 숙환으로 별세해 11월 1일 문인·연극인장이 예총회관 광장에서 엄수되었다. 작고 전까지 각색을 손보던 「대수양(大首陽)」(김동인 원작)이 신극 60년 기념공연으로 12월 17일 국립극장 무대에 올랐고 1972년 『이광래희곡집(1) 촌선생』(이광래기념사업회)이 간행되었다(2권은 미발간). 생애 38편의 창작과 9편의 극본을 각색하고 44작품을 연출했으며 연극 관련 논문 30편을 남긴, 한국 연극계의 선구자였다.

용마산 방향으로 서광조 연보비를 지나 끝까지 가면 길이 굽어지기 전에 소방장비 보관함이 나온다. 그 전 50미터에서 길가 왼쪽 위에 있다. 묘번은 108899.

2부

이 땅의 씨앗과 뿌리

1

근대 서양의학의 선구자

지석영과 오긍선

우리나라 최초로 외국에서 서양의학(종두법)을 도입하고
국립의대의 초대 교장을 지낸 지석영(池錫永 1855~1935)과
세브란스의전 최초의 한국인 교장 오긍선(吳兢善 1878~1963)이
망우리에 있다. 그리고 조선의사협회 창립의 주역인
유상규, 이영준, 오한영 의사가 여기에 있으니
이곳은 의학계의 성지라고 할 수 있다.

90년대에 비디오를 틀면 맨 앞에 나오던 말이 있었다. "옛날 어린이들은 호환(虎患), 마마, 전쟁 등이 가장 무서운 재앙이었으나 현대의 어린이는 무분별한 불법비디오를 시청함으로써 비행청소년이 되는 무서운 결과를 초래합니다."

당시 치사율 30%를 넘나드는 큰 재앙이며 살아남아도 곰보 얼굴로 평생을 살아야 했던 천연두(마마)를 없애준 은인이 송촌 지석영이다. 지금도 왼팔에 불주사 흔적이 없는 국민이 없으니 송촌이야말로 우리에게 가장 밀접하고 광범위한 은혜를 베푼 분이라고 할 수 있다.

중랑망우공간에서 순환로 왼쪽으로 올라가 김상용 묘를 지나면 오른편에 지석영 묘 입구의 연보비가 나타난다. 연보비 뒤로 우측으로 올라가는 계단이 있다. 너른 터에 묘 두 개가 나란히 있다.

의사 5대 가문

왼쪽이 송촌거사(松村居士) 지석영의 묘다. 거사(居士)는 출가하지 않고 집에서 불교에 귀의한 자에게 붙인다. 지석영은 집에 불상을 모셔놓을 정도로 독실한 불교신자였다. 비석의 앞뒤 글은 한문이고 게다가 흰 돌에 새긴 글이라 잘 보이지 않아 해석이 더욱 어렵다. 생전에 한글 사용을 제창했다고 하는데 비문도 한글로 하면 좋았을 것이라는 아쉬움이 있다.

오른쪽이 장남 춘우거사(春雨居士) 지성주의 묘다. 지석영의 부친 지익룡은 양반이라 개업은 하지 않았지만 한의학에 정통했고, 지석영의 장남 지성주는 경성의전에서 내과 전공으로 1919년 졸업 후 개업을 했는데 1927년 및 1928년 동아일보에 독자를 위한 의학 관련 기사를 실을 정도로 장안의 명의였고, 지성주의 장남 지홍창은 서울의대 박사로 군의관을 거쳐 박정희 대통령 주치의를 지낸 바 있다. 그리고 지홍창의 장남 지무영은 가톨릭의대를 나와 현재 서울 송파구에 지내과의원을 경영하고 있으니, 고조부로부터 따지면 5대째 의사 가문인 셈이다.

곰보의 은인

1931년 1월 25일 매일신보는 "조선의 제너, 송촌 지석영 선생, 곰보를 퇴치하던 고심의 자취. 신미(辛未)의 광명을 찾아"라는 제목으로 지석영 인터뷰 기사를 실었다. 자료의 상태가 좋지 않아 읽기 어려운 부분은 일부 생략하며 현대문으로 고쳐 옮긴다.

음력으로 선달 스무닷세날이었는데 좋은 재주를 배우고 또 약간의 약까지 얻기는 하였지만 도무지 그것을 시험할 데가 없구려. 비록 장가는 들어서 아내는 있으나 나에게 소생이 없으니 시험할 수 없고, 남의 자식에게 시험을 하자니 아직 우두(牛痘)가 무엇인지 모르는 그 부모가 허락할 리가 없고 해서 어떻게 할까 망설일 즈음에 마침 나이 어린 처남 아이가 생각납디다그려. 그래서 한번 시험을 해보고자 하였더니 우두라는 것은 외국사람(실제로는 일본인을 지칭)이 조선사람을 죽이려고 만든 것인데 이 아들에게 놓는다니 될 말이냐고 장인이 펄펄 뛰며 나를 미친 사람으로 돌리는구려. 그러니 어디 해볼 수가 있소? 그러다가 내가 한 계교를 생각하여 사위를 믿지 않는 처갓집에는 있을 수가 없다고 그대로 상경을 하려고 하였더니 나의 정성에 감동이 되었음인지 그때서야 장인되는 사람이 그러면 어디해보라고 어린 아들을 내밉디다그려. 그래서 즉시 우두를 하였더니 사나흘만에 팔뚝에 완연한 우두자국이 나지 않겠소? 그 나흘 동안 내가 가슴을 졸인 것은 이루 말할 수가 없거니와 팔뚝에 똑똑하게 우두자국이 나타나던 그때의 나의 기쁨이라고는 무엇에 비할 수가 없는 것이었소. 나의 평생으로만 보더라도 과거에 급제한 때와 유배에서 돌아온 때와 같은 크나큰 기쁨이 없었던 것은 아니지만 아까 말한 그때의 기쁨에 비하면 아무것도 아니었소. 그때 나의 나이는 스물다섯이었던가?…

우두법은 이미 오래전에 영국 의사 에드워드 제너(1749~1823)가 소젖 짜는 여인들이 천연두에 걸리지 않는 것을 보고 천연두에 걸린 소에서 고름을 빼내서 1796년 접종에 성공한 것이 시초인데 우리나라에서는 지석영이 처남에게 접종을 한 1879년 12월 6일을 시작으로 본다. 총독부 기관지 매일신보가 지석영 기사를 크게 다루고,

지석영

총독부는 1928년 12월 6일 종두 50주년 기념식에서 지석영을 표창하는 등 일제는 일본으로부터의 우두법 도입을 선전의 도구로 이용한 면이 있기는 하나 그렇다고 해서 지석영의 업적이 평가절하될 수는 없다.

지석영은 1855년 서울의 가난한 선비 집안에서 태어나 한의사 박영선에게 한문과 의학을 배웠다. 중인 출신 한의사에게 공부한 것이 그의 사상 형성과 발전에 큰 영향을 끼쳤다고 본다. 본서에 소개된 위창 오세창도 중인 역관 집안이었듯, 조선말의 중인은 개화된 문물을 먼저 받아들인 계층이었기에 당시의 부패한 양반 정치에 대한 개혁 의지가 더욱 강했다. 지석영은 스승 박영선이 일본 수신사 일행의 의사로 일본 방문 시에 입수한 『종두귀감』을 접하고 서양의학에 눈뜨게 되었다.

당시 조선에서는 천연두로 인해 많은 어린이가 생명을 잃었는데 마땅한 치료책이 없어 그저 무당굿으로 치료를 대신할 뿐이었다. 지석영은 종두법을 배우려고 해도 가르침을 받을 사람이 없었다. 마침 부산에 일본 해군 소속의 서양식 병원이 있다는 소문을 듣고 서울에서 이십일 이상 걸어서 1879년 10월 부산에 도착했다. 병원을 찾아가 필담으로 뜻을 전하자 일본 군의가 지석영의 열의에 감동해 종두법을 가르쳐 주었다. 지석영은 이때 서양의학의 필요성을 절감함과 동시에, 배움의 대가로 조일(朝日)사전 편찬 작업을 도와주면서 국문법에 대한 관심도 갖게 되었다. 두 달 후 병원을 떠나면서 두묘(痘苗)

杏林界의先進으로

種痘法을最初輸入

壬午軍亂에는불덤이에서苦生

〃곰보恩人〃池錫永氏長逝

二일오후十一시경에 조선의 종두계(種痘界)의 대은인지석영(池錫永)씨는 향년八十세를 一기로 부내 낙원동(樂園洞)十七번지 자택에서 소황히 별세하였다.

선생의 공로가 조선의 행림계(杏林界)에 있어 얼마나 컸었다는 것은 이미 우두선생(牛痘先生)으로서의 선생의 명성이 조선사회에 알려진바 오래되었다.

이제 선생의 별세를 기회로하야 선생의 공로를 적어보고저한다.

◇—◇

선생은 지금부터 八十년전인 을묘년(乙卯年)五월에 출생하였다 그리하야 계미년(癸未年)에는 문과에 과거하야 갑오년(甲午年)에는 정三품에 올랐었다. 그후 계속하야 관계에있어서는 한성부윤(漢城府尹) 대구판관(大邱判官) 동래부사(東萊府使) 등을 역임하였으나 선생의 위대함은 이와같은 관위(官位)에 있지않고 악착한 압박에 굴하지않고 영국의 명의(名醫)제너씨가 발견한 종두술(種痘術)을 배워 조선에 그 치료법을 실시하게 되었다.

선생은 지금부터 五十여년전 병자년(丙子年)에 당시 일본의 수신사 김기수(金綺秀)의 수원으로 따라갔든 박영선(朴永善)씨가 가지고온 종두귀감(種痘龜鑑)이라는 책을보고 즉시 조선에 종두술을 수입할 생각으로 부산(釜山)에가서 당시 일본해군 군의 호총적재(戶塚積齋)씨에게서 그 치료법을 배워가지고 조선에시행하였었다.

그러나 당시 현대문화의 혜택을 받지못한 조선민중은 요술(妖術)이라 하야 지선생을 미워하는 동시에 임오(壬午)군란시에는 선생의 치료소를 불살으고 동시에 선생에게 위해까지 가하고저 하였다.

그러나 백절불굴의 천품을 가진 선생은 이러한 박해에도 굴하지않고 꾸준히 목적한바를 향하야 나아갔었다.

그결과 선생의 공로는 드디어 상층사회에 인식한바되어 을유년에는 전라도 감사 박영교(朴泳敎)씨의 소개를 받어 전주(全州)에 우두국(牛痘局)을 설치하였으며 또 동년 겨울에는 충청도 감사 이용호(李容鎬)씨의 소개를 받어 공주(公州)에 우두국을 설치하야 제자를 양성하는 동시에 종두술을 세상에 선전하기에 노력하였었다.

그후 광무(光武)三년에는 관립의학교(官立醫學校) 교장과 그부속병원인 대한의원(大韓醫院)의 원장에 취임하야 이래 十二년동안 조선의 행의계를 위하야 노력하다가 한일합방후에 은퇴한후 지금까지 자택에서 한세월(閑歲月)하였다고한다.

◇長逝한池錫永氏

종두법을 최초로 도입한
지석영의 서거에 관한
1935년 2월 3일자 동아일보 기사

세 병, 종묘침 두 개와 접종기구, 서양의학서적 몇 권을 받고 귀경길에 충주군 덕산면의 처가에 들러 접종을 실시해 성공한 것이었다.

그러나 많은 사람에게 우두를 접종하기 위해서는 두묘의 지속적인 확보가 필요한데, 두묘 제조법을 알기 위해 지석영은 1880년 7월 제2차 수신사 김홍집 일행에 가담해 도일, 1개월의 짧은 체재 기간에 두묘 제조법을 완전히 습득했다. 귀국 후 지석영은 종두장을 차려 본격적으로 우두접종사업을 실시했다. 그러나 1882년 임오군란 때는 지석영의 종두법이 개화운동이라 무당과 수구파에 의해 종두장이 불타버리는 등 많은 어려움을 겪었다. 수구파의 논리는 다음의 상소문 내용과 같았다.

"…흉악한 지석영은 우두를 놓는 기술을 가르쳐준다는 구실로 도당을 유인해 모았으니 또한 그 의도가 무엇인지 알 수 없습니다. 그뿐 아니라 그의 형 지운영은 외국에서 사진 기구를 사 온다고 핑계대기도 하고, 김옥균의 무리를 생포해 오겠다고 선언하기도 했지만 바다 건너에 출몰하며 도리어 역적의 부류와 내통해서 은근히 나라를 팔아먹는 짓을 일삼았습니다. 신기선, 지석영, 지운영 등을 다 같이 의금부로 하여금 나국(拿鞫 잡아다 심문함)하여 진상을 밝혀내도록 하여 속히 국법을 바로잡으소서…" 하니, 고종이 대답하길, "정말로 여론이 그러한가? 끝에 첨부한 문제에 대해서는 유념하겠다"고 했다. (『조선왕조실록』 고종 24년(1887) 4월 26일)

최초의 관립의학교장

종두법은 그가 펼친 개화운동의 가장 대표적인 것이지만, 그 외로도 서양의학의 도입과 이용후생에 유익한 서적 및 기계의 도입 등을 나라에 상소했고, 농서 『중맥설(重麥說)』, 의학서 『신학신설(新學新說)』 등을 저술했다.

1883년 그는 자신의 꿈을 펼치기 위한 날개를 얻기 위해 과거에 급제, 관직에 나섰다. 수구파에 의해 유배를 가는 고난도 있었지만 1894년 김홍집 내각이 들어서자 지석영은 형조참의, 승지, 한성부윤, 동래부사 등에 중용되어 개화정책에 참여했고 모든 국민이 의무적으로 접종을 받도록 하는 종두법을 1895년 시행하기에 이르렀다.

그러나 1896년 아관파천으로 갑오경장내각이 붕괴되고 친러수구파정권이 들어서자 개화파 지석영은 한직으로 물러나고 곧 다시 유배를 가게 되었다. 하지만 이때는 서재필의 독립협회가 나서서 나라의 처사를 성토하는 운동을 벌여 정부는 지석영을 석방하지 않을 수 없었다. 독립협회는 1898년 7월 15일 종로에서 만민공동회를 개최, 정부에 서양의학을 교육하는 학교 설립을 요구했고 지석영도 11월에 상소를 올리자, 정부가 이를 받아들여 1899년 3월 우리나라 최초의 관립 의학교가 설립되고 지석영이 초대 교장으로 임명되었다. 관립의학교는 후에 대한의원(교육부), 경성의전을 거쳐 지금의 서울의대로 발전했다.

한편 지석영은 상소를 올려 "세종대왕 창제 국문이 표시하지 못하는 음이 없고 매우 배우기 쉬운 글임에도 불구하고 나라가 그저 민간에 방임한 결과 형식이 정립되지 못했으니 국문을 새로 개정하여 나라의 자주와 부강을 도모"할 것을 건의했다. 정부는 지석영의 제안을 그대로 받아들여 1905년 7월 19일 '신정국문(新訂國文)'을 공표했다.

지석영은 이처럼 많은 업적을 쌓았으나 1910년 나라가 일제에 강점되자 대한의원(원장은 일본인) 학감을 사임한 뒤, 두문불출 조용히 독서와 저술로 보내다가 1914년에 유유당(幼幼堂)이라는 소아과의원을 열어 봉사를 시작했고 1915년에는 전선의생회(全鮮醫生會) 회

지석영 묘지. 오른쪽은 장남 지성주의 묘

장을 역임했다. 1935년 2월 1일 서거했다.

그는 출세의 보증수표인 과거 급제자이며 능력 있는 의사였기에 마음먹기에 따라 얼마든지 풍족한 삶을 보낼 수 있었다. 그러나 손자 지홍창의 증언은 이러했다. "할아버지는 평생 돈을 몰랐습니다. 생기는 돈이 있으면 몽땅 우두 시술소 등을 차려 대중 진료에 쏟아 넣었지요. 유산 한 푼 안 남겼고…." (『한국의 명가』) 묘 입구에 서 있는 지석영의 연보비는 지석영의 삶을 잘 요약해 놓았다.

송촌 지석영 선생. 의학자, 국어학자. 우두 보급의 선구자이며 의학교육자, 한글 전용을 제창한 사회, 경제, 문화 각 영역에 걸쳐 선각자. '우리 가족에게 먼저 실험해 보아야 안심하고 쓸 수 있지 않겠느냐.'

조선 의학계의 대부, 고아들의 아버지, 해관 오긍선

지석영 묘 입구를 지나 500미터가량 올라가면 동락천 약수터가 나온다. 그 약수터에서 10미터쯤 더 가면 해관 오긍선의 연보비가 서 있다.

> 해관 오긍선 선생. 교육자, 의사. 연세대학교 의과대학 전신인 세브란스의학전문학교 최초 한국인 교장을 역임하고 현대의학 도입과 발전에 기여하였으며 일생동안 우리나라 의학발전과 사회사업에 헌신하시다.

해관(海觀)은 인류를 생각하면서 세계를 바라본다는 뜻이다. 해관은 우리나라 '최초'의 타이틀이 많다. 한국인 최초의 의료선교사이며 한국인 최초의 고아원(1919년 경성보육원)도 설립했다. 그리고 동아일보 1962년 11월 3일 기사는 소파상 수상자가 해관임을 알리면서 그가 '의학박사이면서 우리나라 제1호의 의사면허를 가진 분'으로 소개했는데, '제1호'를 그대로 옮겨 적은 자료는 많아도 정확한 근거를 댄 자료는 찾지 못했다. 1914년 11월 총독부로부터 받은 면허번호는 70번이었다. 해방 후 1946년에 미 군정청이 의사면허 등록을 갱신했는데 이때 제1호가 되지 않았을까 추정한다.

오긍선

해관은 구한말에 종5품 봉훈랑

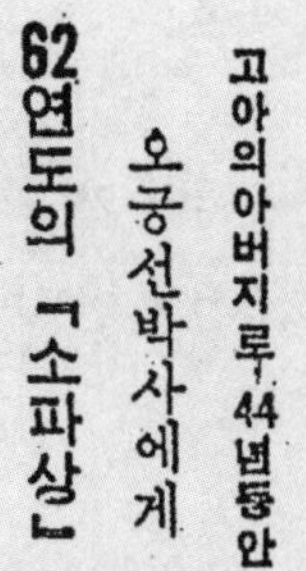

고아의아버지로 44년동안
오긍선박사에게
62연도의 「소파상」

「새싹회」의 62연도<소파상>은 고아를 보호육성하는 사업에 몸바쳐 온 오긍선(吳兢善)박사에게 드리기로 하였다고 한다.

오박사는 지금 안양에 있는 「안양기독보육원」 원장인데 1919년 「경성보육원」이래 꾸준히 같은 일에 평생을 애써오신다. 오박사는 전에 「세브란스의학전문학교」 교장도지내신 일이 있으며 의학박사로서 우리나라에서 제1호의 의사면허를 가지고 계시다.

올해에 85세이며 평생을 공하여 깨끗한 지조의 인격자이며 많은 고아들의 자애로운 아버지이시다. 그런데 이 시상식은 15일하오 3시 「안양기독보육원」에서 베푼다고한다.

<사진=오긍선박사>

1962년 소파상 수상자로
오긍선을 소개하는 신문 기사

의 품계를 받은 오인묵(1850~1933)의 1남 3녀 중 장남으로 1878년에 태어났다. 한학을 공부하다가 1894년 갑오개혁으로 과거가 폐지되자 1896년 18세에 상경해 내부(내무부) 주사로 관직에 들어갔다. 그러나 개화에 눈을 뜬 그는 몇 달 후 공직을 사임하고 1896년 10월에 배재학당에 들어가 신학문을 배웠다.

2년 선배 이승만 등과 독립협회 간사로 일하다 만민공동회 사건으로 정부가 탄압에 나서자 낙향해 공주의 침례교 선교사 스테드만의 집에 피신한 것이 계기가 되어 그의 한글선생이 되고 1900년 배재학당 졸업 후 스테드만에게 금강에서 침례를 받았다. 스테드만이 일본으로 옮겨가자 해관은 군산야소병원장으로 부임한 남장로교 의료선교사 알렉산더의 한글선생으로 일하다 1902년 알렉산더가 부친상으로 미국으로 돌아갈 때 그의 후원으로 미국 유학을 떠났다.

켄터키주의 센트럴대학에 들어가 물리와 화학을 공부하고 1904년 루이빌의과대학에 편입해 1907년 졸업하고 의사 면허와 의학박사

학위를 받았다. 그곳 시립병원에서 6개월간 인턴으로 근무하고 남장로교 선교회의 의료선교사 자격으로 1907년 10월 한국으로 파견되었다. 한국인 의료선교사로서는 처음이자 마지막이었다.

1908년 귀국하자 순종 황제는 치하하며 황실의 전의(정3품, 월급 150원)를 권유하고 이토 통감은 대한의원(서울의대병원) 의관을 제안했으나 모두 사양하고 선교사의 임무를 수행하기 위해 임지 군산으로 내려와 월급 50원의 군산 구암의 야소교(예수교)병원장으로 부임했다. 병원 외로도 지역에 안락학교, 영명학교, 정명여학교를 설립해 교육에도 힘썼다.

1912년 세브란스가 교파 연합의 의학교가 되자 남장로교 대표로 파송되어 교수 및 부속병원 의사로 임용되었고, 동경제국대학 의학부에서 피부비뇨기학을 1년간 공부하고 돌아와 1917년 피부과를 한국 최초로 신설해 과장 겸 주임교수가 되었다. 1921년 학감으로 임용되어 9년, 부교장으로 4년간 의전을 훌륭하게 경영해 1934년 에비슨에 이어 한국인 최초로 세브란스의전 2대 교장이 되었다.

또한, 교직 외로 YMCA 이사(1920), 공창폐지운동(1924), 조선정구협회(1928, 회장), 조선연합선교회(1930), 나병구제연구회(1931), 조선기독교육연맹(1935) 등 다양한 사회활동에 참여했다.

그러나 중일전쟁 후 일제의 압박이 강해지면서 신사참배 거부 등의 문제로 갈등을 빚다가 1941년 9월 스스로 65세 정년제를 만들고 총독부의 일본인 교장 임명 압력을 물리치고 교장직을 제자 이영준에게 물려주고 1942년 1월 퇴직했다.

해방 후에는 트루먼 대통령이 친서를 보내 미군정 민정장관을 권하고, 이승만 대통령은 사회부장관을 제의했으나 모두 거절했다. 공직은 단 한 번, 부산 피난 시절에 동래에서 어렵게 사는 순정효황후(윤비, 순종 계비)를 딱하게 생각하던 참에 그 자신도 주사로서 구황실의 은혜를 입은 바도 있어 구황실재산관리총국장직을 잠시 맡은 적이 있었지만 본인의 의사가 제대로 수용되지 않는 것을 보고 미련 없이 자리에서 물러났다.

1962년 소파상을 받았다. 1919년 경성보육원을 설립해 고아를 보호 육성하는 데 몸을 바쳤고, 1962년 당시에도 84세 나이에 보육원을 손수 운영해, 평생을 통해 깨끗한 지조의 인격자이며 고아들의 아버지로 살았다는 이유에서였다. 경성보육원은 1936년 안양으로 옮겨 이름을 안양기독보육원으로 바꾸고 1998년 해관보육원, 2007년 '좋은집'으로 바꾸었다. '좋은집'은 1918년 12월 25일 해관이 남대문시장에서 떠도는 고아 7명을 자택에 수용한 날을 창설일로 하고 있다.

서양과 한국의 조화를 이룬 독특한 석묘

그렇게 말년을 고아들과 함께한 해관은 자신의 명이 다한 것을 자각해 복약도 거부하고 1963년 5월 18일 85세를 일기로 서대문 자택에서 초연하게 죽음을 맞이했다. 지병은 앞서간 장남 오한영과 같은 고혈압. 5월 22일 새문안교회에서 연세의대학장으로 장례식이 거행되고 망우리 가족묘지에 안장되었다. 의학계에서의 업적뿐 아니라 별세하기까지 2,400여 명의 고아를 돌보는 등 자선사업에 대한 공로로 사후 1963년 문화훈장 대한민국장이 추서되었다.

외손녀 최숙경(이대 명예교수)은 "팔순이 넘었을 때도 일의 분주함에 대해 말한 적이 없었고 피곤하다는 말 한번 없이 묵묵히 '타이핑'하던 모습이 두고두고 뇌리에서 사라지지 않는다"고 두 손가락의 할아버지 타이피스트를 회상했다. (『해관 오긍선』)

오긍선의 가족묘는 망우리공원에서 가장 개성적인 묘에 속한다.

해관 오긍선 선생 기념사업회와 연세의대는 해관의 위업을 기리기 위해 '해관 오긍선선생 기념 학술강연회'를 1977년부터 매년 개최하고 있고 1985년에는 세브란스병원 구내에 오긍선의 동상을 세웠다.

연보비 바로 오른쪽 돌계단으로 올라가면, 입구 기둥에 해주오씨 영역(海州吳氏塋域)이라고 쓰여 있다. 그 기둥 바로 왼쪽에 갓머리를 쓴 비석이 보이는데 부친 오인묵의 적선비이다. 앞면에 '감찰오인묵 적선비(監察吳仁黙積善碑)'라고 새겨져 있다.

오인묵이 대원군 시절에 감찰 벼슬을 했는데 전라도에 3년 연속 흉년이 들자, 공주에서 금강으로 쌀을 싣고 내려가 군산 사람들에게 베풀었다. 오인묵 생전인 1926년(병인년)에 주민들이 송덕비를 만들어서 세웠는데 생전에 비석을 세우는 것은 옳지 못하다 하여 비석을 논바닥에 묻었다가 오긍선이 부친 별세 후 1939년 망우리로 옮겨왔다.

다시 계단을 올라 묘역에 들어서면 특이한 모양의 무덤들이 보

오긍선(왼쪽에서 네 번째)이 손기정(오른쪽에서 네 번째)과 함께 찍은 사진

인다. 망우리공원에 이처럼 개성적인 묘는 보기 힘들다. 원래는 통상의 봉분이었으나 후에 자손이 새로 만든 것이다. "여관에 있다가 이제 내 집으로 돌아간다"는 말을 남기고 해관이 운명했다는 언론인 유광렬의 말을 떠올리게 하듯, 무덤은 생전에 살던 한옥의 지붕을 연상시킨다.

보건부 장관을 지낸 장남 오한영(吳漢泳 1898~1952)

맨 오른쪽이 오긍선 부부이고 왼쪽은 부모의 묘다. 부모 묘 왼쪽 밑에는 오긍선의 사촌인 오창선(부 오신묵, 자 오해영)의 묘이고, 밑에 있는 묘는 오긍선의 장남 오한영 부부의 묘다.

오한영은 1898년 5월 11일 공주읍에서 태어나 1923년 세브란스의전을 우등으로 졸업하고 5월에 미국으로 떠나 미국 에모리대 의학박사를 받고 1926년 귀국했다. 후에 총독부의 자격요건을 갖추기 위해 교토대 내과 의학박사(1934)를 새로 취득했다.

1930년 2월 21일 조선의사협회 창립총회 때는 유상규(사회자), 백인제 등과 함께 위원으로 참여하고 1935년 9월 25일의 정기총회에서는 유상규, 이영준 등과 간사로 임명되었다. 세브란스 교수와 병원장을 지냈고 6·25 때 국립경찰병원장을 거쳐 1950년 11월 제2대 보건부 장관이 되었다. 우리나라 보건행정의 기초를 쌓았지만, 과로로 인한 고혈압 악화로 1952년 2월 의원면직하고 4월 14일 54세의 나이로 부산에서 소천해 망우리의 가족묘지로 부친보다 먼저 왔다. 1968년 세워진 비석의 글은 친우 주요한이 짓고 원곡 김기승이 썼다.

그리고 망우리묘지가 폐장된 1973년 이후로 새로운 묘가 들어서지 못해 가족묘역에 함께하지 못한 자손을 소개한다.

차남 오진영(1911~1981)은 경성제국대학 사학과를 1934년 졸업한 후 다시 법학과를 1936년에 졸업하고 대학원에서 한국법제사를 전공했다. 해방 후 국학대학 교수 및 교무처장, 1948년 감찰위원회(감사원) 감찰관, 주일대표부 상무관, 홍익대 법대 교수를 역임한 후 1963년 선친을 이어 고아원을 맡아서 운영했다. 부인 윤의경은 4대 대통령 윤보선의 동생이다.

오긍선의 손자이며 오한영의 장남인 오중근(1923~1983)은 1958년 국립의료원 의무관으로 공직을 시작해 1975년부터 국립마산결핵병원장으로 8년간 재임하다 정년퇴직을 1년 앞둔 83년 7월 순직했고, 차남 오장근(1927~2009)은 국립철도병원장, 국립서울병원장을 거쳐 1981년부터 해관재단 이사장을 지냈다.

두 분 다 연세의대 의학박사로, 특이한 것은 오긍선의 직계 자손들은 의사로서 공직에 있었을 뿐 은퇴 후에도 개업을 하지 않았다는 점이다. 해관은 "의료가 축재의 목적이 되어서는 아니 되며 개업의가 한 사람 늘면 그만큼 조선에 가난한 사람이 더 생긴다"고 했고, 한

때 장남 오한영이 개업의 뜻을 비치자, "한국에 와서 청년교육을 위해 일생을 바치는 서양 사람도 있는데 한국 사람으로서 어찌 명리에만 치중할 수 있겠는가"라고 크게 책망했다.

오긍선 아래에 잠든 후계자 이영준(李榮俊 1896~1968)

해관 묘역을 내려오는 계단 오른편에 세브란스 3대 교장인 이영준의 묘가 있다. 이영준은 1896년 9월 17일 대구에서 출생해 대구 계성학교를 거쳐 양정고보를 졸업했다. 1915년 경기도 사립학교 교원 시험에 합격해 개성에서 초등학교 교사를 할 때 결혼하고 1921년 아들까지 낳은 26세의 늦은 나이에 세브란스에 입학했다.

한국성결신문(2012.02.01.)에 따르면, 계성학교 동기인 애국지사 이상철 목사는 3·1운동 때 세브란스의전의 이영준에게서 독립선언문을 입수해 현풍, 고령 지역의 만세운동을 이끌었다고 한다. 하지만 연세의대 자료에 이영준은 1921년 입학이므로 이 부분은 좀 더 확인이 필요하다.

웅변도 잘하고 원만한 성격에 지도력을 갖춘 이영준은 학감 오긍선의 눈에 들어 1927년 졸업 후 곧바로 오긍선의 조교로 임용되었고 세브란스 출신 임상의로서는 최초로 동경제국대학에서 1933년 박사 학위를 받은 후, 피부과 주임교수와 부속병원장을 거쳐 1942년 오긍선에 이어 세브란스 3대 교장(~1945)이 되었다.

당시 미국과 전쟁 중이던 일제는 미국계 학교를 적산(敵產)으로 간주했고 미국인 교수는 모두 추방했다. 미국으로부터의 지원이 끊기고, 총독부의 압박에 학교의 존립이 위태로울 때, 이영준은 능력을 발휘해 여러 민족재산가의 기부를 이끌어내고, 총독부와도 교묘한 교섭을 통해 해방 때까지 학교를 지켜낸 인물로 평가된다.

그러한 정치력을 증명이라도 하듯, 이영준은 해방과 동시에 교장을 물러나 정계로 진출했다. 한민당 재정부장 및 간사장, 대한적십자사 사무총장(1952), 국회의원(1,4,5,6대), 4대와 5대 국회부의장, 민정당 간사장, 동아일보 고문 등을 역임하고 1968년 8월 18일 72세를 일기로 슬하에 4남을 두고 별세하고 스승 오긍선의 아래 자리에 들어왔다.

1969년 추석에 세워진 비석의 글은 윤보선 전 대통령이 지었고 서예가 정필선이 썼다. 세브란스의 역사를 말하는 많은 사진에서 이영준이 항상 오긍선의 바로 옆에 있는 것을 볼 수 있다. 그렇게 이영준은 고인이 되어서도 존경하는 스승 오긍선 옆을 떠나지 않았다.

•

교육계의 친일 문제

한편, 오긍선과 이영준이 세브란스 교장 시절 친일을 했다는 점을 지적하는 사람이 있다. 어느 인터넷 백과사전은 "오긍선의 생애에 대해서는 한국 최초의 양의사로서 서양의학의 선구자이며 기독교적 양심을 지닌 사회사업가, 또는 기독교와 의술을 출세에 이용한 기회주의적 친일인사라는 이중적인 판단이 상존하고 있다"고 했는데, 저술자가 그의 삶을 개관한 글을 한 번이라도 읽어보았다면 공·과를 같은 무게로 서술한 이런 글은 도저히 나올 수 없을 것이다.

박사학위를 취득하면 큰 뉴스요, 주요 고등보통학교 졸업생 명단도 해마다 신문에 실리던 시절, 우리에게 청년교육은 총성 없는 독립운동이었다. 그것이 지금까지 이어져 내려와 세계 속의 대한민국을 이룬 원동력이 되었음은 아무도 의심치 않는다. 그래서 해관은 개업보다는 교육에 큰 의미를 두었다. 정치적으로 얽매이지 않기 위해 일찌감치 개업의가 되었다면 명예도 지키고 큰돈을 모았을 것이다. 그 당시 교장을 맡는다는 것이 얼마나 어려운 일인지, 윤치호는 1940년 연희전문 교장직을 수락하면서 이렇게 토로한 바 있다. "교장직을 수락해서 속을 끓이게 될 게 뻔하다. 만족시켜야 할 사람들이 너무나 많다. 군당국, 경찰당국, 도청 및 총독부 당국자들이 바로 그들이다. 그런가 하면 연희전문 내부에도 달래기가 쉽지 않은 파벌들이 도사리고 있다."(『윤치호 일기』)

또 그렇게 어려운 교장직에 있는 오긍선에 대한 평가는 이러했다. "이 학교는 매년 20만 원 정도 적자를 냈다. 하지만 그는 학교와 병원의 책임을 맡기가 무섭게 수지를 맞추는 데 성공했다. 그에게 결점이 있다면 교수로 있는 선교사들을 너무 고압적으로 다룬다는 점이다. 이 점 때문에 외국인 그룹 전체가 그의 적이 되고 말았다."(『윤치호 일기』)

그리고 당시의 통계를 살펴보면, 경성의전 등의 관립 학교는 조선 학생보다 일본 학생이 더 많았다. 윤치호는 1933년 6월 30일의 일기에서 "사범학교는 일본인 80%에 조선인 20%였고, 경성의전은 조선인 20%였던 것이 8%가 만주국 학생에게 할당되어 12%로 더 낮아졌다"고 한탄했다. 그리고 유일한 대학인 경성제대 의학부도 비공식적으로 일본인과 조선인을 7:3의 비율로 뽑았다. 이에 반해 세브란스의전은 일제 말에 일본인 교수와 학생이 몇 명 들어왔을 뿐 학생은 조선인이 100%에 가까웠다.

1944년에 세브란스의전에 입학한 양재모 연대 명예교수가 증언하길, 당시 학교는 정원 100명을 넘어 154명을 뽑았는데 조선 청년이 징병에 끌려가지 않도록 정원을 대폭 늘렸던 것이다. 이 때문에 이영준 교장은 총독부에 시말서를 썼다고 하고(중앙일보 2013.11.03.),

또한 일제의 기독교계 학교에 대한 탄압으로 미국 선교단체에서 들어오던 자금이 봉쇄되어 세브란스는 폐교의 위기에 몰렸는데, 이영준 교장은 1943년 민족 자산가 조병학, 조중환 부자로부터 60만 평의 땅을 기부받아 폐교를 모면할 수 있었다. (오마이뉴스, 2007.03.01.)

조선인의 고급 인재 교육을 철저히 억제하는 정책하에서 세브란스에 대한 총독부의 접수 시도는 계속되고 미국의 지원도 끊긴 상태에서 두 조선인 교장의 일제에 대한 불가피한 협력이 방패가 되어 조선청년교육이 지켜진 공은 결코 가볍지 않다. 친일의 멍에를 쓰지 않기 위해 교장직을 물러났다면 그 자리에 누가 올 것이며 학교는 어떻게 되었을 것인가. 그런 상황을 피해 칩거하거나 해외로 떠난 사람들은 과연 이 땅에 남아서 치욕의 행적을 남긴 이들에게 손가락질을 할 수 있겠는가. 사료에 나타난 그들의 친일 흔적을 지적하기 전에 위와 같은 시대 상황의 인식이 우선되어야 할 것이다.

2

개화에 앞장선 근대 최고의 서화가

위창 오세창(葦滄 吳世昌 1864~1953)

일찍이 언론인으로서 개화의 주역으로 활동했고,
일제강점기에는 3·1운동 민족대표 33인으로 참여하고
끝까지 지조를 지킨 위창 오세창.
그는 또한 근대 최고의 서화가로서,
특히 우리나라의 옛 서화를 수집하고 정리한 공이 크다.
해방 후에도 민족의 어른으로 나라를 위해
힘쓰다 가신 그의 삶을 들여다본다.

방정환 묘를 지나서 좀 걸으면 왼편에 정자가 나타나고 양편에 오세창과 문일평의 연보비가 서 있다. 그 건너편으로 올라가면 먼저 문일평의 묘가 나오고, 그 위 오른쪽으로 올라가면 오세창의 묘가 나타난다. 묘비명을 읽어본다.

이 묘에 잠드신 위창 선생 오세창 어른은 1864년 7월 서울에 나시어 1953년 4월 세상을 떠나시니 향년 90 민족의 개화를 위하여 몸소 그 선구를 잡으셨고 조국의 광복을 위하여 독립선언 33인 중에 열하시었을 뿐 아니라 문화의 발전에 크게 힘주시어 서예와 금석 고증의 거벽(巨擘)을 이루시니 평생에 남기신 위공은 길이 빛나 비길 바 없다. 어른 가신지 3년 후생과 유족이 뜻을 모아 선생이 끼치신 빛을 오래

계승하려 이에 1956년 10월 이 묘비를 세우다. 1956년 10월 일 전홍진 찬(撰) 손재향 전(篆) 김응현 서(書)

찬은 지음, 전은 전각(篆刻)의 전으로 고대 한자체를 말한다. 비석의 앞면 글씨가 전서(篆書)이다. 위창 오세창은 특히 전서와 전각에 뛰어났다. 전각을 단지 도장 파는 것쯤으로 생각하기 쉬운데, 오세창의 도록을 보니 전각의 종류에는 인장용, 편지봉함용, 서화감정용, 서화수장용, 해(年) 표시용 등 용도도 다양하고 모양도 기기묘묘하다. 그래서 서예계에서는 전각을 하나의 소천지(小天地)라고 하며 예술적 차원에서 다루고 있다.

전(篆)을 쓴 서예가 소전 손재형(素筌 孫在馨 1903~1981)은 추사의 「세한도(歲寒圖)」(국보)를 일본에서 찾아온 일화로 유명하다. 「세한도」는 추사연구로 박사학위를 받고 경성제대 교수를 지낸 후 일본으로 돌아간 후지쓰카 치카시(藤塚鄰)가 소유하고 있었는데, 소전은 1944년 거금 3,000엔을 전대에 차고 도일, 후지쓰카 교수에게 석 달 동안 매일 문안 인사를 가며 팔기를 종용했다. 결국 후지쓰카는 "내가 돈을 받고 넘긴다면 지하의 완당 선생이 나를 뭐로 보겠소"라는 말과 함께 그냥 넘겨주었다. 한편, 후지쓰카의 아들 아키나오(1912~2006)는 부친이 남긴 추사 관련 자료 100상자 분량을 2006년 과천시에 기증, 과천시는 2013년 추사박물관을 개관하기에 이르렀으니 그 아버지에 그 아들이 아닐 수 없다.

소전은 돈 대신에 답례로 공사업자를 불러 소장품 창고를 지어주고 돌아왔다고 한다. 그러나 훗날 소전은 국회의원 선거 때 자금 부족으로 「세한도」를 사채업자에게 담보로 넘기고 다시 돌려받지 못했다. 일본인에게 그저 넘겨받은 것을, 돈을 받고 팔았다는 사실을 알았을 때 필자의 마음은 매우 착잡했지만 「세한도」의 운명은 다행

오세창의 비석 앞면은 전서체로 소전 손재형이, 뒷면은 현대 대표 서예가로 손꼽히는 김응현이 썼다.

히 여기서 그치지 않았다. 그 후 「세한도」는 다시 개성 거상 손세기(1901~1983)에게 넘어갔고 그 아들 손창근옹(1929년생)은 2010년 국립박물관에 무상으로 기탁했다가 2020년 기증했다. 그는 이미 2008년 컬렉션 304점을 박물관에 기증한 바가 있고 부친 손세기는 1974년 서강대에 고서화 200점을 기증했으니 문화 선진국으로 가는 노정의 기록에 손세기, 손창근 부자의 이름은 반드시 기록되어야 할 것이다.

위창은 1949년 86세 때 소전의 청에 의해 「세한도」에 제발(題跋)을 써주었다. 제발이란 훌륭한 서화에 붙은 두루마리에 당대 인사들이 써넣은 찬사문으로 작품의 유래나 진품 여부를 파악하는 중요한 단서가 된다. 「세한도」에는 오세창, 이시영, 정인보 외에도 청나라 인사 17명의 글이 붙어 있다. 오세창은 소전이 「세한도」를 입수하게 된 경위를 적고, 다음과 같은 시를 남겼다.

완당의 작은 그림이여 그 명성 널리 떨쳐
북경, 동경을 전전하였네
인생백년 참으로 몽환과 같으니
비탄과 득실 따져서 무엇 하리

阮翁尺紙也延譽　京北京東轉轉餘
人事百年眞夢幻　悲嘆得失問如何

소전은 오세창으로부터 전각과 서화감정을 배웠고, 해방 후 한국 서예계의 거목으로 서도(書道) 대신 서예라는 말을 만들었다. 예총회장, 국회의원 등을 지냈고 박정희 대통령의 서예 선생도 했다. 원곡 김기승이 그의 제자다.

뒷면의 글을 쓴 김응현은, 형 김충현과 함께 현대 대표 서예가로 손꼽히는 인물인데 2007년 2월 1일 작고했다. 해방 전에는 오세창과 김규진이, 다음 세대가 손재형과 유희강, 그리고 그 뒤를 이어서 김충현과 김응현이 서예계를 대표한다는 평도 있다. 비문의 한자는 김응현이 특히 잘 쓴다는 육조체(六朝体)이고 한글은 정음체이다.

비문을 지은 전홍진(1908~1969)은 보성전문을 나와 매일신보와 동아일보를 거쳐 한국일보 편집국장, 서울신문과 조선일보의 주필을 역임한 언론인이다. 오세창은 한성주보(한성순보의 후신) 기자와 만세보, 대한민보의 사장을 지낸 경력으로 해방 후에 서울신문 사장으로 추대되는 등 언론계의 최고 원로로 대접받았다.

참고로 망우리의 언론계 주요 인사로는 오세창, 문일평, 장덕수,

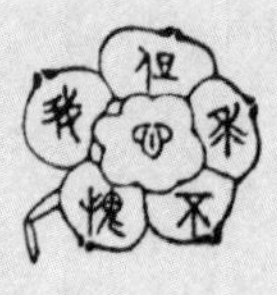

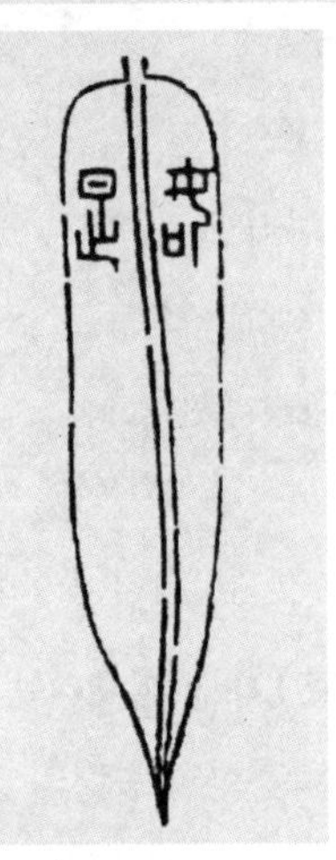

오세창의 전각 샘플

설의식을 들 수 있고 문인 박인환, 계용묵, 최학송, 김말봉과 정치인 조봉암도 기자 출신이다. 그밖에 최용환(동아일보 1939몰)을 비롯해 서너 명의 기자가 더 있으니 이곳에서의 언론계 인사의 비중은 매우 크다. 미술계, 의학계도 그러하지만 적어도 언론계는 이곳에 최초의 순직기자인 장덕준(「장덕수 편」 참조)의 추모비라도 세우며 망우리를 언론계의 메카(성지)로 만들면 어떨까.

개화의 주역인 역관 집안

위창의 집안은 조선 중기 중종 때까지는 양반이었으나 그 후부터 역관과 의관의 길을 걸어 중인 신분이 되었다. 명분만 찾는 가난한 선비보다는 실질을 숭상한 피가 이때부터 흘러내렸던 것 같다. 조부 오응현은 역관의 최고직인 정3품 당상역관과 지중추부사(知中樞府事, 종2품 명예직)를 지냈다. 부친 오경석도 역시 당상역관에 오른 자로 사신을 수행해 수시로 중국을 왕래하며 무역으로 상당한 부를 축적함과 동시에, 많은 신서적을 중국에서 들여와 조선 개화파의 정신적 기반을 형성하는 데 크게 기여했다. 삼국시대부터 고려시대까지의 금석문 146종을 수록한 『삼한금석록』을 남겼다.

오경석이 중국에서 가져온 서적은 『해국도지』, 『영환지략』, 『박물신편』 등 서양의 사정과 과학문명에 대한 것이 많았는데, 오경석은 이 책들을 역시 같은 중인 출신 학자 대치 유홍기에게 주어 연구케 하고 유홍기는 서적에서 얻은 개화사상을 후에 갑신정변의 주역이 되는 김옥균, 박영효, 홍영식, 유길준 등에게 전수했다.

오경석 또한 1876년의 강화도조약 때는 개화를 위해서는 적극적으로 일본과 수호할 것을 막후 지원한 것으로 알려졌다. 비록 역관이지만 그만큼 외교 경험이 많은 이가 없기 때문이었다. 조약이 체결되자 보수파는 역적 오경석을 죽이라고 들고 일어났고, 이에 오경석은 갓 쓰고 변장하고 다니다가 아예 병을 가장하고 1년간 방안에 누워 있었더니 진짜 병이 나서 타계했다고 한다.

위창 또한 어려서부터 유홍기 집을 드나들며 자연스럽게 개화파와 교류하게 되었다. 20세에 역관이 되고, 1886년 박문국 주사로 있으면서 우리나라 최초의 신문인 한성순보의 후신 한성주보의 기자를 겸임했다. 우정국 통신국장 등의 관직을 거쳐 1897년 일본 문부

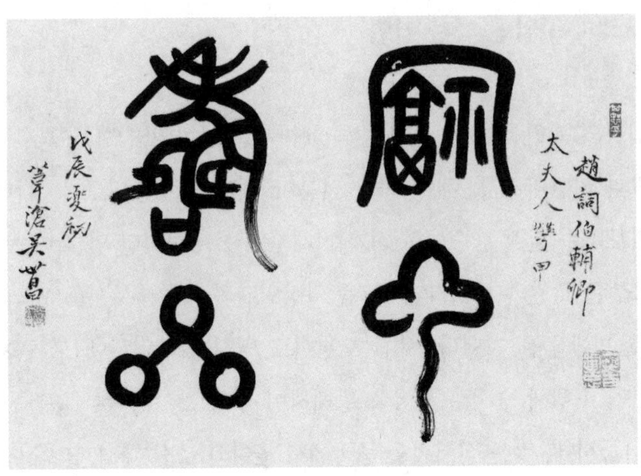

오세창의 복운수성(福雲壽星) 작품

성의 초청으로 1년간 일본에 머물면서 도쿄 외국어학교 조선어 교사를 지냈다. 1902년 6월 개혁당 사건으로 다시 일본으로 망명, 이때 이미 일본에 망명 중이던 손병희의 권유로 천도교에 입교하고, 이후 손병희의 참모로서 활동해 만세보를 발행하는 등 국민계몽운동에 힘썼다.

3·1운동 때는 손병희와 함께 천도교를 대표하는 인물로 민족대표 33인 중 한 사람으로 서명했다. 손병희 사후 보수파와 개혁파의 갈등 속에서 위창은 끝내 일제에 비타협적인 보수파 노선을 견지했고 해방 후에는 건국준비위원회 의원 등 많은 중책을 맡았다. 1946년 8월 15일에는 민족대표로 일본으로부터 대한제국의 국새를 돌려받았고, 또, 백범 김구가 암살당했을 때는 장의위원장직을 맡는 등 1953년 89세로 장수하는 그날까지 민족의 원로 지도자로 존경받았다.

당대 최고의 서화가

위창은 독립운동가, 정치가였을 뿐 아니라, 조선인 화가들의 모임인 서화협회 정회원으로 서화가로서도 큰 이름을 남겼다. 서화사 연구에도 힘써, 솔거 이후 역대 서화가를 망라해 편년체로 정리한 『근역서화징(槿域書畵徵)』(1928)을 펴낸 업적이 크다. 근역은 우리나라의 별명이고 근역서화'사(史)'가 아니라 '징(徵)'인 것은, 자신의 의견을 쓴 것이 아니라 실증적 자료에 근거해 사실을 모았다는 의미다. 징(徵)은 징수, 징발과 같이 모은다는 의미. 집안의 재산을 다 써가며 모은 서화는 방대한 실물자료가 되어 『근역서화징』을 쓰는 데 큰 도움을 주었다.

만해 한용운도 오세창의 집을 찾아가 무려 2박 3일 동안 소장 작품을 감상하고 돌아왔다는 기록도 보일 정도로 상당한 양을 소장하고 있었다. 그리고 거부의 아들 전형필은 위창의 지도를 받으며 평생 많은 국보급 문화재를 사들여 지금의 간송미술관을 열게 되었다.

『근역서화징』은 한문판이라 필자가 해독하기 어렵지만, 추사 김정희에 관한 내용이 무려 5쪽(p.219~223)이나 할애되어 추사에 대한 평가가 매우 높은 것을 알 수 있다. 마지막 부분에는 이완용이 해서와 행서에 뛰어나다는 기록도 보인다.

『근역서화징』의 머리말 일부가 연보비에 적혀 있는데 그 의미가 심장해 여기 옮긴다. 괄호로 추가된 글은 이해를 돕기 위해 『위창 오세창』에서 옮겨왔다.

글과 그림이 대대로 일어나 끝내 사람에게서 없어지지 않는 것은 사람이 본디 가지고 있는 성품이 서로 비슷하고 사물의 연원이 있었던 까닭이다. (마음이 통하는 사람끼리 서로 감응하는 것은 산도 강도 막지 못하는데…) 이에 솔거 이하 근대 사람에 이르기까지 서화를 밝혀놓고 높고 낮음을 품평하였다. (이렇게라도 하지 않는다면 전현에 미치지 못함을 개탄하고 참된 근원을 밝힐 수 없음을 염려하게 될 뿐 대개 갈팡질팡하여 재단할 바를 알지 못하게 될 것이다.)

옛날 사람이 남긴 서화나, 서양인의 그림을 보고 좋다고 느끼는 것은 동서고금을 막론하고 사람의 본성이 같음을 말하는 것이다. 그러므로 고인이 남긴 서화는 잠시 시대의 유행에 따라 부침이 있을 뿐 영원히 사라지지 않는다. 즉, 예술은 동서고금의 사람을 통하게 한다는 말이다.

3

'조선의 마음'을 일깨운 사학자·언론인

호암 문일평(湖岩 文一平 1888~1939)

일제강점기에 민족의 자부심을 일깨우고자 호암 문일평은
이순신을 비롯한 우리 역사의 위인을 알리고
우리 문화를 널리 알리는 데 힘썼다.
그래서 그는 '조선심(朝鮮心, 조선의 문화)',
'조선학'의 선구자로 불리지만, 뒤늦게 독립지사 서훈을 받은
사연은 우리 근대사의 아픔이 아닐 수 없다.

호암 문일평은 평북 의주 무관의 집안에서 태어났다. 1905년 일본으로 유학을 떠나 메이지학원 중학부에서 공부하며 평안도와 황해도 출신 유학생의 모임인 태극학회에 가입해 활동했다.

1908년 귀국해 도산 안창호가 설립한 대성학교와 의주의 양실학교, 서울의 경신학교 등에서 교사로 일하는 한편, 최남선 등이 설립한 조선광문회에 참가해 고문헌의 보존과 배부, 고문화를 알리는 사업에 앞장섰다. 도산 안창호 등이 설립한 비밀결사 신민회에도 참가했다. 신민회가 해산되자 다시 1911년 일본 와세다대학에 들어가 정치학을 공부하고 1912년 중국 상해로 건너가 신규식이 주도한 비밀독립운동단체 동제사(同濟社)에서 박은식, 김규식, 신채호, 조소앙, 홍명희 등과 함께 활동했다.

1914년 귀국, 경찰의 감시를 받으며 고향에서 은신하다가 1919년 3·1운동이 일어나자, 3월 8일 안동교회(안국동) 김백원 목사 등과 협의해 3월 12일 종로 보신각 앞에서 조선 13도 대표자 명의로 된 '애원서'를 읽었다. '12인의 장서'라고도 한다. "지난 3월 1일 조선민족대표 33인의 조선 독립에 대한 선언서는 결코 한 개인의 독단적인 편견에서 나온 것이 아니며 실로 전 조선 민족의 양심적 요구이다…." 그리고 묘 입구의 연보비에 "조선 독립은 민족이 요구하는 정의 인도로서 대세 필연의 공리요 철칙이다"라는 글도 애원서에 나오는 내용이다. 제목은 애원서이지만 내용은 독립요구서였다. 이 글을 작성하고 낭독한 문일평은 일경에 잡혀가 8개월의 옥고를 치렀다.

출옥 후에도 문일평은 일제의 회유에도 끝내 지조를 굽히지 않았다. 중동, 중앙, 배재, 송도 등의 학교에서 역사를 가르치며 청년에게 민족의식을 심는 일에 노력했고 1927년 좌우 합작의 신간회에 발기인으로 참여했다. 집안의 재산을 교육 사업에 모두 써서 자식들 공부시키기 어렵게 됐을 때도 총독부 기관지 매일신보의 간부로 와 달라는 총독부의 권유를 뿌리쳤다.

1933년 조선일보 편집고문으로 들어가 별세할 때까지 6년간 근무하며 한국사에 관한 많은 글을 연재하고 1934년 조선의 문화를 연구하는 진단학회에도 발기인으로 참여하며 다방면으로 활동했다.

조선학의 선구자

1997년에 새로 세워진 비석에는 문일평의 상세한 일생을 후학 이규태(1933~2006, 조선일보 대기자)가 기록해 놓았다. 비석은 1997년에 세워진 것인데 컴퓨터 글씨인 것이 아쉽다. 오기도 하나 있다. 차남의 이름이 동욱(東彧)인데 한글로 '동혹'이라고 잘못 새겨져 있다. 그리고 비문 옆 아래쪽에 외손서(외손녀 사위)로 방우영(전 조선일보 명예회장)과 임철순(전 중앙대 이사장)이 보인다. 옛날에 세워진 비석은 무덤 왼편에 있는데, 친우 정인보가 한문으로 비문을 짓고 김승렬이 썼다. 번역문을 뒤에 올린다.

새 비석의 비문을 쓴(撰, 찬) 이규태는 유명한 조선일보 대기자로 2006년에 별세했다. 이규태는 오랫동안 '한국학' 관련 글을 썼다. 특히 조선일보의 「이규태 코너」는 1983년부터 장장 22년 11개월 10일간이나 연재되며 독자의 많은 사랑을 받았다. 칼럼 외로도 그동안 펴낸 책만 100권이 넘는다. 이렇게 현대의 한국학 대가 이규태가 자신의 학문적 선배로 존경한 이가 바로 조선학의 대가 호암 문일평이다.

호암은 '조선심(朝鮮心)', '조선학(朝鮮學)'이라는 단어로 대표된다. 호암은 신채호나 정인보와는 달리 평이한 역사 서술을 통한 민중 계몽에 중점을 두었다. 역사 연구의 관점은 '조선학'으로, 조선학의 여러 역사적 사실을 통해 '조선의 마음(朝鮮心)'을 일깨우려고 했다.

역사를 통한 민중의 계몽을 위해 여러 학교에서 교육활동을 하는 한편 언론을 통해 왕성한 저술과 강연 활동을 벌였다. 문일평이 동아일보에 실은 아래 글을 읽으면 국토 회복의 기회를 갖지 못한 한국 근대기의 무력함이 안타깝지 않을 수 없다.

"…만주는 역사로 볼 때 조선 민족의 생장하던 요람이요 활약하던 무대이다. 멀리 단군의 번지(繁地)로부터 주몽의 패업에 이르기까지 고조선의 대중심이 여기 있었던 것이다. 불행히 구려(句麗) 씨의 통일운동이 수당(隋唐)의 저해로 실패되자 남북국으로 갈라진 조선민족은 반도의 신라와 대륙의 발해 이렇게 두 중심을 이루어 이로부터 각기 발전을 달리했다. 그러나 남북국 때도 오히려 만주는 대조선의

문일평의 묘와 묘기(아래)

한 테 안에 들어 있었지만 발해(渤海) 씨가 한번 망한 뒤 그 유중(遺衆)이 흩어지고 만주는 아주 이민족의 축록장(逐鹿場)〔각축장〕으로 내어 맡기게 되었다."

호암은 이순신 연구에도 관심이 많았다. 일본인이 쓴 『조선 이순신전』(1892)을 번역해 발표(1920)하면서 본격적인 역사가로 나섰는데 이런 일화도 전한다. 하루는 홍명희가 찾아와 누가 고무신 공장을 시작했는데 상표를 지어달라기에 호암에게 상의하러 왔다고 했다. 호암은 그 민족자본가가 장하다며 이순신의 철갑선 '거북선'을 지어주었는데 거북선표는 곧 유명 브랜드가 되었다. 그 회사는 "가짜 거북선표가 많으니 속지 마시고 바닥이 물결 모양인 것을 확인해 주세요"라는 광고를 신문에 낼 정도로 성장했다.

문일평의 인물됨에 관한 증언을 『한국의 명가』에서 옮겨보면 다음과 같다. 셋째 딸 소영씨와 결혼한 이영조 씨(서울대 교수)의 회고이다.

"내가 바로 저분(소영)과 결혼하게 된 동기는 사실상 호암 선생님의 따님이었던 때문이지요. 당시 정인보, 문일평, 최남선 선생님 등이 길에 지나만 가셔도 우리 젊은이들은 민족의 지도자, 대학자로 알아보고 쫓아가 인사를 할 만큼 존경을 받아왔으니까요. 그때 경성제대생 하면 실상 좀 특권을 누린 셈인데, 결혼쯤 누구든지 원하면 된다는 식으로. 마침 여자 전문 졸업생(중앙보육) 앨범이 《신여성》 잡지에 소개되었는데 그때 저분이 호암 선생님 따님이란 사실을 알고서 사귀기로 마음먹었지요. 이태영 씨 등과 YMCA웅변대회에 나온 것을 직접 가보았지요."

다음은 셋째 딸 소영 씨의 회고.

"얼마나 꼿꼿하신지는… 가산을 교육 사업에 다 내놓으시고 가난하게 되어 자식들 공부 시키기기 어렵게 됐을 때도, 매일신보 간부로 취임해 달라는 총독부의 권유를 끝내 뿌리치셨지요.… 도산 선생이 경찰에 잡혔다는 호외를 보시고는 흑흑 흐느껴 우시는 거예요. 그렇게 슬피 우시는 것을 평생 보지 못했습니다."

문일평은 1939년 4월 3일 급성단독*으로 사망했다. 문일평의 1934년 일기를 보면 그때 이미 건강이 좋지 않은 것을 알 수 있다. 1934년 일기 내용을 분석해 보니 불면증 9일, 심한 기침 4일, 숙취 13일, 소화불량 6일, 심기불편 5일, 손목 통증 1일, 두통 15일로 모두 합하면 1년 동안 53일이나 몸이 좋지 않은 상태였다. 그만큼 몸의 면역력이 약해졌다는 것을 알 수 있다. 그해 12월, 조선일보는 『호암 전집』 전3권을 간행했다.

필자가 80년대 대학생 때 정독도서관에서 1930년대의 조선일보를 읽은 적이 있는데 신문에 문일평이라는 이름이 거의 매일 지면에 나왔다. 그토록 유명한 분을 어째서 그때 처음으로 이름을 접했는지 의아하게 생각한 적이 있었는데, 알고 보니 가족의 월북 때문이었다. 차남 동욱은 연희전문 학생 때 사망하고, 장남 문동표는 중앙고(야구선수)를 거쳐 교토대학 유학 후 1936년에 조선일보에 입사해 1947년에 조선일보 편집국장, 1949년 4월에는 합동통신 편집국장을 지냈는데 6·25 때 월북했다. 호암의 미망인 김은재, 장녀 문채원 부부 등이 따라갔는데, 일제 때 근우회 활동을 한 바가 있는 김은재는 월북 후 한때 평북 여성동맹 위원장을 지냈고 문동표의 아내 심희성은 공훈교원이 되었으며, 손자 문병우는 사회과학원 역사연구소 교수라고 한다(《민족21》). 호암의 애국지사 서훈이 1995년에야 이루어진 사연을 알 법하다.

---

* 세균에 감염되어 생기는 피부 및 피하조직의 질환. 항생제 페니실린은 1943년 이후에나 사용되기 시작했다.

(좌측의 비문 — 정인보)

호암 문일평 묘기(文湖巖墓記)

호암 문일평은 평안도 의주 사람이다. 그의 선조는 전라도 나주 남평에서 이사왔다. 아버지의 이름은 천두(天斗)이고, 어머니는 이 씨다. 호암은 큰 키에 콧날이 우뚝했으며 수염은 적고 눈썹은 성글었다. 눈은 약간 푸른색이었고 이마는 빛이 났다.

어릴 적부터 배움을 좋아하여 18세에 동쪽 바다 건너 동경으로 갔는데, 이곳에서 학숙(學塾)책을 대략 떼었다. 시절의 어려움을 당하여 조금씩 같은 길을 가는 선배들의 풍모를 들었으며 굳은 의지와 기개로써 스스로를 단련시켰다. 학업이 끝나기도 전에 귀국하여 대성학교에서 교편을 잡았다.

계축년(1913) 내(정인보)가 상해에 건너갔는데 호암이 거기에 있었다. 이때 호암의 나이 26세였고 나는 그보다 5살이 적었다. 우리는 서로 존중하고 아껴주었다. 얼마 지나지 않아 우리는 앞뒤로 귀국하였다. 이후 6~7년간 나는 집에 있었지만, 호암은 온갖 어려움과 험한 일을 겪었다.

호암의 집은 본래 부유하였다. 그러나 다른 사람의 어려움을 차마 지나치지 못하고 일처리가 서툴러 이즈음 매우 궁핍하였다. 차례로 중동, 중앙, 송도, 배재 등 여러 학교의 교사를 역임하며 생계를 꾸려갔다. 그러나 곧은 행실과 깨끗한 지조는 조금도 후퇴하지 않았다. 예전에는 문학 예술을 좋아했으나 점점 손을 떼고 오로지 우리 역사를 파고들었다. 그 사이에 중외일보에 취직하였으며 마지막에는 조선일보에서 영입하여 고문을 맡았다.

호암의 저서는 모두 사료를 깊게 풀어낸 것으로 내용이 깊고 엄정하여 깊은 늪과 큰 강의 구름이 은은하게 감도는 것 같았다. 그럼에도

문일평 연보비

호암은 항상 부족하다고 생각하여 사람을 만나면 묻지 않은 적이 없었으니 지식이 얕은 자는 그가 명인임을 알아보지 못했다. 다만 홀로 친구가 되어 흉금을 떨어놓기를 즐겨 하였으며, 이익을 정의라고 여기고 삿된 것을 옳다고 하는 일을 만나면 손으로 무릎을 모으고 좌우를 보며 분노하며 범해서는 안 될 것처럼 하였다.

언제부터인가 위장병을 앓아 병세가 위태로웠다. 지난해부터 조금씩 회복돼 하루걸러 나를 찾아왔다. 올 양력 4월 3일, 오후 2시께 어떤 사람이 달려와 말하기를, "호암이 오늘 새벽에 별세하였습니다"라고 하였다. 나는 곧바로 일어나 그 집으로 갔다. 아들 동표, 동욱이 상복을 입고 빈소에 있었다. 나는 들어가 곡을 하였다. 안채에서 여러 부인들이 목이 메어 곡을 하는 소리가 들렸는데 호암의 부인 김씨는 내가 호암과 친한 사이라는 것을 알고, 장녀 채(彩)와 소운(小芸), 소영(小英)은 모두 내가 왔다는 소식을 듣고 더욱 아버지를 위해 통곡하였다. 슬프도다.

경기도 양주의 망우리에 장사 지냈다. 그런데 그의 묘소 근처에 무덤들이 많아 표지가 없어서는 안 될 것 같았다. 그래서 대략 써서 동표에게 준다. 호암이 평생 뜻을 둔 일의 상세한 이야기는 응당 언젠가는 전할 것이다. 호암이 서거한 해의 나이는 52세다. 손자 병우가 있는데 아직 어리다. 친구 정인보가 쓰다. (『정인보 전집-6』, 연세대 출판부, 1983. 번역: 조운찬)

(우측의 비문(1997) — 이규태)

선생의 본관은 남평 문씨 족보에 적힌 이름은 명회 자는 일평 호는 호암인데 호암(虎巖)으로도 쓰고 호암(湖岩)으로도 썼다. 불우한 세대를 짧게 살면서 큰 뜻을 세웠기로 그 그늘을 오늘에 길게 드리우고 여기 고히 잠들고 계시다.

1888년 5월 15일 평안도 의주에서 한학자 천두공과 해주 이씨 사이에 태어나 조국이 광복되기 전인 1939년 서울 내자동 백송이 자라던 담 너머 집에서 숨을 돌리니 나이 52세로 긴 뜻을 담기에는 너무 짧은 생애였다. 얼굴에 비해 눈이 큰 편이였으며 항상 한복에 두루마기 차림이었다. 담배는 안 하시고 술만 드시면 일본의 압제에 분통을 터트려 화를 못가누곤 하셨다. 이웃에 어려운 사람이 도움을 청하면 벽시계를 떼어 전당 잡혀 주고 쌀자루를 갖고 오라 시켜 뒤주 바닥을 긁어 퍼주었으며 어렵게 사온 장작을 날라다 주고 냉돌에서 자기 일쑤였다. 일제의 불의에 대항할 때는 호암(虎巖)으로 노호하였고, 민족을 연명시키는 국학의 발을 가꿀 때는 호암(湖岩)으로 자적하셨다.

3·1운동이 일어나던 해 3월 12일 32세의 선생은 조선 13도 대표자 명의로 된 '애원서'를 보신각 앞에서 낭독시위를 주도하다가 왜경에게 붙들려가 그해 11월 16일 경성지방법원에서 8개월의 징역형을 받고 옥고를 치루셨다. 이미 그 이전인 1912년 중국 상해로 건너가 임시정부 대통령 박은식 국무총리 신규식 김규식 신채호 조소앙 홍명희 등과 동제사(同濟社)라는 비밀결사를 만들어 활동하였고 1927년

에는 국내 독립운동의 통합전선인 신간회의 발기인이 되어 중앙위원과 간사를 역임하셨다. 이 광복운동과 언론 및 문필 보국의 보훈으로 박정희 대통령은 서재필 선생과 더불어 선생을 녹훈하였고 1995년 광복절에는 김영삼 대통령으로부터 헌법규정에 따른 건국훈장 독립장을 수여받으셨다.

18세에 상투를 자르고 일본으로 건너가 정칙(正則)학교 명치학원 와세다 대학에서 수학하면서 안재홍 정인보 이광수 김성수 송진우 장덕수 등과 뜻을 나누었고 압제 속에서 민족을 존명시키는 것은 국학을 살려 후세들을 기르는 일로 작심을 하고 고국에 돌아와 물려받은 천석 전답을 팔아 백낙준씨의 장인과 더불어 고향 의주에다 양실(養實)학교를 세워 손수 역사를 가르치셨다. 이어 평양의 대성학교 개성의 송도고보 서울의 경신학교 중앙고보 배재고보 중동고보 등에서 역사를 가르쳐 민족의식을 고취하였다. 그 무렵 선생에게 배운 사학자 홍이섭은 세상을 보는 눈앞으로 살아가는 데 필요한 심지 역사 공부를 해야겠다는 의욕을 심어주신 분이 바로 호암 선생이었다고 회고한 것으로 미루어 당시 학생층에 끼친 영향력이 대단했음을 미루어 알 수가 있다.

한편으로 조선일보와 동아일보 그리고 30년대의 잡지 '개벽' '학생계' '청년' '동명' '별건곤' '신생' '삼천리' '조광' '신동아' 등의 잡지에 논설 역사 풍속 자연 등 선생의 국학 탐구의 글이 실리지 않은 달이 거의 없었다시피 하여 말살 당해가는 민족의 자질 보존에 발악을 했다하리만큼 기력을 쏟으셨다. 그간에 쓴 글은 총 150편으로 그중 '호암전집' 4권으로 출판되어 후학의 길잡이가 돼 왔다.

벽초 홍명희는 자기 연배에서 조선사를 논하고 쓸 만한 사람이 꼭 두 사람 있는데 천분이 탁월한 신채호와 연구가 독실한 문일평이라 했다. 선생은 중외일보의 논설기자로 재직하셨으며 타계하시기까지

7년 동안 조선일보 편집고문으로서 붓을 놓지 않았는데 절필은 돌아가시기 보름 전에 쓰시고 3월 11일자 조선일보에 실린 '눌제집(訥齊集) 독후감'이다.

평생 선생이 계몽해온 것이 조선심이요 이를 지탱하고저 골몰해온 것이 '조선학'이다. 역사만이 아니라 자연 예술 풍속 생업 의식주 감정 심정 등 조선심이 스며있는 것이면 그 모두가 선생이 탐구하고 쓰는 대상이 되었다. 선생은 한국의 존재가치를 추구하고 알알이 구슬처럼 닦아내는 한국학의 선구자로 국제화가 진행이 될수록 선견적 업적이 기리 각광을 받을 것이다.

호암의 조선심이 '삼국사기'나 '고려사'에 박혀있다는 말인가. 그가 사랑했던 압록강에 묻혀있다는 말인가. 삼각산 바위에 새겨져 있다는 말인가. 부음을 듣고 통곡했던 벽초의 조사로 이 명을 마무린다.

유명을 달리하신지 58년 만에 아들 딸 손자 손녀들이 흠모의 정을 이 돌 그릇에 소복이 담아 받치오니 기리기리 명목의 거름이게 하옵소서. 서기 1997년 8월 일 후학 이규태(李圭泰) 근찬

4

독특한 국어학자였던 조선의 변호사

학범 박승빈(學凡 朴勝彬 1988~1943)

대한제국의 검사, 일제강점기에는 변호사로 활동하는 한편,
보성전문학교 교장, 초대 조선축구협회장을 지냈고,
『조선어학』을 저술하며 최현배 등의 조선어학회에 대립한
소수파 국어학자 등 각 방면에서 사회지도급 인사로
활동한 학범 박승빈의 일생을 살펴본다.

해관 오긍선의 가족 묘역 입구에 들어서자마자 왼편에서 발견한 비석의 주인공은 학범 박승빈. 우리에게 거의 알려지지 않은 이름이나, 비문의 내용은 범상치가 않았다.

앞면에 "학범반남박공승빈지묘(學凡潘南朴公勝彬之墓)", 뒷면에는 "단기 4213년(1880) 9월 29일생. 대한제국 검사 변호사 보성전문학교장. 저 조선어학. 단기 4276년(1943) 10월 30일 졸. 室礪山宋氏 父榮晦(부인 여산 송씨, 부 영회)"라고 부인은 성만 적고 이름도 없이 부인의 부친 이름을 새기던 습관을 볼 수 있다.

학범 박승빈은 이 책에 실린 독립지사 박찬익과 같은 반남(潘南) 박씨다. 조상으로는 연암 박지원, 박영효 등이 있고 현대 인물에는 소설가 박완서(2011년 별세), 영화감독 박찬욱, 배우 박신양 등이 있다.

박승빈은 1880년 진사 박경양의 6남매 중 독자로 강원도 철원에서 태어나 한학을 공부했으나 1894년 과거가 폐지되자 1899년 판임관 시험에 수석으로 합격해 관리가 되었다. 덕원감리서 주사, 외부(外部) 주사로 근무한 후, 1904년 관비 유학생으로 일본 주오(中央)대 법대에 들어가 1907년 우등으로 졸업했다. 1908년 평양지법 검사를 거쳐 1909년 변호사를 개업하고 1925~1932년 보성전문학교 교장을 지냈다.

장남 박정서도 일본 주오대 법대를 나와 변호사를 지냈는데 부친처럼 국어학을 연구해 동아일보 1955년 7월 28일부터 '한글철자법 소고'를 5회에 걸쳐 연재한 사실이 있다. 막내딸 박성원은 경성여고보(경기여고)와 도쿄여자대학을 나와 1962년 외대 일어과 초대 학과장을 지냈다. 1990년대까지만 해도 일어 공부해본 사람은 거의 다 아는 『박성원 일본어』의 저자다. 그리고 장손 박찬웅은 경기고와 서울법대를 나와 인하대 교수를 지내다 1975년 캐나다로 이민, 그곳에서 오랫동안 반독재·민주화 투쟁을 벌였으며 말년에는 북한 민주화 운동에 힘을 쏟다가 불의의 사고로 타계했다. 대작 『박정희·전두환의 난』을 비롯해, 『서울 1991년』 등 많은 정치·사회·문화 평론서를 펴냈다. 차손은 고대 독문과 교수, 한국독문학회장, 괴테학회장을 지낸 박찬기(1928~2017)이다.

1969년 출판문화협회가 주관한 '가족저서전'이라는 이색적인 전시회가 열렸는데, 3대(代) 저서 부문에 박승빈의 『조선어학』, 『조선어학강의요지』, 『어근고』, 아들 박정서의 『국어의 장래와 한자의 재인식』, 손자 박찬기의 『독문학사』가 전시된 바가 있을 정도로 박승빈의 가문은 학문적으로 많은 업적을 남겼다.

박승빈은 보성전문 및 중앙불교전문학교(현 동국대) 강사로 조선어학을 가르치는 한편 저술에도 힘을 쏟았다. 법전 편찬을 기획하면

박승빈의 1920년대 초 가족사진. 앞줄 가운데 갓을 쓴 이가 아버지 박경양, 두 번째 줄 왼쪽에서 네 번째가 박승빈이다.

서 혼란스러운 국어표기법의 정립이 필요하다고 느꼈기 때문이다. 1930년 2월 총독부가 언문철자법을 제정하면서 첫 번째 조치로 된소리는 "ㅅㄱ, ㅅㄷ" 대신에 "ㅆ, ㄸ"처럼 병서를 강제해 훈민정음 체제를 뒤흔들었는데 공교롭게도 조선어학회는 후에 이와 비슷한 '한글마춤법통일안'을 제정해 공표했다(1933.10). 이에 박승빈은 1931년 조선어학연구회를 조직하고 《정음》(1934~1941)을 격월간으로 간행하며 주시경 계통의 조선어학회에 대항했다. 『윤치호 일기』의 1933년 12월 23일자를 보면, 박승빈, 최남선 등이 윤치호와 만나 조선어학회의 필요 이상의 복잡한 한글철자법에 이의를 제기하자는 내용이 나온다. 박승빈, 윤치호, 지석영, 이병도, 문일평 등은 최남선의 작성으로 1934년 7월 '한글맞춤법 통일안 반대 성명서'를 발표했고 박승빈은 그동안의 한글 강의를 집대성한 『조선어학』을 1935년 발간했다.

손자 박찬웅은 박승빈이 펴낸 『한글마춤법통일안비판』을 1973년 영인본(통문관)으로 새로 내며 서문에서 말하길, "이 비판이 나오자 '한글마춤법'은 당장 개정판을 냈는데 우선 그 표제인 '마춤법'이라는 철자법부터 '맞춤법'으로 고친 것을 비롯해 그 내용을 처음부터 끝까지 손질하지 않을 수 없었다"고 했고, 그 책의 독후감을 쓴 국어학자 남광우는 "물론 비판의 대상이 될 것이 적지 않지만 가급적으로 역사적 기사를 존중하려는 정신은 존중할만한 견해"라고 했다.

이렇게 평생의 작업이 된 조선어 연구뿐 아니라, 최남선, 오세창 등과 함께 계명구락부를 조직하고 기관지 《계명》을 발간함으로써 조선 문화의 발전을 도모했고, 조선축구협회의 초대 회장(1933~1934)를 지내는 등 사회 각 분야에서 지도층 인사로 활약했다.

박승빈의 묘는 일반 묘처럼 보이나 아내와 장남 박정서도 함께 묻혀 있는 가족납골묘이다(시정곤, 『박승빈』). 박승빈은 양력의 사용, 혼례 및 상례의 간소화, 한복 개선(흰옷 폐지), 아동의 경어 사용 등의 신생활 문화 전파에 노력하고 자신도 몸소 실천했는데, 묘의 형태도 그중의 하나인 셈이다.

변호사 박승빈

변호사로서의 활동도 주목할 만하다. 1913년 1월, 조선인 변호사 모임인 경성 제2변호사회 창립에 참여했고, 후에 제2변호사회가 조선변호사협회로 바뀐 뒤에는 박승빈이 대표 자격으로 1921년 10월 다른 변호사 11명과 함께 중국 북경의 제2회 국제변호사대회에 참석했다. 그런데 그 대회에 참석한 일본변호사협회는 조선에는 별도의 조선변호사협회가 존재할 수 없다는 이유로 이의를 제기했으나,

박승빈

조선변호사들은 중국과 필리핀 변호사들의 동조를 얻어내 주최 측으로부터 참석 자격을 인정 받았다. 그러자 일본변호사들은 도중에 퇴장했다. (『33인의 법조 인상』)

정치적으로는 1919년 3·1운동 후 자치권을 얻기 위한 운동에 나섰다. 1919년 7월 19일 『윤치호 일기』에는 이렇게 쓰여 있다.

> 오전에 박승빈 씨가 잠깐 들렀다. 그는 이기찬 씨를 비롯한 몇몇 인사와 함께 일본 정계 지도자를 만나러 도쿄에 갈 거라는 사실을 내비쳤다. 그는 조선인이 원하는 건 자치이며, 동화는 불가능하다고 말했다. 그는 또 자기를 포함한 조선인들이 감옥에 가는 걸 두려워하지 않게 되었다고 말했다. 박씨는 정직하고 사리 분별력이 있는 사람이다….

1930년 9월 6일 동아일보가 창간 10주년 기념사업으로 조선어문 공로자의 한 사람으로 표창한 박승빈을 이렇게 소개했다.

> 씨의 한글 연구는 독특한 맛이 있는 단독연구자이다. 그는 종래 모든 연구자의 논한 바보다 독특한 이채를 내었으니 이것이 씨의 공로라 할 것이며 현재 보성전문 교장으로 계시며 학생들에게 또한 한글보급을 시키고 있다.

여기서 '독특한 이채'라는 것은 주류와는 다르다는 의미일 것이나 주류와 다르다 하더라도 다양한 의견의 충돌이 발전의 토대가 됨은 말할 나위 없기에 동아일보는 박승빈을 공로자로 표창한 것이다. '독특하다'는 그의 이론은 지금의 맞춤법에 익숙해진 우리로서는 좀 어렵고 생소하기만 하다.

간단히 예로 들면, 어간과 어미의 구분에 있어서, '머그니, 머거서'에서 '먹'을 어간으로 본 것이 아니라, '머그, 머거' 음까지가 식(食)의 뜻을 나타내는 음(어간)이고 '니, 서'가 조사의 뜻이 표시되는 음(어미)라고 본 것. 경음부호 'ㅅ'은 자체로 음가가 있으니 새로운 부호를 만들어 표시할 것. 'ㆆ'은 받침으로 쓸 수 없다는 것(히읗). 발성음(發聲音, 자음), 담음(淡音, 강모음), 농음(濃音, 약모음) 등의 술어를 사용한 것. 음성과 음운을 구별한 것(이 점은 최현배도 말하지 못한 부분으로 지금은 상식에 속한다). 경음 표기는 'ㄲ, ㄸ, ㅃ, ㅆ, ㅉ'의 쌍

學藝·家庭

사흘동안 백열전을 계속한

본사주최

한글토론회속기록 〈一〉

第一日 쌍서문제

1932년 11월 7일~9일까지 사흘 동안 열린 '한글토론회'에 관한 동아일보 기사

서(雙書)가 아니라 'ㅅ'을 써야(ㅆ, ㅆ…)할 것. 동사의 기본형 표기는 '짓다, 짖다, 짙다'가 아니라, '지으오, 지즈오, 지트오'처럼 '하오'체를 기본형으로 해야 알기 쉽다는 것 등이었다.

또, 동아일보는 1932년 11월 7~9일 3일 사흘 동안 계속된 동사 주최 '한글토론회'의 속기록을 11월 11일부터 12월 27일까지 지면이 허락되는 대로 실었다. 토론회에 참가한 이들은 크게 신명균, 이희승, 최현배파와 박승빈, 정규창, 백남규파로 나뉘었다. 최현배의 '한글전용파'는 어간과 어미를 엄격히 구분하는 형태주의 표기를 주장했고, 박승빈의 '정음파'는 '머그며(먹으며)' '하겟다(하겠다)' 등 옛 철자법을 그대로 이어받아 소리 나는 대로 쓰는 표음주의를 주장해 설전을 벌였다.

그러나 조직적으로 오랫동안 연구를 거듭해 대다수의 지지를 얻은 조선어학회의 이론은 동아일보 토론회와 같은 의견수렴을 거쳐 현재 맞춤법의 골간이 되었다. 그런데 최현배 등의 '조선어학회(현 한글학회)'가 만든 맞춤법이 소리와 글이 반드시 일치하지 않는 일본식이라 친일적이라고 주장하는 사람도 있다. 이는 일부의 주장이라 차치하더라도, 지금의 맞춤법이 과학적이기는 하지만 대학을 나와도 어렵기는 마찬가지고, 하물며 글 쓰는 작가들도 맞춤법 틀리는 사람이 많은 것도 사실이다. '한글맞춤법' 총칙 제1항에 "표준어를 소리대로 적되, 어법에 맞도록 함을 원칙으로 한다"고 하여, 마치 대다수의 말이 소리대로 적으면 된다는 착각을 불러일으키지만, 실상 소리대로 적으면 틀리는 것이 얼마나 많은가.

의견이 달라 치열한 논박을 벌였지만, 일제강점기에 우리글 한글을 정립하고자 하는 마음은 똑같을 터. 이러한 과정이 있었기에 오늘날의 한글이 존재하게 된 것이 아닌가. 토론회에 관한 동아일보 기사를 읽어보면 최현배와 박승빈이 상대방이 지식이 있네, 없네 하는 인

신공격성의 공방도 벌인 것을 볼 수 있는데, 그것은 다 나라와 글에 대한 사랑에서 비롯된 것이리라.

1972년 손자 박찬웅은 『조선어학』을 새로 펴내면서 서문에 이렇게 말했다. 이 글의 끝맺음으로 적당할 듯해 옮겨 적는다.

> 이 책이 주장하는 바 학설은 현재 통용되고 있는 학설과는 몇 가지 중대한 차이점이 있다. 그럼으로 해서 저자는 당시 조선어학연구회를 조직해 기관지 《정음》을 격월간으로 발행하면서, 《한글》지를 내는 조선어학회와 치열한 논쟁을 벌였던 것이다. 1930년대의 이 역사적인 학술 논쟁의 내용이 오늘날 잘 소개되어 있지 않은 것은 유감스러운 일이다.… (조선어학회의 표기법은) 존귀한 민족의 언문에 대한 불충이라고 소리 높여 외쳤던 것이다. 그러니까 그(박승빈)는 '꿈'의 'ㄲ'을 'ㅺ'으로 쓰고, '먹으며'를 '머그며'로 쓴 오백 년 계주의 최종 주자가 되었다가 손에 그 '바통'을 쥔 채 이 세상을 떠난 것이다.

5

망우리의 조선어학회 3인방

신명균·박현식·이탁

조선어학회는 1930년 12월 12일 맞춤법통일안 제정을 총회에서 결의하고 1933년 10월 19일 임시총회에서 맞춤법통일안을 통과시켰다. 이때 작성위원 18인 중의 3인이 망우리공원에 존재한다.

무연고 묘로 처리된 애국지사, 주산 신명균 (珠汕 申明均 1889~1940, 비석)

"선생님! 선생님의 영혼이 계시오면 저희들을 수호해 주는 광명이 되어 주시고 힘이 되어 주십시오. 선생님의 사(死)가 저희를 위해 아벨의 후예를 위해 불사의 탄생이 되어 주십시오."

소설가 한설야가 1941년 발표한 단편 「두견」은 한글학자 신명균을 모델로 했다. 1931년 동덕여고보에서 동맹휴교 사건이 일어났는데, 학교 측은 주모자 학생들을 퇴학 처분했다. 이때 조선어 교사 신명균은 학생들을 구하고자 했으나 뜻을 이루지 못했다. 이때 퇴학당한 학생이 신명균의 장례에 찾아와 위와 같이 애도사를 하고 망우리

장지까지 따라간 모습이 소설 속에 묘사되어 있다. 학생의 모델은 사회주의 독립운동가 박진홍(1913~?)이라고 한다.

주산 신명균

신명균의 본적은 고양군 독도(뚝섬). 한성사범학교를 졸업하고 1911년 조선어강습원에 들어가 1913년 3월 고등과 1회로 졸업했다. 동기생은 권덕규, 김두봉, 이병기, 장지영, 최현배 등이었다. 1913년 조선어강습원 초등과 강사, 1914년부터 1922년까지 독도공립보통학교(현 경동초) 교사, 1930~1934년 동덕여고보 조선어 교사를 지냈다.

신명균은 조선어학회의 중심인물이었다. 주시경이 조직한 국어연구회(1908)에 1913년부터 김두봉, 윤창식, 이규영과 함께 의사원으로 참여하고, 1921년 권덕규, 장지영, 최두선 등 6인과 함께 조선어연구회를 창립하고 26년부터 간사를 맡았다. 1931년 조선어학회의 발족에 참여해 이극로에 이어 2대 간사장(1932~1933)을 맡았다. 1929년 이후 조선어사전 편찬위원회 및 집행위원, 맞춤법통일안 제정위원을 맡으며 한글 맞춤법 통일안 작성에 참여하고 표준어 사정위원으로서 표준어 제정에 기여했다. 조선어학회 기관지 《한글》의 편집 주간을 지냈고 『조선어문법』(1933), 『조선어철자법』(1934)을 저술했다.

한편, 출판사 중앙인서관(이중건)의 실질적 경영자가 되어 《신소년》, 『월남 이상재』(1929), 『훈민정음 원본』(1931), 『주시경 선생 유고』(1933), 『한글역대선』(1933) 등을 펴냈다. 그리고 그는 주시경 사망

파손된 비석만 남은
신명균 묘터

1년 후 1915년 11월 13일, 동료 제자들과 함께 스승이 믿었던 대종교에 입교했다. 1923년과 1924년 만주 대종교 총본사에서 개최된 총회에 경성 교인 대표로 참석하는 등 대종교에서 중요한 역할을 맡았다. 시인 조지훈은 신명균이 교주 나철의 사진을 품은 채로 자결했다고 회고했다.

후원자요 동지인 이중건의 사망(1937), 일제의 탄압이 가중되며 조선어학회가 어쩔 수 없이 국민정신총동원조선연맹에 가입한 점(1938), 창씨개명의 실시(1940) 등이 복합적으로 작용했던 것 같다.

한글의 연구와 보급에 많은 일을 했음에도 가족의 월북 등으로 그동안 아무도 조명하지 않았다. 역사학자 박용규가 연구 논문을 처음으로 발표했고 공적을 정리해 두 번이나 보훈처에 신청해 마침내 정부는 2017년 건국훈장 애국장을 수여했다.

그러나 망우리 신명균의 묘가 한글학자 신명균인지 아무도 모른 상태에서 서울시는 2003년경 무연고묘로 처리해 용미리묘지로 이장했다고 한다. 어디에 모셨는지 몇 년 후에 모두 없앴는지 서울시에 확인해 달라는 민원을 넣어도 묵묵부답이다.

지금 남아 있는 비석에는 주산신명균지묘(珠汕申明均之墓)라고만 새겨져 있다. 이래서는 고인이 누군지 시민 대부분 모를 테니 추념비나 안내판을 별도로 세워야 할 것이다. 순환로 왼쪽으로 계속 올라가 노고산천장비를 지나 구리 방향에서 올라오는 길과 만나는 지점에서 우측 안쪽으로 들어가면 비석이 보인다.

한영학원 설립자, 오봉 박현식
(五峰 朴顯植 1894～1954)

(비문 전면) 오봉거사 울산후인 박현식지묘(五峰居士蔚山后人朴顯植之墓)

(비문 후면) 즈레 이기고 떠나시는 길은 억리(億里) 역겨워 떠나시는 길을 아름다이 뽑으시고 간택하신 길이려니 인자함이 하늘에 있고 일월산천에 맑았었으니 갑오에 피고 갑오에 돌아가심은 청망을 품으신 사십유이 한영(漢榮)이라 배움의 자리와 오봉의 넋과 얼을 심혈에 통고 가신 곳이니 어린뼈 안겨 오신 그 자리에 상생(常生)을 맺음은 한영의 기폭이 안배(安配)한 바위 위에 바래고 두 다리는 사랑의 길이 되사 정밀(靜謐)의 꽃아름 피고 가심이 우리 겨레 즈레 비뜬 진주(眞珠) 비알이어라 이제 사랑의 높고 낮음이 이곳에 없거니와 하늘따(땅) 오가는 통곡의 가시밭에 스승이시여 태양 보고 피 토하는 사내 있다면 훈풍에 속삭여 가르처 빛내소서

단기 4297년 6월 30일

한영고등학교 제3학년생 심석우(沈錫遇) 근제(謹題)

한영중학교 제3학년생 정완택(鄭完澤) 근서(謹書)

오봉(五峰)은 진리, 윤리, 의리, 성근(誠勤), 평화의 봉으로 터 닦고 집 지어 일하며 잘살자는 뜻이다. 중학교와 고등학교 제자 대표가 각기 비석 앞면과 뒷면의 글을 썼다.

박현식은 평남 내동군에서 부 박태진 모 이숙원의 1남 2녀 중 장남으로 태어났다. 6세 때 기독교계 광염학교에 들어가 공부했는데, 도산 안창호 선생이 평양 지방에서 학업성적경시대회를 열었을 때 최고상을 받았다. 관립한성외국어학교 일어부 2년을 수료하고 1912년 경성제일고보 부설 임시교원양성소에 들어가 1913년 3월 졸업하고 재동공립보통학교 교사로 4년간 근무했다.

유진오는 회고하길, 재동학교 1학년 때 보충수업으로 박현식 선생에게 한 시간 들었던 한글 이론이 자신의 한글 철자법의 기본이 되었고 박현식 선생은 2학년 때 담임이었다(동아일보 1974.03.02).

오봉 박현식

1917년~1920년 중동학교 초등부 교사를 역임하고 동경이송학사 고등사범부 과정을 수료하고 중등교원자격증을 취득, 1923년부터 1937년까지 중동학교 중등부 교사로 재직했다.

3·1운동 후에 조직된 구국단에 참여해 독립자금 모금 활동

을 벌이다가 단장 정인호 등 20명과 함께 1921년에 검거되었다(밀제 33호118/고경 제9174호, 육군성, 1921.04.07).

그는 사범학교 재학 시절 주시경 선생으로부터 한글 강습을 받고 1924년 조선어학회에 가입했다. 조선어학회 주최의 조선어강습회 여자강습을 중동학교에서 개최했다(중외 1927.06.02). 조선어학회는 1930년 12월 12일 맞춤법통일안 제정을 총회 결의로 정하고 원안은 1932년 12월에 작성했는데, 권덕규, 김윤경, 신명균, 이극로, 이병기, 이윤재, 이희승, 장지영, 정열모, 정인섭, 최현배와 함께 12인의 한 사람으로 원안 작성에 참여했다. 맞춤법통일안은 1933년 10월 19일 임시총회에서 통과되었다. (동아일보 1933.10.21)

1933년 4월 19일 자신의 건물인 중구 삼각동 89번지 3호에 한영고등학원을 설립하고 1947년 성동구 마장동으로 학교를 이전, 1948년 재단법인 한영학원 인가를 받았다. 1953년 10월 6일 대한교육연

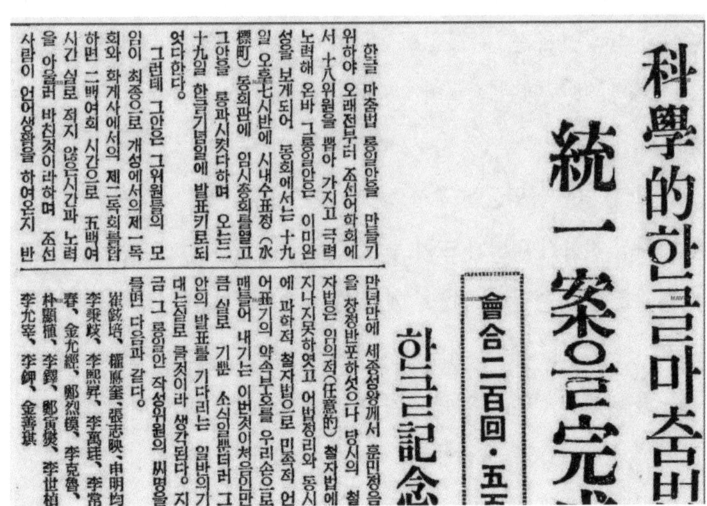

科學的한글마춤법 統一案을完成

한글記念 會合二百回·五

한글 마춤법 통일안을 만들기 위하야 오래전부터 조선어학회에서 十八위원을 뽑아 가지고 극력 노력해 온바 그통일안은 이미완성을 보게되어 동회에서는 十九일 오후七시반에 시내수표정(水標町) 동회관에 임시총회를열고 그안을 통과시켯다하며 오는二十九일 한글기렴일에 발표키로되엿다한다。

그런데 그안은 그위원들의 모임이 최종으로 개성에서의제一독회와 화계사에서의 제二독회를합하면 二백여회 시간으로 五백여시간 실로 적지 않은시간과 노력을 아울러 바친것이라하며 조선사람이 언어생활을 하여온지 반만년만에 세종성왕께서 훈민정음을 창정반포하섯으나 당시의 철자법은 임의적(任意的) 철자법에 지나지못하엿고 어법정리와 동시에 과학적 철자법으로 민족적 언어표기의 약속부호를 우리손으로 맨들어 내기는 이번것이처음이만큼 실로 기쁜 소식일뿐더러 그안의 발표를 기다리는 일반의기대는실로 큰것이라 생각된다。지금 그 통일안 작성위원의 씨명을 들면 다음과 같다。

崔鉉培、權悳奎、張志暎、申明均 李秉岐、李熙昇、李萬珪、李常春、金允經、鄭烈模、李克魯、朴顯植、李鐸、鄭寅燮、李世楨 李允宰、李鉀、金善琪

신명균, 박현식 등이 조선어학회의 한글 맞춤법통일안 위원으로 참석해 통일안을 완성했다는 기사(동아일보 1933년 10월 21자).

합회는 10명의 교육공로자를 표창했는데, 그는 교육계에서 40년간 근속한 공으로 수상하고 대표자로 답사를 했다.

1954년 3월 9일 교정에서의 조회시 훈화 도중에 뇌일혈로 졸도해 별세. 다음 해 1955년 4월 30일 교정에서 유진오 등 많은 제자와 친지가 모인 가운데 흉상(윤효중 작)이 제막되었다. 용마산 방향으로 중랑전망대를 지나 가로등 57번 위편으로 올라가면 갓을 쓴 비석이 보인다.

서울사대 교수, 명재 이탁
(命齋 李鐸 1898~1967, 비석)

망우리공원이 끝나는 지점에서 일단 내려왔다가 다시 용마산으로 올라가는 소위 '깔딱고개' 전에 쉼터가 있다. 그곳에서 중랑구 사가정 공원 방향으로 내려가는 길 우측에 갓을 쓴 큰 비석이 하나 보인다. 비석 앞면에는 '命齋慶州李鐸先生之墓(명재경주이탁선생지묘)'라고 쓰여 있고 뒷면에는 글이 가득하다.

여기 젊음을 독립군에 불사르시고 남은 생을 오로지 교육과 연구에 바치신 지사적 학자가 고이 누워 계시다. 선생은 경기 양평 용문산의 정기를 받아 한말의 풍운 속에 소년 시절을 보내시고 잃은 나라 되찾으러 온 겨레 일어선 기미의 해 약관의 몸으로 북로군정서의 사관생도가 되사 청산리 전역에 참가 이년여의 옥고를 겪으시고 이후 한글학회, 정주 오산학교, 서울사대에서 국어학 연구와 후진 양성에 몸 바치시다가 뜻하신바 다 이루지 못하시고 세상을 뜨시었다. 고고하신 생애에 빙탄불용의 엄하심이 있으시고 독창성에 차신 학풍은 후

지자운(後之子雲)을 기약하시던 뜻 길이 받잡고자 오늘 이 주기를 맞이하여 여기 조찰히(깨끗이) 몇 자 새기어 삼가 세우다.

서기 1969년 4월 24일

서울대학교 사범대학 국어과 문하생 일동

빙탄불용(氷炭不容)은 '서로 용납할 수 없는 얼음과 숯'으로 즉 애국자와 간신은 얼음과 숯처럼 함께할 수 없다는 뜻이고 후지자운(後之子雲)은 후세인의 융성을 뜻한다. 독립군 출신으로 드물게 서울대 교수를 지냈다. 한자까지 똑같은 동명이인으로 임시정부의 지도자 이탁(1889~1930, 독립장)이 따로 있다. 1992년에 대전현충원으로 이장되었고 망우리에는 비석이 남아 있다.

국립묘지로 이장하면 똑같은 면적에 똑같은 모양의 비석이 설치되는데 그것은 어려웠던 시절의 몰개성, 전체주의적 모습이 아닐까. 망우리에는 고인을 기리는 의미 깊은 글이 당대 유명 서예가의 솜씨로 새겨진 개성적인 모양의 비석이 많이 남아 있다. 이장시에 비석을 여기에 남긴 뜻은 바로 나 같은 후세인에게 귀감을 보이기 위함이니 나는 다시 소중한 그 말을 독자에게 전한다.

명재 이탁

이탁 선생은 어려서부터 주경야독으로 한문을 공부하다가 1916년 경신학교에 입학해 장지영에게 조선어문법 강의를 들었는데 교재는 김두봉의 『조선말본』(1916)이었다. 1919년 3·1운동이 일어나자 만주로 가서 이곳저곳을 전전하다가 북로군정서 사관연성소에서 3개월의 간부 훈련을 마친 후 1920년 4월 각지에서 응모한 300명의 훈련을 시킬 때 특무반장으로 근무했다. 그해 10월 청산리 전투에 참가했다.

후에 어떤 작전 중에 본대와 연락이 두절, 이탁이 속한 부대가 해산되고 본대가 시베리아로 가 버렸으므로 복귀를 단념하고 수습요원으로 활동하다 1922년 무송현 홍업단(윤세복)의 군사교관으로 초빙되어 전성호와 함께 갔으나 곧 그만두고 1923년 8월 만주 화순현 화림학교에 1년간 교사로 있었다. 1924년 돈화현으로 와서 9월 이홍래의 부탁으로 『신단민사(神檀民史)』 보급(판매)을 위해 용정에 갔다가 검문을 당해 소지품 중에 불온 자료가 있다 하여 20일 구류 처분을 받았는데 곧 다시 독립군 전력이 발각되어 3년 형을 받고 복역하다 1926년 12월 가출옥되어 귀향했다. 농사를 지으며 국어학을 연구하다 1928년 오산학교 교사를 지내고 부친의 중병으로 1936년 귀향했다. 조선어학회에 1932년 가입해 맞춤법통일안 제정위원, 표준말 사정위원 등을 지냈다.

해방 이후 1961년 정년퇴임 때까지 서울대학교 사범대학에서 국어학을 가르쳤다. 「언어상으로 고찰한 선사시대의 환하문화(桓夏文化)의 관계」·「어학적으로 고찰한 우리 시가의 원론」 등 발표한 논문을 모아 『국어학논고』(1958)를 펴냈고 「언어상으로 고찰한 우리 고대사회상의 편모」《한글 124호》·「국어 어원풀이의 일단」《한글 140호》 등을 발표했다. 1968년 3월 1일 독립유공자로 대통령표창에 추서되고 1991년 다시 건국훈장 애국장에 추서되었다.

고인이 옥고를 치른 계기가 된 『신단민사(神檀民史)』는 고종 때 성균관 대사성을 지낸 김교헌(1868~1923)이 지은 것으로 그는 대종교

2대 교주이며 독립운동가이다. 당시 독립군과 동포들에게 읽힐 만한 역사서의 부재를 안타까워했던 김교헌은 각종 사서를 섭렵해 역사책을 저술했다. 이 책은 1923년 7월에 상해에서 출간되었고 민족주의의 시각에서 정리한 최초의 저술이라는 점에서 사학사적 의미가 컸다. 실제로 만주의 한인 중학교와 신흥무관학교 등의 역사 교과서로 사용되며 동포들의 민족정기를 북돋고 항일독립투쟁을 수행하는 데 이념적 지주가 되었는바 그런 의미에서 우리나라 최초의 국사교과서라는 평가도 받는다. 해방 후 1946년에 삼중당에서 새로 간행, 임시정부의 중추였던 이시영, 조성환, 조완구 등과 독립지사 위당 정인보가 추천사를 썼다.

이탁의 서울사대 제자 정진권(1935~. 한체대 명예교수)은 경향신문(1983.09.12)의 회고에서 「청산리의 기개로 사시던 국어학 교수」라는 제목으로 스승 이탁을 회고하길, "선생은 고대의 언어를 연구해 보면 우리 문화가 중국으로 건너간 자취를 많이 찾아볼 수 있다는 말씀과 함께 그 증거를 구체적으로 제시해 주셨다. 없는 일을 꾸미는 것도 잘못이지만 있는 일을 못 찾는 것도 잘못이 아니겠는가 하는 말이 지금도 귓가에 들리는 것 같다"고 했다.

『신단민사』에서는 만주에 존재했던 모든 민족 즉 거란족(요), 여진족(금), 만주족(청) 등의 동이족을 모두 단군의 후예로 보고 있다고 하니 이 말은 비문에서 '독창성에 차신 학풍'으로 표현된 듯하다. 마지막으로 정 교수는 이탁 선생이 독립운동을 위해 만주로 떠나기 전에 남긴 한시를 직접 번역해 소개했다.

나는 안다 내가 태어난 곳이 어딘가를
서울을 지키는 큰 뫼 용문산 아래다
세상의 온갖 거짓을 바로 가리고

끊긴 문화와 역사를 밝혀 잇겠노라
백마가 괴롭힌들 이 뜻 고치며
만겁이 지난들 이 넋 변하랴
오, 일편단심 이 하나뿐
사생고락을 어찌 말하랴(정진권 역)

天命我生山下村　　國中鎭岳是龍門
邪說僞言辨歸正　　絶文沒死闡還存
百魔侵伐寧移志　　萬劫經遷不變魂
一片丹心惟此願　　死生苦樂豈須論

6

한글을 연구한 애국지사*

지기 문명훤(知期 文明煊 1892~1958, 비석)

말에는 본이 있고 글에는 법이 있다.
말과 글이 같은 민족의 사회에서 말의 본이 글의 법이오,
글의 법이 곧 말의 본이다.
_「고등 한국말의 본」 중에서(연보비의 글)

문명훤은 평남 맹산군에서 출생했다. 어려서 한문을 공부하고 평남 순천군 광명학교를 졸업했다. 일본인 교사의 관청 취직 권유를 거부하고 가창리의 사립 의인학교 교사가 되었는데 이때부터 일경의 요주의 감시인물이 되었다. 1910년 한일병합 후 일경의 지속된 사퇴 압박으로 학교를 의원사직하고 농업(관개사업)에 종사하다가 1914년 중국으로 망명해 항일투쟁 방략을 모색하다 병을 얻어 귀국했다.

고향에서 광산업에 종사하며 자신과 나라의 미래에 반드시 종교

* 애국지사는 일제의 국권침탈 전후로부터 1945년 8월 14일까지 국내외에서 일제의 국권침탈을 반대하거나 독립운동을 위해 일제에 항거한 사실이 있는 자로서, 그 공로로 건국훈장·건국포장 또는 대통령 표창을 받은 자(독립유공자법 제4조 2항). 본서에서 서훈자는 애국지사, 비서훈자는 독립지사로 구분했다.

가 필요하다고 생각해 여러 종교를 두루 공부한 후 1919년 1월 1일부터 기독교 신자가 되어 이웃 마을에서 영수(인도자)를 초빙하고 교인을 모아 자신의 사랑방에서 예배를 보기 시작했다.

1919년 3·1운동이 일어나자 맹산에서 시위를 주동한 후 다시 상해로 건너가 1920년 4월 14일 임시정부 내무부의 서기가 되었다.

미국 유학을 위해 임시정부를 사직하고 1920년 6월 18일 상해를 떠나 8월 11일 프랑스에 입국해 몽바르의 철관 공장에서 일하다가 르아브르로 가서 조선소에서 일했다. 비문의 연보에는 "1920년 8월에 불란서로 망명과 일황태자 암살 기도"라고 새겨져 있는데, 일본 자료를 살펴보니 일본 황태자(후의 히로히토 천황) 일행은 프랑스에 1921년 5월 31일 입국해 6월 9일 떠났다. 문명훤의 자서전에 따르면, 당시 신문을 통해 일본 황태자 입국 소식을 알게 된 한국 청년들은 러시아에서 온 아무개를 거사자로 정하고 자금을 모아 파리로 파견한 후, 거사 후의 피신 방법까지 준비하고 대기했으나 정보 부족이었는지 거사자는 황태자의 얼굴도 못 보고 돌아왔다.

르아브르 항구에 정박 중인 미국 상선의 선원으로 취직해 1921년 7월 20일 미국으로 떠났다. 텍사스주 갤버스턴 항구에 도착했을 때 비자가 없어 하선하지 못하자 한밤중에 몰래 배에서 밧줄을 타고 내려와 밀입국했다(8월 16일). 근처 농장에서 일하다가 샌프란시스코로 가서 노동으로 학자금을 벌어 30세의 나이에 갈릴레오 하이스쿨 3학년에 편입했다.

특기할 것은, 당시에도 미국의 고교는 자신의 수준과 기호에 따라 과목을 선택해 공부하게 해 장래 전공의 기초를 쌓게 하고 학업 낙오자도 방지하는 시스템으로 운영되고 있는 것을 보고 깊은 감명을 받았다고 한다. 우리나라는 해방 후 80년이 되어가도 해마다 대입제도가 바뀔 정도이니 언제쯤 교육이 자리를 잡을 것인가.

1923년 샌프란시스코의 중국인 기독교 교회에서 변준호의 권유를 받아 흥사단(154번)에 가입해 기고와 강연 등의 활동을 벌였다. 이때 미국에 있던 도산의 연설을 듣고 감복한 문명훤은 《동광》 제23호(1932.04.01.)의 「내외인물 인상기」에서 도산에 관해 이렇게 말했다.

문명훤

…우리나라가 낳은 세계가 응당 알아야 할 인물이다. 그는 일의 국면을 잘 살피며 일의 틀을 잘 챙기며 일의 경위를 바로 세우고 고르며 또 일의 동무를 잘 지도하는 사람이다. 그를 한 번이라도 상종한 사람은 누구나 감복되지 아니하는 자 없다. 그는 일을 밝게 보며 넓게 보며 또 멀리 본다. 그는 일을 밝게 재이며 넓게 재이며 또 멀리 재인다… 그는 참으로 세계가 알아야 될 인물이다.

미국에서의 활동으로 인해 1925년 7월 총독부가 작성한 '해외 요주의 조선인 명부'에 문명훤은 '조선 통치의 방침을 공격하는 자'로서 이름이 올라갔다.

1924년 6월 고등학교를 졸업하고 다시 하우스보이로 일하며 학비를 모아 1925년 9월 아이오와주의 더뷰크대학(Dubuque)에 들어가 화학 전공, 수학 부전공으로 1929년 6월 졸업했다. 이어서 노스웨스턴대학 석사 과정에 들어갔으나 도중에 학비가 떨어져 행상으로 미국 동부 각 도시를 돌아다니다가 더 이상의 공부보다는 고국을 위해 활동하자고 결심해 1931년 4월 귀국했다. 1931년 4월 5일의 동아일보 기사는 문명훤이 "뜌북 대학을 졸업하고 1년 동안 응용화학을 연구하고서 금의환향했다"고 보도했다.

이후 평양 신양리에서 문명화학공업사를 설립하고 숭실대 교수 최능진(흥사단원)과 연구에 몰두해 1932년부터 페인트, 니스, 구두약을 제조·판매하고 1933년에는 휴대용 거울을 발명해 판매하는 등의 사업을 벌였다. 수양동우회 사건으로 심문을 받을 때는 직업을 토지가옥경영업이라고 진술했다.

1931년 수양동우회에 가입해 민족주의 사상을 고취하는 등의 활동을 하다가 1937년 150여 명의 회원과 함께 체포되어 4년의 옥고를 치르고 1941년 석방되었다. 해방 후 미군정청 적산관리처에서 근무했으나 직원들의 부정에 환멸을 느끼고 1년 만에 사직했다. 이후 정부에 대해 한글에 관한 제언을 하는 등 한글 연구에 애써 수기 프린트판인 『국어의 참두루미』(1948년), 『제글 제문화』(1958)를 남기고 1958년 후암동 자택에서 별세했다.

자서전 『간난(艱難)의 정복자』(1973, 어린이문화관)가 미국 거주 아들 문대성에 의해 간행되었다. 건국훈장 애족장(1990)을 받았고 2006년 대전 현충원으로 이장되었다.

매장 당시에 세워진 작은 비석에는 맨 위에 십자가가, 그 아래 남평문공명훤지묘라고만 새겨져 있다. 큰 비석은 1984년에 세운 것이다. 후면의 글은 아래와 같다.

'고등 한국말의 본' 저서 중에서

한문자 사용과 왜 생활습속 등 노예문화의 깡대기가 일소되고 자주문화가 수립되어야 곧 민족 문화가 순화되어야 민족성이 강고하여져서 민족적 정지와 자부가 앙양되는 동시에 국제적으로는 화동협진하

문명훤 연보비

는 기풍이 촉진되어서 사대 숭외 등 비굴의 누습이 이 민족에게서 사라지는 것이다. 1984년 6월 대한민국 정부 알선으로 이 비를 세우며 아들 요식 대동 장손 명유 가려 뽑고/ 요한 대성 혜촌 김학수 쓰다

그러나 저서라고 소개된 『고등 한국말의 본』은 국립도서관에서도 흔적을 찾을 수 없고 인터넷 검색에도 나타나지 않는다. 비문에 새겨진 4남 문대동(1940~)은 미국에 있는 삼문(三文)그룹 회장으로 2011년 제10회 세계한상대회 대회장을 지냈다. 한국외대 서반어학과를 나와 1971년 미국으로 건너가 가발 영업사원부터 시작해 연 매출 2억 달러가 넘는 삼문그룹을 일궜다. 무역부터 시작한 삼문그룹은 텍사스 등 미국 중남부를 중심으로 여성용품 도·소매, 호텔, 쇼핑센터, 골프장, 건설 등으로 사업을 확장했다. 그는 부친의 독립운

동 정신을 이어받아 미국에서 절반의 직원을 재미교포 청년으로 채용했다고 한다. 또한, 독실한 기독교인인 그는 100만 달러를 출연해 장학재단을 만들었고 별도로 매년 20여 명의 신학도에게 장학금을 주고 있다. 2002년 사우스웨스턴대 신학대학교를 수료하면서 명예박사에 준하는 'BH 캐럴상'을 받았다. 동대학 설립자인 BH 캐럴을 기념하기 위해 제정한 최고 권위의 상을 받은 최초의 유색인종이 되었다.

비문의 글을 쓴 혜촌 김학수(1919~2009)는 한국역사풍속화, 기독교성화의 대가이다. 평양에서 태어나 1·4후퇴 때 부인과 2남 2녀를 북에 남겨두고 단신으로 월남해 독신으로 살면서 화업에 몰두해 한국기독교미술상(1992), 문화훈장 옥관장(1992) 등을 받았다.

7

한국 민속학의 원조

석남 송석하(石南 宋錫夏 1904~1948)

조선민속학회를 발족하고 서울대에 인류학과를
만들었으며 해방 후 초대 민속박물관장을 지낸
민속학의 원조 석남 송석하.
그는 또한 진단학회 회장을 지내고 해방 후에는
조선산악회(한국산악회) 초대 회장을 지내는 등
다방면으로 우리 문화 발전에 크게 기여했다.

본래 향토예술이라는 것은 그 땅과 환경이 낳은 가장 적절한 것이며 게다가 가장 민중과 친밀한 것이 특색으로, 제아무리 숭고한 예술도 이것을 모태로 한다. 그러므로 현대인은 반드시 이를 재음미하고 감상할 여유를 갖추어야 한다.(송석하, 「조선의 가면연극무용」, 《관광조선》 1939.9)

송석하의 윗글은 민속학이란 무엇인가에 대한 적절한 설명이라고 할 수 있다. 송석하는 경남 언양(현 울산시 울주군)에서 고종의 시종원 부경(侍從院副卿. 청와대 비서실 차장급)을 지낸 부산의 대지주 송태관의 장남으로 태어나 부산상고(1920)를 졸업하고 도쿄상과대(현 히토쓰바시대학)에 유학했지만 그의 관심은 역사와 민속에 있었다.

석남 송석하 선생의 가족 사진으로, 중간에 앉아 있는 양복차림의 송석하 선생 옆에 두루마기 차림으로 중절모를 들고 앉아 있는 사람이 동생.

관동대지진(1923) 때 학업을 중단하고 돌아와 당시 우리나라에 아직 생소한 민속학에 뛰어들어 전국을 누비고 다녔다. 마침내 1932년 4월, 송석하는 손진태, 정인섭과 함께 발기회를 꾸미고 일본인 아키바 다카시(경성제대 교수)와 이마무라 도모(『인삼사』(전7권. 1934~1940) 저자)를 끌어당겨 '민속학 자료의 심채(深採) 및 채집, 민속학 지식의 보급'을 목적으로 조선민속학회를 창립하고 대표가 되었다. 일본인과 함께 학회를 구성한 이유에 관해 훗날 정인섭은 "아키바는 우리 무당 연구에 특히 취미를 갖고 상당한 연구를 거듭하고 있어 학자로서는 그가 우리 민속 연구에는 제1인자라 할 수 있었고, 이마무라는 바가지, 부채 등 기타 민속에 대한 연구가 상당했다"고 했다(《민족문화》제2호, 고려대 민족문화연구소, 1966). 또 실제로 송석하 등은 경찰서장 출신인 이마무라의 소개장을 들고 채집여행을 다닌 적도 있어 연구 활동에 도움을 받은 것은 사실이다.

민속학계에서는 우리나라 민속학의 태동은 실학사상에서 찾고 있으며 1920년대에는 최남선과 이능화가 각기 「살만교차기(薩滿教箚記)」와 「조선무속고」를 《계명》(19호, 1927, 계명구락부)에 발표함으로써 비로소 한국민속학이 출발했다고 보고 있으며 이후로 문일평, 이은상, 이병도 등 많은 학자가 글을 발표했으나 그때까지 그들의 저작은 대개 역사문헌상의 자료에 근거한 한계를 가졌는데, 실제 현지를 답사(field work)하면서 민속학을 하나의 독립된 학문으로 정립한 핵심 인물은 송석하와 손진태라고 평가한다. 또 와세다 사학과를 나온 손진태가 이론적으로 민속학을 발전시켰다고 한다면, 송석하는 이론의 체계화보다는 민속자료의 수집과 민속예술의 진흥에 큰 공헌을 했다고 볼 수 있다.

딜레탕트(Dilettante)

전업작가가 아닌 필자가 송석하를 대하는 마음은 남다르다. 송석하는 딜레탕트(호사가, 취미인)로서 자신의 관심 분야에서 큰 업적을 남겼기 때문이다. 그는 대학 중퇴에 사학 전공자도 아니었다. 해방 후에도 서울대학에서 강의는 했으나 아카데미의 폐쇄성으로 정교수가 되지 못했다. 그렇지만 그가 한국 민속학을 독자적 학문으로 발전시킨 공적은 아무도 의심하지 않는다. 그는 학문적 능력과 열정, 그리고 재력과 행정력까지 갖춘 사람이었다.

채집여행 때의 에피소드가 「민속무용쇄담」이라는 글에 나와 있다. 강강술래 춤을 찍기 위해 전남 장흥에 내려갔으나 여자들은 벌건 대낮에 추는 것이 부끄럽기도 하고 또 양잠기라 모두 낮에 돈 벌러 나간다는 이유에서 춤을 추지 않겠다고 했다. 송석하는 1시간 공연에 하루치 삯을 주겠다고 설득했지만 그래도 부끄러워 춤을 못 추겠다는 여자들을 며칠 동안 간신히 설득해 촬영에 성공했다. 또 조선민속학회의 기관지 《조선민속》을 사비를 들여 출간할 정도의 열정과 재력을 쏟아부었다.

민속학 자료를 자신의 독일제 고급카메라에 담고 그것을 체계적으로 분류, 관리했기에 최근에 그는 영상민속학의 선구자로 새롭게 각광받는다. 2007년 국립민속박물관은 송석하가 직접 찍거나 수집한 사진 자료 1,761장을 정리한 『처음으로 민속을 찍다』(DVD)를 발간하며 그를 '최초의 영상민속학자', '한국 최초의 아키비스트'로 칭했다.

그리고 답사의 결과를 학문적으로 정리하고 홍보하는 능력도 있었다. 특히 황해도 사리원에서 봉산탈춤을 일본인 관리를 설득해 방송으로 전국에 중계하고, 마침 백두산 동물 생태 조사를 위해 입국한 스웨덴 동물학자 베르그만을 유도해 동영상을 촬영케 해 유럽에 소개한 사실은 그의 저서 『한국민속고』에서 동료 임석재가 증언한 바 있다.

그런데 2008년 출간된 『조선민속학과 식민지』(남근우, 동국대출판부)에서는 송석하 등의 '저항적 민속학'은 사실은 내용적으로 일제에 영합한 것이라는 주장이 보인다. 즉 송석하의 '오락 선도론'은 민중 오락의 교화적 측면을 강조한다는 점에서 총독부의 식민지 '건전오락론'과 흡사한 내용이라는 것이다. 상기 봉산탈춤의 중계방송과 베르그만의 촬영 주도 건에 관해서도 이미 총독부는 '민중 교화에 적합한 오락'으로 인식하고 있었으며 송석하가 "부흥운동에 관여한 것은 사실로 확인되지만, 그렇다고 사리원 당국자를 부추겨 임시로 봉산탈춤을 놀게 하고 게다가 총독부 직할의 중앙방송국을 동원해 중계시킬 만큼의 정치적 영향력이 당시의 그에게 있었다고 보이지 않는다"며 부정하고 근거로는 1946년 9월 4일 조선일보의 기사에 송석하의 이름이 보이지 않고 총독부만 보인다는 것이다.

송석하의 비석

사실이 어쨌거나 동료와 후대는 명맥이 끊어져가는 봉산탈춤 등을 다시 살려낸 주역으로 송석하를 꼽고 있다. 그의 민속학 운동 취지가 총독부의 의도와 동색이라고 할지언정, 그가 우리나라 문화의 발굴과 보존, 발전에 쌓은 지대한 공은 전혀 폄하되지 않는다. 단지 우리가 주목해야 할 것은 어쨌거나 그 상황에서 우리가 원하는 방향으로 갈 수 있었다는 점이다. 총독부가 봉산탈춤을 중계하며 부추기는 의도가 불순하니 공연하지 말자고 주장한 사람은 한 명도 없었다. 또 총독부가 무조건적인 민족문화 말살 정책으로 나갔다고 가정한다면 송석하의 운동은 더욱 조명을 받을 것이지만 그럼 과연 그 상황에서 '민속학'은 존립이나 했겠는가.

조선산악회의 초대 회장

송석하는 1945년 8월 16일 해방 후 첫 번째 사회단체인 진단학회를 재발족해 위원장으로 추대되었으며, 다시 9월 15일에는 두 번째 사회단체가 된 조선산악회(1948년 한국산악회) 회장으로 추대되었다. 조선산악회는 단지 등산만 즐기는 모임이 아니었다. 1946~1954년까지 11회에 걸쳐 한라산을 시작으로, 태백산맥, 울릉도, 독도 등 전국에 각계 전문가들로 구성된 전문가학술조사단을 파견해 그동안 일제에 의해 유린된 국토를 구명하자는 의미의 국토구명학술조사사업을 벌였다. 현지 조사 후에는 보고서의 작성, 전시회의 개최 등으로 정부 및 일반에게 많은 관심을 불러일으켰다. 1948년 1월 《국제보도》(3권 1호, 국제보도연맹)에 「고색창연한 역사적 유적 울릉도를 찾어서!」라는 울릉도학술조사대장 송석하의 글이 한 예로 남아 있다.

그리고 동년 12월 20일에 결성된 조선연극동맹에도 위원장으로 이름이 올랐는데, 현대극에 익숙한 우리는 낯설지만, 연극계에서는 그가 1929년 일본에서 발표한 「조선의 인형극(朝鮮の人形芝居)」이 한국 연극학의 출발점이라고 보고 있다.(유민영)

1945년 11월에는 일제 때 야나기 무네요시와 아사카와 다쿠미 형제가 설립한 조선민족미술관의 많은 도자기 등의 민예품에 자신이 수집한 민속 가면 등을 합쳐 국립민족박물관을 설립하고 초대 관장으로 취임했다. 이후 1946년 5월 8일에는 조선인류학회를 창설하며 활동했으나 지병인 고혈압으로 1948년 8월 5일 44세의 아까운 나이에 세상을 떠나 이곳 망우리에 묻혔다. 1959년 송석하의 글 모음 『한국민속고』가 나오며 이병도, 손진태, 임석재 등이 추도사를 실었고, 1996년 정부는 문화훈장으로서는 최고인 금관문화훈장을 송석하에게 추서했으며 1997년 1월의 문화인물로 선정했다.

평생의 동지 손진태는 송석하 추모사에서 '선생은 인류학, 고고학, 민속학, 조선사학, 판본학, 민속예술, 연극, 산악운동, 서화, 골동 등 여러 방면에 모두 일가를 이룬 분'으로 말하며 선생의 영이 우리 민족을 영원히 지킬 것이며 또 우리 민족은 영원히 선생의 공적을 찬

貴重한 史料등에진 鐵原의老鐵佛

숨은 민속학자 宋錫夏씨가 到彼岸寺에서發見

숨은 민속학자 송석하(宋錫夏)씨는 일컨 강원도 철원(鐵原)에서 남으로 五리쯤되는 신라 고찰 도피안사(到彼岸寺)의 철불의 등에잇는 중요한 배명을 발견하엿다 발견자 송석하씨의말에 의하면 이 배명은 조선에 발견된 불상배명중에 최고한것으로서 조선력사에 중요한 사실인 한주(漢州)의정계, (契)、향도(香徒)의세가지에대한최고한 컨거가 되는것이다

송씨의 긔록에 의하건대 이 철불은 그배명에 의하면 당나라 함통(咸通)六년 을유년에 향도 一천五백인이 세운것이라 하엿스니 지금부터 一천六十년 컨 신라 경문왕 때ㅅ것이오불상은 로사나불로 련화대에안즌 노피二척반의 등신대의컨체 좌상이오 문제의 배명은 양각 八행으로『香徒佛銘文』이라고한 것이다

송씨는 말하기를

『이 재료를 발표하는것은 여러 학자의 자유로운 연구재료를 삼으라는 뜻입니다 『契』와『香徒』의 긔원이 신라에잇다는 최초의 컨거를 어든 것이 깃[illegible]니다』

到彼岸寺盧舍那佛背銘文

香徒佛銘文

夫釋迦佛晦□□眞□□□□□□
□□不□二 千光□一千八百六
祓□□斯□斯彫此金□□□□
□□立願之唯願□姓□逢鑒□□
□□□ □覺長登□□□□契眞
□□以□□□見 唐天子咸通
六年乙酉正月日新羅漢州北界
鐵員郡到彼岸寺成佛之侍士□□
岳堅□于□□寂居士結緣一千五
百餘人堅金石不動不變□□

송석하가 강원도 철원의 도피안사 철불 뒷면에 있는 글을 발견했다는 기사(동아일보 1931년 5월 8일)

宋錫夏氏의論文이 獨譯되어墺國誌에

民俗學의 權威宋錫夏氏는 朝鮮文또는 和文으로發表한 論稿가 만하잇어 이미內外에 알려저잇거니와 이번에 또 氏의 論文이 獨譯이되어 墺國維納에서 發行하는 世界的權威를가진 民俗學雜誌 안트로포스에揭載되게되엇다한다.

의안트로포스誌는 墺國의 民族學者, 言語學者, 宗敎學者로 世界에 令名을날리고잇는 빌헬름, 쉬미트博士가 主宰하는 雜誌로서 지금全世界의 民俗學界를 風靡하고잇는 維納文化史學派의 主將인 右博士가 創刊한것이다. 博士는 月前에 朝鮮을 通過할際에, 京城帝大의 秋葉敎授를 通하야 宋氏의論文을 右誌에 譯載할것을 宋氏에게 交涉하엿으며 宋氏는 이를 快諾하엿다는데 于先譯載될것은 氏의 朝鮮假面劇에 對한 研究論文으로서 그中에 朝鮮假面과他國의 그것과를 比較研究한部分이 人類學上의 [illegible] 될것임에 博士가 着目한것이 하나이라한다. 이러케 우리의 述作이 나날이 世界的레벨에서 全世界에 紹介되는것은 學界를 爲하야 매우 慶賀할일이다.

海外消息

쉬트라우스隱退

(伯林發聯合郵信) 獨逸音樂界의리하르트, 쉬트라우스氏는나치스의 反猶太政策때문에 [illegible] 獨逸樂壇에잇어 홀자서 「音樂獨逸」의權威를 雙肩에 쥐어지고 活躍하여왓으나 이번七十歲의高齡을 機會로 獨逸音樂院總裁[illegible]獨逸作曲家協會會長의 兩職을 辭退하기로되엇다. 그러고音樂院總裁에는페테르,라-베敎授가, 作曲家協會長에는 파울,그래-나-博士가 각각後任에 任命되리[illegible]

송석하의 논문이 독일어로 번역되어 오스트리아의 인류학지 안트로포스에 실린다는 기사(동아일보 1935년 7월 20일자)

양할 것이라며 끝을 맺었다.

망우리의 묘는 1996년 충남 태안군 근흥면 두야리로 이장했고 지금은 비석과 상석, 그리고 양편의 망주석이 그대로 남아 있다. 2022년 가을 중랑구청은 올라가는 길을 정비하고 묘역에 안내판을 세웠다. 박인환 연보비를 지나 조금 더 가면 좌측에 이정표가 보인다. 산악인들은 이곳에서 불수도북(불암·수락·도봉·북한)을 바라보며 초대한국산악회 회장께 인사드릴 만하지 않을까 싶다.

새로운 발굴 그리고 못다 한 숙제

석남 송석하 탄생 100주년을 기념해 국립민속박물관에서 펴낸 『석남 송석하-한국 민속의 재음미』(2004)에 「조선의 가면연극·무용」이라는 글과 「민속무용쇄담」(瑣談, 잡담의 의미)이라는 글이 실려 있다. 두 글 다 제목의 각주에 이렇게 적혀 있다. "이 원고는 인쇄된 것이 없고 손으로 베껴 쓴 필사본만 남아 있어서, 오자, 오식, 비문이 현저하다. 문맥에 따라 일부 수정했으나 그래도 내용을 잘 알 수 없는 곳이 많음을 밝혀둔다."

그런데 필자는 운 좋게도 이 두 원고가 실린 《관광조선》(일본어판)을 국립도서관 서고에서 찾아냈다. 대조한 결과, 기존 번역문에는 잘못된 곳과 누락된 곳이 많아 새로 번역해 「조선의 가면연극·무용」은 《계간 리토피아》 2009년 가을호에 발표했고 「민속무용쇄담」의 번역본은 필자의 블로그*에 올려놓았으니 참조하기 바란다.

---

* https://blog.naver.com/japanliter/140073043663. 「조선의 가면연극·무용」의 번역문도 함께 올라가 있다.

그리고 숙제가 하나 남아 있다. 1935년 7월 20일자 동아일보에 의하면, 송석하의 가면극에 관한 논문이 독일어로 번역되어 오스트리아의 권위 높은 인류학지 《안트로포스》에 실린다는 기사가 있었다. 우리 민속학의 연구 논문이 세계에 처음으로 소개된 사건일 터인데 독어를 모르는 필자는 아직 그 논문을 찾지 못했다. 관련 학계나 관심 있는 분의 노력을 기대한다.

8

한국 식물학의 선구자

서울사대 교수 장형두(張亨斗 1906~1949)

죄송한 말씀이지만 우리 조선에서는 아직까지도
이 방면에 이해를 가진 이가 별로 많지 못한 것이
큰 유감인 동시에 외국 사람에 대해서는 퍽 부끄러운 노릇이나
앞으로는 점점 이 방면의 사람이 생겨날 줄 믿습니다.
저는 평생을 여기에 바칠 작정입니다.
(동아일보 1933.01.21.)

1949년 10월 26일 국회본회의. 신현모 의원은, 10월 20일 오후 2시 우리나라의 '유일한 식물학자'요 서울사대 교수인 장형두 씨가 시내 중부서에 어떤 혐의로 검거되어 인천경찰서에 압송된 후 23일 돌연 사망한 사실을 알렸다. 장 씨는 전남 광주 사람으로 20여 년간 식물학 연구에 헌신한 과학자인데 사건의 진상을 조사하기 위해 조사단을 파견하자고 긴급동의를 구해 만장일치로 가결되었다.

장형두는 1906년 광주에서 출생해 1922년 일본으로 건너가 동경부립원예학교를 다니다 1923년 관동대지진으로 일시 귀국, 이리농림학교에서 공부하고 다시 도일해 동경고등조원학교(현 사립 동경농대)를 1928년 졸업했다. 일본 식물학의 아버지라 불리는 마키노 도미타로(1862~1957)에게 식물분류학 연구의 지도를 받고 훗날 그의 사진을 집에 걸어 둘 정도로 일생의 지표로 삼았다.

조선일보 문화부, 숭실전문, 경성약전 식물학교실, 경성제대 연구실 등에서 연구하는 한편, 그는 2만 원의 거금을 들여 식물 표본 수집에 나서 1933년 7천 점을 연희전문에 기증하고 향후 연전에 동양 제일의 표본실을 만들어보고자 했다(동아일보 1933년 1월 21일). 그러나 표본은 6·25 전쟁 등을 거치며 소실되었는지 유출되었는지 현존하지 않는다. 어떤 경로로 들어갔는지 지금 현재 일본 국립과학박물관에 장형두의 표본이 900점 이상 소장되어 있다는 씁쓸한 사실만 확인된다.

개나리의 학명은 'Forsythia koreana (Rehd.) Nakai'이다. 'Nakai'는 일본 식물학자 나카이 다케노신(1882~1952)을 말한다. 그는 1910년부터 한반도 식물 조사에 나서, 많은 우리 고유식물의 학명을 지었다. 국립생물자원관이 펴낸 『한반도고유종총람』의 식물 527종 중 327종이나 된다고 한다. 이에 장형두는 일본인 중심의 조선박물학회(1923)와 별도로 1933년 이덕봉, 박만규, 석주명 등과 함께 조선박물연구회를 조직하고 주체적인 연구에 나섰는데, 특히 우리의 동식물에 우리말 이름을 붙이기 위해 노력했다. '애기똥풀', '금낭화', '바람꽃', '괴불주머니' 등이 새로 명명한 것이다. 순수한 조선 이름을 찾아 기록한 장형두 등의 노력은 조선어학회의 한글을 통한 독립운동과 맥을 같이 한다.

1936년 08월 조선일보의 백두산탐험단에 식물학회 간사로 참여해 신발견종을 포함 2백여 종을 채집했고, 1938년 5월에는 전남 지역 도내 박물(생물) 선생을 총동원한 전남 지역 식물 탐사를 지휘하고 「전라남도산 수목의 종류와 그 분포지」라는 일문 논문을 동년 12월 전라남도산림회 기관지 《청구》 32호에 실었다.

해방 후, 서울중학교 교사를 거쳐 1948년 9월 1일 서울사대 부교

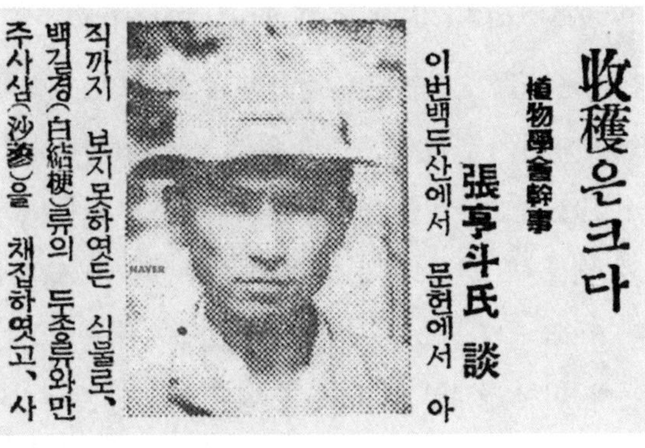

收穫은크다

植物學會幹事 張亨斗氏 談

이번백두산에서 문헌에서 아직까지 보지못하엿든 식물로、백길경(白桔梗)류의 두종류와만주사삼(沙蔘)을 채집하엿고、사

1936년 장형두는 조선일보의 백두산탐험단에 식물학자로 참여해 새로운 종을 채집했다.

수에 임명되고 곧바로 『학생조선식물도보』(수문관)를 출간했다. 여기에서 그는 고산은 '높산'으로, 식물은 묻혀 산다고 '묻사리'라 표현했다. 평화일보 1948년 9월 26일의 광고를 보면, 본서는 초중등학생 통용이고 식물 6백여 종을 수록하고 신식물명을 사용하되 일본명과 대조표를 첨부했다.

1949년 7월 대한산악회의 제5회 학술탐사사업 서해안 탐사에는 동물반 석주명과 함께 식물반으로 장형두가 참가했다. 그는 일생을 식물학 연구에 가산을 탕진했을 뿐 아니라 산과 바다에서 생명을 잃을 뻔한 것도 한두 번이 아니었다. 그러나 우리나라 식물학 최고의 권위자인 서울사대 식물과 교수 장형두는 어이없게도 좌익 혐의로 고문치사를 당했다.

국회가 밝힌 조사결과는 이렇다. 경기도 경찰국은 연백 염전에서 운전수로 근무하는 국한종(장형두의 처조카)을 비밀리에 내사중 10월 21일 국한종이 서울사대부중 구내에 있는 장형두 사택을 방문해 좌익계열 지령문을 전달한 혐의를 포착, 형사대는 곧바로 국한종을 체포한 후 장형두와 처, 저녁 식사에 동석한 사대 조수 임양재를 체포해 중부서에서 조사 후, 장형두만 인천으로 압송해 취조 중에 고문으로 사망케 했다. 사인은 타박으로 인한 뇌진탕이었다. 아무런 죄도 밝혀지지 않았다. 참으로 어이없고 억울한 죽음이 아닐 수 없다.

장형두 사건 외로도 그밖에 연이어 발생하는 고문치사 사건으로 인해, 1949년 12월 13일 이승만 대통령은 관계 장관에게 "고문은 이족(異族. 즉 일본)의 유폐, 신생 아국(우리나라)에서는 배격하라"는 취지의 특별지시를 내렸건만, 악습을 익힌 사람이 세상에서 사라질 때까지 악습은 좀체 근절되지 않았다.

망우리공원 장형두의 묘가 2021년 중랑구청 발주 (사)한국내셔널트러스트 수행의 '망우리 묘역 전수조사' 때 눈에 띄게 된 것은 아들 장득성 씨가 2019년에 세운 새 비석 덕분이었다. 비석에 새긴 '서울대학교 사범대 부교수'가 단서가 되었다. 검색해보니 이미 2020년 광주 MBC에서 다큐멘터리 영상을 제작한 식물학의 선구자였던 것이다.

순환로 좌측으로 올라가 한 굽이 돌아서 우측 위편에 판자 울타리를 둘러친 묘가 보인다. 그 너머에 있다.

9

동아일보의 편집국장

소오 설의식(小梧 薛義植)과 그 가족

한용운 묘 오른쪽 위 능선 바로 아래에 유학자요
민족운동가인 설태희와 그 아들인 동아일보의 편집국장
설의식이 함께 있는 가족묘가 나온다.
이 두 분의 이야기뿐만 아니라
형제와 후손의 가족사가 매우 흥미롭다.

1936년 베를린 올림픽 마라톤 우승자 손기정의 가슴에 있는 일장기를 조선중앙일보와 동아일보가 말소한 사건이 있었다. 동아일보에서는 이길용 기자가 주도한 것으로 알려졌는데, 이 사건으로 편집국장이었던 설의식(1901~1954)도 신문사를 퇴직할 수밖에 없었다. 그래서 대중적으로는 일장기 말소사건에 얽힌 인물로만 기억되고 있는 게 사실이다. 필자도 공부가 부족해 초판본에는 소개하지 않았는데, 그 후로 계속 자료를 수집하던 중, 설의식 본인뿐 아니라 설의식의 부친과 형제, 그리고 지금의 후손에 이르는 이야기가 줄줄이 엮어져 나왔다. 설의식의 묘 위에 있는 부친 설태희부터 먼저 살펴본다.

오촌 설태희(梧村 薛泰熙 1875~1940)는 함남 단천 출생의 유학자이다. 총독부 자료에 의하면 설태희는 "한학에 능통하고 일본어도 대략 이해한다. 동경 사립대학교(메이지 대학)의 청강생이 되어 법률, 경제의 모든 과목을 수학하고 기개가 풍부하다. 함경도의 저명인물이다"라고 되어 있다. 1906년에는 대한자강회 설립에 참여하고 이동휘, 이준 등과 함께 한북흥학회를 조직하고 대한협회 단천 지부에 참여해 강연과 논설을 통해 활동했다. 1908년부터 갑산군, 영흥군수를 지냈지만 1910년 국권피탈로 사직하고 고향에서 유학 연구에 몰두해 『학림소변(學林小辯)』, 『대학신강의(大學新講義)』 등을 저술했다. 설태희는 화담(花潭, 서경덕)실학을 계승해 양명학을 절충함으로써 유가의 일가견을 이룬 인물(동아일보 1940.04.10)로 평가되듯, '유교 타파'를 주장한 당시 대부분의 신지식층과는 달리, 또한 고루한 유학에 매달린 구지식층과 달리, 현실감각을 가진 개신 유학파였다.

설태희

설태희는 3·1운동 후에 가족을 이끌고 경성으로 이주해 12월 조선경제회 이사, 1920년 6월 조선교육회 발기인, 1922년 민우회 참여, 1923년에는 조선물산장려회 총회에서 이사(경리)로 선임되며 강연활동에 나서고 기관지 《산업계》에도 논설을 발표했다. 이렇듯 애국계몽운동과 교육구국운동에 공헌한 민족주의 계열의 선각자였다.

묘는 원래 서초리 우면산에 있다가 이곳으로 이장되었다. 한용운 묘에서 오른쪽 위쪽에 있는데 능선 길(용마산 방향)에서는 좌측에 연

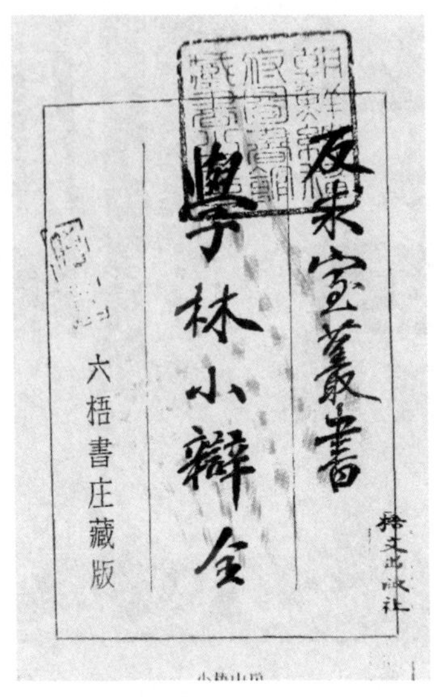

설의식의 『학림소변』 속표지

두색 철책이 나타나면 그 바로 전의 수풀을 헤치고 들어가면 설태희의 묘가 나온다.

비석이 크고 한문이 가득하다. 비석의 글은 위당 정인보가 짓고 김순동(김응현의 숙부)이 쓰고 전(篆, 제자)은 위창 오세창이 썼다. 설의식은, 부친의 뜻을 진실로 아는 사람이 위창 선생이요 그리고 위당이라고 했으니(「양주길38팔선」, 『소오문장선』), 위당과 위창이 비석에 이름을 남긴 인연을 알 법하다.

영원한 언론인, 설의식

설태희는 슬하에 4남 1녀를 두었다. 먼저 딸 정순의 남편은 사위 김두백인데 그는 김두봉(한글학자, 조선노동당 최고인민위원회 위원장)의 동생으로 좌익 성향의 동아일보 기자였다.

장남 설원식은 만주에서 농장을 경영하기도 하고 광산업도 벌인 장수 같은 씩씩한 외모의 사업가였다. 『조선은행회사조합요록』에 따르면 조선도기의 회장(1938, 설의식은 감사 및 대주주), 조선농산(1938, 감사는 설정식) 사장, 삼화흑연광업(1938)의 대주주로 참여한 사실이 보이며, 조선의 고전을 출판하는 오문(梧文)출판사도 경영하는 등 다방면에서 사업을 벌이면서 부친의 민족운동을 측근에서 도왔다.

부친의 왼편에 묘가 있는데 '石泉居士薛公之墓(석천거사 설공지묘)'라고 새겨져 있다. '石泉'은 한힌샘 주시경의 친교를 받아 지은 호 '돌샘'을 한자로 쓴 것이다. 원석은 1936년에는 '(조선어)사전 편찬 후원회'에 부친과 함께 참여하기도 했다. 설원식의 아들 국환은 한국일보 워싱턴 특파원을 지낸 언론인이고, 딸 순봉은 서울대 영문과 출신의 영문학자이며 그 남편은 김우창 고려대 명예교수, 그 아들이 옥스퍼드대 수학과 김민형 교수다.

설의식

차남이 소오 설의식인데, 호 소오는 부친의 호 오촌에서 따왔다.

설의식의 묘

고조부가 오산(梧山), 증조부가 오석(梧石), 조부가 삼오(三梧)로 대대로 오(梧)자를 이어받았다. 1916년 원산공립상업학교를 졸업하고 1917년 서울중앙학교에 입학했다가 3·1운동에 관여해 퇴학당한 후 니혼대학 사학과를 졸업했다. 중앙학교 교사였던 송진우와의 인연으로 1922년 동아일보 사회부기자로 언론계에 들어가 주일특파원, 편집국장 등을 지냈다. 1929년 주일특파원을 마치고 귀국해 동아일보의 〈횡설수설〉 단평란을 집필했고, 1931년 잡지 《신동아》를 창간할 때에는 편집국장대리로 있으면서 제작을 총괄했다. 편집국장으로 재직하던 1936년 8월 손기정의 일장기 말소사건으로 신문사를 떠났다.

광복 후 동아일보가 복간되자 주필과 부사장을 지냈으나 송진우가 타계하자 그도 퇴사해 1947년 순간(旬刊) 새한민보를 창간했다. 1948년 4월에는 '문화인 108인 연서 남북회담 지지성명서'를 기초하고 6월에는 언론협회를 발족하고 회장이 되었다. 1953년에는 충무공기념사업회 상무이사로서 이순신의 『난중일기(抄)』를 최초로 한글로 번역하는 등 충무공 연구와 강의에 열심이었고 전시(戰時) 신흥대(경희대)에 출강했다. 서울로 돌아와 서울신문 고문을 지내고 이듬해 1954년 작고했다. 주요 저서로 『화동시대』, 『민족의 태양』, 『통일조국』, 『소오문장선』 등을 남겼고 2006년에는 주요 작품을 모은 『소오문선』(나남)이 발간되었다. 그의 유명한 글 「헐려짓는 광화문」(동아일보 1926.08.11)은 문학 교과서에도 실려 있다.

3남은 월북 시인 설정식

삼남 오원 설정식(梧園 薛貞植 1912~1953)은 시인, 소설가, 영문학자인데 월북 문인이라 오랫동안 그 이름을 드러내지 못하다 1988년 해금 후 그의 시가 단편적으로 소개되기 시작했고, 2012년에는 『설정식 문학전집』이 설정식의 3남 설희관에 의해 출간되면서 널리 알려지기 시작했다.

설정식

정식은 서당에서 한문과 유교 교육을 받고 교동공립보통학교 시절에는 윤석중 등과 독서회 활동을 했다. 교동의 윤석중(5학년)과 설정식(4학년) 2명은 1925년 1월 1일 동아일보에서 경성의 '장래 많은 어린 수재' 중에 '작문 잘하는 아동' 28명 중에 뽑힐 정도로 글 잘 짓는 어린이로 유명했다. 1937년 연희전문 문과를 최우등으로 졸업하고 미국 유학을 떠나 오하이오주의 마운트유니언 대학 학사 졸업 후, 컬럼비아대학에서 셰익스피어를 연구했다. 1940년 부친의 위독으로 귀국해 별다른 활동을 하지 않고 일제 말기를 견뎠다. 해방을 맞아 미 군정청 여론국장, 입법위원 부비서장을 지내고 1948년 영문일간지 서울타임스의 주필 및 편집국장을 지냈다. 이 시기에 시와 소설을 왕성히 발표하고, 특히 셰익스피어의 『하므렡(햄릿)』은 1949년 그가 처음으로 국내에 번역 소개했다.

1950년 전쟁이 발발하자 남로당원이었던 그는 자진해 인민군에 입대해 월북했다. 그가 다시 남쪽의 신문에 나타난 것은 휴전회담 때로, 소좌 계급을 달고 통역장교로 나타났는데 남루한 옷에 농민화를 신고 얼굴이 창백했다고 1951년 7월 19일자 동아일보는 전했다.

1953년 남로당계 숙청 과정에서 시인 임화 등과 함께 간첩 협의를 받고 처형당했다. 정식은 숙명여학교를 졸업한 김증연(1914~1977)과 결혼해 희한, 희순, 정혜(이대 국문과 졸), 희관(전 한국일보 기자)의 3남 1녀를 두었다.

넷째 설도식(薛道植 1915~1975)은 일본 호세이대학 법과를 졸업한 엘리트였는데, 일제강점기 말에 가수로 활동하다가 해방 이후에는 사업가로 활동했다. 1936년 빅터레코드사의 전속가수가 되어 1938년 10월까지 21개의 음반을 냈는데, 대표곡은 「애상의 가을」, 「달려라 호로(포장)마차」, 「헐어진 쪽배」*가 있다.

「산유화」의 작곡가 김순남(1917~1986)은 월북인사라 알려지지 않았지만, 해방 전후의 유명 작곡가로, 영화음악 프로그램의 진행자였던 김세원의 부친이다. 도식은 김순남과 친구였다. 그리고 설의식은 "음악을 좋아하여 거문고와 가야금을 모으고 그 감상을 좋아했다"고 주요한은 회고했고, 설의식은 동아일보 퇴직 후, 일제의 언어말살정책에 대항하기 위해 서항석과 함께 '라미라 가극단'을 만들어 향토가극운동을 벌였는데, 그 모임에 설정식, 설도식, 김순남이 참여한 사실이 있으며, 설정식은 1940년 뉴욕의 '한인 음악구락부(클럽)'에 이름이 보이니 설도식이 대중가수가 된 혈통을 가늠하게 한다.

설도식은 해방 후에는 실업계로 나갔다. 1947년 삼익상사 사장, 1958년 범한무역의 사장으로 정부 산하의 삼화제철을 인수하기도 하고, 1964년부터는 인천제철 이사로도 참여했다. 그렇게 철강업계에서 분투했으나 얼마 후 자신 소유의 한국제강이 1969년 7월 공매처분을 받는 등의 좌절을 맛보고 그 이후로는 실업계에서 은퇴한 듯하다.

---

* 「헐어진 쪽배」는 국립중앙도서관에서 디지털 음원을 들을 수 있다.

1965년 10월 1일의 동아일보에 "허윤오 씨 4남 영(英)군, 설도식 씨 질녀 정혜 양, 2일 오후 2시 종로예식장"이라는 기사가 보인다. 부친 정식이 월북했으니 삼촌 도식이 아버지를 대신한 것이다. 이 부부 사이에 난 아들이 바로 영화배우 김보성(본명 허석) 씨다. 외증조부, 외조부의 두 형님이 있는 망우리와의 인연이 남다르니 '망의리(望義理)' 홍보대사로 모시면 어떨까.

10

대한한국 엔지니어의 선구자

대한중석 초대 사장 안봉익(安鳳益 1910~1957)

2006년 10월 20일, 한국공학한림원·서울공대·매일경제는
'한국을 일으킨 엔지니어 60인'을 선정 발표했다.
일제강점기와 한국전쟁으로 불모지와 다름없던 한국의 산업을
이만치 키우는 데 공헌한 엔지니어 또한 나라의 위인이 아닐 수 없다.
그 60인의 행렬 맨 앞을 걸어간 선구자,
대한중석의 초대 사장 안봉익 선생의 묘를 찾는다.

"이런 내용으로 미국에 보내는 것이 좋겠습니다." 42세의 대한중석 안봉익 사장이 건넨 영문 원고를 받아든 70대의 노인은 원고를 찬찬히 읽어보더니 "잘 만들었소. 역시 안 사장이야. 근데 영어는 언제 배웠소? 내가 조금만 손보면 되겠군!" 하며 고개를 끄덕였다. 그리고 노인은 곧바로 책상의 타이프라이터를 앞으로 당기더니 원고를 옮겨 치기 시작했다. 때는 1952년 3월 모일, 노인은 이승만 대통령이었다.

대한중석 산하의 상동 광산이 텅스텐 매장량과 수출량에 있어서 세계 최대라는 사실은 교과서에서 배운 바 있지만, 그렇게 나라의 부를 창출한 '자원개발'을 성공리에 수행한 주역에 대해 우리는 잘 알지 못한다. 우리의 근현대사는 한반도 역사상 전무후무한 대격변기

였던 만큼 독립운동가와 정치가를 주목하고 있지만, '한강의 기적'을 거쳐 이제 경제대국으로 우뚝 선 대한민국을 위해 묵묵히 헌신한 테크노크라트와 기업인에게도 눈길을 돌릴 필요가 있다. '금강산도 식후경'으로 지금 우리가 '금강산'을 바라볼 수 있게 기반을 만들어준 '식(食)'의 공로자를 이제는 돌아볼 때가 되지 않았을까.

안봉익

2006년 10월 20일, 한국공학한림원 등은 '한국을 일으킨 엔지니어 60인'을 발표했는데, 거기에 1952년 대한중석 사장으로 임명되어 한미중석협정의 체결, 채광의 기계화 및 화학처리공장의 착공 등을 통해 한국전쟁 직후 거의 유일한 외화 획득원이었던 중석산업을 부흥시킨 업적을 인정받아 안봉익도 이름을 올렸다. 더구나 안봉익은, 강진구(삼성전자 회장), 김수근(건축가), 박태준(포스코 초대 회장), 이용태(삼보컴퓨터 회장), 진대제(정보통신부 장관) 등이 열거된 전체 60인 중에서 나이와 경력에서 가장 이른 시기에 활약한 선구자적 인물이었다.

6·25전쟁으로 전 국토가 폐허가 되어 나라를 먹여 살릴 수출 자원이 거의 없어 외화 부족으로 단돈 1달러의 지출도 대통령이 직접 결재하던 시절이 있었다. 1952년 3월 말에 체결된 한미중석협정(5년간 1만5천 톤)으로 본격적으로 시작된 수출로 중석은 막대한 외화를 벌어들여 우리나라를 기사회생케 한 '구국의 자원'이 되었다. 『대한중석 70년사』에 따르면, 한미중석협정이 체결된 1952년 국가 총수출 2,660만 불 중 중석이 1,650만 불(56%)를 차지하고, 53년에는

3,960만 불 중 2,072만 불(52%)를 차지하며 50년대에는 압도적으로 매해 1,2위의 순위에 올랐으며 60년대에 들어서도 10대 수출업체에 대한중석은 1964년 3위, 1966년에는 2위(1,096만 불)를 정점으로 1969년에도 8위(1,300만 불)를 차지했으니 60년대까지 중석이 우리 경제에 끼친 영향은 막대했다.

중석(重石)은 스페인어 텅스텐(Tungsten, 무거운 돌)에서 나온 말이다. 무겁고 단단하며 금속 중에서 가장 높은 융점과 비점으로 고온상태에서 산화되지 않는 희귀한 특성을 지녀 각종 무기류, 기계공업 및 전자산업에 널리 활용되는 금속인데 특히 전함, 전차, 철갑탄 등의 군수산업에 필수적인 금속이다. 그래서 각국은 일정 기간(한국 60일)의 소비량을 상시 비축물자로써 지정 관리하고 있다. 우리나라의 경우, 중석광은 한일병합 후에 일본인이 처음 발견해 개발에 착수했고, 1914년 제1차세계대전 때 일약 귀중한 전쟁물자로 부각되면서 1915년부터 생산을 개시했다. 종전 후 급락해 침체(폐광) 상태였다가 다시 1937년 중일전쟁, 1941년 태평양전쟁으로 크게 수요가 늘었고 해방 후에는 6·25전쟁과 냉전의 본격화로 중석의 수요가 더욱 늘었다.

대한중석(주)의 초대 사장, 청렴한 엔지니어의 일생

안봉익은 1910년 함경북도 경성군에서 과수원을 하는 안병헌의 장남으로 태어나 경성(鏡城)고보를 졸업했다. 1931년 경성고등공업학교 광산과(서울공대 에너지자원공학과)에 진학했는데 총 11명 중 조선인은 2명이었다. 당시는 '황금광 시대'라고 불렸던 시대라 광산과는 최고의 인기학과였고 이는 60년대까지 이어졌다.

1934년 3월 제12회 경성고공 졸업생 59명 중 조선인은 모두 10명.

1954년 4월 안봉익이 당시 농구대표 선수들과 찍은 단체사진. 경성고등공업학교 축구선수 출신인 안봉익은 대한체육회 재정위원도 맡았다.

광산과의 안봉익은 우등생으로 얼굴 사진이 실렸는데(동아일보, 1934.03.20), 부친의 우등상장을 지금도 간직하고 있는 안봉익의 장남 안택준 씨(1930년생)에 따르면, 조부는 장남이 고향에서 가문을 잇기를 바라며 학업을 지원하지 않아 모친이 몰래 건네준 금가락지를 팔아서 경성에 유학, 밥도 제대로 먹지 못하며 고학을 했다. 이후 그는 학교를 졸업하고 미쓰비시광업을 거쳐 대한중석의 전신인 고바야시 광업의 기획부장으로 일했고 대한중석 사장 취임 전에는 충북 제천에서 월악중석광산을 동업으로 경영하고 있었다.

중국의 공산화로 중국으로부터의 수입이 중단된 미국은 급거 한국으로부터의 중석 수입을 타진해 왔지만, 정부는 미국과의 협상에 내세울 전문기술자가 없었다. 이승만 대통령이 긴급히 중석 전문기술자의 추천을 지시하자, 장기봉(1927~1995, 후에 신아일보 사장) 비서관은 각계에 자문을 얻은바 모두가 하나같이 안봉익을 추천해 1952년 2월 이승만 대통령은 안봉익을 대한중석의 이사장으로 임명했다.

한미중석협정 계획안을 수립해 보고하라는 대통령의 지시에 안 사장은 중석광업권 대표자 회의를 열어 중석을 최대한도로 증산하기 위한 제반 시설의 보완, 수출품 및 물자의 수송, 기술 제휴 등 다양한 문제점을 보완하는 계획을 세우고 중석 가격도 설정했다. 이러한 기획안에 기초해 1952년 3월 31일 한미중석협정이 체결되었던 것이다.

당시 안 사장이 미국과의 협상 문안을 작성해 보고하면 대통령은 직접 타이프라이터까지 쳐가면서 함께 문안을 만들었다고 하는 에피소드가 전해질 정도로 안 사장에 대한 대통령의 신임은 각별했다. 자연히 많은 관료와 정치인이 대통령에게의 청탁이나 면담을 안 사장에게 부탁해왔고 어느 때는 백두진 총리조차 대통령에게 하기 곤란한 말이 있으면 안 사장에게 전언을 부탁했다. 상동 광산에 필요한 기계 설비가 부산항 세관에 도착했을 때 해당 관세분류번호가 아직 없다며 통관이 중단되자 안 사장이 직접 세관까지 내려가 '경무대'라고 사인하고 통관시킨 적도 있다. 지금으로서는 이해되지 않는, 모든 제도와 시스템, 법령이 미비했던 시절의 이야기다.

그렇게 대통령의 절대적인 신임을 받는 최고 공기업의 사장 안봉익은 자리를 노리는 이들의 시기와 모략의 대상도 되었다. 암살 사건이 종종 일어나던 시절인지라 안 사장은 자택에서도 창이 없는 방에서 종로서에서 대여해 준 권총을 옆에 두고 잠을 잤다. 윤치영 국회부의장은 국회 본회의(1952.11.7)에서 그를 좌익이라며 공격했던 적이 있는데, 그러한 비난에 대해 이승만 대통령은 "그런 공산당이라면 나는 열 명이라도 쓰겠다"며 절대적인 신임을 보여줬다. 훗날 윤치영은 유족에게 사과하고 안 사장 장남의 결혼식 주례까지 섰다.

중석협정의 종료(1954.3.31) 후 안 사장은 경영합리화를 기하는 한편, 저품위 분광을 화학처리해 고품위 광석으로 생산하기 위해 미국의 유타사와 협의해 55년 12월 화학처리공장 건설 협정을 체결, 56년 4월 공장 건설을 착공했다. 그는 중석 선광 공장을 지을 때 귀를 땅에 대고 진동을 들으며 어느 기계에 이상이 있는지 알았다는 에피소드도 전해질 정도로 뛰어난 능력을 발휘하며 공장 건설을 지휘했다. 안 사장 사후, 화학공장은 1일 처리량 80톤의 세계 최대 규모로 1959년 5월 20일 준공되었다.

한강의 기적을 이끈 안봉익 사장과 대한중석

안봉익 사장은 경성고보 축구부 주장(동생 안봉식은 '김용식'과 함께 활동한 북한의 축구선수)을 맡았을 만큼 건강한 몸을 가졌으나 사장 재임 중인 1957년 8월 9일 간경화로 47세의 장년에 순직했다. 정경유착과 부정이 난무했던 시절, 한국 제일의 공기업 대표를 지내며 대통령의 절대적인 신임을 받았던 안 사장은 마음만 먹으면 얼마든지 재물을 모으고 명예를 얻을 수 있었으나 개각 때마다 권유받은 상공부장관 자리도 거부하며 오로지 중석산업을 통한 구국에 생애를 바쳤다.

안봉익은 부인 마옥순(부친은 대원군의 수하로 마대감이라 불림)과의 사이에 2남 4녀를 두었다. 맏사위 이동헌 위스콘신대 교수는 농구 국가대표 출신으로 MIT가 1984년 펴낸 『경제학 석학 인명록』에 한국인으로는 유일하게 등재된 세계적 경제학자이다. 장남 안택준은 유타대학 학부와 대학원에서 광산학(비철금속)을 전공하고 28세인 57년에 돌아와 서울대 교수를 제의받았으나 그는 세계적인 광업회사를 만들 야망으로 대한금속광업(주)을 설립, 1966년 한국 100대 회사로까지 키우며 부친의 유지를 잇고자 노력했으나 시운이 맞지 않아

1952년 상동광산의 모습. 트럭이 줄을 지어 광산을 드나들고 있다.

결과는 여의치 못했다. 부인 오봉림(38년생, 경기여고·이화여대졸)과의 사이에 2남 2녀를 두어 장손 안재현은 현재 SK디스커버리 사장, 차손 안재용은 SK바이오사이언스 사장으로 산업계의 중추적 역할을 하고 있다. 두 손자는 어려서부터 망우리 조부의 산소를 다니며 느낀 바가 있어 편한 공직을 마다하고 기업을 선택했고 지금도 중요한 일이 있을 때마다 망우리를 찾아와 조부와 침묵의 대화를 나눈다고 한다.

망우리의 묘는 조봉암 묘를 바라보고 좌측으로 올라가 능선에 놓인 두 개의 벤치 뒤편으로 들어가 11시 방향으로 50미터쯤 아래에 있다. 비석은 그해 8월 15일에 건립된 것으로 우측면에는 회사 중역의 이름이 좌측면에는 간략한 생애가 적혀 있고 뒷면의 추모 글은 아래와 같다.

> 선생은 하로도 편히 쉴사이 없이 한국 광업계의 발전에 공헌하고
> 중석광 생산과 처리의 현대화에 진력하여 한국경제 재건에 분투하던 중 아깝게도 사십팔세를 일기로 세상을 떠나시다
> 평소에 선생의 굳은 신념과 뜻을 받들어 일하던 동지들로서
> 선생을 추모하는 마음을 둘 곳 없어 말 없는 돌에나마
> 정성으로 글자를 새겨 기리 애도의 정을 표하나이다

안봉익의 묘

대한중석은 그 후로도 계속 대통령의 신임을 받는 인물이 사장으로 임명되어 활약했다. 특히 지금 세계적인 철강기업이 된 포스코는 대한중석 박태준 사장(1964~1968)이 준비하고 최초 자본을 투자(대한중석 25%, 정부 75%)함으로써 그 기반이 만들어졌으며, 60년대 이후로도 중석의 국제 시세에 따른 부침은 있었지만, 대한중석은 광석 위주에서 중석 가공품 위주로 옮기고 중석의 최종 제품인 초경합금(절삭공구 등의 용도)을 생산해 수출하는 등의 사업 다각화의 노력으로 76년도 법인세 납부 기업 제4위를 차지했고 80년대 초까지 호황을 누리다가 민영화 추진으로 1994년 거평 그룹에 661억 원에 매각되었다.

그러나 외환위기 때인 1998년 거평그룹의 부도로 현재는 워렌 버핏이 소유하고 있는 이스라엘계 IMC 그룹에 전량 인수되어 대구텍으로 개명되어 운영되고 있다. 한편 상동광산의 광업권은 2006년 대구텍에서 캐나다 울프 마이닝으로 넘어갔고 2015년부터 캐나다 알몬티 인터스트리의 소유가 되었다. 최근 뉴스에 따르면, 알몬티사는 한국 자회사 알몬티대한중석을 설립하고 2023년부터 매년 2,500톤 이상의 텅스텐을 본격 생산할 계획이다. 향후 세계 중석 생산량의 10%를 차지할 것으로 예측한다.

"매장량에서는 중국이 세계제일이지만 단독으로는 세계제일이요, 광맥도 굵어 경제성 최고의 상동광산을 소유한 대한중석을 솔직히 제가 불하받고자 하는 욕심도 있어 조건을 갖추려고 회사 규모를 무리하게 키우다가 실패했습니다. 그 후로도 기회가 있을 때마다 주위에 상동광산 인수를 권했으나 진가를 알아보는 사람이 없어 결국 외국인에게 넘어갔죠. 자원개발은 미래를 내다보는 국가의 중요한 사업인데…"라며 장남 안택준 씨는 그것이 마치 자신의 책임인 양 인터뷰 내내 회한을 감추지 못했다.

이름을 팔지 않고 묵묵히 시대의 사명을 성공적으로 완수하고 역사 속으로 사라진 개인 안봉익 선생과 법인 대한중석에 대해 깊은 경의를 표한다.

금괴를 찾아라

대한중석의 전신인 고바야시 광업의 사장 고바야시 우네오는 1938년 경성광업전문학교(현 서울대 에너지자원공학과)의 설립자이며 성남중학교(현 성남중고) 설립에 거액을 기부한 사람이기도 하다. 고바야시는 해방 후 고품위 금광석(금 30kg 상당)을 회현동 옛집의 마루 밑에 묻고 일본으로 갔다. 1972년 한국 방문 때 다시 찾아가보았지만 동네가 너무도 달라져 옛터를 찾지 못하고 그냥 돌아갔다고 한다.

11

대한민국 과학기술유공자

제2대 관상대장 국채표(鞠埰表 1907~1969)

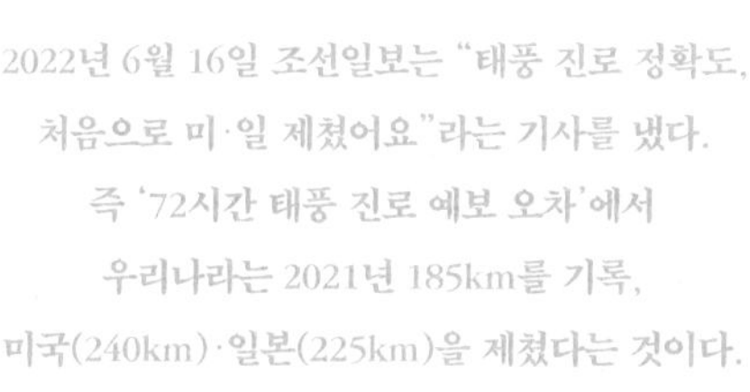

2022년 6월 16일 조선일보는 "태풍 진로 정확도,
처음으로 미·일 제쳤어요"라는 기사를 냈다.
즉 '72시간 태풍 진로 예보 오차'에서
우리나라는 2021년 185km를 기록,
미국(240km)·일본(225km)을 제쳤다는 것이다.
일부이지만 미국, 일본을 앞설 정도로 발전한
기상선진국의 뿌리를 찾는다.

이렇게 우리나라는 기상학 분야도 선진국 반열에 올라섰는데, 옛날의 우리 기상청(관상대)은 거짓말쟁이의 대표격으로 얼마나 욕을 많이 들었던가. 당시 언론사가 뽑은 기사 제목을 보면, "관상대 없애기 운동", "만신창이 중앙관상대", "얼어버린 관상대 예보", "관상대에서만 비 잦은 가뭄 천리 날씨 예보 엉망"등이었다.

한편, 열악한 실상을 드러내며 투자를 촉구하는 기사도 동시에 나왔다. 1958년 6월 11일 동아일보는 관상대의 실태를 보도하길, "기상관측시설이라곤 케케묵은 우량계, 장난감 같은 풍향기, 웬만한 살림집에도 있을 법한 한란계. 이밖에 그나마 관상대 구실을 하는 2대의 송수신기. 낡은 2대의 수신기가 불이 나게 움직이는데, 통신사 전용송수신시설이 없어 체신부 시설이 고장나면 신호를 보내지 못해 전투기가 뜨지 못하기도 했다. 조수 간만시간표는 조석계산기로 하면 며칠에 끝날 것을 1년 동안 주판으로 계산하고 있다"고 전했다. 1963년 9월 7일 동아일보는 다시 전하길, "관상대는 지진이 일어나면 지진계에 있는 인화지를 꺼내 현상해야 하는데 인화지가 비싸 지진이 있을 때마다 그렇게 할 수 없고 하루 한 번쯤 할 수밖에 없다"고 했다.

그로부터 20년의 세월이 흘러도 사정은 별로 달라지지 않았다. 1981년 9월 5일 경향신문은 관상대 사람들을 '돋보기 없는 손금장이'라고 불렀다. 선진국은 컴퓨터로 데이터를 처리하고 있는데 우리는 주판으로 데이터를 더하고 빼고 손으로 기상도를 그리는 실정이고, 관악산에 설치된 단 하나의 기상 레이더도 군산 아래는 사각지대이며, 16년이나 넘어 고물. 기상위성(GMS)도 3시간 간격으로 사진을 받고 있고 태풍 위치를 확인하려면 사진 분석에 5시간이나 걸렸다. 당시의 기상청 직원들은 경험과 뚝심으로 예보를 하고 있었으니, 점쟁이도 확대경이 있어야 손금을 볼 게 아니냐고 했던 것이다.

그러한 열악한 환경 속에서 지금 세계 10대 기상선진국으로 우뚝 선 대한민국. 그 기반을 만든 선구자 국채표 선생이 망우리 가족묘에 부모와 함께 있다.

국채표는 전남 담양 출신이다. 국수열의 장남으로 태어난 국채표는 담양보통학교를 졸업하고 중앙고보(16회)를 거쳐 1929년 3월 연희전문 수물과를 우등으로 졸업했다. 이때의 교수는 우리나라 최초의 이학박사(1926, 천문학, 미시간대)이며 초대 중앙관상대장(기상청)을 지낸 우남 이원철(1896~1963) 박사다. 이원철 박사는 1938년에 흥업구락부 사건으로 강제 퇴직을 당하고 해방 후 초대 관상대장을 지냈으며 1954년부터 인하대 초대 학장을 지냈다. 제자로서는 국채표 외로 천문학 박사 조경철(1929~2007) 등이 있다. 스승 이원철과 제자 국채표는 각기 2017년과 2020년 대한민국과학기술유공자(과기부)로 선정되었다. 과학기술계의 애국지사격이라고 할 수 있다.

국채표

국채표는 이화여고 교사로 재직하면서 과학에 대한 글을 지속적으로 발표했다. 동아일보 1933년 8월 「칠석 전후의 천공」이라는 글을 게재하고 1934년 5월 「과학만필 '시(時)란 무엇인가'」를, 1934년 8월에는 「벽공의 과학, 가을하늘은 어째서 푸른가」, 1936년 3월 「천문수필, 춘분과 백양궁」, 1937년 6월 「온도 이야기」, 「바닷물 이야기」 등의 글을 쓰고, 라디오에서도 「유성 이야기」(37.07.07.), 「납량천문」(37.08.21) , 「우주의 신비」(37.10.27) 등을 강연하며 과학의 대중화에 노력했다.

1939년 교토대 수학과에 들어가 1941년 졸업하고 이화여고 교감으로 부임했다. 해방 후 45년 8월 스승 이원철 박사의 부름을 받아 관상대 부대장에 취임했다. 46년 4월 4일 인천관상대장 국채표는 기상관측기를 23km 상공까지 올려 통상 20km 이상 관측하지 못하던 시절에 세계적 기록을 달성했다고 자유신문은 '과학조선에 쾌기염'이라는 제목으로 보도했다. 정확히는 아시아 최초였다.

전문적인 공부를 위해 1949년 시카고대학 기상학과에 입학하고 대학원에서 석사 학위를 받았다. 이어서 위스콘신대학에서 박사 과정을 밟다가 나라의 부름으로 학업을 중단하고 1961년 2월 13일 귀국했다. 동년 9월 12일 제2대 중앙관상대장에 취임했다.

관상대장 시절인 1962년 기록적인 가뭄이 있었다. 정부는 한해

국채표 비석

(旱害)대책위원회를 구성하고 일본에서 성공했다는 인공강우의 기술을 도입하기 위해 국채표 대장을 6월 14일 일본에 급파해 2주간 타당성 연구를 시켰지만 7월 2일 귀국한 국채표는 "그게 하루아침에 이루어질 수 있는 것이 아니다"며 소문과 다른 실상을 밝히지 않을 수 없었다. 며칠 후의 기자회견에서 언제 비가 내리냐는 계속되는 압박에 결국 국채표는 "제발 좀 봐 주시오. 어느 나라 기상대도 정확한 일기예보를 하는 곳은 없답니다. 마치 관상대가 비를 내리지 못하게 하는 것 같은 인상을 제발 국민에게 주지 마시오! 우린들 비를 어찌 고대하지 않았겠어요?"라고 기자들에게 애원했다.

1963년 12월 19일 한국기상학회를 발족해 회장에 취임하고 1964년 7월에는 「한국에 올 가능성이 있는 태풍의 중심시도와 진로의 예보법」이라는 논문으로 교토대학에서 이학박사 학위를 받았다. 기상학으로는 국내 최초의 박사였다. 그가 논문에서 제시한 '국(鞠)의 방법(Kook's Method)'은 국제적으로 널리 알려져 당시 기상예보에 활용되었다. 앞서 언급한 '미·일을 제친 태풍 진로 예측'이라는 성과의 근원에 국채표가 있는 것이다.

1965년 3월 15일 한국기상학회지 제1호를 발간하고 「1964년 9월 13일 서울 근교를 통과한 Tornado에 관해서」라는 국내 1호 논문(국채표, 김성삼, 이종경)을 실었다. 1965년 3월에 창립된 한국천문학회에도 참여했다.

1967년 7월 정년퇴임하고 1967년 10월 방콕에서 열린 국제태풍회의에 참석하는 등 계속 기상학 발전에 노력하다가 1969년 2월 5일 성북동 자택 앞에서 눈길에 넘어져 뇌진탕으로 별세했다. 그해 9월 23일 부인 이경희 여사가 국채표 소장의 기상학 관련 서적 594권을 중앙관상대에 기증해 추성(秋城: 담양의 옛 이름)문고라 칭했다. 1992년 6월 제5회 '자랑스러운 중앙인'에 선정되었다. 비석의 글은 중앙고보의 스승이었던 이병도 박사가 지었다.

고 국채표 박사 영전에 드림

한떨기 설매꽃처럼 청아하고
높은 님의 자취 이곳에 남기시니
님 가신 곳 더욱 빛나오리다

1969년 3월 25일

12

우리나라 방송계의 선구자

노창성·이옥경 부부(1896~1955 / 1901~1982)

"J.O.D.K., 여기는 경성방송국이올시다."

1927년 2월 16일 우리나라 최초의 아나운서 이옥경의 목소리를 통해 우리나라 최초의 (라디오) 방송이 개시되었다. 전기 기술자로서 경성방송국 개국에 참여한 우리나라 최초의 방송 기술자 노창성은 그의 남편이다. 부부의 둘째 딸은 한국 최초의 패션디자이너로 불리는 노라 노(노명자)이다.

노창성(盧昌成)은 평북 의주에서 출생했으나 어려서 부모를 여의고 고아가 되었다. 중국 안동현 안동신보사에서 문선직공으로 일했는데 사장의 배려로 소학교에 입학했다. 매우 영리하다는 소문에 의협심 많은 일본요릿집 여주인이 학비를 대주어 소학교를 졸업하고 1922년 총독부 장학생으로 동경고등공업학교(현 국립동경공업대) 전기화학과에 들어갔다.

1924년 3월 졸업하고 총독부 체신국 공무과 기수(技手)로 들어가 학교 2년 선배인 시노하라 쇼조(篠原昌三)와 함께 체신국에서 방송 실험에 노력해 1924년 12월 9일 최초의 시험방송에 성공했다. 이후

1926년 사단법인 경성방송국(JODK)이 설립되고 1927년 2월 16일 현 덕수초 자리에서 공식 방송이 개시되었다. 전국적인 망을 갖추기 위해 1932년 4월부터 (사)조선방송협회로 명칭이 변경되고 경성방송국은 경성중앙방송국으로 바뀌었다.

노창성은 방송국 기술부에서 일하고 1년 후에는 총무부로 옮겨 라디오 청취자 가입을 권유하는 일도 맡았다. 가입자수가 2천 명도 되지 않은 시절이었다. 1931년 기획과장, 1934년 사업부장, 1938년 함흥방송국 국장, 1939년 9월 경성중앙방송국 제2방송부장(조선어 방송)에 임명되었다.

한편 그는 사회인사로서도 다양하게 활동했다. 인사동의 요정 천향원의 주인 김옥교가 호텔 설립을 위해 1936년 설립한 주식회사 천향각의 이사로 참여했고 1936년부터 1938년까지 조선실업구락부 회원, 조선유도(儒道)연합회 참사 등을 지냈으며 1941년 친일적인 조선음악협회, 임전보국단, 1943년 국민총력조선연맹 등에 참여했다.

1943년 6월 '단파방송 밀청사건' 후에 퇴직했다. 이 사건은 1940년 경부터 방송국 직원들이 '미국의 소리(VOA)'와 중경 임시정부의 단파방송을 몰래 청취한 정보를 국내 민족 지도자들에게 전달해 150명 가까운 방송인이 검거되고 75명(외부인 포함)이 유죄 판결을 받은 사건이다. 이때 유일한 여성 직원이었던 모윤숙(시인)도 체포되었는데 노창성이 노력해 구류 10일에 그치게 했다는 일화가 전한다. 조선인으로서 최고위직에 있는 그도 책임을 지고 사직한 것으로 보인다.

퇴직 후에 우에무라제약에서 근무하다 해방을 맞이했다. 일제 때의 친일행적으로 한동안 근신하다가 1949년 11월 중앙방송국장으로 취임해 6·25전쟁을 겪고 1953년 8월 전국 13개의 방송국을 총괄하는 공보처 방송관리국장에 임명되었다. 1954년 7월 연희송신소 안테나의 고물 횡령 혐의로 조사를 받았는데 그때의 고생 때문인지

1955년 1월 9일 위암으로 타계했다.

이옥경(李玉慶)의 부친 이학인은 우리나라 최초의 영어학교 동문학(同文學, 1883년 설립)을 나와 황태자(이은)에게 영어를 가르쳤고, 인천세관 근무 시에는 인천제녕학교에서 영어를 가르쳤다. 을사늑약 후에 가족 모두 만주 안동으로 이주해 이옥경은 안동 소학교에 들어갔다. 글과 서예, 그림, 스포츠에도 뛰어난 이옥경은 졸업 후 규슈 벳부의 미션스쿨에서 공부하다 16세 때 부친의 별세로 귀국해 인천고녀에서 공부를 계속했다.

여성1号

아나운서 李玉慶씨

당시 보기드문 洋裝미인… 장안인기 한몸에

아나운서는 다른 직업분야와는 달리 남자보다 앞서 여자가 진출했다。李玉慶여사 (80) 는 그러니까 남녀 통틀어 한국의 아나운서 1호。

우리나라 최초의 방송 JODK(경성방송국)는 1927년 2월16일에 첫방송을 내보냈다。그 이전 처음 시험방송을 할때 방송국의 남자직원들이 돌아가며 아나운서 노릇을 했는데 기술부장이던 盧昌成씨(작고)가 부인인 李여사를 아나운서로 발탁한 것。

방송은 저녁 7시부터 두시간 30분쯤 일기예보 공지사항 물가시세 음악 그리고 가끔 드라마도 있는데 『28년 그만둘때까지 교대도 없이 혼자 아나운서 일을 도맡으려니 끝나고 나면 무척 피곤하기도 했다』고。월급은 80원정도로 군수보다도많았다。

방송초창기의 웃지못할 에피소드는 [illegible]제도。방송이 좋았다고 청취자가 연락을 해오면 방금 나갔던 내용을 다시 한번 방송한다는 것。

당시엔 보기드문 양장미인이었던 李여사는 장안의 구경거리이기도 했다。의상디자이너 노라노씨의 어머니인 그는 슬하의 9남매중 미국에 있는 4자녀의 집에 가끔 여행하는 것이 최근의 樂。

이옥경 관련 신문기사

졸업을 앞두고 일본의 의학교 유학을 준비하던 중, 소학교 2년 선배인 노창성이 불쑥 찾아왔다. 1922년 7월 동경유학생 하계귀국강연회 일원으로 노창성이 인천에 왔던 참이었다. 21세에 결혼하고 노창성을 따라 일본에 가서 일본여자음악학교에 다니다가 노창성 졸업 후에 함께 귀국한 것으로 추정된다.

노창성의 권유로 25세 때인 1926년 7월부터 체신국 방송소에서

노창성 비석의 뒷면

아나운서로서 마이크 앞에 섰다. 중앙방송국 개국 후에도 공채 1호 여성 아나운서 마현경과 함께 계속 일했다. 마현경은, 무용가 최승희의 오빠로 시험방송 때부터 연출과 제작을 맡아 프로듀서 1호로 기록된 최승일의 부인. 이로써 이옥경은 여성 남성을 통틀어 우리나라 최초의 직업 아나운서로 기록되었다.

《삼천리》(1935)의 기자는 "빛나는 두 눈동자, 배꽃같이 하얀 살결, 동그스름한 얼굴, 호리호리한 몸맵시, 명랑한 목소리는 방송국 안 여러 사람의 눈을 황홀케 한 때가 많았다"라고 회고했다. 많은 애청자가 방송국에 찾아와 창밖에서 구경하다 유리창이 깨지기도 했고 전국에서 팬레터가 쇄도했다.

1928년 둘째 명자의 출산 때 아나운서를 그만두고 가정으로 돌아왔다. 해방 전에 전차 바퀴에 한쪽 다리가 끼이는 사고를 당해 여생을 의족을 하고 살았지만 딸 명자의 노라노양장점에서 일을 돕기도 하며 4남 5녀의 자식을 남기고 1982년 별세했다.

이영민 묘터에서 순환로 쪽을 바라보고 2시 방향 가까운 곳에 묘가 있다. 비석 후면에 유족의 이름이 새겨져 있는데, 둘째는 명자가 아니라 '노라'라고 새겨져 있다.

13

대한변호사협회 초대회장

최병석(崔秉錫 1897~1971)

일제강점기에 변호사로 활약했고
대한민국 정부 수립 후에는 초대 대법원장을 지낸 김병로,
그리고 초대 법무장관을 지낸 이인은 잘 알지만,
초대 변호사협회장을 지낸 최병석을 아는 이는 매우 적다.
하지만 그는 일제강점기에는 김병로, 이인 등과 함께
조선인 독립운동가의 무료 변호도 맡은 조선인 변호사였으며
해방 후에는 대한민국의 초대 변호사협회장.
대법원 판사, 사정위원장(현 감사원장)을 지낸 법조계의 선구자다.
오긍선 묘의 왼편 맨 위쪽에 있다. 비문에 적힌 내용은 아래와 같다.

(앞면)

경주 최공 병석, 유인 김해 김씨 지묘

(뒷면)

1930년 조선변호사시험 합격

1946년 성남고등학교 이사 진명여자중고등학교 이사

1947년 법무부 형정국장

1948년 감찰위원회 감찰국장

1949년 법무부 검찰국장 겸 대검찰청 검사

1951년 서울변호사회, 대한변호사회 회장(1952년의 오기)

1953년 고등고시 위원

1959년 대법원 판사

1961년 사정위원장(1960년의 오기)

"여보, 변호사님. 내가 돈 벌러 집을 나가 3년이나 있다가 돌아오니 (내 아내를) 이웃집 부자 영감이 첩으로 데리고 사는구려."

"이혼소송과 고소를 하시지요."

"소송 비용이 없습니다."

이 불쌍한 노동자 의뢰인을 물리치지 못하고 최병석은 비용을 자신이 부담했을 정도로 '도학자'적 태도를 가진 변호사라고 했다. 잡지 《동광》(제33호, 1932.05)에 실린 「변호사 평판기(2)」에 나온 이야기다.

최병석은 서울 출신으로 1914년 진주농업학교를 졸업했다. 총독부 임야조사위원회에서 통역생으로 근무하며 독학으로 변호사 시험을 준비, 1925년 9월 조선변호사시험 예비시험에 합격했다. 1927년 서울법정학교 2부(야간)를 졸업하고, 서기로 승진한 1930년 9월 조선변호사시험에 최종 합격했다. 응시자 277명에 최종 합격자는 11명이고 그중 조선인은 5명이었다. 그해 12월 7일 낙원동 104번지 자택을 사무소로 변호사 개업을 했다. 임야조사위원회의 경력으로 임야 관계 사건에 능력을 발휘할 것으로 주목받았다. 그래서인지 『조선소작조정령 해설 및 서식』(1934)과 『조선농지령 해설부(附)관계법령』(1935)이라는 저서도 출간했다.

한편 그는 개업 초창기에는 선배 변호사 김병로, 이인 등과 함께 아래와 같은 여러 정치적인 사건에 자진해 변호를 맡았다.

1931년 2월 23일 '함북 공산당 사건' 공판이 열렸다. 1930년 5월 검거된 장채극 등 6명에 대한 치안유지법 위반사건의 공판이 경성복심법원에서 열려 최병석은 이인, 이창휘와 함께 참석해 변론했다.

장채극은 보성고보 때 3·1운동에 주도적으로 참여해 옥고를 치렀고 서울청년회 등에서 활동했다. 1993년 애족장이 추서되었다.

1931년 4월 6일 '민중대회 사건' 공판이 열렸다. 이 사건은 1929년 11월 3월 광주 학생운동이 일어나자 신간회가 중심이 되어 안국동 네거리에서 전국적 시위와 조선의 XX(독립)을 위해 민중대회를 열기로 계획했으나 사전에 발각, 체포되어 허헌 등 6인이 재판을 받은 사건이다. 이때 법조계는 대구, 평양 등의 변호사까지 무료 자진 변호를 위해 출동했다. 최병석은 이인, 김용무, 정구영 등 한국 변호사 18인에 이름을 올렸고 일본 변호사 2인도 참여했다.

1931년 9월 17일 '조선공산당 재건 사건' 공판이 열렸다. 조선공산당의 복흥(재건) 활동을 벌인 김철수, 권오직, 고명자 등 거물급 23명이 1930년 4월 중순 체포되어 치안유지법과 출판법 위반죄로 경성지방법원에서 첫 공판을 받았다. 그중 11명이 모스크바공산대학 출신인데 특히 홍일점 고명자는 언론의 주목을 받았다. 최병석은 김병로, 이인, 이창휘와 함께 무료 변호를 맡았다. 워낙 큰 사건이라 방청객이 운집하는 바람에 개정 후 곧 방청금지가 되었고 이후로도 비공개재판이 이어졌다.

1932년 4월 22일 '간도 5.30 폭동사건' 공판이 열렸다. 1930년 5월 30일 중국공산당 소속의 조선인 당원들이 간도 지방에서 경찰서 등 관공서 습격, 철도와 교량 파괴 등의 폭동을 일으켜 김근 등 34명이 경성지방법원에서 재판을 받았다. 이때 주모자 김근을 최병석 1인이 담당하고 나머지는 모두 관선(국선)변호사 야마나카가 담당했다.

1932년 11월 3일 '경성제대 공산당 사건' 공판이 열렸다. 조선일보는 1931년 11월 4일 '초유의 반제 비밀결사와 학생 중심의 조선공산당'이 검거되었다는 뉴스를 호외로 냈다. 경성제대 법과생 신현중, 이치카와, 의과생 조규찬 등 19인의 재판에 최병석은 김병로, 이인,

이종하, 사구마, 다자이 등과 변호에 나섰다.

이후, 1935년 4월 경성조선인변호사회 부회장, 1938년 10월 일본인변호사회와 통합한 경성변호사회 상의원(常議員), 1940년 경성변호사회 부회장을 맡았다. 해방 후, 1946년 미군정하의 행형과장, 1947년 형정(형사)국장, 1947년 11월 서울고검 부장검찰관이 되었다.

정부 수립 후인 1948년 9월 21일 감찰위원회(위원장 위당 정인보) 감찰국장이 되었는데, 특기할 만한 것은 1949년 4월 임영신 상공부 장관의 비리를 적발해 파면 처분을 결정한 사건이다. 임영신이 국회의원 안동 보궐선거(49.1.13)를 준비하며 선거자금을 불법 수뢰(1948년 12월)한 것이 확인되었다. 기소까지 된 상태에서 임영신 장관은 6월 6일 사직했다.

그러나 이런 식으로'살아있는 권력'에 손을 댄 감찰위원회는 정부와 국회의 지속적인 압박 속에서 일을 제대로 처리하기 어려웠다. 뜻을 펼칠 수 없다는 것을 절감한 정인보는 1년 만에 위원장을 사직했고 최병석도 얼마 후에 뒤를 따랐다.

1950년 5월 30일 국회의원 선거에 경남 진양군에 무소속으로 입후보했으나 75표의 근소한 차이로 낙선하고 1952년 서울변호사회장(46대), 초대 대한변호사협회장(52.07~53.4)에 선출되었다. 1959년 5월 대법원 판사에 임용되고 1960년 4.19 후인 6월 25일 사정위원장(현 감사원장)에 임명되었다.

임명된 후인 6월 29일 경향신문 「자화상」에서, 그는 과거 감찰국장 시절을 회상하며 사정, 감찰의 자리가 얼마나 어려운 자리인지 토로하며 새출발의 의지를 밝혔다. 그러나 이번에도 제대로 일할 여유도 없이 사정위원회는 두 달 후인 8월 31일 폐지되며 그는 변호사로 돌아왔다. 1961년 3월 28일 감찰위원회가 부활하고, 1963년 3월 20일 심계원(회계 감사)과 합병되어 감사원으로서 현재에 이르고 있다.

3부

겨자씨 한 알의 믿음

1

100년 만에 찾은 유관순 열사의 묘

이태원묘지무연분묘합장묘(1936)

1937년 6월 9일의 동아일보에 따르면, 총독부는 이태원공동묘지를 주택지를 만들기 위해 1935년부터 33,160기의 이장을 추진해 1936년 4월 8일까지 미아리와 망우리로 이장 완료했다. 그런데 유연고 묘는 4,778기에 불과하고 나머지 2,838개는 무연고 묘로 판명되어 경성부 위생과에서는 그 전부를 망우리 공동묘지에 화장 및 합장했는데 그 불쌍한 혼을 위로하는 의미에서 9일 오후 2시부터 망우리 공동묘지에서 위령제를 거행한다고 전했다. 여기서 2,838은 오기다. 33,160-4,778 = 28,382이니 자릿수 하나 잘못되었다.

묘역의 안내판에는 위의 내용과 함께 아래의 내용이 추가되어 있다.

"한편 유관순 열사는 1920년 9월 28일에 서대문형무소에서 옥사해 일제의 삼엄한 경비 하에 이태원공동묘지에 매장되어 묘비도 없이 지내다가 이태원묘지가 없어지면서 아무도 흔적을 찾지 못했다고 하니, 이 합장비는 유관순 열사를 가장 가깝게 추모할 수 있는 상징물이라 할 수 있다. 정부는 유관순 열사에게 1962년 3월 1일 건국

이태원무연분묘. 비석 뒷면에는 '소화 11년(1936년) 12월 경성부'라고 적혀 있다.

훈장 독립장을 추서했고 다시 2019년 3월 1일 건국훈장 대한민국장을 승격 추서했다."

필자가 2009년 책을 처음 내고 현장 답사를 안내할 때, 시간 관계상 이곳은 대개 그냥 지나쳤다. 그런데 어느 날 경향신문 조운찬 기자에게 힌트를 얻어 이 합장묘와 유관순 열사의 관련성을 조사하게 되었고, 의미 있다고 생각해 2015년 개정판에 그 내용을 소개했다.

그러자 2018년 6월 6일자 조선일보 박종인 기자의 '땅의 역사'에서 "유관순의 혼은 어디에 쉬고 있을까"라는 전면 기사가 떴다. 이 기사를 보게 된 유관순기념사업회 관계자들이 망우리에 찾아와 합장묘 앞에서 "이제 찾아와 죄송합니다. 앞으로 잘 모시겠습니다" 하며 고개를 숙였다. 그리고 9월 7일, 기념사업회와 이화여고, 3·1여성동지회 등 관련 단체 연명으로 '유관순열사분묘합장표지비'가 세워졌다. 표지비의 뒷면에는 "망우리공동묘지로 이장될 때 유 열사묘를 포함한 연고자가 없는 28,000여 분묘를 화장해 합장하고 위령

비를 세웠다. 오늘 이곳에 3·1독립운동의 상징인 민족의 딸 유관순 열사 분묘합장표지비를 세운다"라고 새겨졌다.

이후 이곳에는 전국의 유관순 열사 추모객들의 발길이 끊이지 않고 있다. 중랑구청은 2020년 열사의 순국 100주년에 맞춰 3억 원의 예산을 투입해 묘역을 정비했고 그 해부터 기념사업회와 함께 매년 9월 28일 오후 3시에 이 자리에서 추모식을 열고 있다.

3·1운동과 여성 독립운동의 상징, 유관순 열사(1902~1920)

유관순 열사는 1902년 12월 16일 충남 목천군 이동면 지령리(천안시 동남구 병천면 유관순생가길 18-2)에서 유중권과 이소제의 3남 2녀 중 차녀로 태어났다.

육촌 조부와 숙부가 먼저 기독교를 받아들이면서 온 집안이 기독교인이 되었다. 육촌 조부 유빈기와 케이블 선교사는 조인원(조병옥 부친) 등과 1907년 일본군에 의해 전소된 지령리감리교회(매봉교회)를 1908년에 재건했는데 유빈기가 공주로 떠나면서 교회는 조인원이 속장(지역의 평신도 지도자)을, 숙부 유중무가 전도사를 맡게 되었다.

유관순은 지령리 교회에 다니며 공부도 했고, 충청도 교구의 선교사 엘리스 샤프 여사를 통해 기독교 서적에 접하는 등 기독교의 영향을 받으며 성장했다.

유관순은 샤프 여사가 설립한 공주 영명학교를 다니며 교회봉사를 하던 중, 샤프 여사의 추천으로 1916년 사촌언니 유예도가 먼저 들어간 이화학당 보통과 3학년에 편입하고 2년을 수료 후 고등과

1학년에 진학했다. 교회는 학교 바로 옆에 있는 정동제일교회에 다녔다.

정동제일교회는 감리교 선교사 아펜젤러가 1887년 10월 창립한 한국 최초의 감리교회인데, 아펜젤러와 함께 한국에 온 메리 스크랜턴(1832~1909) 여사가 이화학당을, 아펜젤러가 배재학당을 세워 두 학교의 학생들은 정동제일교회의 주축이 되었다. 1914년에는 현순 목사, 1915년부터 1918년은 손정도 목사, 1918년부터 1919년까지는 이필주 목사가 신도를 이끌었는데 이들 모두 독립운동의 중심 인물이었다. 유관순은 손정도, 이필주 목사의 설교를 들으며 신앙심과 애국심을 키웠다.

유관순은 3·1운동이 발발하기 바로 전날에 김분옥, 국현숙, 김희자, 서명학 등의 학우들과 나라를 위해 목숨을 바치겠다는 결심으로 손가락 끝을 물어 혈서를 쓰며 5인의 결사대를 조직했다. 3월 1일 담을 타넘어 만세 시위에 적극 참여했고 3월 5일 남대문역에서의 학생연합시위에도 참여했다. 증언자에 따라 유점선을 포함해 6인의 결사대라고 하는 사람도 있고 이름이 다르기도 하지만, 본고는 보훈처의 유관순 자료 '이달의 독립운동가 2019년 1월'에 따른다.

학생들의 시위가 격해져 총독부가 3월 10일 휴교령을 내리자 학생들은 각자 시골에 가서 만세운동을 하자고 결의해 유관순은 사촌언니 유예도와 함께 3월 13일 고향으로 내려왔다.

3월 16일 예배가 끝난 후 부친 유중권, 삼촌 유중무, 조인원 등 이십여 명이 모인 자리에서 유관순은 몰래 가져온 독립선언서 한 장을 내보이며 서울의 상황을 전하고 고향에서의 만세 시위를 의논했다. 4월 1일(음력 3월 1일)로 날을 정하고 가족 및 교회 교인들과 태극기를 만드는 등 시위를 준비하고 유예도와 함께 고향과 주변 지역으로 돌면서 참여를 독려했다.

유관순과 학우들의 단체사진. 뒷줄 맨 오른쪽이 유관순.

전날인 3월 31일에는 교회 청년들과 매봉산에 올라가 야간 봉화 시위를 벌였다. 매봉산에서 횃불이 오르자 전후좌우 23개의 봉우리에서 연이어 봉화가 올라 내일의 틀림없는 거사를 확인해 주었다.

4월 1일 당일, 병천시장(아우내 장터)의 장날이다. 여기저기서 사람들이 모여들어 3천여 명에 이른 오후 1시경, 조인원이 장터 한가운데의 쌀가마 위에 올라가 독립선언서를 낭독하고 독립만세를 외치자 따라 부르는 군중의 만세 소리가 산천을 울렸다. 조인원을 선두로 유중권, 유중무 등의 지도자들이 뒤를 잇고 유관순과 어머니, 그리고 군중이 독립만세를 외치며 행진했다.

주재소 앞까지 오자 기세에 놀란 헌병들은 총칼로 시위대를 진압해 유관순의 부모를 비롯해 19명이 목숨을 잃었고 43명이 부상을 입었다. 유관순은 군중 앞에서 연설을 하고 만세를 부르다 헌병의 칼에 찔려 쓰러졌다. 모두가 맨손으로 죽음을 무릅쓴 병천의 만세운동은 국내외에 널리 전해졌다.

옥중 순국으로 이태원묘지에

시위 가담자들은 체포되어 주모자인 유관순, 조인원, 유중무, 김상훈 등 4인은 1919년 5월 9일 공주지방법원에서 가장 무거운 5년형을 받고 항소했지만 1919년 6월 30일 경성복심법원(고등법원, 당시 최종심)에서도 유관순, 조인원, 유중무 등 3인은 가장 무거운 3년형을 받았다. 3·1운동의 민족대표 손병희가 33인 중 가장 무거운 3년형을 받은 것을 보면, 병천 사건은 중대 사건이었음을 알 수 있다. 한편, 유관순의 오빠 유우석은 공주 영명학교 학생이었기에 병천 시위에는 참가하지 않고 공주읍내 만세운동에 주도적으로 참여해 징역 6월형을 받고 옥고를 치렀다.

서대문형무소 8호 감방에 갇힌 유관순은 자주 옥중 투쟁을 벌여 그때마다 지하 감방에 끌려가 모진 매를 맞았다. 7호 감방에 갇혔던 이화학당 교사 박인덕은 재판정에서 재판을 기다릴 때 유관순을 만났는데, "선생님, 나는 각오했습니다. 이 몸을 독립운동을 위해서 나는 죽어도 상관없습니다"라는 말을 들었다. 또 어느 날 "일본 놈들이 어머니와 아버지, 오빠와 마을 사람들을 죽이고 모든 것을 빼앗아 갔다"라고 유관순이 외치고 감방 동료들을 이끌고 시위를 하려 하자 간수들이 유관순을 끌고 나가 때리는 것을 목격했다.

1920년 3월 1일에는 3·1운동 기념 만세를 주동한 죄로 매를 맞아 방광은 파열되고 허리를 다치고 곳곳의 상처에는 고름이 흘렀다. 죽지 않을 만큼의 콩밥만 받아먹는 온몸의 고통, 부모를 한꺼번에 잃은 큰 슬픔, 남겨진 어린 동생들에 대한 걱정에 만 17세의 어린 소녀는 매일 울다가 마침내 9월 28일 숨을 거두고 말았다.

10월 12일 이화학당의 미국인 교사들과 친지들은 시신을 인수하고 10월 14일 소수 관계자만이 참가해 정동제일교회에서 김종우 목사의 주례로 입관 예배를 마치고 이태원공동묘지에 안장했다. 그 후, 부모를 비롯한 친지 대부분이 순국하거나 옥고를 치르는 바람에 비석 하나 세우지 못하고 돌볼 사람도 여유도 없던 가운데, 1936년 택지 개발로 이태원공동묘지가 없어지면서 유관순 열사의 유해는 찾을 길 없이 백여 년이 흘렀던 것이다.

찾아가 인사드릴 곳이 없는 안타까움에 기념사업회는 1989년 10월 12일 고향 매봉산 기슭에 초혼 묘를 조성했으나 이제는 망우리 이곳을 열사의 묘로 인정했다. 찾아가 인사드릴 열사의 묘를 백 년 만에 찾게 된 것이다.

이제 유관순 열사는 외롭지 않다. 많은 이가 여기를 찾고 있으며, 여기에는 3·1운동 때 만세를 부르며 지도자의 뒤를 따라갔던 많은 무명의 서민도 함께 있다. 또한, 이화학당의 친구 김분옥도 뒤편 언덕에 있으며, 맞은편 언덕에는 「유관순」의 노랫말을 지은 강소천 동생도 이쪽을 바라보고 있다.

삼월 하늘 가만히 우러러보며
유관순 누나를 생각합니다
옥 속에 갇혔어도 만세 부르다
푸른 하늘 그리다 숨이 졌대요

삼월 하늘 가만히 우러러보며
유관순 누나를 생각합니다
지금도 그 목소리 들릴 듯하여
푸른 하늘 우러러 불러봅니다.
〈「유관순」, 강소천 작사, 나운영 작곡〉

2

유관순 열사의 이화학당 동기

여경국장, 김분옥(金芬玉 1903~1966)

재학시는 방학 때마다
농촌계몽운동과 전도 강연에 바빴고
3·1운동 때 유관순과 같이 민족운동의 선봉이 되었다.
(비문 일부)

전편에서 말했듯 유관순 열사는 3·1운동이 발발하기 바로 전날에 김분옥, 국현숙, 김희자, 서명학 등 4명의 고등과 1학년 학우들과 5인의 결사대를 조직하고 3월 1일에 담을 타넘어 만세 시위에 적극 참여했고 3월 5일의 학생연합시위에도 참여했다.

또한, 보훈처 공훈전자사료관의 『독립운동사 제2권: 삼일운동사』(상)에 인용된 이화학당 출신 애국지사 서명학의 증언(1971.10.30.)에 따르면, 1919년 3월 5일 남대문 정거장 앞의 시위에 참가한 이화학당 학생 6명은 김분옥, 노예달, 서명학, 신특실, 유관순, 유점선이라 했다.

사람의 증언에 따라 이 숫자와 명단이 조금씩 차이가 있는데 3월 1일의 참가자는 5인, 3월 5일의 참가자가 6인이라 여기에서 5인 혹은 6인의 결사대라는 숫자의 차이가 나오지 않았나 생각한다. 어쨌건 두 사료에 나타난 결사대의 명단에 모두 속한 김분옥과 그 모친의 묘를 정종배 시인이 2019년 발견했다.

비석 앞면에는 십자가 아래에 김분옥여사지묘(金芬玉女史之墓), 뒷면에는 "3·1운동 때 유관순과 같이 민족운동의 선봉이 되었다"라고 분명히 새겨져 있다. 비문 전문을 옮긴다.

> 1903년 음 11월 12일 평남 강서군에서 내부 주사 김극서씨 2녀로 탄생하시다. 어려서부터 영특하여 한국 여성의 무지 미개함을 통탄하고 속히 현대 교육을 받아서 부녀 계몽을 하겠다고 결심하고 12세 때 상경하여 이화학당에 입학하시다. 성적이 우수하야 여러 번 월반도 하고 늘 수위를 차지하셨다. 재학시는 방학 때마다 농촌계몽운동과 전도 강연에 바빴고 3·1운동 때 유관순과 같이 민족운동의 선봉이 되었다. 학교 당국에서는 그 재질을 상하야 이화대학을 졸업하자 장학생으로 도미 유학을 시켜 가사과를 전공케 하였고 귀국 후는 모교에서 교편을 잡고 가사과 창설에 공을 남겼다. 미국에서 김해 후인(后人: 후세인) 김양천씨와 알게 되어 1930년 귀국하야 결혼하고 3남 2녀를 두어 단란한 가정 분위기 속에서 자녀교육에 전심전력하시와 5남매 전원 도미 유학을 시켰고 밖으로는 산업발전에 힘써 국가경제의 재건을 꾀하고 안으로는 근검절약을 몸소 실천하야 치산에 능하셨다. 조국 해방 후는 국가사회에 몸을 바쳐 경제면과 부녀 운동에 헌신 노력하여 많은 공을 남겼으며 동기간이나 친지간에 우애가 깊어서 남을 돕고 협조하는 정신이 풍부하셨다. 말년에 부군을 따라 도미하여 재미중인 자손을 고루 만나본 후 고국에 유류 공급의 원활을 도모하여 조국 경제를 돕고자 모국 방문 여행 중 불의의 병으로 신음하다 약석의 효를 얻지 못하고 1966년 4월 13일 독실한 신앙을 갖고

영면 승천하시다. 주후 1966년 4월 30일 건립. 동생 만식 지음

이화학당 시절 또 하나의 기록이 있다. 이화학당 출신 김금봉이 회고하길, 1919년 9월에 개학해 학생들이 다시 모였을 때, 일본어 공부를 하지 않겠다고 스트라이크를 일으켰는데 그녀와 김앨라, 유점선, 김분옥은 교장에게 일본말을 배우지 않겠다고 말하고 학교에 나오지 않았다. (《거울》(교지), 제65호. 1955.10.10.)

김분옥은 도산 안창호와 같은 강서군 출신이다. 도산의 조카딸 안성결은 저서 『죽더라도 거짓이 없어라』(1996)에서 도산이 설립한 탄포리교회의 부흥을 위해 방학 때 언니 안맥결과 이대 가정과 김분옥 여사가 부흥 사업에 큰 도움을 주었고, 그가 1966년 정릉동에 도산중학교를 세울 때도 김분옥이 많은 도움을 주었다고 적었다.

김분옥의 모친 박남신의 묘가 위쪽 능선 밑에 있는데, 비석 앞면에 십자가가 새겨져 있고 뒷면에는 "1876년 음 11월 22일 평안남도 강서군에서 박연회 씨 2녀로 탄생. 18세 때 김해 김극서 씨(1882년생)와 결혼. 2남 2녀. 기독교 독실한 신자로 탄포리교회에서 여집사 10년. 인술에 능숙해 다수 창생의 생명을 구원하고 조국 해방 후 월남해 1957년 6월 25일 음 5월 27일 서울에서 별세. 향년 82세"라고 되어 있다. 즉 김분옥은 어릴 때부터 도산이 설립한 탄포리교회에 나갔음을 알 수 있다.

김분옥은 2녀(연옥, 분옥) 2남(민식, 춘식)의 차녀로 태어나 12세 때 상경해 이화학당을 거쳐 이화여전 문과에 진학했다. 3학년 때 조선일보(1925.04.23.)가 이화의 대표적 운동선수를 소개할 때, 테니스 2인, 육상 1인과 함께 바스켓볼을 잘하는 선수로 김분옥을 소개했는데, 김분옥은 특히 이문회(以文會, 이화학당 학생자치단체)에서 토론회나 웅변회가 열릴 때마다 매번 승리를 하는 학생으로 부친은 상업가

라고 전했다.

1925년 11월 21일 열린 이문회 창립 21주년 기념식 때 김분옥은 개회의 기도를 맡았다. 1927년 3월 이화여전을 졸업하고 동대문부인병원(이대부속병원, 한양도성박물관 자리) 간호원양성소 교사로 취직했다. 1927년 6월 26일에는 YMCA 강당에서 경성여자기독교청년회가 주최한 '금일 우리 생활에는 구여자? 신여자?'라는 주제의 토론회에 참석했고, 1927년 10월 20일에는 천도교당에서 근우회 주최 여성문제토론회에 연사로 나와 "여성의 해방을 위해서는 지식 향상이 필요하다"고 역설했다. 1928년 5월 10일 YMCA의 신입생 음악회에는 '합창(지휘자?) 김분옥 양'으로 이름을 올렸다.

1929년 장학생으로 미국에 유학해 오리건주립대에서 가정학을 공부하고 1930년 귀국, 이화여전 가사과(1929 신설) 교수로 부임했다. 1930년 6월에는 강서군 탄포리교회에서 점진학교 동창회 주최로 열린 하기강연회에서 여성 문제를 강연하고, 동년 12월 1일~6일에 YMCA에서 정동교회 엡윗청년회* 주최로 열린 '단기강좌통속대학'에서 '가정과(科) 교육의 필요'에 관해 강연했다. 1932년 11월 11일~12일 평양기독교청년회에서 주최한 '우리의 생활보장에는 생산증진이냐 소비절약이냐의 가부(可否)' 토론전에 참석해 2등에 뽑혔다.

해방 후 초대 여자경찰국장

1933년 학교를 퇴직하고 해방 전까지 육아에 전념했다. 해방 후

* Epworth league: 감리교 창시자 웨슬리의 고향 지명을 딴 감리교 청년회 조직. 1889년 미국에서 시작.

에는 미군정의 보건후생부 아동후생과에서 일하다 47년 7월 경무부 여자경찰과장(총경)에 임명되고 48년 3월 과가 국으로 승격되며 5백여 명 여경의 수장인 초대 여자경찰국장으로 취임하고 그해 9월 21일 의원사직했다.

여자경찰은 1946년 7월 처음 도입되었는데 여성운동가와 독립운동가 출신이 주축이 되었다. 김분옥 외로도 도산 안창호의 조카 안맥결 총경, 황현숙 경무관, 유관순 열사의 올케 노마리아 경감 등이 유명한데 별도 기관이었던 여자경찰서는 1957년 폐지되었다.

1949년 7월 28일에는 시민회관에서 열린 궐기대회에서 축첩 공무원 숙청을 요구하는 연설을 했다. 1952년 9월 28일에는 자유당 중앙위원 부인회 위원으로 선출되었고 1960년에는 대한부인회 최고의원을 지내며 여성계의 지도자로 활약했다. 말년에는 유류의 한국 수입을 추진하다가 폐암 진단을 받고 수술을 받았으나 결과가 좋지 않아 1966년 세상을 떠났다.

남편 김양천(金良千)은 평양 출신으로 미국 유학을 갔다 와 1941년 유한상사(주) 설립시 이사로 참여했다. 정부 수립 후 이승만 대통령의 비서관으로 일하고 1949년 5월 견미친선사절단 11명의 일원으로 미국에 다녀왔다. 1949년 대한전국학생정구연맹 회장, 6·25 때는 주한유엔사령부 통역관, 1961년 한국정경협회 이사를 지냈다. 1994년 12월 29일 서울고려병원에서 노환으로 향년 89세로 별세했다.

비석 좌측에는 아들 해리, 해영, 해승이 있고 딸은 애련, 애라, 애다의 3남 3녀가 적혀 있다. 비문의 '3남 2녀'와 왜 다른지 알 수 없다. 관리사무소의 유족 연락처에는 미국 샌프란시스코에 사는 장녀 애련의 이름이 적혀 있다. 그러나 전화를 걸면 "이 번호는 더 이상 서비스가 되지 않는다"는 자동음성만 들려온다.

묘도 관리가 되지 않았는데 중랑구청이 2020년 9월 유관순 열사 순국 100주기(9.28) 추모식을 준비하면서 김분옥의 묘도 벌초하기 시작했지만 잔디가 하나도 남지 않은 초라한 상태이다. 비석의 글이 3·1운동 당시 유관순과 독립운동에 나선 사실을 후대에 전하고 있다.

3

동아일보의 초대 주필

설산 장덕수(雪山 張德洙 1894~1947)

조선민중의 표현기관으로 자부하노라
민주주의를 지지하노라
문화주의를 제창하노라
_〈주지(主旨)를 선명하노라〉에서

나라에 목숨을 바친 4형제

장덕수 두 살 위의 둘째 형 덕준(1892~1920)은 황해도 재령의 명신학교를 졸업하고 평양일일신문의 조선어판 주간을 지냈다. 동생 덕수의 영향으로 그도 도쿄에 유학 갔으나 학교는 다니지 않고 일본인 진보인사와 조선인 유학생과의 교유에 치중했다.

조선기독교청년회 간사를 잠시 맡았으나 3·1운동 후 총독부가 민간지 발행을 허가하려는 움직임이 보이자 귀국해 매일신보 편집장 출신의 이상협과 함께 신문 창간을 준비했다. 백방으로 뛰어도 자금이 확보되지 않자 마침내 자산가인 인촌 김성수에게 타진한 것이 1920년 4월 1일의 동아일보 창간으로 이어졌다.

덕준은 동아일보의 발기인으로 동생 덕수와 함께 참여했고, 설립 후에는 초대 사회부장과 정리부장을 맡았다. 초기의 사설은 장덕수, 장덕준, 김명식, 최무순 등 4명이 돌아가며 썼는데 논제를 둘러싸고 매번 열띤 토론을 벌였다. 그중 장덕준이 가장 성격이 괄괄해 논쟁이 고조되면 책상을 치고 의자를 던지기도 했다. 동정을 살피러 온 미와 경부는 이 광경을 보고 동아일보 간부들이 싸운다는 보고를 했다는 일화도 전한다.

그러나 그해 10월 일제가 사건을 조작해 조선인을 학살한 '훈춘사건'이 터지자, 덕준은 주위의 만류에도 불구하고 "사람의 목숨은 정의를 위해 살고 정의를 위해 죽는 것"이라며 자원해 취재하러 갔다가 행방불명되어 우리나라 최초의 순직기자로 기록되었다. 후에 간도의 동포가 전하길, 어느 날 아침 일본 헌병이 와서 취재를 안내하겠다며 데리고 나간 후 돌아오지 않았다는 것이다. 동아일보는 1930년 4월 1일 창간 10주년을 기념하면서 끝내 소식이 없는 그의 죽음을 마침내 인정하고 순직자로서 추도 기사를 실었다.

동생 덕진은 3·1운동 후 오동진 등과 광제청년단을 조직해 항일투쟁에 뛰어든 독립지사였다. 1920년 8월에 평양남도경찰부, 평양시청, 평양경찰서에 폭탄을 던졌다. 1923년 12월에는 상해교민단 의경대의 수석대원(행동대장)에 임명되어 교포 재산과 생명의 보호 임무를 맡는 한편, 1924년에는 청년동맹회의 집행위원에 선임되었다. 1924년 8월 16일 독립운동 자금을 모으고자 상해의 카지노에 권총을 들고 뛰어들어 판돈을 긁어모아 밖으로 나가다가 중국인 경비원의 총을 맞아 병원에서 숨을 거두고 상해의 기독교인 묘지에 안장되었다. 후에 서울 현충원에 위패가 봉안되고 1963년 건국훈장 독립장이 추서되었다.

임정 요원의 안내를 받아 은밀히 상해의 장례식에 참석했다 돌아온 어머니는 막내딸 덕희에게 이렇게 전했다. "네 작은 오라비가 장하게 죽었드라. 마음이 놓인다."

그리고 배가 다른 맏형 덕주 또한 동생들의 행적을 캐묻는 일경의 고문에 병을 얻어 세상을 떠났으니 1947년 암살된 장덕수를 마지막으로 네 형제 모두 나라에 목숨을 바치게 되었던 것이다.

일제강점기의 독립운동

덕수는 다른 형제 덕준, 덕진의 성격에 냉철한 이성이 추가된 인물로 전해진다. 설산 장덕수는 1894년 12월 10일 황해도 재령군에서 장붕도의 4남 1녀 중 3남으로 태어났다.

서당에서 한문을 배웠고 1901년 사립 연의학교에 입학해 1906년 졸업했으나 부친이 1907년 47세로 급서하자 형제들의 미래는 암담하게 되었다. 덕수의 재능을 아깝게 생각한 일본인 관리의 도움으로 진남포 이사청(통감부 시절의 지방청)의 급사와 평양부청 고원(雇員)를 지내며 독학으로 1911년 판임관 시험에 합격했다. 당시에는 판임관이 되면 군서기가 되어 조선인으로서는 큰 출세로 쳤는데 덕수는 총독부의 말단관리에 안주하고 싶지 않았다. 다시 와세다 대학의 강의록을 독학으로 마치고 1912년 일본 유학을 떠나 와세다 예과에 입학, 1913년 본과 정치경제학과에 진학했다.

신문배달 등 온갖 잡일을 하며 고학하는 가운데 김성수, 송진우, 최두선 등과 인연을 맺었다. 특히 인촌 김성수는 평생의 은인이 되어, 설산은 일제 말기 인촌의 방패가 되어 친일행적을 남기게 된다. 재학 중에 조선인유학생학우회 평의원, 유학생 잡지 《학지광》의 편집위원을 지냈고, 2학년 때에는 전일본대학생웅변대회에서 '동양평

장덕수의 묘

화와 일본의 민주주의'라는 연제로 1등을 차지하고 1916년 정치경제학과를 차석으로 졸업했다.

1917년 귀국했으나 총독부 취직 알선도 거절하고 고향 가까운 마을의 김씨와 결혼하고 어머니의 쌀가게 일을 도우며 칩거하다가 어느 날 은밀하게 상해로 망명했다.

상해에서 김규식, 선우혁, 여운형 등과 신한청년단을 조직하고, 국내와의 연락 임무를 띠고 3·1운동 전에 동경을 거쳐 국내로 잠입했다가 인천에서 체포되어 전남 하의도 유배형에 처해졌다. 그런데 3·1운동 후에 일본의 하라 다카시 내각은 임시정부의 지도자 여운형을 동경으로 초청해 의견을 청취한다는 이유로 반항의 기운을 무마하려 했는바, 여운형은 통역으로 장덕수를 지명했다.

여운형과 함께 1919년 11월 동경으로 갔다. 점진적 자치론을 은근히 권하는 일본 고위직과의 면담이 몇 차례 있었으나 이것으로 끝내고 돌아가면 오히려 임정 측의 오해를 살 우려가 있어 두 사람은 별도의 공식 기자회견을 요청했다. 이백여 명의 국내외 기자가 모인

장덕수

자리에서 여운형은 무조건적인 조선독립의 당위성을 강하게 주장했다. 장덕수는 여운형의 말을 그대로 옮기는 것에 그치지 않고 자신의 말도 보태어 통역했다. 여운형과 장덕수 둘 다 기독교인이라서 그런지 이런 말이 나온다.

"하나님은 오직 평화와 행복을 우리에게 주려 한다. 과거의 약탈 살육을 중지하고 세계를 개조하는 것이 하나님의 뜻이다. 세계를 개척하고 개조로 달려 나가 평화적 천지를 만드는 것이 우리의 사명이다. 우리의 선조는 칼과 총으로 서로 죽였으나 앞으로 우리는 서로 붙들고 도와야 한다. 하나님은 세계의 장벽을 허락하지 않는 것이다."

해방 후 정치 일선으로

이로써 장덕수는 국내외에 명성이 크게 알려졌다. 일본에서 돌아와 유배가 풀린 장덕수는 1920년 김성수의 동아일보 창간 때 불과 26세의 나이로 초대 주필 및 부사장으로 참여했다.

한편, 1921년 주도적으로 조직한 서울청년회 내부에서의 계파 갈등이 격화되어, 사회주의계 김사국(「망우리공원의 애국지사들」 편 참조) 등이 장덕수를 암살하려 한다는 소문까지 돌아 신변의 위험을 느낀 장덕수는 1923년 미국 유학을 떠났는데, 그 당시 일제는 용의조선인 명부에 장덕수를 기재하길 "절대독립, 배일사상의 소유자, 농후한 민족주의자"라고 했다.

그러나 컬럼비아 대학에서 철학박사 학위를 받고 귀국한 1936년부터 해방 전까지 보성전문학교 교수를 지내며 남긴 친일 행적은 설산의 일생에 지울 수 없는 오점이 되었다. 그는 물심양면으로 평생 자신을 도와준 인촌 김성수의 방패가 되었다. 비록 학교를 지키기 위해 일제에 협력하는 모습을 보였지만 그것이 그의 본심은 아니었기에 최근 젊은이들이 그를 친일파로 매도하는 것은 부당한 일이라고 김동길 박사는 몇 년 전의 에세이에서 말했고, 동시대를 살았던 많은 인사들 중에 설산을 친일파로 간주하는 사람은 드물었다. 그것은 시대 상황에 처한 사회적 개인의 불가피성을 이해할 수 있고 공·과를 함께 판단할 수 있었기 때문이다. 그런데 2018년 인촌 김성수마저 친일 문제로 1962년의 건국훈장 대통령장이 취소되었으니 영화 제목처럼 "지금은 맞고 그때는 틀리다"라는 말인가.

설산은 해방 후에 김성수, 송진우 등과 한국민주당을 창립해 정치 일선에 뛰어들었다. 정치부장이었던 1947년 12월 2일, 동대문구 제기동 집에서 서울시당 재정부장 이영준 등 몇몇 동지와 술상을 앞에 두고 담화를 나누고 있을 때 경찰관 복장에 카빈총을 멘 청년과 사복의 청년이 찾아와서 밖에 나갔더니 갑자기 총소리가 두 번 울리고 설산은 쓰러졌다. 즉시 자동차로 백인제 병원(백병원)으로 데려갔으나 이미 절명한 상태였다. 체포된 범행자들을 수사한바 배후로 김구의 부하까지 선이 연결된 것으로 드러났으나 증거가 없어 사건은 후에 범행자 선에서 종결되었다.

정덕수 가족과의 친분으로 김구 본인은 관계가 없는 것으로 보이고 김구 자신도 그렇게 증언했다. 김구는 재령 보강학교에 교사로 일할 때 7세의 덕수를 가르친 적이 있고 신한청년단에서도 같이 활동했으며, 또 동생 덕진은 임정에서 자신의 휘하에 있다가 순국했다.

장덕수의 비석 뒷면

그런 인연으로 김구는 1945년 11월 환국 후 제기동 설산의 모친을 찾아 큰절을 해 목멘 소리로 인사를 드렸다. "두 아드님을 나라에 바치신 어머님을 이렇게 뵈오니 그 아드님을 제가 죽게 한 것과 같아 면목이 없습니다. 그렇지만 가운데 아들 덕수가 훌륭한 일을 하고 있으므로 위안을 삼으시며 여생을 편히 쉬십시오."(『설산 장덕수』)

그로부터 2년 후에 설산이, 그리고 다시 2년 후에 자신도 암살을 당하고, 더 오랜 세월이 지나 설산이 친일파의 멍에를 쓰게 될 줄은 백범 김구도 전혀 예상하지 못했을 것이다.

그해 겨울 유난히 눈이 많이 내렸는데, 흰 눈이 아침부터 하얗게 내리는 날, 45개의 정당과 사회단체가 참여한 사회장으로 시청 앞 광장에서 열린 영결식에는 이승만, 김구, 김성수 등이 참석해 거행되었고, 설산은 망우리로 옮겨져 45년 12월 30일에 먼저 온 동료 송진우의 가까운 곳에 묻혔다.

1950년 봄에 이승만 대통령의 휘호에 정인보가 짓고 김기승이 쓴 묘비가 세워졌으나 6·25 때 분실되었고 1967년 4월 지금의 비석이 새로 세워졌다.

설산 장덕수 비문

장공의 이름은 덕수이요 본관은 결성이니 설산은 호이다. 1894년에 황해도 재령 농가에서 아버지 붕도와 어머니 김현묘 부인 사이에 태어났다. 공의 12세 때에 아버지가 돌아가니 고아로 남은 5남매는 뛰어나게 현숙한 김부인의 교양으로 성장하였다. 공은 어릴 때부터 재질이 비범해 향리에서 소학교를 마치고 일시 진남포의 일본인 기관이던 이사청의 사동으로 있었다. 고초를 겪는 중에도 강의록으로 독학하여 그때의 보통문관고시에 합격한 것이 17세 때의 일이다. 그는 배운 것을 시(試)하였을 뿐이요 세리가 되려함이 아니라고 하면서 지(志)를 결(決)하고 일본에 유학 와세다 대학 정경과를 2위로 졸업하였다. 이때는 우리 전국민이 거족 동원으로 3·1운동을 일으킬 형세가 격랑같이 물결칠 때이라 상해로 망명하여 신한청년당을 조직 후 비명을 띠고 귀국하였다가 적경에 잡혀 옥고를 겪고 하의도에 유배되었다가 다시 여운형과 함께 동경에 가서 일본전국기자의 앞에서 조선독립의 대의를 역설하여 일본조야를 경해(警駭)케 하였다. 귀국 후 민족지 동아일보의 주간 겸 주필로 악악(諤諤)의 논전을 편 것이 26세 때이다. 필전(筆戰) 5년 후 30세 때에 미국에 유학 오레곤 대학 신문학과와 컬럼비아 대학 정경과를 마치어 석사학위를 얻고 다시 영국으로 건너가서 런던 대학에서 형설의 공을 쌓은 결과 '뿌리티쉬 메도드 어브 인더스트리얼 피-스〔British Methods of Industrial Peace〕' 라는 논문으로 컬럼비아 대학에서 철학박사의 학위를 받았으니 미영유학이 범13년이었다. 귀국 후 보성전문 교수로 후진을 양성 중에 1945년 8.15 광복을 맞으니 그 심오해박한 국제지식은 일세의 지도자이었다. 38선으로 양단된 조국과 세력각축의 미소공위 개회 중 한국민주당의 정치부장으로 심혈을 경주하여 자주독립을 위해 싸우다가 1947년 12월 2일 저녁 7시 제기동 자택에서 흉탄에 우해(遇害)하니 향년 54세이었다. 친우로는 인촌 김성수 고하 송진우와 선(善. 친하게 지낸다는 의미)하였다. 중형 덕준은 1921년 훈춘(琿春)사변 취재 중 일군에게 피살되고 그 후 백형 덕주는 일경의 고문으로 치사하고 아우 덕진은 상해에서 독립운동비 조달 중 피살되니 일문 4형제가 모두 나라 일에 순국한 것은 사상 희유의 일이다. 부인 박예헌 목사 장녀 은혜 여사와의 사이에 지원 사원의 두 아들과 숙원 혜원의 두 딸이 있고 누이 덕선이 있다. 공은 조국애의 정열이 배인(倍人)하되 세심주도하여 옆의 사람이 그 심천을 엿보기 어렵고 인(人)을 대함에 화기가 넘치면서도 대의를 위하여서는 용감하였다. 국(國)이 난(難)하매 현상(賢相)을 생각하기 간절할 때 공을 흉탄에 잃으니 아! 어찌 천도(天道) 무심하다 하지 않으랴. 공의 묘는 정당사회연합장으로 망우리에 안장되었다. 1966년 12월 2일 종석 유광렬 찬 원곡 김기승 서

4

경기여중고 15년의 교장

난석 박은혜(蘭石 朴恩惠 1904-1963)

비록 이 돌은 닳아 없어지고
이 글은 희미해 읽을 수 없게 되는 한이 있어도
그의 보람찬 생애는 남기고간 사남매와
수많은 제자들을 통하여 기리 빛날 것이요
그 인격의 향기는 우리 친구들의 마음속에
끝없이 퍼질 것을 확실히 믿는 바이다. (비문)

조부 박정찬 목사, 부친 박예헌 목사

장덕수와 합장된 부인 박은혜는 평남 평원 출신이다. 부친 박예헌 목사는 28세 때 46세의 부친 박정찬 목사와 함께 평양신학교에 입학해 1910년 3회로 같이 졸업했다. 박정찬 목사는 30세 때 일이 뜻대로 되지 않자 처자를 두고 가출해 유랑생활을 했다. 어느 날 회개해 예수를 믿게 되었다. 열심히 교회 일을 하다가 목회자가 되기 위해 평양신학교에 입학했다. 그런데 아들 박예헌도 신학교에 입학한 것이 아닌가. 부자는 눈물의 재회를 했다. (전택부, 『토박이신앙산맥』, 1977)

조부 박정찬(1862~1945) 목사는 평양신학교 졸업 후 청주읍교회

담임목사를 거쳐 1912년부터 1917년까지 남대문교회의 한국인 초대담임목사를 지내고 시베리아의 조선교회에 파송, 1919년 귀국해 마산 문창교회에서 5년간 사역하고 다시 1925년 시베리아로 가서 1년간 사역하고 돌아와 대구제일교회에서 사역한 후 1929년 용정으로 가서 전도의 생을 마감했다. 장로회 총회 부총회장을 역임했고 1920년 강우규 의사 의거 때에 그를 수차례 만나 격려했다는 혐의로 58세 때 체포되어 옥고를 치른 바가 있다.

부친 박예헌 목사는 신학교 졸업 후 1911년 원산의 광석동교회에 부임해 1913년 함경노회 회장에 선출되고 1918년 간도 용정중앙교회 목사로 부임해 1930년까지 사역했다. 이 교회는 윤동주 시인이 중학생 때 다녔고 1945년 6월 그의 장례 예배를 치른 곳으로 용정 지역의 선교와 독립운동의 중심이었다. 박예헌은 김약연 장로 등과 용정 지역의 3·1운동(3월 13일)을 이끌고 교회 부설 영신학교의 2대 교장도 맡고 함북노회 회장 때인 1921년 12월 1일 간도노회를 독립 조직했다.

박은혜의 조카(남동생 박윤덕 집사의 아들)인 박영환 목사는 지금 남양주 금곡역(폐역)에 있는 성시교회를 이끌고 있다.

자색 겸비의 여성 지도자

장녀로 태어난 박은혜는 간도 용정에서 어린 시절을 보냈다. 1925년 3월 정신여학교 보습과를 우등으로 졸업하고 후쿠오카 고등여학교를 거쳐 1930년 3월 이화여전 문과를 4회로 졸업했다. 영문과 졸업으로 기재된 사료가 많으나, 당시 이화여전 문과를 졸업하면 자동으로 사립학교 영어 교원 자격이 주어졌다. 영문과는 1947년 설립되었다.

후배 모윤숙 시인은 1929년 강당에서 4학년 선배 박은혜가 연극 「잔 다르크」(버나드 쇼)의 주연을 맡아 열연했을 때, 용감한 자태와 조국 프랑스를 위해 간절히 기도하는 애절한 명연기가 눈에 선하다고 했고 김동길 박사는 몇 년 전의 인물 에세이에서 박은혜를 "미스 코리아가 될 만한 얼굴과 몸매를 지닌 여성"이라고 회고했다.

졸업 후 서울광희문보통학교에서 1년간 근무하고 1931년 가을부터 조선주일학교연합회 간사로 있으면서 연합회 출간 잡지 《아이생활》(1926~1944)의 편집에 종사하고 1932년 2월 김활란 등과 신여성을 위한 잡지 《여론(女論)》(1932~1936) 창간에 참여했다. 1932년 8월 미국으로 떠나 아이오와주 더뷰크(Dubuque)대학에서 신학사를 받고 1933년 뉴욕성서신학교의 종교교육학 석사 과정에 입학했다.

이때 뉴욕 한인유학생회와 한인교회(미연합감리회, 1921)에서 장덕수를 만났다. 장덕수는 10세나 연상이지만 유학생들에게 재능과 인품을 인정받는 청년 지도자였고 박은혜는 모든 남자 유학생의 관심을 받는 재원이었다. 더구나 박은혜는 1934년 뉴욕 유학생회 회장도 맡았고 1935년 3·1절 기념식 때는 애국가 합창의 반주를 맡았으니 다재다능에 지도력과 인화력까지 갖춘 미래의 여성 지도자였다. 성탄절 연극 공연을 할 때 장덕수는 여주인공역에 박은혜를 염두에 두고 극본을 썼고 그것을 계기로 두 사람은 가까워졌다. 그들은 하이델파크의 낙엽을 밟으며 서로를 깊이 알게 되었고 허드슨 강변에서 소나기를 맞으며 밤을 새운 추억도 쌓았다. 마침내 박은혜 귀국 전날인 1935년 8월 18일 한인교회에서 송별회를 겸한 약혼식을 올렸다.

1935년 9월 입국해 이화여자전문학교에서 기숙사 사감을 맡으면서 종교학을 강의하는 한편 1936년 조선장로교총회 종교부 간사를 맡았고, 연희전문 내의 (연희+이화) 협성교회(1935.09, 대학교회의 시초)에서 초대 담임목사 장석영의 주례로 1937년 10월 장덕수와 결혼

난석 박은혜

식을 올렸다. 장석영 목사는 부부와 같은 시기에 뉴욕에서 공부한 인연이 있다.

해방 후 이화여전 학생과장을 지내다가 고황경 박사에 이어 1946년 1월 경기여중고 교장으로 부임해 15년간 재임했다. 외유내강형의 카리스마로 좌익 교사의 학교 장악 시도를 제압하기도 했다. 교사로서는 당대 최고의 조지훈 시인, 도상봉 화백, 이홍열 작곡가 등을 영입, 사회 각계와 학부모의 협력을 얻어 학교의 기틀을 정비하고 교훈, 교표, 교기, 교가 등을 제정하고 대강당까지 지었다. 6·25 때는 부산의 벌판에서 학교를 계속 운영하고 서울로 복귀한 후에 다시 전력으로 경기여중고를 명문으로 키웠다.

박 교장 때 학교에 다닌 많은 학생은 박 교장의 고아한 자태와 세련된 언행, 폭넓은 교양과 지식에 자신들의 이상적 여성상을 발견해 존경해마지 않았다. 학생들의 재능을 발견하고 이끌어준 잊지 못할 스승으로서 기억하고 있다. 졸업생인 허영자 시인, 장영신 애경그룹 회장, 서지문 고려대 명예교수, 이경숙 전 숙명여대 총장, 홍라희 삼성리움관장 등이 이러한 사실을 지면을 통해 전했고, 제자들은 지금도 삼삼오오 망우리를 찾아와 기도와 꽃을 올리고 박 교장을 추념하는 글을 인터넷에 올리고 있다.

학교 운영 외로 1945년 9월 조선여자국민당(위원장 임영신)에 교육부장으로, 1948년 여성문화연구소(총재 박순천)에 참사로 참여했고 1950년에는 대한기독교여자청년회(YWCA) 중앙위원을 맡았다.

1960년 9월 경기여중고를 퇴직하고 종로갑 국회의원 보궐선거(10.10)에 민주당 공천을 받아 출마했다. "암담한 사회를 명랑히 시키기는 오직 여자들의 교육의 힘이라야 한다. 그 교육의 힘으로 국가의 행정, 입법, 사업 각부의 실권를 갖고자 한다"며 출사표를 던졌으나 아쉽게도 낙선하고 말았다.

당시 집권 민주당이 구파, 신파로 분열되어 민심이 돌아선 탓도 있겠지만 당시에는 "암탉이 울면 집안(나라)이 망한다"며 여전히 여성을 무시하는 유권자가 적지 않았다. 더구나 선거전에서 당대 제일의 주먹 김두한(무소속) 후보에게 성적 모욕의 발언까지 들었지만 이에 대한 아무런 사회적, 법적 제재가 없었던 시절이라 참으로 우리나라 여성 선구자들의 마음고생은 이루 말할 수 없었다.

1962년 12월 재단법인 은석학원을 설립하고 1963년 은석국민학교(65년 동국학원에 합병)를 개교했다. 홀몸으로 숙원, 혜원의 2녀와 지원, 사원 2남을 모두 미국 유학까지 공부시키고 1963년 10월 30일 환갑도 되지 않은 나이에 암으로 사망해 남편 옆으로 왔다.

1967년 4월 23일에 세워진 비석은 원곡 김기승이 썼는데 먼저 유광렬이 지은 장덕수의 비문이 적혀 있고 그다음으로 김활란이 지은 박은혜의 비문이 이어진다.

김활란(헬렌)은 후배 박은혜뿐 아니라 장덕수와도 사연이 있다. 김활란은 미국 유학 중에 학생회에서 장덕수를 처음 만났다. 하지만 그녀는 단지 훌륭한 인물에 대한 기대와 신망으로 장덕수를 대했다.

김활란의 두 번째 유학(컬럼비아대 박사과정) 때 유학생들의 배웅을 받으며 뉴욕에서 워싱턴으로 떠나는 기차를 탔을 때 장덕수가 느닷없이 따라 탔다. 기차 안의 대화에서 김활란의 차가운 마음을 확인한 장덕수는 도중에 내려 뉴욕으로 돌아갔다. 이 일은 유학생 사이에서 '기차동승사건'으로 불렸다. 그 후로도 장덕수는 한국으로 편지를 거듭 보냈지만 김활란은 온건한 거절의 뜻을 전했다. 얼마 후 "김활란은 감정을 모르는 빙괴(얼음덩어리)다"라고 장덕수가 말하더라는 풍문이 들려왔다. 그렇게 장덕수의 구애를 거절했지만 김활란은 그 후로도 친한 후배의 남편으로서 담담한 교제를 이어갔다. 김활란의 묘도 원래 망우리공원에서 가까운 금란동산(금란교회 뒤편)에 있었다.

박은혜가 남긴 저서로는 연설문과 수필을 모은 『난석소품』(1955)이 있다. 표지의 그림은 김환기 화백이 그렸다. 여기에 설산이 남긴 말이 실려 있다.

> 설산은 해방 후 어느 봄날 뜰 앞에 심었던 목련이 원 가지는 죽고 새움이 나서 흰 꽃이 예쁘게 핀 것을 보고 이렇게 말했다. "이것 보오. 원 가지는 죽었어도 여전히 새 가지에서 예쁜 꽃이 피었구려! 역시 우리는 가고 어린것들이 자라서 이렇게 되어야 하는 것이 자연이라오."

난석 박은혜 여사 비문 (비문의 장덕수 내용 다음으로 이어진 내용)

> 박은혜 선생은 그 고매한 인격과 성실한 노력으로 스스로의 금자탑을 이룩하였고 이십세기 세계 여성 중에 뛰어난 지도자로 역사에 오를만한 업적을 남기고 간 우리들의 친구이다. 그 덕스러운 품격을 완성하기까지 그는 국내 국외의 우수한 대학에서 꾸준히 연찬하여 특

히 인문과 학문 분야에 해박한 지식을 얻었고 또한 기독교적 신앙이 두터운 부모 슬하에서 자랐으므로 높은 종교적 교양과 깊은 신앙의 체험을 쌓아 그 성품과 능력이 뛰어난 인격자였다. 장덕수 선생과 결혼하여 이룩한 가정에는 언제나 평화가 깃들었고 부군을 내조하며 사남매를 양육하는 일에 부족함이 없는 현모양처이었다. 더구나 장덕수 선생이 흉탄에 쓰러지고 난 뒤 어린 자녀들을 이끌고 전란 속에서 헤매면서도 그 어린 마음에 아무런 상처도 주지 않으려고 애쓰던 그 갸륵한 모습은 영원히 우리가 잊을 수 없는 모성애의 본보기이기도 하다. 이화대학교 교단에 섰을 때에는 입을 열면 웅변이요 붓을 들면 주옥을 엮어 놓은 듯 학생들의 인기를 독차지하였으며 후배를 가르치기에 여념이 없었다. 해방이 되자 경기여자고등학교 교장으로 추대되어 십육성상을 온갖 심혈을 기울여 이를 대한민국의 모범적인 여자고등학교로 발전시키는데 큰 공을 세웠다. 말년에 국민학교를 창설하여 몸은 비록 쇠하였으나 교육에 대한 정열은 조금도 식지 않았음을 우리에게 다시 보여주었다. 여성운동에도 시간과 정력과 재물을 아낌없이 바쳐 열심으로 협력하여 YWCA 여학사협회 등 우리 여성 단체의 발전을 위해 진력하였고 더 나아가 국제여성유대 확립에도 공헌한 바가 크다. 가정주부로 교육자로 혹은 사회인으로 이와 같이 우리들의 모범이 될 만하던 친구 박은혜 선생은 1963년 10월 30일 우리보다 앞서 영원한 나라로 가고 다만 그 유해를 부군과 함께 이곳에 묻어 이 작은 비석으로 표를 삼는다. 비록 이 돌은 닳아 없어지고 이 글은 희미하여 읽을 수 없게 되는 한이 있어도 그의 보람찬 생애는 남기고간 사남매와 수많은 제자들을 통하여 기리 빛날 것이요 그 인격의 향기는 우리 친구들의 마음속에 끝없이 퍼질 것을 확실히 믿는 바이다. 1966년 12월 2일 우월 김활란은 글을 짓고 원곡 김기승은 글씨를 쓰다.

5

도산 선생의 발치에 묻어다오

교육가 추담 허연(秋潭 許然 1896~1949)

박꽃은 소박한 흰 꽃 / 조선의 옷 빛 /
물들지 않은 조선의 옷 빛 / 순박한 그 맛은 /
조선 사람만이 아는 귀한 꽃 //
황혼에 새 이슬에 / 고개 드는 흰 꽃 /
수줍은 조선 처녀 / 빛없이 타는 백열, /
해진 뒤에 박나비만을 / 기다리는 깨끗한 꽃

위의 시는 나라사랑의 마음이 가득한 고인의 시 「박꽃」의 전문이다. 고인의 묘는 예전에 찾은 적이 있지만 비석에 별다른 글이 없어 누구인지 모르고 무심하게 스쳐 지나갔는데, 고인의 3남 허달 씨(1943)가 블로그에 부친의 이야기를 게재해 뒤늦게 알게 되었다.

추담 허연은 1896년 평남 순안군에서 태어났다. 어릴 때 이름은 용성(龍成)이다. 수양동우회 사건의 일경 조서에는 허용성과 허연이 함께 적혀 있다. 어려서 부모를 여의고 외갓집에서 자랐다. 외조부에게 한학을 배우고 13세 때에 제칠일안식일예수재림교(1860, 미시간주) 선교사 겸 의사인 러셀 박사 부부가 세운 순안병원(1908, 삼육서울병원)에서 침식을 제공받는 급사로 들어갔다. 러셀 박사의 주선으로 20세의 늦은 나이에 순안의명학교에 들어가 일과 학업을 병행했다.

추담 허연

의명(義明)학교는 1906년 재림교 선교부가 순안에 설립하고 초대 교장에는 재림교 최초 선교사 스미스가 취임했다. 1949년 함경남도 요덕군으로 이전하고 1952년 서울 청량리로 이전했다. 청량리 지역에는 재림교 한국본부와 출판사 시조사, 삼육서울병원이 모여 있어, 한국 재림교의 발상지는 순안이고 중흥지는 청량리 지역이라 할 수 있다.

의명학교는 삼육중고 및 삼육대학의 전신으로, 삼육은 지·덕·체(또는 지·영·체)를 육성한다는 교육이념을 말한다. 망우리공원 구리쪽 기슭에 있는 서울삼육고등학교에서 필자는 몇 년 전부터 매년 독서토론캠프 시간을 갖고 있다. 지·덕·체는 망우리공원이 가진 인문학적 요소와 비슷하다. 공원을 걸으며 몸을 단련하고 비문을 읽으며 역사를 공부하고 나아가 나라사랑과 자아성찰의 덕을 키우는 점에서 미션스쿨의 교육이념과 '망우인문학'은 일맥상통한다.

1919년 3·1운동 때 순안에서는 3월 6일 의명학교 교사와 학생의 주도로 5백여 명의 만세운동이 일어났다. 독립선언문을 돌리며 시위에 적극적으로 참여한 허연은 경찰의 체포를 피해 순안을 떠나 몇 개월을 걸어 상해로 갔다.

상해에는 의명학교 교사를 지내고 세브란스의전을 나와 순안병원에서 근무했던 김창세가 홍십자병원에 근무하고 있었다. 그는 안창호의 손아래 동서로 임시정부와 대한적십자사에 관여해 2001년 건국포장을 추서받았다. 그의 추천으로 허연은 상해삼육대학 중학부

허연의 결혼식 사진

에 들어가 공부하면서 임정의 우사 김규식(1881~1950) 등과도 인연을 맺은 것으로 보인다.

임시정부의 기관지 독립신문(1921.12.26)은 1921년 12월 13일 3·1 예배당에서 열린 상해유학생회(留滬學生會)의 모임을 소개하며 허연, 주요섭, 박헌영의 연설 소식을 실었다. 독립운동의 주역이 될 조선청년들의 상해유학생회는 당연히 임정이 깊게 관여되었다.

1922년 귀국 후 연희전문에서 수학하다가 1924년 8월 24일 미국 버니지아주의 로노크대학(Roanoke College)에 들어가기 위해 경성을 떠났다. 동교 1903년 졸업생 김규식 박사(1923 로노크대 명예박사)가 자신의 모교를 권유하고 추천장과 여비까지 건네주었다. 허달 씨가 로노크대에서 2001년 입수한 부친의 학적부에는 재정보증인으로 상해에 주소를 둔 김규식(Dr. Kiusic Kimm)의 이름이 적혀 있다. 유학을 떠나기 전에 일경의 감시를 피하기 위해 김규식이 허연으로 개명해 주었고 미국에서는 영문 이름을 'Benjamin Yun Hugh'로 했다. 벤자민은 미국 건국의 아버지 벤자민 프랭클린과 같은 인물이 되라고 러셀 박사가 지어준 이름이다.

호텔과 식당에서 일하며 학비를 모아 1926년 로노크대학 2학년에 편입해 1929년 졸업하고, 다시 펜실베이니아대학원에 들어가 1932년 경제학 석사를 취득했다. 재학중에 박마리아(1935년 이기붕과 결혼)와 맞선을 본 적이 있다고 한다. 그해 뉴욕에서 의명학교 동창 한승인의 권유로 흥사단(265번)에 입단했다. 이때 교유한 작곡가 홍난파(266번)와 오천석 박사(195번)는 1934년 허연의 결혼식 사진에 신랑의 바로 옆과 뒤에 서 있다.

1933년 2월 귀국 후 협성실업학교(현 광신고)의 교사로 일하며 동아일보 등에 경제 관련 글을 다수 기고했다. 1934년 39세의 노총각으로 10세 연하의 호수돈여고 출신 김귀애와 결혼했다. 교직 외로도 조선물산장려회의 강연(1936.2.8, 4.20), 라디오 경제 해설 등으로 민족계몽에 나서고 1937년 중앙고등학원(대학)을 설립하고 운영했다. 해방 후에 새로 작성한 흥사단원 명부에는 '협성실업학교 교사 6년, 중앙고등학원 설립·운영 6년'으로 기재되어 있다. 중앙고등학원은 호강대 영문과 출신의 피천득(1025번)이 1937년 교원으로 일했고 훗날 서울사범대 학장을 지낸 영문학자 이종수가 원장을 맡았다.

1937년 6월 10일 수양동우회 사건으로 누하동 자택에서 긴급 체포되어 서대문형무소에 8월 10일 수감되고 1938년 7월 29일 보석으로 출감했다. 일경의 조서에는, 조선 독립을 궁극적 목적으로 결성된 미국의 흥사단, 조선의 수양동우회에 가입해 수회 회합하고 협성실업학교의 상업전수과를 동우회 지도하에 두는 등의 활동을 벌인 죄가 적시되어 있다.

해방 후, 임시정부를 인정하지 않는 미군정의 참여 요청을 거부하고 45년 11월 입국하는 임정 요인을 맞이하기 위해 설립된 임시정부영수귀국전국환영회(위원장 김석황)에 교섭부의 1인으로 참여했다.

허연의 비석

1945년 9월 8일 한국민주당 발기인으로 이름을 올렸고, 1946년 1월 2일 발족한 흥사단 국내위원부의 위원 12인에 참여, 1946년 4월 18일 우익 3당(한독당, 국민당, 신한민족당)이 합당한 한국독립당의 집행위원으로 참여했다.

1946년부터 조선대화방직(주)의 전무이사로 일하다가 일제 때 옥고의 후유증으로 폐렴에 걸려 1949년 병석에 누웠다. 늘 가족과 친지에게 "도산 선생의 발치에 묻어 달라"고 하며 망우리에 가족묘지를 마련하고 동년 8월 12일 향년 53세로 별세했다.

부인 김귀애 권사는 곧 이은 6·25 전쟁의 고된 삶을 헤쳐 가며 3남 1녀를 키우고 88세로 소천할 때까지 종교교회 여선교회의 활동과 세브란스병원에서의 자원봉사로 여생을 보냈다. 그의 선행은 경향신문(1981.1.19) 등 다수의 언론에서 소개되었다.

장남 허진(1936~1995)은 1980년 영화평론가협회상 각본상을 수상한 시나리오 작가였고, 2남 허일은 해양대 명예교수이다. 3남 허달은 서울공대 화공과를 졸업하고 SK(주)에서 부사장까지 근무했고 지금은 경영코칭의 전문가 및 컬럼니스트로 활동하고 있다.

허연 선생의 취미는 시문학이었다. 1930년 12월《별건곤》(제35호)에서 시인 이하윤은 그 해의 문단을 결산하면서 올해 유망한 시인으로서 허보, 김화산 등 5명과 함께 허연의 이름을 올렸지만, 그는 시를 계속 발표할 여유는 없었던 것 같다. 2010년 유족은 고인의 유작을 모아 시집『박꽃』을 출간했다. 빼앗긴 나라에서 흥사단원, 교육가, 경제학자로서 나라에 헌신했지만 이제 우리는 독립의 염원을 글로 남긴 시인으로서도 그를 조명할 필요가 있을 것이다.

마지막으로 고인의 시「꿈길」의 마지막 3연을 아래에 옮긴다. 모친을 그리는 것으로 읽히지만, 이것은 이제 고인을 그리는 유족의 말이 되지 않았나 생각한다. 마침 고인의 묘역에는 큰 소나무가 서 있다. 유족이 심은 기억은 없는데 6·25 전쟁 후에 쑥대밭이 된 묘를 찾았더니 작은 소나무가 자라나고 있었다. 가지만 치고 그냥 두었던 소나무가 지금은 크게 자라 하늘 높이 우뚝 서 있다.

꿈이 아니면 님을 뵈올 길 없어
꿈길을 더듬어 님 무덤에 갔더니
품팬(무성한?) 으악새 바람에 흔들리고
푸른 소나무 문득 비석이 되어
님의 사정을 말하려 합니다.

6

한국 최초의 기독교 유아 세례자

송암 서병호(松巖 徐丙浩 1885~1972)

내가 있기 위해서는 나라가 있어야 하고
나라가 있기 위해서는 내가 있어야 하니
나라와 나와의 관계를 절실히 깨닫는 국민이 되자
_〈좌우명〉중에서 (연보비)

한국 기독교의 역사는 외국 선교사로부터 시작된 것이 아니라 서병호의 부친 서상륜으로부터 시작되었다고도 볼 수 있다. 서병호는 원래 서상륜의 동생인 서경조의 차남인데 후손이 없는 큰아버지의 장남으로 호적에 올라갔다.

서상륜(1848~1926)은 만주에서 홍삼 장사를 하다가 장티푸스에 걸려 사경을 헤맬 때, 스코틀랜드 연합장로회 목사 매킨타이어의 도움으로 완쾌된 후 그곳에서 신자가 되었다. 몇 달 후 1879년 로스(J. Ross) 목사로부터 세례를 받고, 먼저 세례를 받은 이응찬 등과 함께 로스의 어학 선생을 겸해 중국어 신약성서의 번역에 참여했는데 점차 서상륜이 절대적인 역할을 담당해 번역을 완수, 1882년 3월 누가복음을 출간한바 이것이 한국 기독교 역사 최초의 성경 번역으로 기록된다.

사상륜은 국내 전도를 위해 1883년 성경의 국내 반입을 시도하다가 붙잡혔으나 의주부 집사이며 먼 친척인 김효순의 도움으로 10여 권만 들고 탈출해 고향 의주로 들어왔다. 하지만 죄상이 드러날 위험에 의주에는 오래 머무를 수가 없어 동생 서경조(1852~1938)의 가족과 함께 당숙이 있는 황해도 장연군 소래 마을(松川, 솔내)로 가서 전도를 시작했다.

로스 목사는 6천 권의 한글 성경을 수취인 성명 없이 인천 해관(세관)에 보내는 동시에 해관의 고문 묄렌도르프에게 편지를 보내 성경 상자를 서상륜에게 전달해 주기를 요청했다. 다행히도 묄렌도르프의 부인은 독실한 기독교 신자였기에 성경은 무사히 서상륜에게 전달되었다. 신자가 점차 늘어나 1885년 서경조의 기와집에서 예배를 보기 시작했으니, 목사 없는 구도자 이십여 명의 모임이었지만 이것이 우리나라 최초의 자생적(비조직) 교회였다. 소래교회의 기와집 예배당은 한국 기독교 100주년 기념사업의 하나로 1988년 총신대학 양지 캠퍼스에 복원되어 있다.

그즈음, 1884년 9월 22일 북장로교 선교사 겸 의사로 알렌이, 1885년 4월 5일 부활절에는 북장로교의 언더우드가 첫 목회 선교사로 입국하고, 5월 6일에는 감리교의 스크랜턴 선교사(겸 의사)가, 7월 29일에는 감리교의 아펜젤러 선교사가 입국했다.

언더우드와 아펜젤러는 원래 입국하면서 일본에서 기독교인이 된 이수정이 번역해 1885년 간행된 국한문 성서를 건네받아 들고 왔으나 막상 조선에 들어와 보니 서상륜이 번역한 순수 한글 성경이 이미 존재한다는 것을 알고 놀라움을 금치 못했다. 1895년 오류를 바로잡은 4복음서 번역판이 선교사들에 의해 나올 때까지 이것이 유일한 성서였다.

서병호 연보비

서경조는 최명오, 정공빈과 함께 상경해 1887년 1월 언더우드 목사로부터 세례를 받고, 다시 언더우드는 1888년 4월 소래에 와서 25일 밤 서경조의 아들 서병호에게 세례를 주었는데 이것이 한국 교회의 첫 유아 세례였다.

그러므로 언더우드 목사가 1887년 9월 27일 사택에서 만주의 로스 목사가 참석한 가운데 조직한 첫 장로교회인 새문안교회(장로정동교회, 지금 명칭은 1907년 이후)의 창설 교인 14인 중의 13명은 모두 서상륜에 의해 신자가 된 자들이었기에 새문안교회는 이들 평신도부터 시작되었다. 비문에도 "선친과 언더우드 목사가 함께 설립하신 새문안교회에서…"라고 적혀 있다.

새문안의 '새문(新門)'은 돈의문(서대문)의 속칭으로 숭례문, 흥인지문보다 늦게 만들어졌다는 의미이고 '안'은 새문의 안(內)에 있다는 의미이다.

서경조는 1900년 소래교회에서 당회를 조직하고 한국 최초의 장로가 되었고, 1904년 평양신학교에 입학해 1907년 제1회로 졸업하고 기미 33인인 길선주, 양전백 등과 함께 한국 최초의 목사 7인의 1인이 되어 소래교회를 담당하는 한편 샤프 목사와 장연, 옹진 지역에서 동역했다. 1910년부터 새문안교회에서 언더우드 목사를 도와 동사목사(부목사)로 일하고 1913년 62세에 은퇴목사, 1916년 안국동교회에서 임시목사로 봉사한 후 65세에 은퇴했다. 이후 아들 서병호를 따라 상해로 건너가 아들을 도우며 여생을 마치고 외국인 묘지에 안장되었지만 도시 개발로 인해 묘지는 찾지 못했다.

서병호와 후손

서병호의 형 서광호는 세브란스의전 2회 졸업생으로 황해도에서 해서의원을 열고 의료와 사회봉사에 헌신했다.

서병호는 1898년 11월 김구례와 한국식 및 기독교식으로 결혼식을 올렸다. 1901년 경신학교에 입학해 1905년 제1회로 졸업하고 부친이 세운 해서제일학교, 안창호의 평양대성학교, 경신학교에서 교사 겸 학감으로 일하다 1913년 중국으로 망명해 남경 금릉대학 철학과를 1918년 졸업했다.

1919년 상해임시정부의 산파역이 된 신한청년당의 당수를 맡았고, 임시정부의 의정원 내무의원으로 활약했다. 1919년 창설된 대한적십자사의 이사장(현 사무총장)을 맡고, 1923년 김규식(동서) 등과 영어 교육 목적의 남화학원을 설립하고, 1933년에는 인성학교 이사장, 상해한인기독교청년회 이사장, 한교협회 이사장을 역임했다. 한편 그는 영흥공사라는 사업체를 경영하는 탁월한 상재를 지닌 실업가로 국내 신문에 소개된바 여러 단체의 이사장직을 맡아 재정에 큰 도움을 준 것으로 보인다.

해방 후 1947년 귀국해 정치와는 담을 쌓고 교육과 신앙에 전념해 새문안교회 사무장, 중앙기독교청년회 이사, 경신학교 이사로 일하다가 1950년 경신학교 이사장에 취임했다. 6·25 때는 부산에서 대한기독교청년회연맹 전시대책위원장을 맡고 1953년 기독교학교연합회를 조직해 구호사업에 힘쓰고, 동년 제14대 경신학교 교장에 취임, 1960년 정년퇴직했다. 이후 대한 예수교 장로회 경기노회(老會: 지역의 목사와 장로로 구성된 조직) 부회장을 지냈고 65년에는 한일협정 반대 운동에 참가했으며 1968년 새문안교회 원로장로가 되었다. 1972년 6월 7일 숙환으로 향년 87세로 홍제동 자택에서 별세하여 9일 대한예수교장로회총회장으로 새문안교회에서 영결식이 거행되었다. 정부는 고인의 공훈을 기리기 위해 1990년 건국훈장 애국장(1980년 건국포장)을 추서했다.

서병호의 아들 서재현(1906~1999)은 부친을 따라 상해로 건너가 1924년 인성학교의 소년회 회장을 지냈고 동제대학 기계공학과를 1929년 졸업했다. 중국의 국영 병공창에서 근무하며 월급을 털어 1932년 8명의 동지와 상해한인청년당을 조직해 독립운동에 힘썼다. 1944년 3월에는 남경에서 결성된 민족혁명당 감찰위원으로 활동하고 6·25 때는 해군 중령으로 참전하고 부공창장 시절 이순신 동상(조각가 윤효중) 건립도 지휘했다. 금성충무무공훈장, 은성을지문공훈장을 받고 1957년 공창장(준장)으로 예편 후 국영 대한기계제작소(대우중공업) 사장, 한국주물기술협회장, 삼표제작소 사장, 강원산업 명예회장, 새문안교회 명예장로를 지냈다. 청렴한 일생으로 결혼 18년이 지나서야 은행융자를 끼고 14평의 문화주택을 마련했고, 96년에는 팔순 잔치를 위한 비용 6백만 원을 시민단체 우리민족서로돕기운동(대표 서영훈)에 기부했다. 자식에게 자신의 독립운동 전력을 말하지 않아 뒤늦게 친구의 신청으로 1994년 건국훈장 애국장을 받았다.

서재현은 5남(원석, 경석, 만석, 창석, 현석)을 두었는데 장남 서원석은 대한성서공회 본부장을 지내고 새문안교회 원로장로로 있다.

차남 서경석은 48년 출생, 서울고를 졸업하고 부친의 전공을 따라 서울대 기계과에 진학했으나 사회주의에 접해 무신론자가 되어 산업사회연구회라는 서클을 조직하고 새문안교회 후배들과 판자촌 생활을 하며 새문안교회 대학생회를 진보적 신학이론으로 무장시키는 등 기독학생운동을 이끌다가 74년 민청학련 사건으로 구속되었고 75년 석방 후 한국기독교사회선교협의회 총무를 맡아 79년 YH사건, 80년 동일방직 사건에 연루되어 다시 옥고를 치렀다.

지속된 피로감에 충전 기간을 갖고자 82년 장신대 신학대학원 졸업 후 도미해 84년 프린스턴 신학교 졸업, 85년 미국 장로회에서 목사 안수를 받고 86년 유니온신학교 석사를 취득했다. 미국에서도 민주화운동에 참여했으나 한국경제가 망하기는커녕 눈부신 발전을 하

서병호 비석 뒷면

는 것에 놀라고, 미국 교포의 북한 방문으로 알게 된 북한의 실상에 실망하며 사회주의와 급진 신앙에 회의를 느끼기 시작했다. 신학공부를 통해 자신이 고통 속에 있을 때 가장 큰 힘이 되었던 것은 사회주의 신념이 아니라 보수적인 신앙이었음을 깨닫고 복음주의 신앙으로 복귀했다.

87년 귀국 후 "선으로 악을 이기라"는 로마서 12장의 말씀에 따라 선한 방식의 운동을 결심하고 89년 경제정의실천연합(경실련)을 창립해 사무총장을 맡아 이념을 넘어선 비폭력, 평화, 합법 운동 방식의 경제 정의 실현에 나섰고 98년 경실련 상임집행위원장을 끝으로 단체에서 완전히 물러나 1999년부터 서울조선족교회의 목사로 있는 한편 2005년부터 선진화시민행동 상임대표를 맡고 있다.

서병호 선생의 묘소 입구에는 두서의 글이 새겨진 연보비가 세워져 있다. 유해는 2008년에 대전 현충원으로 이장되었으나 1972년에 세워진 커다란 사각 비석은 그대로 남아 있다.

7

함북 성진의 3·1운동을 이끌다

목사 강학린(姜鶴麟 1885~1941)

사람이 어떤 때는 궁창의 광명을 볼 수 없어도
바람이 지나가면 맑아지느니라.
북방에서는 금빛이 나오나니
하느님께서는 두려운 위엄이 있으니라
(욥기 37장 21~22절)

1993년 애족장을 추서받은 애국지사 강학린 목사는 대전 현충원으로 2003년 이장되었고 그 자리에 추념비가 남아 있다. 뒷면의 일대기를 읽어 본다.

1885.6.1.생~1941.7.5.졸
그의 일대기는 민족적 수난과 형극의 굴레 속에서 굴하지 않고 하늘나라를 선교하는 일에 있었다. 1917년 평양신학대학을 졸업하고 1918년 성진 욱정교회에 부임 엄덕 길주 명천 삼수 갑산 혜산 풍기 차호 용대 단천 이원 등지에 교회를 세우고 1925년 함중노회를 창립, 작고하기까지 노회장을 여러 차례 역임하였다. 민족의 미래는 교육이 좌우하리라는 확신에서 캐나다 선교사 구례선 박사와 함께 교육 사업을 일으켰다. 성진 보신남학교 성진 보신여학교를 함께 설립하고 이사장직을 다년간 맡았다. 1919.3.1. 독립만세운동 당시 동월 11. 성진 학성 등 일대에서 5~6천명을 동원하여 독립만세운동을 주동했으며, 함흥 서울에서 재판을 받고 주모자로 동지들 14명과 함께 옥고를 치르시었다. 당시 상황은 사건현장 목격자 구례선 선교사의 전도 수기와 운동 참가자 배민수 박사의 회고록 그리고 한국독립운동사 제2권 4장 5절 성진군에 상세히 기록되어 있다. 1993.3.1.절 건국훈장 애족장이 추서되었고 동년 6.1 국가유공증이 추서되었다. 평생 기도 속에서 절대자와의 대화를 통해 국권의 회복과 민족의 해방과 하늘나라의 실현을 열렬히 간구하는 신생의 길을 예비하고 계셨다. 그 신앙과 실천은 문중의 정신적 유산으로 응집되어 갔으며 오늘도 그리고 대대로 후손에게도 영원히 이어져 내려갈 것이다.

1885년 이래 각국의 선교단체가 경쟁적으로 한국에서 선교를 하다가 중복을 막기 위해 선교지역 분할이 이루어졌다. 인구 5,000명 이상의 대도시와 개항장은 각 선교부가 공동 지역으로 선교하고 그 이하 지역은 선점권을 인정하는 지역 분할이 이루어졌는데 1909년 당시 캐나다 장로회는 함남의 원산 등 북부 지역과 함북 전역, 북간도, 블라디보스토크 일대를 맡았다.

따라서 함북 성진 지역은 캐나다 장로파 선교사 그리어슨(1868~1966. Robert Grierson, 구예선 具禮善)이 기독교 신앙의 뿌리를 내리게 한 지역이다. 성진에서의 3·1운동은 강학린과 그리어슨의 관계를 빼놓을 수가 없다.

그리어슨은 캐나다에서 의대와 신학대를 나와 목사 안수를 받고 1898년 9월 부인과 함께 한국에 입국해 서울에서 한국어를 공부했다. 1899년 2월 캐나다 선교구인 함경남도 원산으로 갔다가 1901년

5월 함경북도 성진으로 들어왔다. 제동병원(1907)과 교회, 학교를 세워 선교사이자 의사 및 교육자로서 함경도 개화운동의 선구자 역할을 했다.

1909년 봄, 함경북도 지역에서 학교를 설립하고 국권회복운동을 하던 이동휘가 찾아와, 일제의 감시와 탄압을 피하려고 교직을 부탁하자 그리어슨은 그를 권서인(성경 보급과 전도)으로 임명하고 1년 후에는 조사(助事, 전도사)로 임명해 이동휘의 국권회복운동을 후원했고, 이동휘가 1914년 가을 국외로 망명을 꾀하자 국외 망명을 도와주었다. 후에 이동휘를 통해 북간도 지역의 교회 설립에 나서게 되었다.

강학린은 황해도 재령군에서 출생하고 본적은 함북 성진군이다. 1917년 평양신학교를 졸업하고 1918년 성진읍 욱정(旭町)교회에 부임했다. 그는 평양신학교의 이사를 맡아 수시로 평양에 갔는데 3·1운동 전에 평양에 갔을 때 그곳 목사들로부터 민족대표로 나설 것을 권유받았으나 자신은 고향에서 동시에 운동을 벌이는 것으로 결심하고 성진으로 내려왔다.

1919년 3월 7일 김상필, 강희원, 배민수 등과 함께 독립만세 시위운동을 벌이기로 계획하고 인근 각처에 연락을 취하는 등 준비를 갖췄다. 그리어슨은 3월 7일의 비밀 회합 장소로 자택을 제공하고 본인도 회의에 참석했다. 3월 9일 주일에는 두서의 욥기 37장 21~22절을 인용하며 만세운동에 나서려는 교인들을 격려했다.

3월 10일, 제동병원 앞 광장에 천도교도와 일반 시민도 포함해 5천여 명이 모인 자리에서 강학린은 선언문을 낭독하고 궐기사를 한 후, 독립만세를 선창하자 군중들도 일제히 독립만세를 외쳤다. 그리고 강학린이 앞장선 시위행렬은 관공서 앞까지 가서 대한독립만세를 불렀다.

다음 날 11일에도 시위가 이어져 나남기병대와 소방대의 무력 진압으로 2명이 피살되고 다수의 부상자가 나오자 그리어슨은 이들을 치료해 주었다. 그리고 그리어슨도 저녁에 경찰서에 가서 취조를 받았지만 증거 불충분으로 석방되었다. 성진에서의 만세운동은 활화산이 되어 불꽃은 함경도 일대와 만주, 연해주까지 확산되었다.

그리어슨은 3월 11일의 상황을 다음과 같이 기록했다.

"이른 아침부터 일본인 소방대들은 도끼를 들고 경찰들은 총을 들고 일본인 거리에서 한국인 거리로 들어와 한가로이 쉬고 있는 한국인을 닥치는 대로 치고 도끼로 찍고 총을 쏘았다. 죄 없이 찍히고 총에 맞아 그 수를 헤아릴 수 없이 숱한 부상자들이 속속 병원으로 들이닥쳤다. … 하나님께서 오늘날 일본의 그 무자비함과 불의한 행동을 꾸짖고 벌하심이 우연한 일이 아닐 것이다"

1918년의 조선국민회 사건(「서광조」 편 참조)으로 10개월간 옥고를 치르고 나와 성진으로 이사 온 배민수(1897~1968, 1934년 목사)도 당일 적극적으로 참여한 죄로 9개월간의 옥고를 치르고 1920년 7월 10일 출옥했다.

이날의 시위로 인해 강학린 목사와 장로 및 많은 교인이 체포 투옥되어 3월 16일 주일 예배에는 옥고를 치르는 교인들을 위로하기 위해 교회 종을 오랫동안 치게 했다. 또 때때로 옥중의 교인들을 면회하고 교회 여신도들을 교대로 보내어 면회하고 사식을 제공토록 했다.

강학린은 소요, 보안법 및 출판법 위반으로 청진지방법원에서 유죄판결을 받고 불복 공소해 동년 9월 2일 경성복심법원과 10월 11일 고등법원(대법원)에서 각각 기각되어 서대문감옥에 투옥되고 1920년 7월 10일 출옥, 1년 4개월여의 옥고를 치렀다.

그리어슨은 36년간 기독교 전도와 교육 사업에 헌신하고 1934년 귀국해 토론토에서 살면서 6·25전쟁 때 자신의 선교구였던 성진에서 월남한 피난민을 위해 구호금을 보내기도 했다. 1965년 98세로 별세했고 독립운동 지원의 공적으로 1968년 독립장이 추서되었다.

그런데 그는 대단한 다혈질의 목사였던 것 같다. 이런 에피소드가 전한다. 1908년 말을 타고 가는 일본 헌병의 머리를 그리어슨이 뒤에서 지팡이로 구타했는데 알고 보니 선교사의 말을 함부로 타고 간다는 오해에서 비롯된 것이었다. 또, 1928년에는 명사십리에서 서양 아이와 장난치는 조선 아이를 싸우는 것으로 오해하고 몽둥이로 난타해 사과한 사건이 일어났고, 다시 1930년 1월에는 보신학교 교사였던 청년을 구타한 사건이 일어나 교회는 구축파와 옹호파로 나뉘어져 싸우다가 결국 구축파는 떨어져 나와 성진중앙기독교회를 별도로 세우게 되었다.

강학린은 이후 1925년 성진, 길주, 명천, 단천, 삼수, 갑산군의 교회로 구성된 함중노회를 창립하고 작고하기까지 노회장을 여러 차례 역임하고 그리어슨과 함께 설립한 성진 보신남학교, 보신여학교의 이사장직을 다년간 맡았다.

증손은 가수 강수지

가족은 해방 전에 모두 월남했다. 차남 강기철은 1925년 출생, 개성 송도중학을 나와 45년 8월 초에 징병 2기로 함북 나남 19사단에 입영했다가 탈영해 산중 은신 중에 해방을 맞았다. 서울대 상대에 입학했으나 1947년 폐결핵으로 중퇴하고 1953년 국학대학 사학과에 편입, 1955년 졸업했다. 한양공고 영어 교사로 재직 중에 사학의 비리를 목격하고 이사장에게 시정을 권고했으나 갈등을 빚고 결국 권고사직 형태로 해고당했다.

그 후, 국학대학의 문화사 강사로 출강하면서 1960년 7월 17일 한국교원노동조합총연합회(교원노조)를 설립하고 수석부위원장 및 위원장 직무대행을 맡았다. 조합원은 초중고대 10만여 교원 중 4만까지 이르렀다. 정부 승인을 받기 위해 행정소송을 벌이던 중, 1961년 5·16이 일어나자 반국가행위죄로 체포되어 15년형을 선고받았다. 부친 강학린 목사가 애국지사인 점, 그리고 교계의 한경직, 강신명, 조향록, 강원용 목사 등의 탄원서 제출로 7년 만인 1968년 4월 석방되었다.

1969년 7월 3선개헌반대범국민투위(위원장 김재준) 36인 준비위원회에 참가하고 1971년 4월 민주수호국민협의회 기획운영위원으로 참여해 함석헌, 김재준, 이병린, 천관우, 장준하 등과 함께 민주화운동에 헌신했는데, 그는 자신의 집을 담보로 45만 원을 대출받아 YMCA에 사무실을 마련했다.

한편, 아놀드 토인비 저서의 번역 및 연구서를 출간하며 토인비 연구가 및 비교문명연구소장으로 활동하고 도산아카데미연구원 부원장을 지냈다. 문명사가(文明史家)로 저술과 강의, 그리고 망우리 조부의 묘를 현충원으로 이장하고 기념비를 남겼다.

교원노조 사건으로 유죄 판결을 받았던 간부 강기철, 신동영, 이종석은 2018년 4월 6일에 열린 재심에서 무죄 선고를 받았지만 그는 이 소식을 하늘나라에서 들었다.

비석의 옆면에는 후손으로 기준, 기철, 덕은이 새겨져 있다. 장남 강기준(姜基俊)의 아들은 용설(龍卨), 용설의 자식은 의철(義澈), 수지(修智), 수철(修澈)이다. 수지는 가수 강수지를 말한다. 즉 강학린은 강수지의 증조부가 된다. 강수지는 1967년에 태어나 중학 2학년 때인 1981년 가족과 미국으로 이민, 1988년 뉴욕 맨해튼 드라마스쿨을 졸업했다. 대학가요제 미동부지역 예선에 출전해 금상을 수상하고 당시 MC를 맡은 송승환의 권유로 89년에 귀국, 가수활동을 시작했다. 부친도 2017년 영구 귀국했다.

아래에 강학린의 부인 장학순(1893~1947)의 묘가 있다. 비석 앞면에는 십자가 아래에 '청송 장(張)씨 학순(鶴淳)지묘'라고 새겨져 있고 뒷면 내용은 아래와 같다.

그리스도 안의 성도 장학순은 청송 장공 원붕의 무남독녀로 1893년 9월 20일에 황해도 황주에서 태어났으며 18세에 재령 태생 평양신학교 출신 강학린 목사와 결혼, 성직자의 반려로 가문의 새 전통을 받들었다. 한국의 전형적 여인모(母)상 그대로 인내 속에 온갖 고생과 희생을 몸소 겪으면서 남편을 섬기고 8자녀를 양육하는 내조에서 보람을 찾았다. 남편 강학린 목사는 평생 예수 그리스도 전교와 교회 개척에 헌신했으며 성진 보신남학교와 여학교의 설립 운영 등 교육 사업에도 공헌하였다. 평양신학교 이사직을 역임했으며 함중 노회장직을 전후 17회 연임했다. 민족의 수난에 대처하여 3·1 독립운동이 전개되었을 때 성진에서 이 운동을 주도하였으며 주모자의 옥고도 치르셨던 큰 어른이었다.

8

초교파 만주 조선기독교회 창립자

목사 변성옥(邊成玉 1892~1950)

만주에서의 독립운동으로 2년간 옥고까지 치른 변성옥 목사의 묘는 최학송 묘를 지나 소방함 옆 돌계단을 조금 올라가 바로 좌측에 있다. 아무도 찾지 않아서인지 풀만 가득하다.

평남 평양 출신이다. 평양 광성학교를 거쳐 1909년 숭실중학, 1913년 숭실전문학교를 졸업했다. 전도사로 활동하다가 1916년 11월 도미해 캘리포니아주 퍼시픽대학에서 교육학을 전공하고 일리노이주 노스웨스턴대학에서 1920년 신학사 학위를 받았다.

3·1운동 후에는 유학생 신분으로 몇 차례에 걸쳐 대한인국민회에 의연금을 기부했고, 1920년 2월에는 학교에서 '현금(현재) 한국의 비극'이라는 주제로 연설해 교장과 청중으로부터 조국의 독립과 기독교를 위한 찬조를 끌어냈다.

1921년 8월 귀국해 광성고보 교사로 있으면서 평양을 중심으로 유명한 웅변가로서 교회와 학교에서 강연하고 1923년 경성 협성신학교 교사(1927 교감)로 부임한 뒤로는 YMCA 등에서 강연 및 설교를 했다. 동년 목사 안수를 받고 1928년 7월 미국 LA에서 열린 세계

주일학교 대회에 24명 한국 대표 중 북감리교 대표로 참가한 후 시카고대학 서머스쿨에서 종교학을 공부하고 동년 9월 귀국했다.

1930년 남북감리교회가 합동해 하나의 조선감리교회를 창립할 때 신흥우, 오기선, 김종우, 노블과 함께 북감리교 전권위원으로 참가했고 마침내 12월 2일 조선감리교총회가 개최되어 초대 총리사(감독)로 남감리교의 양주삼 목사가 선출되었다.

1931년 4월 송도고보 부교장, 1933년 4월 개성중앙회관(사회선교기관) 총무로 일하고 만주 하얼빈교회의 목사로 파견되어 선교 사업에 힘썼다.

그런데 당시에는 교파에 따라 선교 지역이 분할되었던 시대라 주로 정치·경제적 이유로 만주로 이주한 조선인에게는 오히려 장애가 되었다. 이에 변성옥은 1935년 2월 한동규, 현성원, 김종철 등과 함께 길림에서 북만교역자대회를 열고, 교파초월·종교사상혁신·경비자급을 대원칙으로 내건 초교파적인 조선기독교회를 창설하고 "1. 사도신경을 신경으로 하며 2. 신구약성경을 우리의 정경으로 한다"라는 선언문을 발표했다.

교회는 1년 만에 10개의 지방교회, 1,500명의 교인으로 크게 성장해 1936년에는 《조선기독》 회보를 발간하고, 신학교 길림학원을 설립하고 변성옥이 원장을 맡았다. 신학교의 운영은 집단농장 형식을 취해 여름에는 농사를 짓고 농한기인 겨울에 집중적인 교육을 실시했다. 외국 선교사의 지원에 의존하지 않는 자립적인 선교정신은 만주의 독립운동가들과도 연결되어 그는 독립운동 혐의로 1943년부터 2년간 길림에서 옥고를 치렀다.

해방 후에 함북 길주신학교 교장을 지내다가 월남해 1946년 5월 YMCA 총무(7대)에 선출되었다. 한편, 1946년 9월 대한독립촉성국민회 청년부장, 11월 제1회 전조선레슬링선수권대회 대회장, 8

월 8·15 기념행사 집행위원, 12월 미군정의 남조선 관선 입법의원, 1947년 3월 발족의 조선적십자사 비서장, 1948년 3월 (제헌)국회선거위원회 위원을 지냈고, 해방 후에 재건파와 복흥파로 분열된 감리교회의 합동에 주력해 기독교대한감리회로 통합(1949년 4월)시키는 데 이바지했다.

또한, 그는 YMCA 종교부 간사로 있던 협성학교 제자 이호빈 목사 등과 1947년 4월 YMCA 내에 초교파적 중앙신학원을 설립하고 초대 원장에 취임했다. 중앙신학원은 지금의 강남대학교로 발전했다. 대학 홈페이지에 초대 총장으로 그의 사진이 올라가 있다.

1948년 5·10 제헌국회 선거 이후로는 YMCA 재건에 전념하고자 1948년 8월부터 1년간 유럽과 북미에서 YMCA 연수를 받았다. 그 지식과 체험을 국내에서 펼치고자 노력하던 1950년 3월 5일, 청주 YMCA 창립 2주년 행사 참석의 출장길에 급성 췌장염으로 순직했다. 장례식은 3월 9일 종로 YMCA 강당에서 거행되었다.

YMCA도 초교파적 기관이다. 초교파 만주 조선기독교회, 초교파 중앙신학원 창설 등으로 인해 오히려 어느 조직에서도 그를 제대로 기록하지 않았고, 또한 이북 출신이었기에 세상에 잊힌 존재가 되지 않았을까. 일제하 국내외에서 나라를 위해 일하다 옥고까지 치르고 해방 후에도 크게 활약하다 숨진 목사 변성옥은 한국 기독교의 선구자로서 반드시 조명되어야 할 것이다.

9

한국 최초의 몰몬교 신자, 콩 박사

영양학자 김호직(金浩稙 1905~1959)

주께서 세 번째 네가 나를 사랑하느냐 하시므로
베드로가 근심하여 가로되 주여 모든 것을 아시오매
내가 주를 사랑하는 줄 주께서 아시나이다.
예수께서 가라사대 내 양을 먹이라.
(요한 21:17)

풍산 김씨 호직은 평북 벽동군에서 출생해 1924년 3월 수원고등농림학교(서울농대)를 수석으로 졸업하며 졸업생 답사를 맡았다. 전주 신흥고보 영어교사를 거쳐 대구 계성학교 박물교사로 근무할 때 교감 박정근의 여동생 박필근과 만나 결혼했다. 교사 생활 2년 후에 김호직은 다시 일본으로 건너가 1930년 일본 도호쿠(東北)제국대학 생물학과를 졸업했다.

귀국 후 이화여전과 숙명여전 교수로 생물학 및 영양학을 가르쳤다. 우리나라 음식물의 영양가를 연구 조사해 『조선식물개론』(1944)을 간행해 한국 음식물의 우수성을 알리고, 아울러 한국 음식물에 대한 연구법을 제시했다. 1946년 2월 국립수원농사시험장을 거쳐 1947년 12월 농사개량원 부총재가 되었다. 1948년 11월 정부대표

김호직

로 FAO 제2차 총회에 출석하고 1949년 2월 정부 유학생으로 도미해 1950년 2월 코넬 대학에서 영양학 석사 학위를 받고 1951년 귀국, 9월 동 대학원에서 논문 「콩 단백의 영양학적 연구」로 이학박사 학위를 받았다.

김호직은 코넬 대학 유학 중인 1951년 한국인으로서는 최초로 시스케하나 강에서 몰몬교 침례를 받았다. 그가 물 밖으로 나오는 순간 "내 양을 먹이라(Feed my sheep)"라는 강하고 부드러운 음성이 들려왔다고 한다. 나(예수)를 믿는다면 목자인 너는 나의 양(신자)을 먹이라는 말이다. 이는 그의 삶의 지침이 되어 그는 '콩박사'의 길을 걷게 되었다.

몰몬교는 미국에서 1830년 뉴욕에서 창시된 기독교계 신흥종교이다. 성경과 더불어 '예수 그리스도의 또 하나의 성약'이라는 부제를 가진 몰몬경(Book of Mormon)을 경전으로 쓴다고 해 몰몬교라는 이름으로 알려졌고 교인들은 몰몬 혹은 후기성도(Latter-Day Saints 혹은 LDS)라고 불린다. 한국에서는 1955년 한국 본부 설립 이후 말일성도 예수그리스도교회라는 명칭을 사용했는데, 말일성도는 일본어에서 온 것이고, 말일성도라는 호칭이 말세를 연상시키는 부정적 의미가 있어 2005년 한국 선교 50주년을 맞아 예수그리스도 후기성도 교회로 공식 명칭을 바꾸었다.

6·25 때 미군 군목을 통해 부산에서 포교가 시작되었을 때 마침

김호직이 미국 유학에서 돌아오자 전도는 힘을 받았다. 청소년들과 대학생들에게 영어 교육을 통한 전도로 큰 효과를 거뒀는데 김호직 박사 또한 가족을 전도해 1952년 부산 송도 앞바다에서 아들 김신환과 딸 김영숙을 포함한 4명이 한국 역사상 몰몬교의 첫 침례자가 되었다.

1955년에는 한국에 지방부가 조직되어 김호직이 초대 지방부장으로 임명되었고 1957년에는 김호직 박사에 의해 '한국몰몬교회재단'이 설립되었으며, 1962년 7월에는 '한국선교부'가 조직되었다.

한편, 김호직은 종교 활동 외로, 1951년 부산수산대 학장(~54.01), 1953년 2월 국민 영양 계몽·개선·농사 교육 보급에 공헌해 대통령상을 받고 동년 3월 연희대학교 교수가 되고 11월 대한생물협회 회장, 1954년 학술원 회원, 1955년 3월 문교부 차관, 1956년 11월 인도의 뉴델리에서 개최된 유네스코(UNESCO) 제9차 총회에 정부 대표로 참석했다. 서울농대 교수, 유네스코 한국 집행위원, 서울시 문화위원, 한국생물과학협회 부회장, 한국영양협회장, 홍익대 학장, 건국대학교 축산대학장 등 다방면에 걸쳐 왕성한 사회활동을 했는데 타계 당시 명함이 26개나 될 정도였다. 당시 미국에 유학해 박사까지 딴 인재가 부족한 탓도 있었지만 많은 직함은 "내 양을 먹이라"는 신앙적 봉사 정신에서 비롯된 것이었다.

박사논문이 콩에 대한 연구였듯이 비싼 고기를 자주 먹을 수 없는 우리에게는 단백질 공급원으로 중요한 콩의 연구와 콩 음식의 장려로 '콩박사'라는 별명이 붙었고 콩을 주재료로 한 보강식을 발명해 특허를 받았다.

1959년 8월 28일 서울시 교육위원회 회의 중 토론을 벌이다가 뇌일혈로 쓰러져 세브란스병원으로 옮겨졌으나 혼수상태에서 끝내 깨어나지 못하고 31일 사망했다.

김호직의 비석

장례시에는 종로에서 동대문까지의 차량이 통제되었으며 건국대 축산대 59학번 제자 60여 명이 전후좌우에서 꽃상여차에서 늘어진 상여줄을 붙잡고 행진했다. 건대 체육관에서 거행된 장례식은 서울시교육위원회·건국대·말일성도예수그리스도교회 연합으로 정부요인을 비롯한 천여 명의 참석 하에 거행된 후, 고인은 다시 학생들의 인도하에 망우리묘지로 향했다. 혼신을 다해 우리 국민을 먹이기 위해 헌신한 숭고한 일생이었다.

전북대 과학학과 김근배 교수는 논문 '한국의 과학기술자와 과학 아카이브'에서 '100인의 근·현대 과학 기술자(1880~1970년대)'를 선정했는데, 여기에 망우리에 계신 지석영, 오긍선, 이영준과 더불어 김호직이 포함되었다. 과학기술계의 선구자가 4분이나 모여 있는 곳이 망우리공원 말고 달리 있을까.

장남 김신환(1932~2019)은 부친의 뜻을 이어 서울대 생물학과를 나왔으나 성악에 뜻을 두고 프랑스로 가서 1957년 파리국립고등음악원을 졸업, 파리 성악 콩쿠르에 한국인 최초로 입상, 동양인 최초로 라스칼라 오페라단의 테너 솔리스트로 활동했다. 저명한 성악가에 수여되는 이탈리아 베르디 금상 등 다수의 수상을 하고 이탈리아 대통령 문화 훈장과 기사 작위를 받는 등 세계적으로 이름을 떨쳤다.

귀국 후 1985년 서울시립오페라단을 창단해 초대 단장을 12년간 역임하고 88서울올림픽 개막기념으로 1988년 9월 16일 세종문화회관에서 오페라 〈시집가는 날〉의 초연에 총감독을 맡았다. 그밖에 영남대 음악대학장, 세종문화회관 이사장, 한국성악회회장을 지냈고 국내 가곡과 함께 국내 성악가들이 세계에서 활동할 수 있는 발판을 마련하기 위해 '김신환 국제성악콩쿠르'를 진행하며 국내 성악계와 후학 양성에 이바지하는 한편 예수그리스도후기성도 교회 온누리합창단의 고문을 지내고 2019년 5월 21일 숙환으로 별세했다.

망우리 고개에서 망우리공원으로 50미터 올라가자마자 좌측 축대를 바라보면 적색 동그라미 안에 20이라고 적힌 속도제한 표지판이 보인다. 그 우측 배수로를 따라 올라가 다시 표지판 쪽으로 축대를 따라 걸어가면 우측에 묘지 입구를 알리는 표석이 서 있다.

10

크리스천 홈의 태양

MRA 운동의 개척자 이경숙(李景淑 1924~1953)

일본인 아사카와 다쿠미 묘 바로 아래에 있다. 2014년 다쿠미 묘 옆에 너른 자리가 마련되기 전까지는 다쿠미 추도식에 참석한 이들은 이경숙의 묘 앞자리에서 신세를 졌다. 비명을 읽어본다. 앞면에는 십자가 아래 '李景淑 무덤'이라고 적혀 있고 아래에 뒷면을 옮기되 한문은 한글로 옮겼다.

소녀시절엔 일정 하 민족애의 꽃
청년 때엔 정열적인 어린이의 스승
장년엔 크리스챤 홈의 태양
이 나라 MRA 운동의 개척자의 하나
순수한 신앙과 착한 덕행의 30년
일생은 이 고장 여성의 영원의 거울

1953년 11월 18일 서울대학교 교수 유달영 씀

이경숙은 개성의 호수돈여고를 나왔다. 호수돈 여학교는 1899년 미국 남감리교회의 여성 선교사로 개성에 온 캐롤 여사에 의해 설립되었다. 1910년 미국 홀스톤(holston) 지방 부인협회의 원조를 받고 호수돈(好壽敦)으로 이름을 바꾸고 1953년 대전에 새로 개교해 지금에 이른다.

이경숙

호수돈여학교는 도산 안창호가 조카딸의 전학문제로 유달영을 찾아와, 겨레의 딸로 길러줄 만한 학교를 물색한 끝에 최종적으로 호수돈여학교를 선택했다고 전했을 정도로 민족주의적 색채가 강한 학교로 개성의 3·1운동에 호수돈 여학생들이 주체적으로 참여한 기록이 있다.

유감스럽게도 이경숙의 학교 졸업 후의 사회적 행적은 사료에 보이지 않는다. 비문을 짓고 쓴 유달영(1911~2004) 박사는 무교회운동 김교신의 양정고 제자로 농촌계몽운동 등 사회운동에 큰 공적을 남긴 기독교인이다. 소설 「상록수」(심훈)의 실제 모델 최영신을 세상에 알리기도 한 유달영 박사의 글과 글씨가 비석의 문화적 가치를 높여 주었다.

유달영은 수원고농(서울 농대)을 졸업하고 일본인 교수가 알선한 총독부 자리를 거부하고 함석헌, 김교신의 주선으로 호수돈여고에 부임해 여성 교육이 민족 광복의 바탕이 되리라는 신념을 갖고 학생들을 가르쳤다. 그때 한국 MRA(도적재무장 Moral Re-Armament) 운동을 시작했는데 제자 이경숙도 남편 구교정과 함께 MRA에 관여했다.

유달영은 최영신 외로도 우리나라 여성 사회운동가에 대한 글도 몇 편 남겼는데 이경숙에 관해서는 그의 수상집 『눈 속에서 잎 피는 나무』(1967, 중앙출판공사)에 자세히 나온다. 그 내용에 필자의 취재 내용을 덧붙여 아래에 소개한다.

유달영은 이경숙의 입학 때부터 졸업 때까지 담임선생이었다. 근시 안경을 쓴 이경숙은 우울한 성격으로 말이 없이 별로 눈에 띄지 않았다. 가정 방문을 해 보니, 아버지는 중학 때 만주에 가서 행방불명이 되었다고 하는데 아마 독립운동을 에둘러 말한 것으로 보였다. 어머니는 삯바느질을 하는 어려운 환경에서도 자식들을 학교에 보냈다.

1년이 지난 후부터 이경숙은 유달영을 아버지처럼 믿고 따랐고 유달영도 그녀의 성장을 놀라운 눈으로 바라보았다. 얼굴에도 화기가 돌고 빛나서 딴사람이 되었다. 점수가 박한 교사가 많았던 그 시절에도 평균 97점의 놀라운 성적으로 수석 졸업하고 경기도지사상을 받았다.

3년 늦게 입학한 여동생 이영선(1927~2016)은 "네가 바로 이경숙의 동생이냐?"라고 교사들이 묻기에 심적 부담이 컸다고 한다. 동생도 언니에 부끄럽지 않게 공부를 잘해 당시 학교에서 유일하게 서울대(사대 생물학과)에 합격했다. 졸업 후 숙명여고 교사로 정년까지 일했다.

그렇지만 경숙은 늘 자신은 보잘것없는 사람이라고 겸손해했다. 유달영은 자신이 재직하던 개성공립중학교의 국어교사 구교정을 중매해 간소한 결혼식의 주례를 맡았다.

이경숙은 늘 "이 겨레를 위해 나의 모든 것을"이라는 것이 한결같은 신념이었다. 남편도 "저는 제 아내를 사랑하고 또 존경합니다"라고 유달영에게 전했다.

개성 교외의 시골 학교에서 교편을 잡고 불쌍한 어린이들을 진정으로 사랑해 주었다. 가끔 교육 상담을 위해 영원한 스승 유달영의 집을 찾았고 페스탈로치와 같은 삶을 살고자 하여 개성시의 큰 학교에서 불러도 가지 않았다.

시어머니는 미신 덩어리의 완고한 노인으로 가혹하게 며느리를 다루었으나 몇 년이 가지 않아 며느리를 따라 크리스천이 되었다. 시어머니는 유달영에게 이렇게 말했다. "제 며느리는 성인이죠. 이 하늘 아래 그런 사람이 또 있을까요. 나도 그 착하고 어진 마음씨에 결국 항복하고 말았어요, 선생님!"

경숙은 진심으로 아껴주고 받들어주는 지성이 있을 뿐이요 수단을 부릴 줄 모르는 여자였다. 하지만 늘 너그럽고 부드럽고 남 앞에서 말하기 쑥스러워하는 그녀는 불의에는 엄숙하고 날카로운 얼굴로 맞섰다. 1949년 월남해 인천여중고 교사로 있던 남편이 어느 사람들의 부정한 사실을 보고 이를 밝히려고 하자 이들은 지방언론사를 이용해 남편을 위장 월남한 공산당으로 모함했다. 이경숙은 검찰, 법원, 학교를 찾아다니며 남편의 무죄를 호소했다. 학교 여학생들이 들고일어나 경찰에 진정서를 내고 지역 청년들도 가세해 시비는 밝혀졌다. 사실 구교정은 개성중학에 있을 때 적색분자들과 투쟁하다가 월남했던 것이다.

1남 2녀를 두었는데 4번째 태아를 임신한 상태에서 어느 날 기도를 하다가 앞으로 쓰러지며 태아가 죽고 연이어 심장마비가 일어나 이경숙은 별세했다.

추도회 때에 방 한구석에 앉아 눈물만 흘리는 사람이 있었다. 그는 피난처에서 이경숙 부부가 피나게 모은 적잖은 돈을 빌려서 시작한 사업에 실패해 조금도 갚지 못한 사람이었다. 이경숙은 친구의 돈을 갚지 못하는 그의 마음이 더 괴로울 것이라고 하며 오히려 가끔

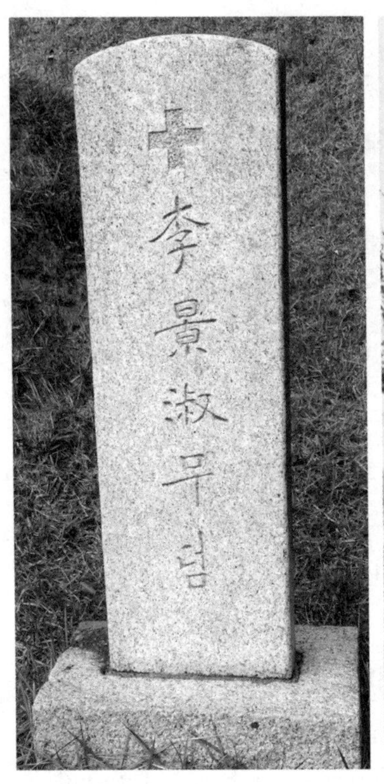

이경숙 비석 앞면과 뒷면

그를 찾아가 너무 미안해하지 말고 사업에 노력하라고 격려해 주었다는 것이다.

화장터에서 화부들은 이경숙의 뼈에서 큰 사리가 나왔다며 놀라워했다. 시어머니는 며느리의 거룩한 재를 묘지에 묻어두기 싫으니 강에 뿌리고자 했으나 유달영이 이곳 망우리의 묘를 마련해 묻어 주었다. 어린 제자들이 성장해서 또 자식들과 친구들이 이 무덤을 찾을 때마다 그 아름다운 인격을 추억하는 시간을 갖도록 하자는 생각에서였다.

마지막으로 유달영은 이렇게 끝을 맺었다. “이 여사는 내가 본 가장 아름답고 숭고한 여성이었다. 나는 그를 사랑하고 사모하고 또 존경한다. 내가 이 나라에서 이 여사를 만나본 것만으로도 이승에 태어난 보람은 크다고 믿는다. 공중을 떠다니는 비누풍선 같은 종로와 명동 거리의 여성들을 우두커니 서서 바라볼 때마다 나는 이 여사를 간절하게 회상한다. 이 나라의 썩은 끄트러기에서 돋아날 희망의 움이 있다면 그것은 가정에서 구해야 할 것이다. 사나운 탁류를 막아 내어 민족의 생명을 건지는 마지막 방파제가 있다면 그것도 건전한 가정에서 찾아야 할 것이다. 나는 이경숙 여사의 짧은 인생에서 내가 가슴에 그리는 이 나라 여성의 영원의 거울을 발견했다고 믿는다."

이경숙의 남편 구교정(1920~2015)은 1940년 개성 송도고보 졸업 후, 일본 관서대학 경제학과를 1944년 졸업하고 귀국해 유달영이 재직하던 개성공립중학교에서 국어교사로 함께 근무하고 1949년 월남 후에는 인천여중고 영어교사, 6·25 때는 미8군 통역관으로 일했다. 1954년 대한중공업공사(현 현대제철) 기획실장 때인 8월 12일 사무실이 없던 MRA 한국본부의 정기집회를 자사 사무실에서 가졌다. 동덕여대 영어강사로 재직하던 1957년 3월 필리핀 바기오에서 열린 MRA 국제대회에 한국 대표로 참석하고 4월 귀국해 민의원 윤성순과 정준, 송죽회장 박현숙, 학생대표 최상우 등 4인과 함께 각 언론사를 방문해 회의 결과를 전했다. 그 후로는 에버렛기선회사 한국지사 근무, 1961년 삼원물산 대표 등 분주한 실업계에 종사하며 재혼한 부인을 따라 가톨릭으로 개종해 더 이상의 MRA 활동은 하지 못했다.

1973년 이후 망우리에는 새로운 묘가 들어오지 못했기에 다른 가족은 모두 파주의 성당에 묘가 있다. 아들 구관우 씨(1947~)는 대학생 때부터 자신이 앞장서서 돌봐온 망우리의 어머니 묘에 애착이 크다. 하지만 홀로 떨어진 어머니 묘의 관리는 자신의 대에서 끝나게 될 터라 미래가 걱정스럽다.

지금 와서 보건대, "우리의 역사는 세상이 알지 못하는 이런 사람들에 의해 지탱되어 가는 것이고 또 발전되어 갈 것이다"라고 하며 그 옛날에 망우리에 묘를 마련하고 비문을 남긴 유달영 박사의 판단은 옳았다. 기독교계도 저명한 목회자만을 찬양하는 역사에서 벗어나야 한다. 비록 이경숙은 망우리의 다른 유명인처럼 사회에 뚜렷한 흔적을 남기지는 못했지만, 유달영 박사가 남겨준 비석으로 인해 우리는 평범하되 신앙의 힘으로 아름답게 살다간 한 여성의 삶을 생각하게 된다. 계속 이곳에 남아서 묘를 찾는 이 나라 여성에게 영원한 거울이 되기를 바라마지 않는다.

11

전도부인 어머니와 독립지사 아들

주룰루(1880~1960)와 김명신(金明信 1899~1974)

순환로 반환점이 되는 동락정에서 구리 쪽 우측 언덕 아래에 돌판으로 덮은 평묘 2기가 보인다. 위가 어머니 주눌누, 아래가 아들과 며느리인 김명신·박경신 부부의 묘다.

이름도 희한한 주눌누. 요즘 표기로는 주룰루이고 룰루(lulu)는 세례명이다. 여성 이름 루이자(Louisa), 루이즈(Louise)의 애칭이다. 비석 앞면에 '그리스도의 종 주눌누 여사 묘', 후면에는 '주와 같이 살다가 주를 따라 가시다'. 옆면에 '1880년 4월 24일 출생, 1960년 9월 3일 영면'이라고 적혀 있다.

주룰루에 대한 상세한 내용이 『한국 교회 처음 여성들』(이덕주, 2007)의 「해주 지방 전도부인 주룰루」 편에 실려 있다. 정리하면 다음과 같다.

경기도 개성에서 태어났다. 본명은 주포기. 집안이 가난해 4세 때 혼자 황해도 해주에서 무당을 하는 외할머니집에서 살았다. 1년 후 집에 돌아왔는데 어느 날 부친은 가출해 행방불명이 되고 어머니는 그 충격에 신이 들려 무당이 되었다. 주포기는 머리가 총명해 어깨너며 공부로 열흘 만에 한글을 깨쳤다. 오빠 또한 부친을 찾겠다고 집을 나가서 모녀만 남았는데, 청일전쟁이 터지는 바람에 모녀는 해주로 피신했다. 일본군이 처녀를 잡아간다는 소문이 들려 16세의 주포기는 농사꾼 김기섭과 결혼했다.

남편의 사랑도 없는 고된 시집살이가 이어지던 1901년 어느 날 전도부인을 만나 기독교에 관심을 갖게 되었다. 전도부인의 노력으로 먼저 외할머니가 교인이 되고 친정어머니는 몇 년 후에 교인이 되었다. 1905년 8월 세 여자는 함께 해주읍 교회에 나가기 시작했고 주포기는 12월 Lulu라는 세례명을 받았다. 그러나 교회를 반대하는 남편의 박해가 심해 주룰루는 아들 명신(1899생)을 데리고 친정으로 돌아갔다. 남편은 2년 후 병에 걸리고, 죽기 전에 교인이 되었다. 이때부터 교회에 전념해 해주 의정학교의 한글 교사를 지냈고 1907년부터 전도부인이 되어 선교활동에 나섰는데 특히 '귀신 내쫓는 전도부인'으로 유명했다. 해주에서 전도사로 시무하고 해방 후 월남해 아들과 지내다가 80세로 별세했다.

김명신은 연희전문 학생 때인 1919년 3·1운동 직전에 박희도(「한용운과 박희도」 편 참조)의 지시로 만세시위 유인물과 태극기의 해주군으로의 비밀 이송을 담당했다. 그리고 만세운동이 벌어지자 해주군에서 만세운동을 주도한 죄로 해주지방법원에서 오현경, 황학영 등과 함께 징역 2년형을 언도받고 옥고를 치렀다.

이에 관련해 1961년 8월 1일자 경향신문 '파란의 생애 마친 노지사(老志士)'라는 기사에서, 삼일운동을 계기로 구월산 투쟁, 신간회 사건 등에 참여한 독립투사 최봉직은 자신의 비망록에 다음과 같이 적어 놓았다.

"삼일운동 직전인 4252년 2월 27일 최 씨는 김명신(현 세브란스 사무처장) 씨의 지도로 서울에서 독립선언서를 자전거 타이야 속에 숨겨 황해도로 운반함으로써 20대에 구국투쟁에 뛰어들었다…."

또한, 보훈처 공훈전자사료관의 1919년 3월 2일 옹진군 만세시위 자료에서도 이렇게 기록되어 있다.

"해주를 경유하여 옹진군에 독립선언서가 전달된 것은 3월 1일의 일이었다. 즉 당시 서울에서 3·1독립운동을 주동하던 해주 출신의 박희도는 그의 처남 되는 김명신에게 선언서 4백 50장을 주어 해주·옹진지역 예수교회에 전달하게 했다. 김명신은 2월 28일 아침에 선언서를 가지고 서울을 떠나 오후에 해주에 도착하여 해주 읍내 황학소의 집에 전하고…."

출옥 후인 1920년 5월 해주감리교회에서 목사 박계화의 딸 박경신(1900~1964)과 결혼했다. 박계화의 조카가 박희도(부 박계근)이므로 김명신은 박희도의 매제(사촌 누이의 남편)가 된 것이다. 그런데 상단의 기록에 나오듯 원래 김명신은 박희도의 처남(처 김희신의 사촌, 주룰루의 조카사위)이었다.

1926년 연희전문학교 상과를 우등으로 졸업하고 전남 광주 수피아여학교 수물과(수학·물리) 교사로 부임해 교감 때인 1936년 10년 근속 표창을 받았다. 1939년 유한양행 영업과장으로 들어간 후에 유특한(유일한의 막내동생)의 유한무역(현 유유제약)에 합류하여 사장까지 지냈다. 해방 후 1945년 9월 4일 임정 및 연합군 환영 준비회(권동진) 위원, 1953년 소사(부천)고려공과학원 원장, 1954년 세브란스 의과대학 서무처장, 1960년 배화여교 교장서리를 맡고 1961년 퇴직했다. 이후 유유산업(유유제약)에 들어가 1965년 사장을 맡았다.

김명신과 같은 2년형을 받고 옥고를 치른 오현경 목사는 2001년 애국장을 서훈받았는데 김명신이 애국지사 서훈을 받지 못한 이유는 아직 알 수 없다.

김명신은 망우리에 실제 존재하지만 서류에는 존재하지 않는다.

관리사무소의 전산 데이터에 주눌누와 박경신은 있지만, 1974년 들어온 김명신의 이름은 없다. 왜냐하면, 1973년 폐장 이후로는, 비록 가족묘지로 확보한 자리가 있다고 해도, 법적으로 아무런 추가의 묘가 들어오지 못하게 되었다고 한다. 그러나 기존 묘에 1973년 이후에도 합장된 가족이 더러 있음을 볼 수 있다. 어느 비석에는 74년 이후 들어온 가족의 이름이 새겨져 있고, 한때 서울시가 장려한 어느 합동 납골식 묘지에는 2002년 들어온 고인의 이름이 있다. 실상을 무시한 과도한 행정이었음에도 아무도 손대지 않고 지금까지 50년간 쉬쉬하면서 넘어갔다. 실태를 양성화해 실제로는 존재하지만 서류에는 없는 황당한 행정을 바로잡아야 할 것이다.

12

한복을 입고 이 땅에 묻힌 일본인

민예연구가 아사카와 다쿠미(淺川巧 1891~1931)

매년 4월 2일을 전후해 동락천 약수터 근처에
많은 한일 양국인이 한 무덤을 둘러싸고
참배하는 광경을 볼 수 있다.
무덤의 주인은 1931년 4월 2일 식목일 기념행사 준비 중
타계한 총독부 산림과 직원 아사카와 다쿠미.
해방 후 거의 모든 일본인은 파묘까지 해 본국으로 돌아갔는데
그는 왜 아직 이곳에 남아 있는가.

무덤 오른쪽 작은 비석 '아사카와 다쿠미 공덕지묘(淺川巧功德之墓)'는 1966년 임업시험장 직원 명의로 세운 것이다. 그 앞쪽의 항아리 조각품은 다쿠미가 생전에 좋아한 백자를 형상화한 조각품으로, 조각가로도 활동한 그의 형 노리다카(伯教 1884~1964)가 다쿠미 타계 1주기 때 세운 것이다. 노리다카는 조선 전국 700여 곳의 가마터를 답사해 조선 도자의 역사를 정립하고 광복 후에도 미군정의 의뢰로 이곳에 남아 연구 결과를 정리하고 돌아간 당대 최고의 조선 도자 전문가였다.

왼쪽에 서 있는 검은 단비는 1984년 8월 23일 임업시험장 직원들이 새로 세운 것으로 앞면에 "한국의 산과 민예를 사랑하고 한국인의 마음속에 살다간 일본인 여기 한국의 흙이 되다", 뒷면에 "아사카

아사카와 다쿠미

와 다쿠미 1891.1.15 일본 야마나시현 출생, 1914-1922 조선총독부 산림과 근무, 1922-1931 임업시험장 근무, 1931. 4.2 식목일 기념행사 준비 중 순직. 주요업적: 잣나무 종자의 노천매장발아촉진법 개발(1924), 조선의 소반(1929), 조선의 도자명고(1931) 저술"이라고 적혀 있다.

다쿠미는 야마니시현 기타고마(北巨摩)군에서 1891년 출생했다. 고마, 구마는 곰(熊)에서 변화된 말로 일본에서는 예로부터 고려, 고구려를 가리켰다. 고마군은 고구려에서 도래한 사람들이 살았던 땅이었으니 다쿠미의 조선과의 인연은 운명적이었다.

1907년 4월 야마나시현 농림학교에 입학하고, 그해 10월 고후(甲府)감리교회에서 세례를 받았다. 졸업 후 1909년 9월 아키타현 오오다테 영림서에서 근무하고, 1913년에 먼저 조선에 건너와 소학교 교사로 일하던 형의 권유로 1914년 조선으로 건너와 총독부 농공상부 산림과 임업시험장에 고원(雇員, 일급제 준공무원)으로 들어가 1921년 기수(技手, 기술직 판임관. 여기부터 관리)로 승진했다. 임업시험장의 청량리 이전으로 1922년 2월부터 청량리에서 살았다. 하급 공무원이었지만 때로는 상사와 기술적 논쟁도 벌이며 양묘(養苗)와 조림에 대한 실험 논문도 다수 발표했다.

다쿠미의 일기에서는 기독교인으로서의 면모도 엿볼 수 있다. 교회는 주로 아사히초(旭町, 회현동)의 일본인 감리교회에 다닌 것으로 보이는데 다른 곳의 일본인 교회나 조선인 교회에도 가리지 않고 설교를 들으러 갔다. 믿음직하지 못한 교회나 목사보다는 예수님에 대한 믿음에서 기부를 했다. 특히 조선인에 관련된 내용으로는 1922년 1월 28일(설날), "밖에 나가니 아름다운 옷을 입은 아이들이 즐거운 모습으로 다니고 있다. 조선인 아이들의 아름다움은 각별하다. 그 아름다운 천사 같은 사람들의 행복을 우리(일본인)의 행위가 어느 곳 어느 때에 방해하고 있다면, 하나님 모쪼록 용서해 주시기 바랍니다"라고 하며 자신 속의 양심, 조선인에 대한 죄의식을 드러내고 있으며, 동년 8월 7일의 일기에는 "교회 (일본) 청년들의 조선인에 대한 태도는 실로 몰지각하다. 순진한 벗(조선인)의 음악이나 춤을 냉소하는 태도는 한심하다. 어떻게 보아도 기독교인답지 않다. 오랜 세월, 잘못된 정치와 사회 제도 속에 놓인 가난한 벗들이 농한기에 하루 모여 그 답답한 마음을 풀기 위해 너른 들판에서 추는 춤이다. 우리 고향의 봉오도리 춤보다 예술적이라 할 수 있다"고 하며 일제에 고통받는 조선인에 대한 연민을 드러내고, 조선인을 같은 인간으로서 이해하고 대접하지 않는 자들에 대한 분노를 드러내고 있다.

야나기 무네요시와 아사카와 다쿠미

1923년 9월 어느 날. 경성 밖 청량리의 한 집에는 밤늦도록 불이 켜져 있었다. 방 안에는 《폐허》 동인 오상순, 염상섭, 변영로가 보이고, 집주인인 또 한 사람은 30대 청년이다. 조선옷을 입고 조선말을 자유자재로 구사하며 대화를 나누는 것으로 미뤄보아 영락없는 조선인. 하지만 그는 일본인 아사카와 다쿠미였다.

다쿠미는 《폐허》 동인들뿐 아니라 많은 조선인과 교유했다. 일기에 따르면 다쿠미는 야나기 무네요시(柳宗悅 1889~1961)가 일본에서 보낸 광화문 철거 반대 기고문을 당시 동아일보 장덕수 주필에게 넘겨 게재하게 했고, 동아일보 김성수 사장과는 정원사를 소개하고 나무를 선물한 인연으로 저녁식사를 함께 하기도 했다. 동갑 친구라 그런지 '김성수 군'으로 일기에 등장한다.

그날 다쿠미와 오상순 등은 야나기 무네요시의 아내 야나기 가네코(兼子)의 음악회 준비를 협의하고 있었다. 가네코는 일본의 유명 성악가로 1920년 5월 4일 동아일보가 주최한 첫 번째 음악회를 시작으로 조선에서 음악회를 수차례 열었고, 거기서 나온 수입은 주로 조선민족미술관 건립 등을 위한 비용으로 사용했다. 그날 협의한 음악회는 1924년 4월 3일 경성의 기독교청년회관(YMCA)에서 열렸고 수익금은 관동대지진으로 무너진 도쿄 조선기독교청년회관 재건 기금으로 기부됐다.

야나기는 해군 장성의 아들로 도쿄대 철학과를 졸업하고 도요대학에서 종교학과 교수를 지냈다. 그는 부친(해군 소장 전역)의 해군 후배인 사이토 조선총독의 도움을 받아 조선민족박물관을 설립하고 조선의 민예를 이론적으로 전파하는 데 큰 족적을 남겼다.

야나기가 조선의 민예에 처음으로 눈을 뜨게 된 계기는 다쿠미의 형 노리다카가 야나기에게 선물로 건넨 청화백자추초문각호(青花白磁秋草紋角壺). 직경 10.9cm, 높이 13.5cm의 이 작은 백자는 야나기가 1936년 도쿄 고바마에 설립한 일본민예관에 다른 조선 민예품과 함께 지금도 소중히 전시되어 있다. 필자는 2007년 12월 일본민예관에 찾아가서 청화백자를 직접 보고 사진도 찍었다. 일본민예관이라는 이름이 붙어 있지만, 2층에 마련된 방 하나에는 이 백자를 중심으로 오로지 조선 민예품만을 상설 전시하고 있어 일본민예관의 뿌리가 어디에 있는지를 여실히 보여준다.

이런 계기로 조선을 찾은 야나기는 다쿠미를 알게 됐고 이후 평생의 동지로 지냈다. 다쿠미가 경성에 거점을 두고 조선 민예의 조사 결과를 야나기에게 전수하면 야나기는 일본에서 조선 민예의 이론을 정립하고 전파하는 노릇을 했다. 또 조선민족미술관을 설립할 때에는 장소 확보와 자금 조달 등의 임무를 야나기가 맡고, 전시품의 수집 관리 등의 실무는 다쿠미가 도맡았다.

청화백자추초문각호(일본민예관 소장)

야나기는 조선민예에 관해 다쿠미로부터 큰 영향을 받았다. 야나기는 처음에는 일부 피상적 경험과 역사적 사실에 근거해 조선의 미가 '비애의 미'라는 논리를 폈다. 『조선과 예술』의 머리말에도 "가장 슬픈 생각을 노래한 것이 가장 아름다운 시다"라는 셸리의 시구와, 유명한 희곡은 대개 비극이었다는 사실을 들며 조선의 미는 비애가 낳은 것이라고 주장했다. 이 때문에 한국에서 번역된 이 책은 집중적인 비판 대상이 되기도 했다.

하지만 야나기는 이 책이 나온 지 얼마 후 다쿠미의 영향을 받아 생각을 바꿨다는 사실은 모르는 사람이 많다. 다쿠미는 실생활에서 얻은 체감으로 조선의 낙천성, 해학성을 이미 파악하고 있었으며, "많은 훌륭한 공예품(조선의 미)은 조선의 융성 시기에 꽃핀 것"이라고 설파했다.

불후의 명저 '조선의 소반'과 '조선도자명고'

다쿠미는 『조선의 소반(朝鮮の膳)』과 『조선도자명고(朝鮮陶磁名考)』를 남겼다. 이것은 한 권으로 묶여 『조선의 소반·조선도자명고』(학고재, 1996)로 번역 출간됐다. 한국 도자의 연구자들 사이에 지금도 자주 인용되는 귀중한 자료다.

다쿠미가 소반에 주목한 것은, 소반이 온돌방에 앉아 식사하는 문화를 가진 조선에서만 볼 수 있는, 중국에는 없는 조선 고유의 공예품이기 때문이다. 또 소반은 사용자에 의해 아름다움이 더해가는 공예의 표본이라 생각했다. 『조선의 소반』 머리말은 그의 이런 생각을 잘 반영한다. "올바른 공예품은 친절한 사용자의 손에서 차츰 그 특유의 미를 발휘하므로 사용자는 어떤 의미에서는 미의 완성자라고 할 수 있다.… 조선의 소반은 순박 단정한 아름다움이 있으면서도 우리 일상생활에 친히 봉사해 세월과 함께 아미(雅美)를 더해가므로 올바른 공예의 대표라고 칭할 수 있다."

『조선도자명고』는 다쿠미 타계 5개월 후인 1931년 9월 출간됐다. 이 책은 다쿠미가 오랫동안 조선 도자기의 명칭, 형태와 기원을 조사해 정리한 책이다. 다쿠미는 이 책을 집필한 이유를 머리말에서 이렇게 밝혔다. "작품에 가까이 다가가 민족의 생활을 알고 시대의 분위기를 읽으려면 우선 그릇 본래의 올바른 이름과 쓰임새를 알아둘 필요가 있다.… 나아가 그릇을 사용하던 조선 민족의 생활상이나 마음에 대해서도 저절로 알게 되리라."

그렇다. 요강을 본 어느 외국인은 그 이름이 요강인 줄 모르면 머리에 쓰거나 음식을 담아서 먹기도 할 것이다. 이름은 그 물건의 용도, 본질을 가장 잘 나타내는 것. 세월이 흘러 이름을 잊어버리면 그 물건의 본질을 찾을 수 없게 되는 경우도 생긴다. 다쿠미 자신도 일

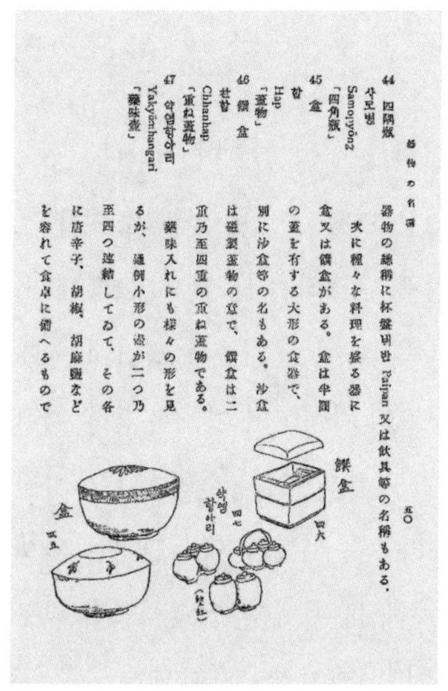
器物の名稱　五〇

器物の總稱に杯盤배반 Paipan 又は飲具等の名稱もある。

44 四隅瓶 사모병 Samoipyŏng「四角瓶」

次に種々な料理を盛る器に

45 盒 합 Hap「蓋物」

盒又は饌盒がある。盒は半圓の蓋を有する大形の食器で、別に沙盒等の名もある。沙盒

46 饌盒 찬합 Chhanhap「重ね蓋物」

は磁製蓋物の意で、饌盒は二重乃至四重の重ね蓋物である。

47 약념항아리 Yakyŏmhangari「藥味壺」

藥味入れにも樣々の形を見るが、通例小形の壺が二つ乃至四つの連結してゐて、その各に唐辛子、胡椒、胡麻鹽などを容れて食卓に備へるもので

饌盒 四六

약념항아리 四七

盒 四五

『조선도자명고』 삽화(왼쪽)와 『조선의 소반』 삽화

기에서, "도자기의 명칭과 용도를 조사하는 일은 박물관도 지금 하지 않는 일이라 앞으로 큰 도움이 될 것"이라고 적었다.

그런데 세계에서 두 번째로 자기를 만든 나라, 그리고 고려청자로 중국을 뛰어넘은 독보적 미를 창조했던 우리의 지금은 어떠한가. 손님에게 웨지우드 같은 유럽제 찻잔을 자랑스럽게 내놓으며 우리의 옛 도자기는 벽장 안에 모셔놓고 있지 않은가. 우리 도자기가 생활을 떠나 과시나 관상용 골동품으로 '전락'할 때 새로운 미는 창조되지 않는다. 아름다운 물건의 탄생은 당시대인의 생활에서 얼마나 친숙하게 사용되느냐에 달렸다. 『조선의 소반』에서 다쿠미가 마지막으로 남긴 말은 시사하는 바가 크다.

"지친 조선이여, 남의 흉내를 내는 것보다 갖고 있는 소중한 것을 잃지 않는다면 언젠가 자신에 가득 찰 날이 오리라. 이 말은 비단 공예의 길에 한한 것만은 아니다."

“네 이웃을 네 몸 같이 사랑하라…”

다쿠미는 덕이 큰 사람이었다. 얼마나 덕이 컸으면 비석에 ‘공덕지묘(功德之墓)’라고 했을까. 그의 덕을 엿볼 수 있는 에피소드가 많다. 그는 월급의 상당 부분을 민예품을 수집하는 데 썼고, 그렇게 모은 민예품도 나중에 대부분 조선민족미술관에 기증하고 집에는 깨진 물건만 남겨 놨다. 어려운 직장동료의 자식이나 이웃집 학생 여러 명에게 드러내지 않고 학비를 대주기도 했다. 여자 걸인에게는 가진 돈을 건네줬고, 남자 걸인에겐 일자리를 주선했다. 조선인과는 기생에서 비구니까지 신분의 차별 없이 친구로 지냈다. 임업시험장 인부들과 용두천에 물놀이도 가며 기쁜 일도 슬픈 일도 함께했다.

그렇게 진정으로 조선인과 교유한 다쿠미는 식목일 기념행사 준비로 과로한 나머지 급성 폐렴에 걸려 만 40세의 나이에 사망했다. 많은 조선인 이웃이 찾아와 곡을 했다. 평소 교분이 있던 청량사의 여승 세 명도 영전에 향을 올리고 조용히 눈물을 흘렸는데, 다쿠미의 부인이 나와 사의를 표하자 손을 붙잡고 “아이고!…” 하며 통곡을 하니 지켜보던 이들도 눈물을 참지 못했다. 가족은 아사카와에게 한복을 입혀 입관했다. 상여를 내보낼 때는 30여 명의 이웃이 생전의 은혜를 갚은 길이 없어졌다며 마지막 길에 서로 상여를 메겠다고 나서는 바람에 이장이 그중에서 10명을 골라야 했다. 그가 사랑한 벗들의 상여소리가 애절하게 울려 퍼지는 가운데 하늘에서 봄비가 눈물처럼 내렸다. 묘도 조선식의 봉분으로 만들었다.

1937년 이문리 묘지가 없어지면서 묘는 망우리공동묘지로 이장됐다. 해방 후 오랫동안 국교가 단절된 상태에서 다쿠미의 묘소는 돌보는 이 없이 덤불 속에 가려지고 조각품도 쓰러져 뒹굴고 있었다. 1964년 화가 가토가 다시 찾아내고 임업시험장 한국인 후배들이 관리를 자청하고 나서 그들의 이름으로 1966년 공덕비가 세워졌다.

그 후 다쿠미를 기리는 양국민의 발길이 끊이지 않는 가운데, 다쿠미의 평전과 서간문도 나왔고, 고향 야마나시현 호쿠토시(北杜市)는 2001년 7월에 한국 도예가의 기증품을 받아 아사카와 형제자료관을 개설했다. 2012년에는 영화 「백자의 사람」이 양국에서 개봉되었다. 그리고 2014년 호쿠토시는 4천만 원의 예산을 들여 묘역을 대대적으로 정비했다.

다쿠미 무덤 앞에는 그가 생전에 좋아했던 도자기 형상의 석조물이 서 있다.

다쿠미는 『조선의 소반』 서문에서 이렇게 말했다.

> 일상생활에서 필자와 가까이 지내면서 견문의 기회를 주고 물음에 친절하게 답해준 조선의 친구들과 많은 도움을 준 분들에게 이 기회를 빌려 고마움을 표하고 더욱 친해지기를 바라마지 않는다.

13

한반도에 포플러와 아카시아를 심다

총독부 초대 산림과장 사이토 오토사쿠(齋藤音作 1866~1936)

그때에는 이리가 어린 양과 함께 살며
표범이 새끼 염소와 함께 누우며 송아지와 새끼 사자와
살진 짐승이 함께 풀을 뜯고 어린아이가 그들을 이끌고 다닌다. …
젖먹이가 독사의 구멍 옆에서 장난하고
젖 뗀 아이가 살무사의 굴에 손을 넣는다.
나의 거룩한 산 모든 곳에서 서로 해치거나 파괴하는 일이 없다.
(이사야서 11장 6~9절)

식목일을 처음으로 제정하고 포플러와 아카시아를 심는 등 조선의 산림정책을 좌우한 총독부 고위 기술관료 사이토 오토사쿠의 삶을 살펴본다.

비면의 맨 앞 글자 '재(齋)' 자가 일부 깨져나가 잘 보이지 않았지만, 비석 이름 위의 십자가와 비석 뒷면의 '소화11년(1936년) 6월 28일 소천(召天)'이라는 비명이 기독교인이며 조선총독부 산림과장, 영림창장을 지낸 사이토 오토사쿠(齋藤音作)의 비석임을 확실하게 증명해 준다. 초판본의 출판사 박종평 대표(이순신 연구가)가 찾았다.

필자가 니이가타에 살고 있는 사이토의 유족에게 확인한 결과, 사이토는 사망 후 망우리에 묻혔고 일본으로 이장한 적이 없으며, 후손들이 1970년대 망우리를 방문했었으나 무덤은 찾지 못하고 근처의 흙만 한 줌 가지고 돌아갔다고 증언했다. 즉, 사이토의 묘는 비석만 있고 봉분이 없는 일본식 묘로, 비석 밑에 사이토의 화장된 유골이 묻혀 있는 것이다.

사이토는 니이카타현 이와후네군 세키가와무라에서 겐사쿠의 장남으로 태어났다. 부친은 번(藩)의 재무관리이며 세카가와무라의 대지주인 와타나베가(家)의 가레이(家令, 집사)였다. 1891년에 고향의 다카노스 온천이 홍수로 폐허가 되었을 때 온천을 직접 인수해 부흥시켰다. 1906년 그의 사망 후 온천이 내려다보이는 언덕에 '다카노스 온천 개조(開祖) 사이토 겐사쿠 위렵탑'이 건립되어 대대로 사이토가의 묘지가 되었다. 명치유신 후, 와타나베가는 지역 젊은 인재의 도쿄 유학을 물심양면 지원했는데 사이토도 여기에 포함되었다. 와타나베 저택(1817)은 국가지정중요문화재로 역사극의 촬영 장소로도 활용되고 있다.

기독교인의 삶을 선택하다

도쿄대 학생 오토사쿠는 도쿄 우시고메의 고지마 간고(우시고메 구청장 역임)의 집에서 살았다. 고지마는 성공에 취해 매일 술과 방탕한 나날을 보내던 사람이었다. 한겨울의 매우 추운 밤이었다. 한밤중에 문득 잠이 깨어나 화장실에 갔다가 뜰을 바라보았다. 새하얗게 서리가 깔리고 밝은 달이 정원을 비치고 있었다. 그런데 정원의 안 구석에 사람 같은 물체가 웅크리고 있는 것이 보였다. 깜짝 놀라 자세히 쳐다보니, 그것은 고지마 씨의 부인이 아닌가. 부인은 남편을 위해 서리를 맞으면서 엄동의 한밤중에 남몰래 눈물을 흘리면서 기도하고 있던 것이었다. 그 형용할 수 없는 엄숙한 모습을 보게 된 젊은

사이토 오토사쿠

오토사쿠는 마치 강렬한 전기에 감전된 듯한 느낌이었다. 그 감동에서 오토사쿠는 기독교인이 되었다. 고지마 씨도 부인의 정성에 감복해 나중에 독실한 기독교인이 되었다.

가문은 막내 여동생이 의사 데릴사위를 얻어 잇게 하고 사이토는 임학 공부에 뜻을 두고 1890년 24세에 도쿄제국대학 임학과 졸업과 동시에 농상무성 산림국에 취직해 관리로서의 길을 걷기 시작했다.

한편으로는 도쿄금주회 평의원, 도쿄부인교풍회 특별회원이 되고 1896년 4월 도쿄 우시고메 일본기독교회에서 오가와 요시야스(1831~1912, 일본 최초의 개신교 장로 및 목사)의 세례를 받고 기독교인으로서의 삶을 선택했다. 근무 외의 시간에는 기독교주의 학교인 메이지 여학교에서 수학, 물리학 등을 가르쳤는데 메이지 여학교의 제자였던 무라코와 1895년 결혼했다. 곧 청일전쟁이 발발해 육군 장교로 만주, 대만 등에서 군법회의 판사, 부관 등으로 근무하고 1896년 9월 소집해제가 되었으나 대만 총독 노기 마레스케의 부름을 받아 대만 총독부에서 산림 개간 업무를 하는 무간주사(撫墾主事)직을 맡아 임이포(林圮浦) 무간서장으로 부임했다.

그해 11월 23일 대만 최고봉인 옥산(玉山, 3,952m)의 처녀 탐험에 성공해 높이의 측정 및 생태 조사 결과를 보고했다. 이 탐험에 의해 옥산은 후지산(3,776m)보다 높아서 일본에서는 신고산(新高山)이라는 이름으로 부르기 시작했다. 탐험의 기념으로 사이토는 그해에 태어난 딸을 '다마코(玉子)'라고 명명했다. 1898년 3월 악성 말라리아에 걸려 귀국해 야마나시현 이치가와초에서 요양한 후, 1899년 이시카와현 산림과장, 1902년 야마나시현 산림과장에 부임했다. 야마나시에 있을 때 1903년 사이토는 자택에 도쿄의 목사를 초빙해 집회를 열고 전도를 시작했다. 부인과 함께 교회의 장로로 봉사했는데 이 교회는 일본기독교 야마나시 교회로 이어져 지금도 존재한다.

1906년 홋카이도청 임정과장으로 부임했다. 홋카이도에서 근무하며 많은 업적을 남긴 후 1909년 12월, 대한제국의 산림 전문가 초빙에 응해 농공상부 임정과장으로 부임했다.

총독부 초대 산림과장

1910년, 사이토의 기획으로 순종 황제가 선농단에서 친히 식수식을 거행함으로써 전국민에게 식목의 의의를 성공적으로 알린 것을 계기로, 곧 이은 한일병합 후, 총독부 산림과장이 된 사이토는 '병합의 대업을 영구히 기념하는 방법으로써' 매년 진무천황(神武天皇, 제1대 천황) 제삿날에 전국적인 기념식수를 할 것을 상부에 진언해 실행을 허락받은바, 미국 등의 사례 조사와 더불어 민중의 풍습, 심리상태를 고찰해 그 실행계획을 수립, 1911년 4월 3일 첫 번째의 기념식수일을 거행하기에 이르렀다. 이것이 식목일의 유래이다.

그리고 사이토는 임정의 기초 데이터가 되는 임야의 소재, 임상분포의 상태, 소유권의 관계 등을 조사해, 최초의 사업으로서 임야의 현상을 나타내는 임야분포도를 작성했고, 다음으로 국유림의 존폐구분, 그 관리, 시행안의 편성, 불요존임야(不要存林野, 국유 불요 임야

사이토 오토사쿠의 묘

로 민간 처분 대상)의 대부조림, 민유림의 조림 장려 등, 임정의 기초 정책과 개척, 임야조사의 실시에 착수하는 등 조선의 황폐한 산을 하루빨리 녹화하기 위한 정책에 진력했다.

1915년 3월, 사이토는 영림창장(營林廠長)으로 신의주로 부임해 압록강, 두만강 유역의 국유림 재적조사(材積調査)와 시행안을 재편하고, 신의주 제림공장의 확장, 판매법의 개선에 착수해 목재 규격의 개정 통일을 단행해 정량 거래를 실행했다.

한편으로 총독에게는 치산치수의 중요성을 역설하며 수리의 증진과 홍수의 방지 등을 위한 임정에 계속 진력했는데, 당시 조선에서는 건축재와 연료 조달에 어려움이 있어, 속성으로 자라는 수종인 아카시아(아까시)와 포플러(미루나무)를 전국에 심도록 총독부에 건의했다.

1918년, 민간 산림위탁 사업의 꿈을 펼치기 위해 28년간의 관직 생활을 의원사직했다. 1920년 주식회사 황해사에 임업부를 설치하고 고문에 취임했으며 1921년에는 조선산림회를 창립해 상담역이 되었다. 1931년에는 황해사 임업부 사업을 계승해 직접 사이토임업사무소를 설립해 산림위탁경영 사업을 계속 전개했다. 그는 칙임관(勅任官, 차관·국장급) 이상의 관료로서, 퇴직 후에도 귀국하지 않고 조선에 남아 조선 땅에 묻힌 유일한 일본인이 되었다.

『조선임업투자의 유망』이라는 그의 저서를 보면, 총독부 정무총감 고다마(兒玉)가 추천사를 쓰고, 다음 쪽에는 사이토 총독이 붓글씨로 '호개소식(好個消息, 귀가 솔깃해지는 정보)'이라고 썼다. 즉 이 저서는 조선의 산림녹화를 꾀한 조선총독부와 사이토의 본국 일본인에 대한 투자유치 안내서였다. 이 책의 서문에서 그는 자신의 철학을 이렇게 설명했다. 강조점은 원문 그대로 옮겼다.

> …퇴관 후도 여생을 반도의 치산에 헌신할 각오로 경성에 남아 내 머리가 다 희게 될 때까지는 전조선을 녹화시키고자 하는 염원을 계속 갖고 있다. 조선의 녹화 즉 치산의 촉진을 기하는 것은 늙은 조선을 다시 젊게 하는 유일한 요법일뿐 아니라 그 결과는… 임리(林利)의 증산, 부업의 진흥, 산업의 융흥, 민중생활의 안정 등에 공헌하는 바가 큼과 동시에 반도의 대장암인 한발과 수재를 퇴치하고 나아가 국토의 보안, 기후의 조화, 풍경의 정미(整美), 사상의 순화 등에도 다대한 효과를 초래하는 것은 필연이므로, 반도의 치산을 촉진하는 것은 조선 통치의 완성에 극히 중요한 근본적 대책이라 확신한다.

이렇게 투자자를 유치하기 위해 일본 전국을 돌아다니며 노력한 결과, 사이토 사망 때인 1936년 시점에는 수탁 면적 약 3만 6천 정보, 위탁회사 및 자본가 40명, 산림수 70곳의 성과를 올렸다. 같은 기독교인 우치무라 간조의 일기를 통해 그의 산림녹화에 대한 일면을 엿보기로 한다.

"월요일 내방객이 많아 바빴으나 조선의 사이토 오토사쿠 군으로부터 자신이 지은 『덴마크 이야기』가 하나의 원인이 되어 조선반도에 매년 1억 6천만 그루의 유용수목의 묘목이 심어진다는 것을 듣고 매우 기뻤다. 또 내지(일본) 및 대만에서 같은 이유로 수천만 그루의 묘목이 심어질 것이다. 이렇게 해 앞으로 100년 후에는 자기를 국적(國賊)이라고 부르며 괴롭히는 일본인은, 그가 쓴 작은 저술의 결과로써 수십억 엔의 부를 얻게 될 것이리라. 정말로 기분 좋은 일이다. 자국인에게 미움을 받으면서 그들을 위해 노력하는 것은 특별한 명예이다."(『内村鑑三と韓國·朝鮮, 日記』, 1925년 6월 1일(월) '조선의 묘목' 원문은 일본어. 필자 역)

"식민지 임업 정책을 진두지휘하고, 조선총독부가 내걸었던 식민지 문명화론을 대표적으로 보여주는 인물이며, 한국의 모든 관습과 제도를 야만시하고 일본의 시스템을 포장하는 데 앞장섰다"라며 사이토를 비난하는 학자(연합뉴스, 2017.04.05)도 있지만, 다른 한편으로는 우리나라 임업 근대화를 주도하고 녹화에 기여했다는 긍정적인 평가도 받고 있다. 아카시아의 예를 들자면, 아카시아는 뿌리 생장 속도가 빨라 다른 식물 생장을 방해한다는 주장과 아카시아 식림으로 조기 녹화와 산사태의 방지가 이루어졌다는 주장이 동시에 존재한다.

필자가 몇 년 전에 북한산 국립공원에서 발견한 생태 안내판에는 이렇게 적혀 있었다.

> 땅을 비옥하게 하는 아까시 나무. 뿌리혹박테리아가 있어서 메마르고 거친 땅에서도 잘 자라는 아까시 나무는 황폐했던 우리나라의 산림을 비옥하고 푸르게 만드는데 큰 공을 세운 고마운 효자나무입니다. 아까시 나무를 비롯한 싸리 같은 콩과 식물은 건조하고 척박한 곳에서도 잘 살 뿐 아니라 땅 속에 질소를 고정하여 땅을 비옥하게 합니다. 우리가 먹는 벌꿀의 60% 이상이 아까시 나무의 꽃에서 나옵니다.(북한산국립공원 도봉사무소)

그리고 미군정이 펴낸 한국의 임업 실태 보고서에서는 이렇게 적혀 있다.

…전문적 관점에서 보면 일제 지배 하의 재조림은 매우 훌륭했다. 그들의 방법은 현대적이었고 높은 생존율을 보였다. 민간 토지 소유주들조차 벌목 후에는 그들의 토지에 다시 나무를 심어야 했고, 지방 또는 중앙정부 소유 산림에 대해 벌목 허가를 할 때는 사업자에게 벌목 후 즉각 재조림을 요구했다. 그러나 1937년 7월 이후 일본은 군사용으로 엄청난 양의 목재와 다른 임산품을 필요로 했다….(한국사 데이터베이스)

즉, 일제강점기 이전에는 조선에 붉은 민둥산이 가득했으나 이후 녹화가 20년 이상 진행되었다. 1937년 중일전쟁을 시작하면서 일제는 전국의 산림 자원을 전쟁에 투입하기 시작했던 것이다. 아까시(아카시아)에 관한 말도 그렇다. 문화의 발전은 정확한 사실, 데이터가 기본이 된다. 아무리 일본이 미워도 팩트에 기반하지 않는 논리는 오히려 건강치 못한 폐쇄적 민족주의를 양성할 뿐 우리의 문화 발전에는 도움이 되지 않는다.

한편 사이토는 '도시계획과 공업자원 함양'이라는 글을 동아일보에 1920년 9월 7일부터 18일까지 8회에 걸쳐 발표하는 등 임업에 한하지 않은 근대 테크노크라트의 면면을 보여주고 있으며, 1918년 3월 2일 오사카아사히신문에 실린 '직공으로서의 조선인/영림창장 사이토 오토사쿠씨 담(談)'에서는 일본인 노동자에 떨어지지 않는 조선인 노동자의 우수성을 주장하기도 했다. 기타 사회 활동으로는 기독교경성로타리클럽 회원, 경기도 평의원, 일본기독교회 장로, 경성기독교청년회 평의원 등을 지냈다.

일본과 조선, 두 조국

사이토는 총독부의 신사참배에 대해서도 비판적이었다. 제일고녀(경기여고)에 다니던 외손녀 에츠코(悦子 1922~2001)가, 학교 단체의 조선신궁 참배시 길가 조선인들의 시선에 심한 가책을 느껴 사이토에게 학교에 가고 싶지 않다고 말하자, 사이토는 "그런 학교는 쉬어라"고 말하고 '우치무라 간조의 불경사건'에 관해 들려주었다.

1890년 10월 30일 반포된 천황 교육칙어의 제일고등중학교에서의 봉독식 때(1891.1.9), 교사 우치무라는 칙어의 천황 이름에 경례를 했지만 (45도 각도의) '최경례'를 하지 않았다. 이것이 동교 교사·학생·신문잡지 등으로부터 불경하다는 비난을 받아 우치무라는 해직되었다. 이러한 우치무라 간조의 불경사건은 일본의 국체와 기독교와의 관계를 둘러싼 논의로 발전했다. 우치무라 간조의 무교회주의는 우리나라의 김교신, 함석헌 목사에게도 영향을 주었다.

앞서 소개된 아사카와 다쿠미는 야마나시현 산림과장이었던 사이토와의 인연도 있어 경성에서도 사제의 정을 이어갔다. 다쿠미의 일기(1922~23)에는 1922년 1월 30일 다쿠미가 신교동의 사이토 집을 방문했는데 "사이토 씨는 감기로 누워 계셨고 부인이 부지런히 간호하며 일하고 있었다. 그는 누워서도 활기차고 재미있게 임학상의 문제나 주택론을 화제로 말씀하셨다"라는 기록이, 그리고 다쿠미 고향 야마나시 향우회에는 야마나시현의 산림과장으로 근무했던 사이토 부부도 초대를 받은 사실(4월 30일)이 보인다. 손녀 에츠코는, 다쿠미와 야나기 등이 주최한 야나기 가네코의 독창회 때에 마지막에 가네코에게 꽃다발을 건네는 역할을 맡았다.

1936년 6월 28일 저녁, 사이토는 71세의 나이로 경성제대 부속병원에서 숨을 거두었다. 6월 30일 정동기독교회에서 5천여 명의 참석하에 아키즈키 목사에 의해 장례식이 거행되었다.

1938년 일본으로 간 손녀 에츠코는 후에 시민운동에 참가, 재일교포 간첩 사건으로 구속된 '서준식, 서경식 형제를 구하는 모임'을 비롯해 한국 민주화 운동을 지원하는 활동을 하고, 조부 사이토의 삶을 정리한 『두 조국(ふたつの祖國)』을 1992년 출간했다. 책의 마지막 부분에, 조부 사이토는 기독교 신앙에 근거한 사랑과 봉사의 실천, 차별이나 악에 대해 싸우며 모든 인간과 자연의 공생을 '지상의 천국'으로 꿈꾸며 '이사야서 11장'(두서)을 즐겨 읽었다고 쓰고 다음과 같이 끝을 맺었다.

> 조부가 돌아가신 2년 후 경성부 교외의 망우리에 조부의 묘가 만들어졌다. 생전 바라던 대로 조부는 사랑하는 조선의 땅에 잠든 것이다. 조선반도의 땅이 반도의 사람에게 되돌아갔으니 조부도 기쁘게 생각하고 있을 것으로 믿는다.

4부

한 조각 붉은 마음

1

민족대표 33인의 영(榮)과 욕(辱)

한용운과 박희도

3·1운동 민족대표 33인으로 끝까지
지조를 지킨 만해 한용운(萬海 韓龍雲 1879~1944)과,
일제말기의 친일 행적으로 속죄의 말년을 보낸
박희도(朴熙道 1889~1951)의 묘가 가까운 거리에 있다.
그들이 살아서 남긴 족적과 영욕은 무엇인가.
또 우리가 지고 가야 할 짐은 무엇인가.

중랑망우공간을 지나 순환로에서 좌측 방향으로 가면 동락천 약수터가 나오고 다시 5분 정도를 더 걸으면 오른쪽에 만해 한용운의 묘가 보인다. 독립지사이며 시인으로 유명한 만해는 모르는 이가 없으리라. 하지만 그의 삶을 온전히 아는 이는 드물다. 그 때문일까, 만해의 묘소를 찾는 많은 이는 묘소의 비석을 보고 깜짝 놀란다. 교과서의 저자 소개에서는 말해 주지 않았다. 승려인 만해의 묘 옆에 부인이 묻혀 있다.

만해의 묘비에는 '만해한용운선생묘 부인유씨재우(夫人兪氏在右)'라고 쓰여 있다. 여기서 '부인유씨재우'는 '유씨 부인이 만해의 오른쪽에 묻혀 있다'는 의미인데 혹자는 만해의 부인 이름이 '兪在右(유재우)'라고 잘못 읽는다. 여기서 '오른쪽'은 우리가 바라보는 위치에

萬海 한용운선생
(1879-1944 독립운동가, 시인)
한 민족이 다른 민족의 간섭을 받지
않으려는 것은 인류가 공통으로 가진
본성으로써, 이같은 본성은 남이 꺾을
수 없는 것이며 또한 스스로 자기
민족의 자존성을 억제하려 하여도
되지 않는 것이다.
「조선독립에 대한 감상」 중에서

한용운 연보비에는 '조선독립에 대한 감상'의 한 구절이 적혀 있다.

서가 아니라 머리를 위쪽으로 하고 누운 고인의 입장에서 오른쪽이다. 보통 부인은 왼편에 모시는데 현장 여건에 따라 오른쪽에도 모신다. 그럼에도 의심하는 이가 있어 다시 한번 묘번과 이름이 일치하는 것을 확인했으니 독자는 남들에게 자신 있게 말씀하시라. 만해 묘를 찾아가면 어느 때는 부인 무덤 앞에 놓인 꽃다발을 보게 된다. 물론 여성이 꽃을 좋아하긴 하지만, 추모도 알아야 제대로 할 수 있다.

승려의 결혼을 허(許)하라

2006년 7월 5일 오마이뉴스 인터뷰 기사를 보면, 『태백산맥』의 작가 조정래는 "부친이 대처승이 된 것은 일본이 종교마저 황국화하기 위해 승려들을 대처승으로 만들었기 때문"이라고 했는데, 이에는 이설도 있다. 이와 관련, 만해는 조선총독에게 "대처승을 허해 달라"고 건백서를 보낸 바가 있다. "조선 불교의 부흥을 위해, 승려가 거지 행각을 하면서 돌아다니는 것은 결코 바람직하지 않고 보통 사람처럼 결혼도 하고 가정도 가져 안정된 바탕에서 승려 생활을 해야 불교가 발전할 수 있다"는 소신에서였다.

그는 『조선불교유신론』에서, "육체를 타고나서 식욕이나 색욕이 없다고 말하는 것은 헛소리일 뿐이다. 억제할수록 더욱 심해질 뿐이고 오직 어지러운 상태에 이르지만 않으면 군자다. 그 욕망을 억지로 억누른다면 은근한 음행을 범하게 돼 풍속을 어지럽힐 가능성이 높다. 불교를 아내 삼아 평생 독신으로 살 영웅이 있다면 그를 존경하지만, 평범한 이의 수준에 맞추자면 관세음보살이 미인으로 몸을 나타내 음탕한 사나이를 제도했다는 고사대로 하나의 방편으로 수행자에게 결혼을 허해야 한다"고 했다. 이런 만해의 언사에 "당시 만해를 따르던 청년 조종현(조정래의 부친)은 만해의 뜻에 감화돼 스스로 대처승이 되었다"고 한다(『만해 한용운』). 한발 더 나아가, 만해는 총독부에 승려의 대처를 청원한 자신의 행위를 친일이라고 비난한 불교계 인사들에게 현실적 논리를 들어 반박했다.

"이것은 당면 문제보다도 30년 이후를 예견한 주장이다. 앞으로 인류는 발전하고 세계는 변천하여 많은 종교가 혁신될 텐데 우리 불교가 구태의연하고 그 서열에 뒤질 것이다. 그리고 지금처럼 금제를 할수록 승려의 파계와 범죄는 속출해 도리어 기강이 문란해 질 것이 아닌가. 후세 사람들은 나의 말을 옳다고 할 것이라 믿는다. 그런데 한 나라로서 제대로 행세를 하려면 적어도 인구는 1억쯤은 되어야 한다. 인구가 많을수록 먹고사는 방도가 생기는 법이다. 우리 인구가 일본보다 적은 것도 수모의 하나이니 우리 민족은 장래에는 1억의 인구를 가져야 한다."(『한용운 평전』)

만해는 또 불교의 진흥을 위해서는 "절이 산에서 내려와야 한다"고 했는데, 결국 절이 산에서 내려오지 않고, 대처도 하지 않아서일까, 지금의 불교는 기독교에 비해 위세를 떨치지 못하는 게 현실이다. 몇 년 전 일본이 인구를 1억 명 수준으로 유지하기 위해 천만 명의 이민을 받아들일 계획이라는 뉴스를 접하고 보니 만해의 탁견과 예언이 새삼스럽기 그지없다.

만해에 대한 또 다른 시각

시인 고은은 『한용운 평전』에서 만해에 대한 일방적 신격화를 저어하면서 이렇게 밝히고 있다. "우리는 근대 민족사 또는 근대 문화사에 관련된 인간론이 늘 변절과 고절의 극단으로 분류해서 민족의 편에 서 있는 자를 신격화하고 그렇지 못한 자를 폄하하는 경향이 농후한 사회에서 살아왔다. 이런 사회에서는 한 사람을 진정으로 이해하기 어려운 것이다."

이런 생각에서 쓴 『한용운 평전』은 만해를 무조건 추앙하지 않고 알려지지 않은 면면도 드러내고 있다. 연설에 뛰어나고 지조가 강해 지도자적인 능력을 갖추었음은 인정하나, 수시로 파계를 한 승려답지 않은 행동, 첫 번째 처와 아들에 대한 무정한 처사, 문학적으로 자기보다 앞선 최남선에 대한 시기심, 그를 숭모해 찾아온 청년들에 대한 냉정한 대응 등도 전하고 있다. 많은 이가 이러한 내용에 반론을 제기하고 있는 것도 사실이지만, 평생 대처를 하지 않고 수행에 정진해온 승려들의 입장에선 만해가 아무리 위인이라 한들 높은 점수를

한용운(우측)과 부인 유숙원(좌측)의 묘

주기 어려웠을 터이다. 고은은 이 책에서 위인의 무조건적인 신격화 또한 우리의 눈을 가리는 행위라고 말하고 있다. 만해 한용운의 일생을 비석 뒷면의 약전(略傳)을 통해 살펴본다.

4212년(1879) 8월 29일 충남 홍성군 결성면 성곡리 한응준의 차남으로 출생. 본관은 청주. 모는 온양 방씨. 4220년(1887) 향숙에서 경사를 수학. 4244년(1911) 만주에 망명 독립운동. 4246년(1913) 조선불교유신론을 발행. 4247년(1914) 불교대전을 발행. 4250년(1917) 정선강의채근담을 발행. 4250년(1917) 12월 오세암에서 선정중 오도(悟道). 4251년(1918) 월간교양잡지 유심을 창간. 4252년(1919) 3·1 운동을 선도하고 행동강령으로 공약 3장을 공표. 옥중에서 독립의 소신을 장문으로 발표 3년형을 받음. 4256년(1923) 민립대학설립운동을 지원. 4257년(1924) 조선불교청년회를 조직하고 총재에 취임. 4259년(1926) 십현담주해 및 님의침묵을 발행. 4260년(1927) 신간회 중앙집행위원 및 경성지회장에 피선. 4262년(1929) 광주학생

의거시 민중대회를 발기. 4264년(1931) 불교지를 인수 편집발행인 취임. 4266년(1933) 성북동에 심우장을 건축하고 흑풍 등의 소설과 다수의 문장을 발표. 4276년(1943) 조선인학병지원을 반대. 4277년(1944) 6월 29일 심우장에서 입적 세수 66 법랍 39. 4295년(1962) 대한민국 건국훈장 대한민국장 수여. 만해사상연구회 識 안동 김응현 書

여기서 세수(世壽)는 세속의 나이, 법랍(法臘)은 중이 된 후로부터의 나이를 말한다. 대한민국장은 건국훈장 중에서 가장 훈격이 높다. 참고로 대한민국장 수여자는 총 33명(그중 5명은 손문, 장개석 등 중국인)이고 다음으로 대통령장 92명(중국인 10명, 영국인 베델 1명), 독립장 823명, 애국장 4,487명, 애족장 6,237명, 건국포장 1,495명의 순이다(보훈처 사이트, 2022.12. 현재). 도산 안창호가 1973년 도산공원으로 이장되면서 망우리공원에 묻힌 인사 중 현재 대한민국장 수여자는 만해가 유일하다. 묘비에 쓰인 글자 중 '識'은 '식'이 아니라 표지(標識)처럼 '지'로 읽어야 한다.

만해사상연구회가 글을 짓고 서예가 여초 김응현(1927~2007)이 썼다. 앞면의 글씨체는 광개토대왕비문의 서체를 되살린 광개토대왕비체라고 한다. 참고로 망우리공원 유명 인사의 비문은 당대 최고의 서예가가 쓴 것이 많다. 그러므로 망우리공원은 우리 근대의 서예 박물관이기도 하다.

혼자 살던 만해는 55세 때 신도의 소개로 간호사인 유숙원과 결혼하고 조선일보 사장 방응모 등 지인들의 도움을 얻어 심우장을 지어 살았는데, 심우장은 총독부가 보이지 않도록 북향으로 지은 것으로 알려졌다. 그런데 실제로 심우장에 가보면 그럴 수밖에 없다는 걸 알게 된다. 심우장은 북한산의 북쪽 성곽 아래로 형성된 북정마을에 있는데, 집터가 남쪽을 등진 언덕배기라 북향으로 지을 수밖에 없는 구조다. 더군다나 시내가 내려다보이는 성 안쪽은 매우 비싸다. 따라서 집을 북향으로 지은 게 아니라 애초에 북향 터를 선택했다는 말로 이해해야 한다. '북향 터의 선택'이라는 말이 '남향으로 할 수도 있지만 일부러 북향으로' 세웠다는 말로 와전된 듯하다. 또 이런 가설도 가능하다. 만약 총독부가 내려다보이는 곳에 집을 지었다면, 만해께서 일제를 회피하지 않고 매일 노려보시며 경각심을 일깨우셨다는 말도 가능할 것이니, 심우장의 집터 이야기 또한 만들어진 신화가 아닐까 싶다.

심우장의 편액은 원래 위창 오세창이 썼는데 언젠가 사라져 지금 걸려 있는 것은 일창 유치웅(一滄 兪致雄, 1901~1998)의 글씨다. 심우(尋牛)는, 인간의 본성을 소에 비유해 이를 찾아 나선다는 뜻. 불교 선종(禪宗)에서는 깨달음의 경지에 이르는 과정을 잃어버린 소를 찾는 것에 빗대어 열 단계로 나눈다. 심우는 그 첫 단계로 불도 수행의 입문을 뜻한다. 우(牛)는 즉 심(心)이다.

만해는 기미독립운동 민족대표 33인 중 끝내 지조를 지킨 오세창 등과는 죽을 때까지 교유했으나, 변절한 최린, 최남선 등과는 아예 관계를 끊고 살았다. 하루는 만해가 집을 비웠을 때 최린이 찾아왔다가 딸에게 용돈을 주고 갔는데, 집에 돌아온 만해는 그 돈을 들고 최린의 집에 찾아가 내던져버렸다고 한다.

만해는 1944년 지병인 신경통으로 와병하다 안타깝게도 나라의 독립을 보지 못하고 유명을 달리했다. 시신은 일본인이 경영하는 홍제동 화장터를 피해 멀리 떨어진, 한국인이 경영하는 미아리의 작은 화장터에서 불교식으로 화장했고 타지 않고 남은 치아는 항아리에 담아 망우리묘지에 안장했다. 현재 묘지 관리자는 부인 유씨와의 사이에 낳은 딸 한영숙 씨인데 지금은 연로하시어 손자가 돌보고 있다.

여기에서 필자가 자주 듣는 질문이 있다. "여기 계신 줄 몰랐다. 왜 현충원으로 모시지 않고 여기 계시느냐?"라는 질문이다. 예전에는 많은 유족이 형편이 어려워 국가의 관리를 받는 현충원으로 모시는 것이 당연하고 영예스러운 것으로 여겨졌다. 하지만 요즘은 사정이 달라졌다. 몇 년 전, 묘역을 관리하는 분이 이런 말을 들려줬다. "벌초 전에 미리 약을 뿌려 놓고 며칠 후 벌초하러 갔더니 누가 벌초를 해 놨어요. 그래서 놔두고 다시 몇 달 후 다시 벌초하러 갔더니 또 누가 벌초해 놓은 겁니다." 알고 보니 처음에는 경기문화재단, 다음에는 불교청년회가 했다고 한다. 만해 선생은 머리를 조금도 기를 틈이 없이 추모단체가 연달아 벌초할 정도로 관리가 잘되고 있다는 말이다. 또 등록문화재가 되었으니 해당 지자체도 관리의 의무가 있고 보훈처도 늘 신경을 쓰고 있다.

그리고 만약 현충원으로 이장하게 되면 이곳의 비석은 두고 가야 한다. 현충원 규격의 비석은 작은 공간을 차지하고 줄지어 서 있게 된다. 마지막으로 필자는 이렇게 말한다. "명예로운 곳이긴 하지만, 현충원은 11평 주공아파트, 여기는 자연 속의 너른 전원주택이라고 비유할 수 있습니다. 어디에 모시는 것이 잘 모시는 것일까요?"

33인의 기독교 대표 박희도

만해의 묘를 지나 중랑망우공간 방향으로 조금만 내려가면 길 오른쪽 바로 아래에 글이 많이 새겨진 희끄무레한 비석이 하나 보인다.

기미년독립선언 민족대표 삼십삼인중 고 박희도 선생지묘 (앞면)

고(故)선생은 단기 4222년(1889) 6월 11일에 해주에서 출생하여 그 후 기미독립선언 민족대표 삼십삼인 중의 한 사람으로 항일투쟁을 하다 투옥되었으며 출감 후에도 계속해서 민족의 신생활운동 교육사업에 이바지하던 중 단기 4284년(1951) 9월 26일에 서거하다. 단기 4291년(1958) 7월 8일 건립 육군정훈학교 장병 일동. (뒷면)

바로 위에 있는 묘가 부모님의 묘인데 비석 뒤에 차남으로 박희도의 이름이 새겨져 있다. 민족대표 33인 중의 한 사람인데 일반인에게는 이름이 생소하다. 일제말기의 친일행위로 그는 역사의 뒷면으로 밀려났기 때문이다.

박희도는 1889년 황해도 해주에서 박계근의 차남으로 출생했다. 어려서 한문을 배우고 해주 의창학교를 졸업한 후 16세에 북감리교회 신자가 되어 평양 숭실학교에 진학, 선교사의 도움으로 학교를 졸업했다. 경성으로 와서 협성신학교(현 감리교신학대)에서 공부하다 중도에 그만두고 연희전문학교 문과도 다니다 중퇴했다.

아펜젤러가 정동제일교회에 이어 두 번째로 1890년 종로에 설립한 중앙교회에 장낙도, 유양호 목사와 함께 1916년 중앙유치원을 세웠다. 우리나라 아동교육의 선구자는 방정환이고 유아교육의 선구자는 박희도라고 할 수 있다. 이는 후에 중앙보육학교, 중앙대학교로 발전했는데 예로부터 중앙대 유아교육학과가 유아교육계를 이끌었던 것은 이러한 역사적 배경 때문이다.

1917년 영신학교(현 매동초)를 설립하고, 베커가 교장으로

박희도

있던 협성학교의 부교장을 맡았다. 한편, 1917년부터 중앙교회의 전도사로 시무하고, 1918년 9월부터는 중앙기독교청년회(YMCA) 학생부와 회우부 간사를 맡아 기독교 각파 인사와 청년, 학생들과의 인맥을 형성하게 되었는데 이는 3·1운동 때 그가 청년, 학생층의 지도자로서 크게 활약하는 기반이 되었다.

3·1운동의 실무자, 청년·학생들의 지도자

3·1운동 대표 33인의 구성을 보면 기독교 16인, 천도교 15명, 불교 2명이다. 이 비율에서 기독교의 비중을 잘 알 수 있다. 애초 3·1운동은 크게 천도교와 기독교, 그리고 학생들의 세 그룹에서 제각기 준비를 진행하고 있었다. 박희도는 학생 그룹의 지도자인 동시에 기독교 그룹의 실무자로서 중추적인 역할을 하며 세 그룹의 연합에 크게 기여했다.

그리고 기독교 대표 박희도와 이갑성은 1889년생 동갑으로 최연소였는데, 한때 1889년 5월 23일생이라고 하여 대표자 중 최연소로 알려졌던 김창준은 최근 자료에 의하면 1890년 5월 3일생으로 밝혀졌다(『3·1운동과 기독교민족대표 16인』, 2019, 518쪽). 김창준은 숭실학교 동창이며 함께 중앙교회 전도사로 있는 박희도의 권유를 받고 대표자로 참여한 것 외로는 달리 큰 역할은 보이지 않고, 감리교의 박희도와 장로교의 이갑성, 두 청년이 양교파 대표자의 연합과 학생 모집에 큰 역할을 한 것으로 보인다.

박희도는 2월 17일 남감리교의 오화영, 정춘수 목사를 만나 남·북감리교회 연대를 결의하고 즉시 동지를 모았다. 또 박희도는 자신이 속한 북감리교 정동교회의 전도사 박동완과 중앙교회 전도사 김창준, 해주읍교회 목사 최성모(이필주에게 전달), 수원 삼일학교 교사 김세환 등을 끌어당기고, 마침 당시 미국 감리교 선교 백주년 기념집회에 참석한 지방 목회자들을 접촉해 뜻을 전했고, 또한 서울에 온 평양 남산현교회 목사 신홍식을 통해 평북 오산학교 설립자 이승훈과 2월 20일에 만나 감리교와 장로교에서 각각 따로 준비하던 독립운동을 통합시키는 데 결정적 역할을 했다. 그렇게 박희도는 3·1운동에서 기독교계의 회계를 맡으며 민족대표 포섭에 실무적인 역할을 수행했다.

다음으로 청년, 학생들의 참여에 관한 활동을 살펴본다. '왜정시대인물자료'에 의하면 박희도는 "1919년 3월 소요사건으로 학생 측의 주령(主領, 우두머리)으로서 소요에 간여했다"고 기재되어 있다. 즉, 박희도를 3·1운동 학생 동원의 주모자로 적시한 것이다.

박희도는 YMCA 간사로 일하며 교류하게 된 김원벽(연희전문), 강기덕(보성전문), 한위건(경성의전) 등의 학생 지도자와 만나 독립운동의 계획을 은밀히 알리고 그들이 주선한 2월 22일의 전문학교 학생대표자의 회합에서 독립운동의 참여를 요청했다. 또한, 동시에 박희도는 비밀리에 시내 많은 고보생들의 참여도 도모했다. 3·1운동 당시 학생이었던 애국지사들의 증언에 박희도의 이름이 빈번하게 등장한다.

『열사가 된 의사들』(한국의사100주년기념재단, 2017)에서 의사 김형기는 1919년 경성의전 재학 중, 부산의 재경유학생 회장으로서 경성의전 대표인 주종선, 이공후, 김문벽 등과 같이 박희도로부터 독립운동을 위한 학생들의 역할을 전해 듣고 각 학교 대표들과 모임을 열었다고 했으며, 제주도 초대 교육감을 지낸 의사 최정숙은 경성여고보 사범과 학생 때 박희도의 권유로 비밀 학생 조직(79결사대)에 참여해 파고다공원의 만세운동에 참여했다고 증언했고, 최초의 여기자 최은희는 경성여고보 재학 때 3·1운동 2년 전부터 동향 어른 박희도가 비밀서클을 조직케 하고 2월 28일 자택으로 불러 3월 1일에 학생을 데리고 나오라고 했다고 증언했다.

그리고 유관순 열사가 관련된 병천의 3·1운동 거사에 관해서는, 박희도 → 김세환(48인) → 현석칠(공주) → 우리암(Williams, 천안지방 감리사) → 안창호(천안) → 유관순으로 이어진 연락망이 『매봉교회가 낳은 민족의 보배 유관순』(홍석창, 2011)에 상세하게 소개되었다.

또한 3월 1일 탑골공원에서 독립선언서를 낭독했던 정재용(애국장)은 경신중학을 졸업하고 고향 해주로 돌아와 교회 학교의 교감으로 있었는데 고향 친구 박희도의 편지를 받고 상경했다고 증언했다.

박희도는 3·1운동 대표자들과 함께 체포되어 보안법 위반으로 경성지방법원에서 징역 1년 6월을 선고받고 1921년 11월 출옥했다. 1922년 1월 기독교교역자양성회 발기인 및 총무를 맡았고 9월에는 용두리(용두동) 교회 전도사로 파송되었다.

한편 박희도는 교육과 출판을 통한 민족운동으로 방향을 틀고 1922년 3월 YMCA 간부 및 동아일보 기자인 김명식을 주필로 해 우리나라 최초의 사회주의 잡지 《신생활》을 창간했다. 그러나 내용이 불온하다는 이유로 일제는 수차 검열과 삭제를 반복하다가 마침내 1922년 11월 발간한 '러시아혁명 5주년' 기념호의 필화사건으로 박희도를 포함한 편집진들이 검거되어 재판에 회부되었다. 이는 우리나라 최초의 사회주의 관계 재판이 되었다. 이 시기에는 조봉암을 비롯한 많은 청년 기독교인들이 사회주의를 통한 민족운동에 경도되는 큰 흐름이 형성되었다.

박희도는 다시 함흥감옥에서 2년의 옥고를 치르고 1925년 1월 출옥했다. 출옥 후 그는 재건된 중앙유치원 원장 및 사범과 교사로 있다가 1928년 중앙보육학교로 정식인가를 받으면서 초대 교장에 취임하고 1932년 4월 경영난으로 임영신에게 자리를 넘겨주기까지 교육사업에 종사했다. 이때 교수진으로 참여한 방정환과 교유해 박희도는 후에 방정환 장례식에서 추도사를 읽었다. 방정환의 묘는 박희도와 백여 미터 떨어진 곳에 있다. 또한 그는 1927년 2월 15일 좌우합작의 신간회 창립대회에서 간사로 선임되었으며, 1929년 7월에는 신간회 중앙집행위원으로 선임되어 항일투쟁에 앞장서는 모습이었다.

그러나 1934년 최린 등이 결성한 시중회(時中會)에 이사로 참여하며 자치론으로 경도되더니 1939년 1월 《동양지광(東洋之光)》이라는 친일적 일문 잡지를 시작해 내선일체, 전쟁협력의 주장을 펴고 1939년 5월에는 국민정신총동원조선연맹 참사, 조선인전보국단 평의원, 1945년 6월에는 조선언론보국회에도 참여하며 친일의 길을 걸었다.

박희도가 1949년 반민족행위특별조사위원회의 조사를 받고 풀려난 후, 1951년 사망 때까지의 행적은 어느 자료에도 보이지 않는다. 이 공백을 메우는 단서가 바로 고인의 비석에 나타난 육군정훈학교에 있을 것으로 생각해 여러모로 조사한바, 박희도는 사망 전까지 육군정훈학교에 나가 강의를 했다는 증언을 공군 준장 출신 유웅섭(유상규 차남, 「유상규」 편 참조) 선생을 통해 얻을 수 있었다.

그리고 조선일보 1958년 7월 14일 기사에 따르면, 박희도의 묘는 원래 미아리공동묘지에 있었으나 도시계획으로 묘지가 사라지게 되자 유족이 유해를 이장할 돈조차 없이 애태우는 모습을 보고 육군정훈학교 교관 이원복 중위(『한국동란』(1969) 저자)의 발의로 동교 53기생 및 기간병들이 5만 환의 성금을 모아 망우리로 이장하고 7월 10일 학교장 박남표 준장 이하 장병 일동은 미망인 김희신 여사를 비롯한 유가족을 모신 가운데 묘비 제막식을 거행했다. 부인 김희신은 1968년 1월 27일 1남 2녀를 두고 향년 75세로 별세해 정릉감리교회에서 영결식을 갖고 망우리에 합장되었다.

"그래도 조선의 양심"

시인 남태식의 말처럼, 독립지사가 흘린 피와 만해 한용운이 피운 꽃뿐만 아니라 박희도가 남긴 욕 또한 우리가 짊어지고 가야 할 짐이다.

> 죽은 자들은/ 산 자들의 짐이다/ 살아서 흘린 피/ 살아서 남긴 욕/ 살아서 피운 꽃/ 모두 짐이다. (남태식 시 「짐」)

모두가 우리의 조상이다. 빼앗긴 땅에서 살아간 당시의 사회인 대부분은 크건 적건 시대가 내린 치욕의 책임에서 자유로울 수 없었다. 친일파 연구로 평생을 바친 임종국 선생도 부친의 친일 행적을 눈물로 기록할 수밖에 없었다.

임종국 선생은 저서 『실록 친일파』 중의 「일제말 친일군상의 실태」라는 글에서 "…친일행위를 인신공격의 자료로 삼으려는 경향도 있었다. 그러나 이 점에서 반민법은 분명히 시효가 지났다. 또한 이런 자에게 묻노니, 그대는 저 여인을 돌로 칠 수 있다고 자신하겠는가? 전비(前非)로써 현재의 지위를 위협당할 사람도 없겠거니와, 이로써 위협을 하려는 자 있다면, 그 비열함이야말로 침을 뱉어 마땅한 일일 것이다"라고 했다. 그는 또 같은 책 「민족대표 33인 중의 훼절」이라는 글에서 이렇게 끝을 맺었다.

> 민족대표 33인 중 10%의 변절이 한국인에게 수치만 되는 것은 아니라고 말하고 싶다. 한 민족의 한 시대의 비극이 그들의 추문이 될 수도 없는 것이다. 친일자의 전부에 해당할 말은 아니지만, 적어도 민족대표 중의 4명(박희도, 최린, 정춘수, 최남선. 최남선은 33인에 속하지

않으나 3·1독립선언서를 기초)만큼은 한 시대의 민족의 비극을 고뇌하면서 살다간, 변절을 했을망정 그래도 조선의 양심이었다. 이들 4명의 죄상보다는 식민정략의 정체에 대한 인식이 앞서야 한다는 것을 말하고 싶다.

즉, 친일을 했기에 우리의 귀감이 될 수는 없지만 국민에게 매도당할 만한 친일인사는 아니라는 말이다. 그런데 임종국 선생의 뜻을 잇고 있다는 사람 중에는 위의 말은 무시하고 오로지 친일인사의 매도에 일관하고 있는 이들이 있다. 굳이 기독교 정신을 들지 않더라도 사랑과 용서의 마음으로 국민을 통합하고 앞으로 나아가야 하는 것이 진정한 '진보'일 것이다. 지금도 우리 사회에서는 친일파 문제가 여전히 논란이 되고 있지만, 이미 오래전에 '종교의 마음'(육군정훈학교)은 고인 박희도에게 생전의 공적을 비석에 새겨 주고 부모 밑에 고이 잠들게 했다.

형제들은 모두 독립운동가

박희도의 형 박희숙(熙淑 1886~?)은 배재고보를 거쳐 신학교를 졸업, 1913년 3월 이래 옹진군 마산읍에서 전도에 종사하고 3·1운동 때 동생 박희도를 도와 독립선언서를 배부하고 체포를 피해 장승조와 함께 7월에 중국으로 도항, 임시정부에 3,500원의 자금을 제공하고 1921년 1월 고등법원에서 보안법 위반 및 횡령죄로 징역 2년에 처해졌다. 이후 1923년 만주 봉천의 감리교회 목사로 사역하고 봉천 조선인청년회에 임원으로 참여한 사실이 보인다. 이후의 행적은 알 수 없다.

여동생 박영복(永福 1892~1965)은 1919년 8월 2일 미국에서 창단한 대한여자애국단 조직에 참여해 제2대 총부단장이 되었고 1934년 미국 대한여자애국단의 LA지부 단장을 맡는 등 대한인국민회와 흥사단을 지원한 공적으로 2015년 건국포장을 받았다.

남동생 박희성(熙成 1896~1937)은 광복군 비행장교 1호로 기록된 애국지사다. 연희전문 시절 "미국으로 가서 비행술을 배워 독립전쟁을 준비하라"는 형 박희도의 권유로 1918년 미국에 입국해 1920년 2월 임시정부가 캘리포니아 윌로스에 세운 한인비행사 양성소에 3월에 입학, 1년간 비행술을 배웠고 1921년 3월 노다지 지방에서 열린 대운동회에서 시험비행을 하고 한인소년비행대장이라는 애칭을 얻었다. 5월에 면허 시험에 합격해 7월 7일에 국제항공연맹으로부터 조종사 자격증을 받았고 이에 임시정부는 7월 18일 박희성을 이용근과 함께 육군비행병 참위(소위)로 임명했다. 그러나 박 지사는 끝내 독립전쟁에 참가하지 못하고 비행사고의 후유증으로 병석에 있다가 1937년 41세의 나이로 세상을 떠나 LA에 안장되었다. 이 사실이 교포 언론에 의해 알려지면서 건국포장의 서훈을 받고 2010년 11월 한국으로 봉환되었다.

박희성의 대전현충원 안장식에는 미국에 사는 박희도의 손자 박홍남 씨가 참석했다. 그는 친일파 가족이라 떼돈 벌어 이민 갔다는 오해를 받았는데, 1977년 자신이 부친을 따라 미국으로 떠날 때 거의 무일푼이었고 부친은 세탁소 등을 하며 자식을 키웠다고 전했다. 그는 지금 뉴저지주에서 평범한 회사원으로 살고 있다.

한편, 망우리의 박희도 묘를 오랫동안 돌본 사람이 있었다. 유관순 열사가 이화학당 시절 찍은 단체 사진에서 유관순 열사가 어깨동무를 한 바로 옆의 소녀, 황온순(1903~2004)이다. 휘경학원(1970) 설립자이며 전쟁고아의 어머니로 미국 영화 「전송가(Battle Hymn)」

박희도의 묘

(1957)의 실제 인물이다. 황해도 연안 출신으로 1916년 이화학당 중등부에 입학, 1918년 3월에 졸업하고 경성여고보 1년 때 부친의 별세로 고향에 돌아왔다. 황해도의 3·1운동에 참여하고 1921년 박희도의 조언으로 유아 교육을 공부하고자 중국의 길림여자사범학교에서 3년간 공부하고 유치원 교사를 하다가 귀국해 이화여전 유치사범과에 입학, 2회로 졸업했다. 박희도의 가족이 미국에서 자리 잡지 못했던 시절, 유족을 대신해 오랫동안 망우리의 묘를 돌보았다.

2

임시정부 통합에 힘쓴 겨레의 지도자

도산 안창호(島山 安昌鎬 1878~1938)

대한 민족 전체가 대한의 독립을 믿으니 대한이 독립될 것이요.
세계의 공의가 대한의 독립을 원하니 대한이 독립될 것이요.
하늘이 대한의 독립을 명하니 대한은 반드시 독립할 것이다.
(1937년, 옥중 심문에서 도산이 대답한 말)

1949년 2월 27일, 건장한 체격의 중년 신사 세 명이 망우리 도산의 묘소 앞에 모였다. 그들은 역도계의 지도자 서상천, 이병학, 이규현 등 세 명으로 해방 후 이념의 차이로 분열했던바, 이번에 도산 묘를 찾아 한국 체육계를 위해 단합해 헌신하겠다는 맹세를 했다.

이런 식으로 각 분야의 지도자들이 단합을 맹세하는 장소로 자주 찾아가는 곳이 망우리 도산 안창호의 묘소였다. 죽는 날까지 임시정부 등 민족의 단합을 위해 헌신한 도산의 뜻은 많은 이의 가슴속에 새겨졌던 것이다. 민족의 위대한 지도자 도산의 자취를 더듬어본다.

1898년 9월 10일은 음력 7월 25일로 고종의 탄신일. 평양 대동강변 언덕에 있는 정자 쾌재정 앞에서 만민공동회가 열렸다. 정자에는 평양감사를 비롯한 고관들이 앉아 있고 연단에는 겨우 스무 살밖에 안 되는 총각이 서서 연설을 하고 있다.

"쾌재정, 쾌재정 하기에 무엇이 쾌한가 했더니 오늘 이 자리야말로 쾌재를 부를 자리올시다. 오늘은 황제 폐하의 탄일인데 우리 백성들이 이렇게 한데 모여 축하를 올리는 것은 전에 없이 첫 번 보는 일이니 임금과 백성이 함께 즐기는 군민동락의 날이라 어찌 쾌재가 아니고 무엇인가? 감사 이하 높은 관원들이 이 축하식에 우리들과 자리를 함께했으니 관민동락이라 또한 쾌재가 아닐 수 없도다. 남녀노소 구별 없이 한데 모였으니 만민동락이라 더욱 쾌재라고 하리니, 이것이 또한 오늘 쾌재정의 삼쾌(三快)라 하는 바로라…."

군중의 웅성거림이 어느새 잦아들며 모두는 숨을 죽이더니 "그러니 우리가 잘 살려면 학문을 배워야 한다"는 그의 말에 누구는 "옳소!" 하는 감탄사를 내뱉고 누구는 눈물을 팔소매로 훔치고 누구는 저 약관의 연사가 누군지 옆 사람에게 물었다. 이 날은 앞으로 민족을 이끌 지도자 도산 안창호가 세상에 처음 등장한 역사적인 날로 기록되었다.

독립협회 회원으로 관서 일대에 연설 잘하는 총각으로 유명해진 안창호. 많은 사람이 그의 연설에 감명을 받고 저마다 독립운동이나 민족계몽에 투신하게 되었는데 대표적으로 이승훈(1864~1930)은 자기보다 한참 어린 안창호의 연설에 감동해 1907년 오산학교를 세우고 기미 33인에 참여했고, 조만식(1883~1950)도 도산의 연설에 크게 감명을 받아 후에 오산학교 교장을 거쳐 관서 지방 독립운동의 지도자가 되었다.

도산 안창호는 1878년 평남 강서군에서 농민 안교진의 3남으로 태어나 7세에 부친을 여의고 조부 슬하에서 자라났다. 서당에서 한문을 배우고 나라가 청일전쟁(1894)의 전장으로 유린되는 장면을 목격하면서 자신부터 힘을 키워야겠다고 결심해 17세에 상경했다. 어느 날 정동교회 옆을 지나다가 우연히 "배우고 싶은 사람은 우리 학교로 오시오. 먹고 자고 공부를 거저 할 수 있소이다"라고 권하는 밀러 선교사를 만나 신학문에 대한 호기심에 구세학당에 입학했다.

구세학당은 1886년 장로회 언더우드 선교사가 세운 학교로 1905년 경신학교로 이름을 바꾸고 해방 후에는 경신중고가 되었다. 도산은 1894년 이 학교의 교사로 있던 송순명(1904년 장로)의 전도를 받아 기독교 신자가 되었고, 1896년 졸업 후 학교의 조교로 월 5원의 봉급을 받으며 일했다. 교장 밀러는 선교부에 보낸 보고서에서 평양 소년 안창호의 열정과 사람들을 모으고 이끄는 지도력에 찬사를 보냈다.

1896년 고향에 내려왔을 때, 조부로부터 훈장 이석관의 장녀 이혜련(13세)을 약혼자로 정했다는 일방적인 통고를 받았다. 도산은 파혼을 주장했지만 받아들여지지 않았다. 그래서 도산은 장인과 만나 담판을 벌이고 조건부로 결혼을 받아들인바, 처가댁 모두 기독교에 입교시키고, 약혼자 이혜련은 자신의 여동생과 함께 정신여학교에 입학시켰다.

1897년 독립협회에 가입하고 독립협회 관서지부 설립에 참여했다. 쾌재정 연설 등으로 활동하다 1899년 독립협회가 해산되자 고향으로 돌아와 22세의 나이에 최초의 남녀공학 초등학교인 점진학교를 세웠다. 그러나 점진학교의 운영을 통해 더욱 큰 공부가 필요하다는 것을 절감한 도산은 언더우드의 주선으로 마침내 미국 유학을 떠나게 되었다. 1902년 9월 제중원(세브란스병원 전신)에서 결혼식을 올리고 다음 날 곧바로 미국으로 떠났다.

11월에 미국에 도착한 도산은 샌프란시스코에서 하우스보이(가정부)를 비롯해 막노동을 하며 초등학교부터 들어가 공부를 시작했다. 1903년 LA 인근 리버사이드로 이주해 9월 23일 교민 단결과 계명을

안창호를 중심으로 오른쪽부터 유상규, 전재순, 김복형의 모습. 상해임시정부 시절의 사진이다.

위한 한인친목회를 조직해 교민 사회를 이끌고 1904년 기독교단체가 경영하는 신학강습소에서 영어와 신학을 배웠다. 1905년에는 친목회를 발전시킨 공립협회를 창립해 회관도 건립하고, 기관지 공립신보를 창간해 교포들의 권익보호와 생활향상을 위한 다양한 활동을 전개했다. 회관은 도산에게 감복한 미국인이 기증한 것으로 이는 한인사회 최초의 회관이요 교회가 되었다.

신민회와 흥사단, 임시정부의 지도자

1905년 을사조약으로 나라가 위기에 처하자 1907년 귀국한 도산은 서울 상동교회에서 양기탁, 이동휘, 이동녕, 이갑, 유동열, 전덕기 등과 7인의 창건위원을 구성하고 윤치호, 이시영, 이회영, 이승훈, 김구, 신채호, 박은식 등의 주요 인사가 참여한 항일 비밀결사단체인 신민회를 조직했다. 그들은 대부분 1898년 해산된 독립협회의 동지였다. 신민회는 1910년 회원수 800여 명에 이르러 지도적 인사가 거의 망라된 전국적 규모의 애국계몽단체가 되었다.

신세계백화점 우측에 있는 상동교회는 1888년 미국 북감리회 선교사 스크랜턴이 의료 선교를 위해 세운 교회로 우리 독립운동사에 중요한 역할을 해 '국가보훈처 현충시설'로 지정된 곳이다. 교회 옆의 안내판에는 "…1907년 4월 결성된 신민회에서도 상동교회 출신이 중요한 역할을 하였다"고 적혀 있다.

도산은 신민회의 방침에 따라 평양에 대성학교, 도자기회사, 태극서관(출판)을 설립해 교육, 산업, 문화의 육성을 도모했다. 또한, 청년운동을 위해 1909년 8월 윤치호와 국내 최초의 청년운동단체인 청년학우회(총무 최남선)를 창설했다. 무실·역행·충의·용감의 4대 정신은 후에 흥사단으로 이어졌다. 그 외로 무관학교의 설립, 독립군 기지 창설 등 다방면의 사업을 추진하다가 1909년 10월 발생한 안중근 의사의 의거로 인해 다수의 간부가 구속될 때 도산도 헌병대에 수감되어 2개월의 옥고를 치렀다. 그 후 도산이 중국을 거쳐 미국으로 망명한 후 1910년 8월 29일 대한제국은 일제에 병탄되고 신민회는 1911년 '데라우치 암살미수사건(105인사건)'으로 실체가 드러나 강제 해산되었다.

1912년 11월 샌프란시스코에서 대한인국민회 중앙총회를 조직했

도산 안창호의 허묘와 비석

는데 이 단체는 일제강점기 당시 미국 교민의 정부 역할을 했을 뿐 아니라 이승만의 구미위원부와 임시정부를 재정적으로 크게 지원했고 해방 후에는 15인의 대표를 본국에 파견해 건국사업을 도왔다.

한편 도산은 민족운동의 핵심 인재를 기르기 위한 단체 설립의 필요성을 절감해 청년학우회의 후신으로 1913년 5월 13일 흥사단을 샌프란시스코에서 창립했다. 흥사(興士)는 나라의 기둥이 되는 사

(士, 문사와 무사)를 양성하자는 뜻이다.

일제강점기에 신민회와 관련된 '105인사건(1911)'은 600여 명이 체포되고 흥사단 관련 '수양동우회사건(1937, 101인사건)'은 181명이 체포되어 두 사건은 일제가 독립운동, 민족운동의 지도자들을 대규모로 탄압한 사건이라 할 수 있으니, 두 단체의 창설자이며 임시정부의 초기 지도자인 도산이 우리 독립운동사에 얼마나 큰 위치를 차지하는지 잘 알 수 있다.

1919년 3·1운동 직후 상해 임시정부가 설립되고 내무총장으로 선출되었다. 상해에 도착한 도산은 미국의 대한인국민회가 지원한 2만 5천불로 임시정부 청사를 빌려 임정의 기틀을 마련하고 이승만 국무총리를 대리해 정무를 주도했다. 9월에 한성, 노령 임시정부와 통합된 단일 정부 수립에 성공했는데 이때 대통령은 이승만, 국무총리는 이동휘, 내무총장은 이동녕을 내세우고 도산은 하위직인 노동국 총판을 맡았다. 통합임시정부의 출범에 도산의 공이 가장 컸다는 것에 이론은 없다. 그는 늘 통합을 위해 자신은 뒤로 물러나곤 했다. 신민회도 윤치호를 회장으로 내세웠고 미국 대한인국민회도 초대가 아닌 3대 회장을 맡았고 임시정부에서도 도산을 대통령으로 추대하려는 소장파 차장들을 무마하고 늘 이승만을 앞세웠다.

독립운동의 방략을 작성하고 기관지 독립신문(사장 이광수)을 발간했으며 외교 활동, 자금 모집 등의 활동에 분골쇄신했지만 외교파 이승만과 무력행동파 이동휘가 분열되자 책임을 지고 1921년 내각에서 사퇴했다. 1923년 도산은 다시 범민족적인 국민대표회의를 소집해 5개월 동안 회의를 거듭했으나 결실을 맺지 못했다.

도산은 민족만의 부락인 이상촌 건설을 추진하고자 만주 방면을 탐사하고 계획을 추진했으나 만주사변으로 중단하고 1930년 이동녕, 이시영, 김구 등과 한국독립당을 결성했다. 한독당은 임정의 근간이 되는 정당(집권당)으로, 파벌을 청산하고 민족주의 전선을 통일한 것에 의의가 있다.

망우리에서 한강을 내려다 보다

도산은 늘 일경의 감시하에 있다가 1932년 윤봉길 의사 의거가 일어나자 배후 혐의로 체포되었다. 대전형무소에서 2년 6개월을 복역한 뒤 가출옥해 평양 대보산에서 휴양 중에 다시 1937년 11월 수양동우회 사건으로 서대문형무소에 수감되어 재투옥되었다. 연말에 병보석으로 석방되고 간경화증으로 경성대부속병원에 입원했다. 병상에는 친척 외로는 동아일보 기자 출신인 홍사단원 오기영만이 출입이 허용되었다.

1938년 3월 10일 겨레의 위대한 지도자 도산 안창호는 서거했다. 3월 12일 병원에서 망우리묘지로 향하는 길에 가로수처럼 경찰들이 늘어섰고 망우리 방향으로 가는 사람들의 통행은 금지되었다. 묏자리는 유언에 의해 아들처럼 아끼던 유상규 옆에 자리 잡았다. 경찰과 헌병 30여 명의 경계 속에 친인척 몇 명과 장홍범 목사, 조만식 장로 등 20인에 한해 참석이 허용되었다. 그 뒤 몇 주 동안 경찰이 묘 입구에서 참배자들을 검문했고 그 후로도 1년간이나 참배자들은 이름과 주소를 적게 하여 도산 묘를 찾는 이들은 길 아닌 산을 타고 올라가야 했다.

망우리에는 1943년 조카사위 김봉성이 오른쪽에, 홍사단원 이영학이 1955년 뒤편에 묻혀서, 1936년에 먼저 온 유상규와 함께 도산을 둘러싸 모시는 모양새가 되었다. 그리고 약간 떨어졌지만 다른 홍사단원인 문명훤, 조종완, 허연 등이 들어왔다.

해방 후 춘원 이광수는 『도산 안창호』를 집필하고 도산의 비문을 지었으나 6·25 전쟁으로 인해 1955년 10월 15일이 되어서야 새롭게 큰 묘비가 세워졌다. 그전에는 해방 후 단지 '도산안창호지묘'라고만 새긴 석비가 세워져 있었다. 기념사업회 신익희 회장이 개회사를 하고 조카 안맥결, 성결이 묘비에 덮인 천을 내렸다.

비석의 앞면은 소전 손재형이 쓰고 좌우후면은 원곡 김기승이 썼다. 김기승은 흥사단원(1026번)이고, 서예가 손재형은 위창 오세창의 제자인데 후에 망우리 오세창의 비석 앞면의 글을 썼다. 앞면의 내용은 이러하다.

배우고 가르침에 끊임없이 애쓰시고 슬기와 큰 덕을 바로 세워 사심은 우리나라와 겨레를 위함이셨네. 바르고 사심 없이 사람을 대함에 봄바람 같고 일을 행하심에 가을 서릿발 같으셨네. (비문 안내판, 도산기념관)

學不厭 格物致知 欲復祖國(학불염 격물치지 욕복조국)

誨不倦 樹德立言 爲寧斯民(회불권 수덕립언 위녕사민)

直無僞 接人以愛 春風和氣(직무위 접인이애 춘풍화기)

公無私 作事以誠 秋霜嚴威(공무사 작사이성 추상엄위)

1973년에 도산공원으로 이장될 때 묘비도 함께 옮겨졌으나 묘비는 2016년 3월 1일 다시 망우리로 돌아왔다. 묘비 이전의 경과에 대해서는 다음의 「유상규 편」에 상술한다.

도산은 기독교인이었지만 종교의 틀에 구애받지 않았다. 흥사단원 입단 면접시에도 각자의 종교에 따른 기도를 권유했다. 그의 기독교관은 아래의 글에서 엿볼 수 있다.

“서로 모해하기 위해 이단이라 합니다. 여러분은 무엇으로 정통과 비정통을 판단하렵니까? 내 생각에는 사랑으로 하는 자는 곧 정통이요, 그렇지 않은 자는 제 아무리 주석을 신·구약을 통하여 수천 권을 내었댔자 ‘사랑이 없으면’ 곧 비정통이요 이단이외다.” (「기독교인의 갈 길」, 평양남산현교회 연설, 1937.10.04.)

높은 산의 정상으로 오르는 길은 다양하다. 아래에 있는 사람에게는 자신의 마음을 다잡을 수 있는 정형화된 틀이나 조직이 필요할 수도 있지만 끝까지 인내해 정상에 이른 사람들은 서로 악수를 나누며 서로가 올라온 길을 존중한다. 경계에 갇혀 내 길만이 옳다고 고집하니 종교전쟁이나 이념전쟁이 그치지 않는다. 그러므로 통합, 화합의 정치는 최고 수준의 정신을 갖춘 위대한 지도자만이 할 수 있는 것이다. 망우리공원의 인문학길 ‘사잇길’의 이정표 아래에는 이렇게 적혀 있다. “경계를 넘나들고 경계를 허무는 길”

3

도산 안창호의 영원한 비서

외과의사 태허 유상규(太虛 劉相奎 1897~1936)

도산의 우정을 그대로 배운 사람이 있었으니
그것은 유상규였다. 유상규는 상해에서 도산을 위해
도산의 아들 모양으로 헌신적으로 힘을 썼다.
그는 귀국해 경성의학전문학교 강사로 외과에 있는 동안
사퇴(퇴근) 후의 모든 시간을 남을 돕기에 바쳤다. (연보비)

망우리공원에는 단지 유명 인사가 있다는 것에 그치는 것이 아니라 유명 인사 간의 생전의 인연을 사후에도 그대로 보여주고 있는 곳이 적지 않다. 답사객이 그 어느 곳보다 가장 크게 감동하는 스토리가 여기에 있다.

두서의 글은 춘원 이광수가 쓴 『도산 안창호』에 나온 문장을 그대로 옮긴 것이다. 연보비를 세울 당시 보훈처나 흥사단에 의뢰해 고인의 글을 찾고자 했으나 여의찮아 어쩔 수 없이 춘원의 글을 올렸다. 연보비를 잘 보면 글자에 새로 검게 덧칠한 흔적이 보인다. 원래 글자가 희미해 잘 보이지 않는 것을 고인의 차남 유옹섭 선생(1933~2014)이 별세 전에 덧칠했다.

유옹섭 선생은 생전에 부친에 관련된 글을 찾아 독립지사 서훈도

유상규 연보비

신청하고 부친의 전기도 출간했다. 연보비 설치 전에 고인의 글을 찾았더라면 고인의 말이 새겨졌을 것이다. 애국지사 서훈을 받은 후에 새로 세워진 비석의 뒷면에는 약력이 간략하게 새겨져 있다.

> 공은 1919년 3·1운동 후 경성의학전문학교를 중단하고 상해 임시정부 교통국 및 국무총리 도산 안창호 비서 근무. 1920년 흥사단 입단 활동함. 인재가 필요한 민족이니 고국에 돌아가 학업을 마치라는 도산의 권고로 1924년 귀국 (1925년) 복학하고 수양동맹회, 동우회에서 독립운동을 계속함. 1927년 경의전 수료 후 동외과 강사 근무 중 졸. 당 40세임. 1990년 8월 15일 건국훈장 애족장 추서

3·1운동 후 상해로 망명

유상규는 1897년 평북 강계읍에서 태어났다. 부친 유영성은 일본 유학을 다녀온 지식인이었으나 이렇다 할 활동을 남기지 않았다. 조부 유신진은 유명한 한의사로 대궐에서도 부름을 받았으나 건강 때문에 가지 못했다는 일화가 전해지는 명의로 강계 상무회의 회장을 지냈다. 모친 신영일은 남편을 대신한 집안의 기둥으로 주경야독으로 글을 깨우치고 전통적인 유교의 틀을 벗어나 개신교로 바꾸고 열렬한 기독교 신앙생활을 했다. 형은 유상우(1894~1948), 동생은 유상하(1904~1950)다.

장남 유상우는 약종상 면허를 취득해 약국을 경영했다. 3·1운동 때 강계군에서 독립만세운동을 주도하고 6개월의 옥고를 치르고, 다시 1920년 상해임시정부 연통제의 평북 강계의 참사로 활동하다 체포되어 10개월의 옥고를 치렀고 이후로도 강계공립보통학교 동창회장과 강계청년수양회 회장, 강계읍회 의원 등을 지내며 지역의 지도자로 헌신했다. 2007년에 건국훈장 애족장이 추서되었다.

동생 유상하는 1925년 배재중학, 1930년 경성고공 건축과를 졸업하고 경성부 영선과에 근무했다. 해방 후 이화여대 영선과에서 강의하고 이화여대 과학관을 설계, 조선건축기술단(대한건축학회)의 기틀을 세우고 상무이사로 재직하다 6·25 때 인민군에게 총살당했다.

유상규는 3년간 서당을 다닌 후 1908년부터 1912년까지 명신소학교를 다녔다. 명신학교는 강계읍 장로교회가 1904년 설립한 최초의 근대교육기관인데, 강계교회의 집사이며 학교의 설립자인 유지 이학면은 나중에 경성에서 향우회 모임 때 만나 결혼한 이애신(1902~1990, 이화여전 졸)의 부친이다.

유상규는 1912년 단신 상경해 경신학교에 입학, 1916년 3월 경신학교를 11회로 졸업하고 경성의전(서울의대) 1기생으로 입학했다. 경성의전 수석 졸업생으로 백병원 설립자인 백인제는 입학 동기로 태허의 사촌여동생과 결혼해 사돈간이고 흥사단 활동도 함께한 친우이다. 그리고 3·1운동 후 독일로 망명한 이미륵(2기생)도 유상규와 친했는데, 이미륵의 저서 『압록강은 흐른다』의 전반부에 '상규'가 이미륵을 은밀히 불러내어 거사 참여를 권유한 내용이 나온다.

3학년이 끝나가는 1919년 3월 1일, 이미륵의 증언처럼 태허는 주도적으로 시위에 참여했으나 체포를 피해 상해로 망명했기에 경찰의 조서에 독립운동의 기록이 나타나지 않았다. 이는 애국지사 서훈이 늦어진 이유의 하나가 되었다.

상해로 망명한 태허는 5월에 상해에 도착한 도산 안창호의 비서가 되고 1920년 흥사단에 가입(116번)했다.

테허는 "어머니를 만나기라도 할 듯이 그곳 상해에 갔었는데 도산 안창호를 만났으며 그를 일생 동안 섬기는 것이 자신의 포부였다"고, 후에 쓴 「방랑의 일편」에서 회고했다.

도산의 옆방에서 자며 주야로 도산을 보좌하는 한편 흥사단 직영 인성학교에서 교사로 일했다. 그러나 임시정부는 도산의 노력에도 불구하고 파행이 지속되었다. 이를 타개하고자 도산은 국민대표회의를 개최했지만 그것도 결렬, 마침내 도산은 이상촌 건설 사업과 유일당 결성을 추진하기 위해 상해를 떠나게 되었다. 도산은 태허에게, 우리는 인재가 필요한 민족이니 다시 고국으로 돌아가 학업을 계속하라고 권고했다.

상해를 떠나는 도산을 역에서 배웅한 태허는 눈앞이 캄캄해지는 좌절감에 빠졌다. 고민 끝에 태허도 1923년 6월 상해를 떠났는데 고국으로 귀국하기 전에 직접 농촌, 노동, 사회주의를 체험하고자 일본으로 향했다. 나가사키를 거쳐 오사카로 가서 건설현장의 막일꾼, 비

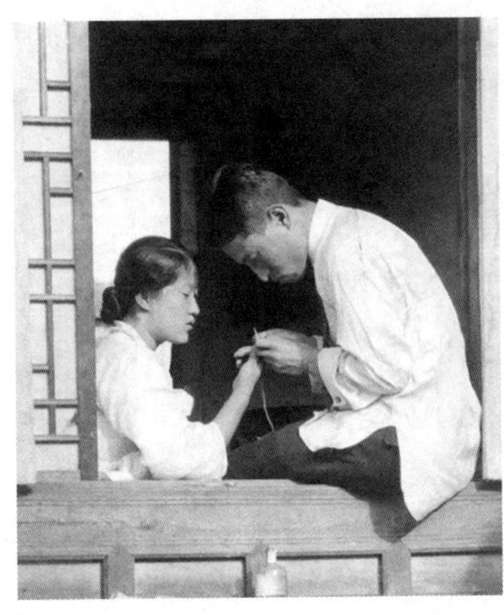

부인 이애신(이화학당 사범대 졸)의 손에 박힌 가시를 뽑아주는 유상규(1927년 사진)

누공장 직공으로 일하다가 일본 황태자(후의 히로히토 천황) 결혼 전의 불온분자 검거 때 갑자기 자취방에 들이닥친 형사에게 연행되어 22일간 구류 처분을 받고 강제 귀국 조건으로 석방되었다.

의학을 통한 민족 계몽

1924년 2월 귀국해 1925년 경성의전에 복학, 입학 동기보다 7년 늦은 1927년 졸업했다. 재학 중에는 이광수와 함께 동우회의 재건과 발전을 위해 활동해 1926년에는 심사부 임원 등의 요직을 맡았다.

졸업 후 경성의전 부속병원 외과의사 및 학교의 교수, 축구부 감독으로 일하면서 동아일보사 주최 강연회에 꾸준히 연사로 참석해 의학적 계몽활동을 계속했다. 1930년에는 조선의사협회 창설을 주도했는데 발기인대회에서 사회를 맡았고, 이후 핵심 간사로 중심적 역할을 했다. 또한 《동광》이나 《신동아》, 《조광》 등에 많은 글을 실었다. 태허는 점진적인 독립운동이 중요하다고 주장한 도산의 독립 사상을 이어받아 의학으로 민족의 건강을 돌보는 공중위생 계몽을 실천했다. 그는 치료비를 받지 않는 왕진에도 열심이었고, 휴가 때도 친구의 병간호를 할 만큼 마음이 따뜻한 사람이었다. 그러나 환자를 치료하던 중 세균에 감염되어(丹毒, 연쇄상구균감염증) 1936년 7월 18일 세상을 떠났다. 그의 장례는 마침 대전에서 출옥해 국내에 체재 중이던 도산이 주관했다.

태허가 세상을 떠난 후 부인은 30세 청상과부의 몸으로 평생을 기독교 신앙에 의지하며 삯바느질과 하숙을 치며 어렵게 두 아들을 키웠다. 부인은 어린 옹섭을 데리고 도산의 병문안을 간 적도 있었다. 유옹섭 선생이 필자에게 보여준 오래된 사진에는 도산과 흥사단원의 모습이 있고, 네 살의 옹섭 어린이는 사진 맨 앞줄에 서 있었다. 그리고 본인 이름의 옹(翁)자는 도산의 다른 아호 혹은 필명 '山翁(산 할아버지)'에서 따왔다는 것도 나중에 알았다.

2007년 12월, 그는 독립기념관의 도움을 얻어 찾은 부친의 원고와 집에 보관 중인 미발표 원고 일부를 묶어 전기 『애국지사 태허 유상규』(흥사단)를 출간했고 이후에 새로 나온 의학계 연구 자료를 추가해 2011년 『도산 안창호의 길을 간 외과의사 — 태허 유상규』(더북스)를 출간했다.

책 속에 많은 글이 있는데, 「방랑의 일편」은 고인이 일본으로 건너가 막노동을 하며 겪은 일을 적은 수기 형식의 글로, 당시 일본에 간 조선 노동자들의 삶이 리얼하게 묘사되어 있다. 또한 1931년 23호에 실린 「피로 그린 수기 젊은 의사와 삼투사」, 1931년 29호와 30호에 쓴 「의사평판기」는 당시 의학계를 엿볼 수 있는 소중한 자료이기도 하다.

《동광》 29호에 쓴 글을 보면, "우리 조선 사람은 위인 혹은 세계적 위인이라면 곧 정치가를 연상한다. 더군다나 근일의 신사조로 인해

서 위인과 영웅의 의미를 혼동해서 민중시대에 모순되는 것으로 여겨 위인을 부정하려는 경향까지도 보인다. 이렇게 문화적으로 뒤떨어진 사상환경 속에서 과학적 위인, 그야말로 인류 영겁에 행복을 주는 위인이 자라나긴 고사하고, 싹트기도 바라기 힘들다고 보는 것이 당연하지 않을까"라는 글귀가 의미심장하게 다가온다. 정치가만이 위인이 아니라는 말이다. 각 분야에서 각자 최고의 실력을 연마해 그것이 자기실현에 그치지 않고 나라에 보탬이 되도록 하는 자는 모두 위인이라 할 수 있다. 2020년 발생한 코로나 바이러스 때 우리는 의학계 종사자의 위대성을 절절히 느꼈다.

국내 흥사단 조직인 수양동우회는 '수양단체를 가장한 독립운동' 혐의로 1937년 대거 구속됐는데, 이때 붙잡힌 도산은 서대문형무소에서 옥고를 치르다 병환을 얻어 경성제대부속병원에 입원했다가 1938년 3월 10일 60세로 운명했다. 도산의 시신은 망우리공원 유상규의 묘지 바로 오른쪽 위에 묻혔다.

예전에 태허의 무덤 오른쪽 위로 올라가면 도산의 묘는 오간 데 없고 묘가 있던 자리임을 알리는 묘지석만 남아 있었다. 앞면에 '도산 안창호 선생 묘지(墓址)', 뒷면에는 '1973년 11월10일에 이 지점에서 서울특별시 강남구 압구정동 도산공원 내로 이장'.

필자는 태허 관련 자료를 찾다가 도산 안창호 선생이 망우리묘지에 묻힌 사연을 발견했다.

뒤늦게 밝혀진 도산의 유언

… 도산은 돌아가기 전 며칠 전에 이런 말씀을 하였다.

'나 죽거든 내 시체를 고향에 가져가지 말고.'

'그러면 엇더케 할래요.'

'달리 선산 가튼데도 쓸 생각을 말고.'

'서울에다 무더 주오.'

'…'

'공동묘지에다가…'

'유상규군이 눕어잇는 그겻 공동묘지에다가 무더주오.'

… 유상규란 경성의전 청년 교수로 상해 당시부터 도산의 가장 사랑하든 애제자인데, 그만 연전에 서울서 작고하였다. 그날 장례식은 춘원이 주재하였다.('도산의 임종, 서울공동묘지에 묻어달라는 일언(一言)이 세상에 끼친 유언' 《삼천리》)

병석의 도산을 만난 흥사단원 선우훈도 같은 증언을 남겼고, 1969년 11월 6일 조선일보의 「인물로 본 한국학〈39〉」에서도 강계 지역의 인물을 소개하면서 맨 마지막에 "안창호가 자기 곁에 묻히길 원했고 현재 그렇게 묻혀 있는 수제자 유상규"라는 글도 나온다.

하지만 도산공원 이장 즈음, 도산이 이런 유언을 했다는 사실을 말하는 사람은 없었다. 1973년 정부는 서울 강남에 도산대로를 만들고 도산공원도 만들어 도산의 묘를 망우리묘지에서 이장했다. 국립묘지에 모시는 것보다 더 큰 예우인 것은 맞다. 유옹섭 선생도 부친의 자료를 정리하던 중 이 사실을 접하고 깜짝 놀랐다. 민족의 지도자 도산 안창호를 격에 맞게 잘 모시게 된 것이라 볼 수 있지만, 어찌됐든 결과적으로 도산은 자신의 희망과는 관계없이 다른 곳으로 이장된 셈이다.

도산과 태허가 혈연의 부자지간과 다름없었음을 알 수 있는 글이 또 하나 있다. 흥사단 동지 장리욱이 지은 『도산의 인격과 생애』에는 다음과 같은 글이 나온다.

"유상규 의사는 도산을 스승으로만이 아니라 분명히 어버이로 모셨다. 도산 앞에서의 행동거지는 물론이지만 도산의 신상 모든 일에 대해서 갖는 유 군의 그 세심한 정성은 훌륭한 '효자' 바로 그것이었다…."

필자가 2007년 말 인터뷰를 위해 유옹섭 선생을 처음 만났을 때, "마침 지난주에 보훈처에서 대전 현충원 이장 허가가 나왔다"는 말을 들었다. 필자는 이렇게 말했다. "선생님, 부친이 독립지사로서 현충원에 가시는 것은 영광스런 일입니다만, 만약 부친이 그곳으로 가시면 도산 선생과는 영원히 이별하시게 되는 게 아닐까요?" 유옹섭 선생은 곰곰이 생각에 잠기는 듯했다. 다음 주에 전화가 왔다. "김 작가! 현충원 이장을 취소했소. 부친의 뜻은 망우리 그 자리에 계시는 것이라 생각하오. 망우리가 제일 좋은 자리 같소."

43년 만의 귀환

그 후, 유옹섭 선생은 평소 제대로 관리되지 않아 넝쿨과 잡초가 무성한 도산 묘터의 성역화를 위해 힘썼다. 부친 묘소의 벌초 때 도산 묘터도 벌초했지만 평소에는 늘 초라한 도산의 묘터가 안타까웠다. 부친과의 관계를 떠나 민족의 위인 도산의 묘터가 이렇게 방치될 수는 없는 것이다. 2011년 유옹섭 선생은 미국 캘리포니아에 사는 도산의 장녀 안수산 여사(1915~2015)의 편지까지 받아 서울시에 전달했다. 마지막 부분을 옮긴다.

I am ninety-seven years old, my wish is to restore the Manguri site in honor of my father, I ask your help in making my wish come true. (저는 97세입니다. 저의 소원은 아버님을 기리기 위해 망우리 묘 터를 복

원하는 것입니다. 제 소원이 이뤄지도록 도와주시기 바랍니다)

그러나 서울시로부터는 "봉분의 복원은 불허하나 기념물은 괜찮다. 그런데 유감스럽지만 저희는 올해 예산이 없다. 후일을 기약하자"라는 대답만 들었다.

유옹섭 선생은 경기중학을 거쳐 6·25 때 공군에 입대, 1976년 공군 시설감(준장)으로 예편했고 대림산업 부사장을 거쳐 표준건축사사무소의 대표 건축사를 지냈다. 적잖은 재산도 갖고 있고 아들 둘은 교수와 의사로 성공했다. 본인이 직접 돈을 들여 할 수도 있다. 하지만 이러한 일은 사회가 뜻을 모아서 해야 한다고 생각해 이제나저제나 때를 기다리다 2014년 8월 암으로 별세했다. 별세 몇 달 전에 만났을 때, 한동안 아팠다고 하시며 "앞으로 종종 찾아오라"고 하시던 말의 속뜻을 필자는 뒤늦게 깨달았다.

필자는 유옹섭 선생의 유지를 이어받아 도산 묘터의 복원 방안을 모색하던 중, 첫 번째의 석비 외로 1955년 건립되어 1973년 도산공원으로 옮겨진 비석이 있다는 사실을 알게 되었다. 9척 비석이 도산기념관 지하 통로에 보관되어 있었고 도산공원의 묘 앞에는 부인 이혜련 여사의 이름도 함께 한글로 새겨진 비석이 세워져 있었다.

필자가 2015년 구비석의 이전 제안서를 서울시에 제출하고 한국내셔널트러스트의 김금호 국장이 관계기관과의 조율에 발 벗고 나서 마침내 도산기념사업회의 양해를 얻어, 서울시는 2016년 비석을 2월 말에 망우리 그 자리에 이전하고 3월 1일 한국내셔널트러스트·서울시·도산기념사업회·흥사단 등 관계자 참석 하에 제막식을 거행했다.

다시 6년이 흐른 2022년 봄, 원래 묏자리 한가운데 세워놓은 큰 비석이 아무래도 선생의 가슴을 짓누르고 있는 것 같아 마음이 무거

경기중학교 시절 도산의 묘를 찾은 유옹섭 씨. 사진 속 비석은 어디로 갔는지 현재 알 수 없다.

우니 비석을 옮겨달라는 흥사단 원로들의 요청으로 중랑구청은 비석을 우측으로 옮기고 뒷자리에 허묘를 만들어 놓았다.

도산의 유해는 도산공원에 계시지만, 도산의 피와 살은 이 땅에 스며들어 있으니 도산은 이곳에도 계시는 것이다. 그리고 고인의 말을 담은 비석(금석문)은 유해만치 소중하다. 이곳을 떠난 지 43년 만에 되돌아온 도산의 비석이 태허의 묘 위에 우뚝 서 있다. 쓸쓸히 망우리 그 자리를 지키던 제자 유상규 선생에게 조금이나마 위안이 되었을 것인가.

4

도산의 조카사위·홍사단원

김봉성(金鳳性 1900~1943)

도산 묘 터의 오른쪽에는 도산의 조카사위 김봉성의 비석이 서 있다. 김봉성은 도산의 형 안치호의 사위다.

안치호의 장녀이자 김봉성의 부인인 안맥결은 숭의여학교를 나오고 도산이 세운 남경 동명학교에서 영어를 배우고 다시 귀국해 중앙보육학교를 나왔다. 해방 후 1946년 5월 미군정 경무부에서 여경을 모집하자 여경 조사부 주임으로 채용되어 1952년 서울시여자경찰서장(경감), 1954년 치안국 여성계장(총경), 1957년 경찰전문학교 국어와 영어 담당 교수를 지내고 1961년 퇴직했다. 슬하에 2남 1녀를 남기고 1976년 별세했다. 1919년 10월 숭의여학교 독립만세운동과 1937년 수양동우회 사건의 옥고로 2018년 건국포장을 받았다.

김봉성은 도산 안창호와 같은 평남 강서군에서 김득준의 1남 1녀 중 외아들로 태어났다. 1917년 선천 명천소학교를 졸업하고 신성학교 3학년 때인 1919년 3월 1일 선천군에서 전개된 만세시위에 주도적으로 참여해 2005년 건국포장을 받았다.

민족대표였던 이승훈은 신성학교 성경교사 홍성익에게 3월 1일

신성학교 학생들을 동원해 만세시위를 전개할 것을 부탁해 홍성익은 동료 교사인 김지웅 등과 연락을 취하며 만세시위 계획을 추진했다. 당시 신성학교 3학년 김봉성은 김지웅의 지시에 따라 선배 및 동급생과 함께 도쿄 유학생이 발표한 2·8 독립선언서를 등사하는 한편 시위 현장에서 사용할 태극기도 대량으로 제작했다.

3월 1일, 정오의 기도회 시간이 되어 전교생이 모인 가운데 홍성익 선생이 등단했다. 예배를 인도하지 않고 돌연 말하길 "오늘 우리가 무엇을 해야 하는지 학생들은 알고 있는가?"라고 질문했다. 아무도 대답하지 않았다. 그는 호주머니 속에서 태극기를 꺼내 펼쳐서 칠판에 붙이고 손가락을 깨물어 흐르는 피로 태극기에 '대한독립만세'라고 크게 썼다. 학생들은 "선생님, 알겠습니다!"라고 외쳤다. 장내는 굳은 결의의 감격이 넘쳤다.

모두 밖으로 나가 교문 앞에 대기하다가 2시 정각 학교 종소리를 신호로 학생들은 일제히 교문을 뛰쳐나갔다. 사전 연락에 따라 자매학교인 보성여학교(현 보성여고) 학생들도 동참했다. 학생들이 천남동 시장에 도달할 무렵 시민들도 동참해 시위군중은 1천 명에 달했다. 시위대는 군청과 경찰서를 행진하며 만세시위를 벌였다. 이때 선천수비대와 경찰이 출동해 발포를 감행해 다수의 사상자가 발생해 시위군중은 해산할 수밖에 없었다.

선천의 3·1운동을 이끈 신성학교는 현재 안양 신성중고로 존속하고 있다. 최근 가수 김종국이 졸업한 학교로 갑자기 유명해졌는데, 졸업생으로 백낙준, 장준하, 계훈제 등이 있다.

이로 인해 김봉성은 일경에 체포되어 1919년 6월 3일 평양복심법원에서 소위 보안법과 출판법 위반으로 징역 2년을 선고받고 도중에 감형되어 1년 3개월의 옥고를 치렀다.

1921년 신성학교 13회로 졸업하고 도쿄로 유학해 1924년 주오

(中央)대학 정치경제학과를 졸업, 1927년 3월에 미국으로 건너가 남가주대학 경제학과에서 수학했으며, 1930년 시카고시 조선인기독교감리교회에서 변준호의 권유로 흥사단에 가입해 활동하고, 1931년 11월 14일 시카고학생회가 한인교회에서 주최한 만주 문제 토론회에서 연설하고, 1933년 이민법 규정 외 노동 종사를 이유로 1933년 1월 30일 강제 출국을 당했다.

김봉성

1933에는 선천읍 김영도의 집에서 개회된 동우회 선천지방회에 가입하고 활동했다. 1933년 12월부터 1935년 12월까지 동아일보 선천지국 기자, 1934년 3월 선천회관 초대 총무, 1934년 3월 평양 남문밖교회에서 안맥결과 결혼식을 올렸고 부부는 함께 안창호가 세운 점진학교의 교사로 근무했다. 1937년 동우회 사건으로 구속되고 1938년 8월 1일 보석으로 석방되었다.

그 후, 취업이 어려운 상황에서 화신백화점 사장 박흥식의 도움으로 총무과에서 일했다. 친일파로 널리 알려진 박흥식은 반민특위에서 의외로 무죄를 선고받았다. 박흥식은 우가키 총독을 찾아가 도산의 석방을 요청했고 출옥한 도산을 자신의 집에서 한동안 모셨으며 이후에도 생활비와 치료비를 대주는 등의 지원을 계속했다. 도산의 별세 후에는 망우리 장지까지 따라다니며 뒷바라지까지 했는바, 이는 도산의 조카 안맥결 등 다수의 증언으로 확인되었다. 물론 그것이 모든 친일 행적을 덮을 수는 없지만 엄연한 사실이고 김봉성도 그의 배려로 일자리를 얻었던 것도 사실이다. 그러나 김봉성은 1943년 12월 18일 연탄가스 중독으로 8세의 딸 김자영과 함께 사망해 도산의 오른쪽에 묻혔다.

차남 김선영(1939~) 선생은 2016년 3월 1일의 도산 구비석 이전 때 한국에 있는 유일한 도산의 유족 자격으로 제막식에도 참여했다. 그러나 망우리의 부친 묘는 그동안 이장하지 않았지만 유족 입장에서는 국가나 지자체가 망우리 묘를 관리해 주는 것도 아니며, 앞으로 묘를 돌볼 후손도 없기에 어쩔 수 없이 2016년 가을, 부친을 서울현충원 납골당으로 모셨다. 필자로서는 아쉽지만 존중할 수밖에 없는 일이다. 김선영 선생은 이장한 자리에 비석을 남겨두었다.

비석 뒷면에는 사망년이 소화18년(1943) 12월 18일이라 새겨져 있다. 그런데 해방 후 호적을 새로 만들 때, 사망년이 1945년 12월 18일로 기록되었다. 그래서 보훈처 공적조사 등 모든 자료에는 그렇게 기록되어 있다. 애국지사 지원에 관한 법률에 따르면, 45년 8월 15일 전에 사망한 애국지사는 손자녀 1명까지 연금이 나오고, 그 후에 사망한 애국지사는 자녀에게만 나온다. 김선영 선생은 사망 연도의 정정을 위해 자료를 보훈처에 제출했지만 공적 근거 자료 부족으로 기각되었다. 당시 많은 기자가 흥사단원이기도 하니 김봉성의 부음 기사가 실렸을 법한데 공교롭게도 당시 동아, 조선 등 모든 민족신문이 1940년 8월 10일부터 폐간된 상태였다. 관리사무소가 보관 중인 묘적부도 1942~1943년분은 통째로 없다고 한다. 비석에 사망년을 소급해 적는 경우가 있을까. 비석에 글을 새길 때 공증을 받아두어야 하나?

5

평북 선천 애국계몽활동의 주역

향산 이영학(香山 李英學 1904~1955)

香山李英學先生之墓 (향산이영학선생지묘)
선생은 4237년(1904) 3월24일에
평안북도 선천군 선천면 창신동에서 나서
실업계와 사회사업에 허다한 공적을 남기고
4288년(1955) 11월 10일(양력 12월 10일)에
부천군 소사읍 오류리에서 별세하다.
단기 4289년(1956) 8월 추석 동지 일동 (비문)

평북 선천은 일제강점기에 ‘한국의 예루살렘’ 혹은 ‘한국의 시온성’으로 불린 한국 기독교의 성지였다. 잡지 《개벽》(1923.09.10)에 따르면, 당시 조선에서 기독교가 왕성한 순위는 인구수 비례로 선천, 재령, 평양, 경성의 순이었다. 선천은 읍내 인구의 반 이상이 교인인지라 5일장이 주일과 겹치면 장이 서지 못했다고 한다.

위트모어(위대모, 1870~1952) 선교사가 1896년 선천에 파송되어 선천의 첫 교인인 양전백과 조규찬의 도움으로 1897년 선천 최초의 선천읍교회를 설립했다. 양전백은 1907년 평양신학교를 제1회로 졸업하고 한국 최초의 목사 7인의 1인이 되어 위트모어의 동사목사(부목사)로 부임하고 1909년 3월에는 담임목사로 올라 선천 지역 개신교의 지도자가 되고 1916년 조선예수교장로회 총회장이 되었으며

1931년 제1회 수양동우회의 수양회 단체사진

3·1운동 민족대표로 참여했다.

당시 교인이 2,000명 이상으로 늘어난 전국 최대 규모였기에 선천읍내를 가로지르는 장천(長川)을 경계로 1911년 선천남교회를 새로 세우고 기존 교회는 선천북교회라 개칭했다. 김석창 장로가 평양신학교를 1911년 제4회로 졸업하고 선천남교회의 초대 목사가 되고 장로는 이창석, 이봉조, 홍성익 등이 추대되었다. 이창석이 바로 이영학의 부친이다. 초기에 예배당이 건립되지 않았을 때는 여신도는 이두찬의 집에서, 남신도는 이창석의 집에서 예배를 치렀고 이창석은 선천교회 설립에도 참여했다.

그러나 계속 급증하는 신도를 두 교회가 수용하지 못해 1930년 북교회에서 선천중앙교회가, 1931년 남교회에서 선천동교회가 분립되었다. 그 밖에도 수많은 지(支)교회가 설립되어 선천은 개신교 선교 지역 중에서 가장 크게 기독교가 발달한 지역으로 유명해졌다.

교육기관으로 신성학교(1906), 보성여학교(1907), 의료기관으로 미동병원(1905)이 세워졌고 선천 YMCA(1916), YWCA(1920)도 조직되어 활발한 사회사업, 계몽활동을 주도했다. 그렇게 선천은 평북 지역의 선교 중심지로 발전하는 한편, 선천의 기독교인은 1911년의 105인 사건, 1919년의 3·1운동, 1937년의 수양동우회 사건의 주역으로 참가했다. 이러한 독립운동의 역사에서 우리는 이창석, 이영학 부자의 커다란 행적을 찾을 수 있다.

노블레스 오블리주의 3부자

부친 이창석(李昌錫 1859~1941)은 1920년 동아일보 창간 시 선천 지국의 첫 지국장이었고 형 이영찬이 2대(1921), 이영학이 3대(1928)였다. 이창석은 본래 가난한 집안에서 태어나 29세에 군(郡) 특선 무과에 급제했지만 관직을 한 기록은 없다. 농사로 번 돈으로 당시 상업이 번성한 선천에서 대금업으로 큰돈을 벌었다. 38세에 개신교인이 되고 선천남교회 장로였던 51세(1911)에 '105인 사건(데라우치 총독 암살미수사건, 신민회 사건)'으로 구속되어 재심에서 무죄로 방면되기까지 3년간 옥고를 치렀다. 105인(실형 선고자) 사건의 기소자 123인 가운데 종교로는 기독교인이 절대 다수이고 지역으로는 평북 출신이 89명으로 가장 많았다. 평북은 선천의 신성학교 교사와 학생 외로 각 분야의 상공업자 기독교인이 중심이 되었던 것이다. 그래서 105인 사건은 '선천사건'으로도 불린다.

이창석은 그 후, 평북도 평위원 등 각 방면의 공직에 있으면서 사회교육사업에 진력했는데 주요한 것을 들면 역락고아원(1925), 선천유치원(1925), 창신양로원(1918), 보성여학교, 명신학교, 상업실수학교 등의 설립자나 이사장이 되어 재정을 지원하고 지역의 재해 때마다 성금을 냈으며 교회와 신성학교에 토지를 기부하고, 특히 선천회관 준공시에는 토지 5만평(시가 6만2천원)을 기부했다.

한편, 조선일보(1936.03.14)는 이창석과 두 아들 3부자가 힘을 합해 많은 사회사업을 한 것으로 보도하고, 동아일보(1936.4.17)는 4월 15일 선천상업실수학교 개교식이 설립자 대표 이영학의 사회로 거행되었다고 보도한 것으로 보아 3부자의 재력이 선천 사회의 발전에 크게 기여한 것으로 보인다. 이창석은 81세를 일기로 1941년 1월 19일 별세해 장례는 21일 선천회관에서 사회장으로 거행되었다.

형 이영찬(李泳贊 1896~1959)은 신성중학을 졸업하고 1921년 동아일보 선천지국장, 동년 상공진흥회 선천지부 부회장이 되고 1923년에는 조선민립대학 발기인으로 참여했다. 1927년 선천전기주식회사 이사와 선천금융조합장을 비롯해 1942년까지 송림금은광을 경영했는데 이곳은 노동자 수백 명이 일하는 연간 산금액 30만 원에 달하는 광산으로 업적이 나날이 진전되어 제련소를 신축했다.

사업으로 번 돈을 여러 학교와 사회사업 및 재해의연금으로 기부했으나 1937년 중일전쟁 때 선천군사후원연맹에 상담역(고문)으로 참여하고 1944년 중추원 참의에 위촉되는 등의 친일 행적을 남겼다. 사업체를 접고 망명을 할 수도 산속에 들어갈 수도 없는 민족사업가에게는 피하기 어려운 운명이었던가. 단, 자신의 영달만을 위한 친일이었다면 1939년 신성학교 후원회장, 1941년 평북 도회의원 때 보성여학교에 1만원을 거액 기부한 기사 등은 나오지 않았을 것이라고 생각한다. 1949년 반민특위에 의해 기소되어 재판까지 받았으나 판결 기록은 없다. 1959년 6월 10일 부산시 용당동 자택에서 별세하고 부산에 묘를 섰다가 1963년 망우리로 이장되었다.

선천 애국계몽활동의 주역

이영학은 신성학교에서 공부하다가 선천에서 가까운 정주의 오산학교로 전학해 1922년에 졸업했다. 신성학교에 다닐 때 선천의 3·1운동에 참여하고 체포를 피해 정주로 피신한 것으로 보인다. 중국 남경에 미국 장로교 선교사가 1888년 설립한 금릉대학에서 2년 수학 후 1924년 돌아와 황해도 재령의 장로회 학교인 명신학교의 교사를 지냈다. 1925년 4월 미국으로 건너가 로스앤젤레스의 모 하이스쿨에서 공부하다 5개월 만에 귀국, 태양상회(미국 텍사스 석유 총판)를 설립 운영하는 한편, 1925년 10월 24일 동아일보 선천지국의 기자로 임용되었다.

1928년 3월 20일 이영학은 지국장으로 임명되었는데 이후 그의 활약상은 눈부시다. 1928년 7월 13일 신의주에서 열린 국경기자대회(남만주와 평북 일대 중심) 회장으로 피선되었고 1929년 7월 6일 선천체육회 창립 의원으로 참가해 동년 7월 26일 제1회 전조선개인정구대회 대회장으로 우승기를 수여했다. 1929년 7월 30일에는 선천에서 열린 제5회전조선정구대회의 대회장, 1930년 평북소년육상경기대회의 대회장을 지냈고 1933년 8월 22일 선천군 신문기자단을 창설하고 회장에 피선되며 선천 지역의 문화체육활동을 이끌었다.

1937년 이영학의 서대문형무소 수형시 사진

이영학의 묘비

특기할 것은 1935년 4층 건물의 선천회관을 건립한 사실인데, 동아일보는 6년 동안 모은 선천지국 수익금 1만 원을 기초로 사재 2만 원, 의연금 1만 원 도합 4만 원 예산으로 시작한다고 착공시에 보도했다. 하지만 당시 과연 신문사 지국에서 수익이 났을지 의문스럽다. 역시나 조선중앙일보는 회관 낙성식을 알리는 기사(1935.01.11)에 "이영학 개인이 일금 5만원이란 거액을 들였다"고 하고 매일신보(1934.12.13)는 "이영학이 6만원을 희사했다"며 실상을 밝혔다.

그밖에 1933년 신성학교 강당 건립 기금으로 천원을 기부, 1934년 오산학교 부흥 성금으로 5백 원을 기부, 1940년 광산기계 제작의 평안철공소를 설립한 기사가 보이나 대규모의 사업에서는 부친의 도움이 큰 것으로 보인다. 부친의 도움을 받은 선천회관의 설립, 실업학교의 설립 등 그의 많은 사회활동은 동우회의 목적 사업을 실현한 것이기도 하다.

이영학은 수양동우회 사건으로 피체되어 고등법원에서 문명훤(「문명훤」 편 참조) 등 24명과 함께 '징역 2년에 집행유예 3년'의 선고를 받았다. 동사건 판결문의 이영학 관련 내용을 살펴보면, 이영학은 1924년 1월 중순 상해 흥사단 원동지부에서 흥사단에 가입하고 다시 1월 말에는 경성 이광수 집에서 수양동우회에 가입한 이후, 누차에 걸쳐 이광수, 장리욱 등과 회원 모집과 활동 방안 등에 관해 협의를 하고 수행한 사실, 개인적으로 동우회 기관지 《동광》을 출간하는 동광사에 1백 원을 기부한 사실, 그리고 선천의 목욕탕에 포스터를 붙여 민중을 선동한 사실 등이 적시되어 있다. 목욕탕 포스터 건에 대한 일경의 자료를 번역해 소개한다. 경고특비(京高特秘) 제5078호, 경기도 경찰부장이 총독부 경무국장에 보고한 3쪽짜리 기밀문서다.

> -불온광고 취체(단속)에 관한 건-
>
> 평북 선천군 소재 한영 목욕탕 내에 게시된 선전 포스터 광고 중, 동아일보 선천지국의 신문 구독 선전문 중에 "장래 다가오는 신조선의 주인이고자 하는 자는 동아일보를 구독해야"라는 불온 자구를 발견, 조사한바…동우회 사건 관계자로서 종로경찰서에 신병 구속 취조중인 동아일보 선천지국장 이영학의 작(作)임이 판명되어…이영학을 취조한바 '다가오는 신조선'이란 소화 4년(1929) 11월 23일 이후 동우회의 약법에 기재된 자구로 즉, '조선을 독립시켜 새로 건설해야 할 조선'을 의미한다고 진술하므로…동우회의 활동이 얼마나 철저한 것인가를 엿볼 수 있는 것이므로 이에 통보함.(사상에 관한 정보(부본)2. 1937.10.19 발신, 국사편찬위원회 사이트)

최종심에서는 전원 무죄로 풀려났으나 그동안의 고초는 말할 것도 없다. 부친 이창석과 아들 이영학이 각기 일제강점기의 두 가지 큰 독립운동 탄압 사건(신민회 및 동우회 말살)으로 옥고를 치렀으니 대를 이은 독립운동가 집안이라 할 수 있고, 이 두 단체의 지도자요, 초기 임시정부의 지도자가 도산 안창호였으니, 우리 독립운동사에서 도산의 큰 비중을 새삼 느끼지 않을 수 없다.

해방 후에는 건국준비위원회(위원장 여운형)의 제1회 위원회 개최를 위한 초청장 발송(135인)에 오세창을 비롯한 135명 중의 한 사람으로 이름을 올렸고, 다른 많은 동우회원과 함께 한민당 발기인으로 참여했다. 이후 남북의 분단으로 이북에서 고초를 겪다가 1·4 후퇴 시에 월남한 후 이렇다 할 사회활동 없이 지내다가 심장마비로 오류동 자택에서 1955년 12월 10일 영면했다.

『조선인사흥신록』(1935)에 부인은 강경신(1903)으로 이화여전 문과 출신으로 기재되어 있다. 한편, 김원모 단국대 명예교수는 동아일보(2009.09.22)에서 밝히길, 이광수의 창씨개명 가야마 미쓰로(香山光郞)의 '향산'은 단군조선이 창건된 묘향산에서 유래되었으며 이광수가 이영학에게 향산이라는 호를 지어주었다고 했다.

비석의 '동지'는 흥사단우를 말하고 이영학은 흥사단번 1095이다. 서대문형무소 수형 기록표를 보면 1937년 11월 1일부터 1939년 2월 15일까지 도합 472일이나 옥고를 치렀다. 흥사단 동지로 죽어서도 망우리 도산 선생 주위에 함께 모인 유상규, 김봉성은 모두 독립지사 서훈을 받았는데 이영학은 직계 유족이 없어서인지 아직 서훈을 받지 못했다.

더구나 흥사단의 과거 기록을 보니 70년대 말에 이영학 단우의 묘를 발견해 계속 돌보고 있다고 했는데, 최근 흥사단 내에서도 세대교체가 이루어지는 과정에서 묘역 관리마저 끊긴 듯 2018년 한국내셔널트러스트의 김금호 국장이 묘를 발견한 시점에는 봉분에 나무도 자라 오랫동안 황폐한 상태였다. 2019년부터 중랑구 지역민으로 결성된 기억봉사단이 이영학 선생의 묘를 돌보기 시작한 것은 그나마 다행이지만 지속적인 관리나 정비에 관해서는 아직 이렇다 할 대책이 없다.

6

고당 조만식의 오른팔

고송 조종완(孤松 趙鍾完 1890~1947)

평남 강서군 지주의 집안에서 출생했다. 도산 안창호가 구국 활동의 하나로 1908년 설립한 대성학교에 들어가 1912년 제1회로 졸업했다. 1920년 7월 5일 대동군 남곶면 각금리에서 만들어진 각금청년회(회장 강승두)에 부회장으로 참여하고, 3·1운동 후 상해임시정부 지원 목적으로 설립된 비밀결사 대한국민회의 지방 조직인 향촌회에 가입해 각처로 다니며 자금을 모집하다가 체포되어 동지 6인과 1921년 6월 9일 평양복심법원에서 징역 1년형을 선고받고 진남포형무소에서 옥고를 치렀다.

대성학교가 일제의 압박으로 1912년 19명의 1회 졸업생을 배출하고 폐교되자, 학교의 재건을 목적으로 1920년 조직된 대성학우회(초대 회장 김성업)는 평양의 동명학관과 평양학관을 인수해 경영하고 있었는데, 2대 회장 조종완은 동명학관의 중학교 승격을 추진해 기금과 부지를 확보했으나 일제는 결국 불허가를 통보했다. 대성학우회는 그 후로도 명사 및 학우의 강연회, 회보의 발행, 학우회관의 신축 등의 사업을 통해 지속적으로 대성학교의 부활을 도모하다가 수양동우회 사건으로 많은 회원이 검거되며 1937년 해산되었다.

1925년, 평양에서 이윤재, 오경숙, 김찬종, 김항복 등이 중심이 된 동우구락부(1923)에 가입했다. 동년 12월 '어떤 방면에서 모인물들'이 평양에 잠입했다는 정보를 포착한 평양경찰서 고등계 형사들로부터 불시에 가택 수색을 당했다. 즉 조종완은 1920년 이후 관서지방의 지도자 조만식, 김동원, 오윤선 등과 함께 일경의 요시찰 대상 인물이었다.

1926년 1월 평양의 동우구락부가 경성의 수양동맹회(1922)와 통합해 결성된 수양동우회에 가입(단번 1049)해 평양지회 간사를 맡았고 동년 평양 남산현교회의 엡윗청년회가 3·1운동 후 간부가 피체되고 회원이 흩어지며 활동이 부진하자 5월 29일 부흥회를 개최하고 회장으로 피선되었다.

1929년 9월 23일에 열린 신간회 평양지회(위원장 조만식) 집행위원회의 회의에서 교육출판부장으로, 1930년 4월 19일에는 상무로 선출되었다.

신간회는 이상재, 권동진 등이 사회주의자들과 협력해 1927년 YMCA회관에서 창설되었으나, 일제의 탄압과 내부 분열로 1931년 5월 해산되었다. 그 후, 1932년 7월 평양 기독교 및 수양동우회 인사인 조만식, 김병연, 김동원 등과 건중회(建中會)라는 조직을 발족시켰다.

1930년, 조선은 대풍년이었다. 설상가상 일본도 풍년이라 쌀 수출량이 줄어드는 바람에 쌀값이 폭락, 풍년임에도 농민이 밥을 굶게 된 '풍년기근'이 있었다. 지주들도 어렵기는 마찬가지였다. 조종완은 미림수리조합원회의 실행위원으로서 오윤선, 남궁혁 등과 당국에 대해 차입금 감리와 수리비(물세, 수리시설 이용료)의 납부 연기를 의결해 저항했다. 이 사실이 동아일보를 통해 전국에 알려지자, 여기저기서 저항 운동이 일어나 조선 농촌 당면의 최대 문제로 비화되었다. 이때의 활약으로 그는 1932년 1월 2일 열린 동아일보의 평양신년좌담회에서 '수리조합문제연구가'로 소개되었다.

그 외로도 1925년에 평양전력을 상대로 전기료 인하를 요구하는 소등 운동을 주도했고, 1927년 평양기독교청년회관에서 열린 평양자선회에 조만식 등과 함께 이사로 참여했다. 동년 재만동포옹호동맹(조만식 의장)이 조직되었을 때 실행의원으로 주요한 등과 참여했으며 1929년 6월 조직된 경북기근구제회(위원장 오윤선)에 조만식 등과 상무위원이 되었다. 1931년에는 임시정부의 독립운동 자금을 조달한 것으로 인해 옥고를 치렀다.

이렇게 신간회 등 많은 단체, 사회 활동에서 조종완은 관서지방의 최고 지도자였던 조만식의 측근으로 활동했다. 조만식이 등장하는 단체나 활동에 조종완의 이름이 자주 보인다. 상기 외로도 관서체육회(회장 조만식)에서 부회장과 이사를 역임하며 수회에 걸쳐 전조선빙상선수권대회, 전조선축구대회, 전조선남녀탁수선수권대회, 전조선수상(수영)경기대회 등의 개최와 진행을 주도했다. 대회의 대회장으로는 늘 조만식을 내세우고 본인은 부대회장을 맡아 실무를 지휘했고 해방 후에는 조만식이 조직한 조선민주당의 총무부장이 되었다.

수양동우회 사건으로 옥고

수양동우회는 많은 기독교계 지식인과 실업가가 중심 회원이었다. 김동원은 평안고무공업사를 경영했고 이영학은 석유도매상을 했다. 조종완은 평양을 떠나 함흥에서 평안고무의 함흥지점을 경영하다가

1937년 8월 평안상사로 변경하고 텍사스 석유, 던롭 타이어의 함남 대리점을 경영했다. 동아일보(1937.10.31)는 '욱일승천의 세를 자랑하는' 업체로 동사를 소개했다.

조종완은 수양동우회 사건으로 체포되어 1936년 8월 21일 경성 복심법원에서 징역 2년형을 언도받고 고등법원에서는 무죄 판결을 받았지만 1938년 3월 22일 서대문형무소에 입소해 1938년 7월 30일까지 옥고를 치렀다.

조종완의 비석

해방 후 조만식은 1945년 11월 3일 조선민주당을 창당했다. 발기인은 105인이고 11월 3일은 1929년의 광주학생 의거를 기념한다는 의미였다. 신간회 운동에 참가했던 평남 지역 민족주의 인사 33인을 발기인으로 해 조종완은 중앙 상무집행위원에 선정되고 총무부장을 맡았다.

그러나 1945년 12월말 신탁통치안이 제기되어 조선민주당이 신탁통치를 반대하는 입장을 내세우자 소련군정은 조만식을 연금시키고 애초부터 조선민주당 조직 내에 침투시킨 부당수 최용건에게 당권을 장악시키고 김일성의 조선공산당을 따르게 했다.

그러자 부당수 이윤영 목사와 조종완 등 우익 측 간부는 월남해 1946년 4월 25일 서울에서 당의 재건에 나섰다. 조만식을 당수로 추대하고 산하에 평양청년회를 조직해 월남 청년을 규합하고 전국 조직에 착수했다. 한편으로 조만식을 월남시키고자 요원들을 비밀리에 파견했으나 조만식은 이곳의 사람들을 버리고 갈 수 없다며 거절하고 6·25 때 총살당했다.

조종완은 1947년 8월 13일 노량진역 앞의 자택에서 별세하였다(동아일보 1947년 8월 14일 기사). 그러나 비석에는 1948년 8월 12일로 적혀 있다.

조선민주당은 다음 해 5월 10일 선거에서 부당수 이윤영이 종로 갑구에 당선되었다. 이승만이 국무총리로 지명했으나 한민당의 반대로 무산되어 무임소장관을 지냈고 조선민주당은 1961년 5·16 후에 해산되었다.

정부에서는 고인의 공훈을 기리어 1990년 건국훈장 애족장을 추서했다. 1995년 현충원으로 이장하며 묏자리에 비석을 묻고 가서 그동안 흔적을 찾을 수 없었다. 2022년 가을 재림교회독립운동기념사업회 류제훈 사무국장이 삽으로 묘터 사방을 찔러가며 비석을 찾아냈다. 2023년 중에 중랑구청이 바로 세우고 묘역을 정비할 계획이다. 조종완의 비문을 옮긴다.

> 이 묘에 잠드신 님은 선각자로서 조국의 독립과 번영을 위하여 평생을 바치신 고송 조종완 선생이시다. 선생은 1890년 3월 15일 평남 강서군에서 선친 조창균 씨 자당 선우 씨가정에서 출생하시어 1912년 민족의 지도자 도산 안창호 선생이 설립한 대성학교에서 수학하시다 1919년 3·1운동에 참여하심으로 옥고를 치르시고 1931년에는 임시정부의 독립운동자금을 조달한 것으로 인하여 재차 투옥되었으며 일

본군국주의가 우리 민족을 말살하려던 1938년에는 애국단체인 흥사단 수양동우회 회원으로 활동하시다 재삼 옥고를 치르셨고 1945년에는 고당 조만식 선생과 조선민주당을 창당하고 조국의 완전 자주독립을 위하여 활동하시던 중 다년간의 옥중생활로 인한 병으로 1948년 8월 12일 서울에서 세상을 떠나시다. 정부는 1968년 3월 1일 선생을 독립유공자로 포상을 추서하다. 선생의 높은 뜻과 유덕을 기리 후세에 전하기 위하여 후생과 유족이 정성을 모아 이 묘비를 세우다.

1985년 8월 12일

흥사단원, 명산 김기만(1892~1956)과 별산 나우(1885~1960)

김기만(金基萬)과 나우(羅愚)는 상해에서 함께 독립운동을 했던 흥사단원이며 사돈지간이다. 두 분의 중매로 김기만의 딸 석주와 나우의 차남 나성돈이 결혼했다.

김기만의 묘역은 순환로 오른쪽으로 오재영 연보비를 지나서 가다가 용마공원으로 내려가는 길 전의 우측 아래에 있다. 비석 후면이 모두 한문이다. 흥사단 단우 번호는 142번.

〈묘비 앞면〉 청주김공기만(기만)지묘.

〈묘비 뒷면〉 (번역문)

공의 호는 명산(明山)이다. 부친 원성(元性), 모친 순흥 안씨의 장남으로 임진년(1892) 3월 2일 평남 용강에서 태어났다. 부인은 풍천 임씨로 4남 3녀를 두었다. 어릴 때부터 우국애족의 마음이 각별하였다. 멀리 중국 상해 유학 중에 상해 임시정부에 참여하여 도산 안창호 선생 등 애국지사들과 늘 건국을 도모하였으며 광복 후에 고국에 돌아와서 애국 국채 판매에 진력하고 흥사단 운동에 최선을 다했다. 예수교를 독실하게 믿었다. 하늘나라에서 어진 사람을 싫어하지 않아, 병신년(1956) 12월 27일 서울 돈암동 자택에서 돌아가셨으니 오호 애재라. 동생 기영 삼가 쓰다. 단기 4290년(1957) 정유년 3월

흥사단 입단원서에 따르면, 1897~1907 한문 수학, 1907~1909 경성 협성학교 수학, 1909~1918 수렵에 종사, 1918~1920 독립운동에 참여, 1920년 상해 육군무관학교를 졸업했다고 적혀 있다.

별산(鱉山) 나우(라우)의 묘는 솔밭약수터 아래에서 바라볼 때 왼편(북쪽) 100미터쯤에 있다. 흰색의 비석이라 새겨진 글이 잘 보이지 않는다. 맨 위에 십자가가 새겨져 있고 그 아래에 '鱉山羅州羅公之墓(별산나주나공지묘)'라고 새겨진 것으로 판독된다.

김기만의 비석

평남 용강 출생이고 본명은 나순응이다. 1905년 용강예수교사범학교 수학 후 1906~1910년 예수교 진명소학교 교장을 지냈다. 특기는 도화로 1920년 흥사단에 입단(222번)했다. 1920년 6월부터 상해 임시정부에서 참사(별명 羅浩)로 일했다.

그리고 한국사데이터베이스에 실린 『대한민국임시정부자료집』 35권, 「33)한국국민당」 편에는 "(1937년 김구의 한국국민당)은 본부를 남경에 두고 조사, 행동, 특무, 교통, 연락의 5부를 설치했다. 또 지부를, 상해 프랑스 조계에 두고 책임자로서 조상섭과 나우가 취임했다. 본부는 국민정부 군사위원회 특무대 남의사와 연락하고 연락하고 있다"라고 나와 있다.

해방 후 1948년 6월 흥사단본부를 서울로 이전한 후 국내단우 중심으로 지도부를 재편해 5개 지방회에 책임 간부를 두었는데 나우는 시흥 지역을 맡았고 1957년 심사부장을 맡았다.

아들 나성돈(1924생)은 1944년 광복군 제3지대에 입대해 중국 화중 지구에서 지하공작대원으로 활동했다. 1945년 국내진입작전을 위해 훈련을 받다 광복을 맞이했다. 광복 후 주한미대사관에서 일하고 60년대에 미국으로 이주했다. 1990년 애족장을 받았다. 2020년 6월 미국에서 별세하고 11월에 유해가 봉환되어 대전현충원에 안장되었다.

7

글 없는 비석이 전하는 침묵의 소리

죽산 조봉암(竹山 曺奉岩 1899~1959)

우리가 독립운동을 할 때 돈이 준비되어서 한 것도 아니고
가능성이 있어서 한 것도 아니다.
옳은 일이기에, 또 아니 하고서는 안 될 일이기에
목숨을 걸고 싸웠지 아니하나. (연보비)

매년 7월 31일 11시 정각에 조봉암 묘에서 추도식이 열린다. 화환이 많지만 드물게도 늘 대통령(혹은 여당 대표)과 야당 대표의 화환이 좌우에 놓인다. 조봉암 평생의 정치철학인 좌우 통합을 말해 주는 듯하다. 위치도 좋고 관리도 잘되고 있으며 참배객도 많은 묘지다.

대학생 때 필자는 망우리공동묘지를 산책하다 우연히 죽산의 묘를 발견했는데, 비석의 크기로 보아 꽤 훌륭한 분일 것이라는 생각을 했다. 그러나 비석의 좌우후면에는 아무런 글이 없었다. 교과서에서도 그의 이름을 본 적이 없었다. 다른 많은 납북·월북인사처럼 죽산 조봉암은 대한민국에서는 오랫동안 입 밖에 낼 수 없는, 오로지 그 시대를 산 사람의 머릿속에서 존재하는 기억의 하나였다. 죽산의 말은 사라졌다. 말은 입술의 침을 먹고 목숨을 이어가는 것인데, 아무

竹山 조봉암선생
(1899-1959 정치가)
"우리가 독립운동을 할 때 돈이
준비되어서 한것도 아니고 가능
성이 있어서 한 것도 아니다.
옳은일이기에 또 아니하고서는
안 될 일이기에 목숨을 걸고
싸웠지 아니하냐."
「어록」에서
조봉암 연보비

도 말을 나누지 않아 말은 그 시대 사람의 머릿속에서 말라만 갔다.

전쟁 때문에 한동안 우리는 문화의 반쪽을 외면하고 살았다. 6·25 후부터 1988년의 해금 전까지, 지금은 교과서에서도 배우는 월북작가 임화, 이태준은 물론 재북이건 납북이건 북쪽에 관련된 작가의 말은 접할 수 없었다. 그리고 20년 후에 망우리공원을 찾아와 발견한 소설가 최학송과 극작가 함세덕, 사회주의 애국지사 오기만, 김사국과 박원희 부부(비석), 학병동맹원 3인의 말도 그야말로 금시초문의 것이었다. 그런 시대에 간첩의 누명을 쓴 죽산에 관한 말은 아무도 할 수 없었다.

90년대 이후, 이념의 문제로 감춰졌던 반쪽이 새롭게 조명을 받게 되었으니 망우리공원은 좌우, 독립지사와 친일파, 무명의 서민을 모두 아우른 근대사의 보고로서 그 시대의 인사들이 남긴 영욕의 역사를 담담하게 우리에게 전해주고 있다. 생전에 친했던 이들도 미워했던 이들도 지금 여기에 한데 모여 있다. 필자에게는 잃어버린 반쪽의 대표적인 인물이 죽산 조봉암이었다.

조봉암의 비석에는 왜 글이 없을까? 큰 비석의 앞면에는 단지 '죽산조봉암선생지묘(竹山曺奉岩先生之墓)'라고 새겨져 있을 뿐이다. 묘지 입구의 연보비 뒷면을 읽어본다.

> 1898 경기도 강화군에서 출생, 1919 3·1독립운동 가담 1년간 복역, 1925 '조선공산당' '고려공산청년회' 간부로 모스크바 코민테른 회의 참석, 1930 항일운동에 연루되어 신의주 감옥에서 7년간 복역, 1946 조선공산당과 결별. 중도통합노선 제시, 1948 제헌국회의원. 초대농림부장관 역임, 1950 국회부의장 역임, 1952 제2, 3대 대통령 출마, 1956 '진보당' 창당 위원장 역임 및 평화통일 주창

이 연보비의 제일 마지막에 들어갈 말, 그러나 차마 새기지 못한 말은 이렇다. "1959년 국가보안법 위반으로 대법원에서 사형선고를 받고 처형당했다."

망우리 매장 당시 비석도 세우지 못하게 했다. 일제강점기에 총독부가 독립지사의 묘에 비석을 세우지 못하게 한 것과 다르지 않다. 비석은 자유당 정권 몰락 후 1961년 세운 것인데, 단지 앞면의 이름 하나 새긴 것을 가지고도 서예가 김충현은 경찰의 조사를 받았다고 한다. 그러나 침묵은 수많은 말보다 더 많은 말을 들려준다. 말 없는 비석이 전하는 침묵의 소리(Sound of Silence)는 무엇인가.

강화도 3·1운동 참가

고려공산당의 당수, 임시정부 국무총리를 지낸 이동휘(1873~1935)는 1903년 강화 진위대 대장으로 있을 때 잠두교회에 나가며 권사가 되었다. 1904년 보창학교를 설립하고 1905년 일제의 압박으로 진위대가 축소되자 아예 군직을 사임하고 강화 곳곳에 70여 개의 학교를 세우며 애국계몽운동을 펼쳤다.

'강화의 바울'이라 불린 이동휘가 강화를 떠난 후인 1907년 8월 1일 한국군 해산으로 '정미의병'이 일어나자 8월 10일 강화에서도 옛 부하들이 의병을 일으켰는데 이 사건에 잠두교회 교인 3인이 연루되어 순교했다.

이러한 잠두교회에 조봉암은 강화보통학교 2학년 때부터 나가며 민족의식을 키웠다. 보통학교 졸업 후 2년제 농업보습학교를 졸업하고 강화군청의 사환으로 근무하다 2년 후에 고원(임시직 공무원)으로 채용되었다. 1917년 18세 때 상사와 충돌하고 군청을 그만두었다.

잠두교회에서는 청년회 활동도 하며 교회 일에 발 벗고 나서서 목사 이하 교인 모두가 조봉암 권사라고 불렀다. 교회에서 첫사랑 김이옥을 만났다. 김이옥은 부유한 양반 가문의 딸로 명문 경성여고보에 입학한 13세의 소녀였다. 방학 때마다 강화로 돌아와 교회에서 조봉암과 오빠동생으로 지내고 강화도의 3·1운동 때는 조봉암을 도와 독립선언서 필사에 참여했다. 체포된 조봉암은 끝내 김이옥의 이름을 함구해 그녀를 지켰다. 김이옥은 서대문형무소에서 옥고를 치르는 조봉암을 자주 찾았다. 어느 날 김이옥은 조봉암에게 자신을 어떻게 생각하느냐고 물었다. 조봉암은 눈빛으로만 대답할 뿐 입 밖으로는 아무 말도 할 수 없었다. 김이옥의 부모는 어릴 때 사망했지만 가장인 오빠가 빈농의 아들 조봉암을 받아들이지 않았던 것이다. 두 사

조봉암의 묘 입구

람은 헤어지고 김이옥은 이화여전 음악과에 입학했다.

조봉암은 경성으로 올라와 YMCA 중학부에서 공부하다 1921년 일본으로 유학을 떠났다. 엿장수를 하며 중앙대학 전문부 정치경제과에 다니며 아나키즘과 사회주의 서적을 탐독했다. 아나키즘에 경도되어 박열 등과 흑도회를 조직했으나 너무 관념적인 아나키즘에 만족하지 못하고 조직적인 독립운동을 위해 사회주의로 기울어졌다. 조봉암은 해박한 이론과 언변으로 지도자적 존재가 되었다. 그즈음 일본 제국주의 타도의 길을 사회주의에서 발견한 독립지사가 많았다. 본서의 박희도, 유상규, 장덕수, 김말봉 등도 1920년대에는 사회주의에 호의적인 입장이었다.

1922년 학업을 중단하고 귀국한 조봉암은 곧바로 모스크바로 가서 동방노력자공산대학에서 공부하고 코민테른의 지시를 받아 1924년 국내에 들어와 2월 11일 감찬, 박헌영. 김단야 등과 신흥청년동맹을 결성하고 전국을 돌며 사회계몽의 강연을 하면서 전국적인 지명도를 높였다. 이때 함께 활동한 여자고학생상조회의 김조이와 6월

조봉암

30일 결혼했다. 9월에 조선일보 기자로 들어갔으나 기자 일보다는 조직 활동에 힘써 1925년 4월 김찬, 김재봉, 박헌영 등과 조선공산당(1차)을 비밀리에 조직했다.

8월 모스크바로 가서 조선공산당 조직의 승인을 받고 상해로 왔다가 11월 국내의 공산당 조직이 발각되는 바람에 조봉암은 국내로 들어오지 못하고 1926년 1월 조선공산당 상해 해외부를 설치하고 5월에 만주총국을 조직했다.

그런데 어느 날, 첫사랑 김이옥이 무작정 조봉암을 찾아 상해로 왔다. 폐결핵에 걸려 오래 살지 못한다는 선고를 받고 마지막으로 죽산을 만나기 위해서였다. 둘은 함께 살며 1928년 딸 호정을 낳았다. 그러나 동지 김조이를 배반하고 부르주아 여성과 살며 상해에 안주했다는 박헌영 등의 비난을 받고 이것은 훗날까지 조봉암의 약점으로 작용했다. 그동안 김조이는 다른 남자 동지와 동거했다.

1932년 9월 일경에 체포된 조봉암은 신의주감옥에서 복역했다. 그동안에 김이옥은 호정을 데리고 강화로 돌아와 살다가 1934년 사망했다. 1939년에 출옥한 조봉암은 다시 김조이와 재결합하고 호정을 데려왔다.

함흥감옥에서의 옥고로 김조이가 아이를 낳지 못한 이유도 있어 조봉암은 인천에서 비강업조합장 시절 비서였던 여인과의 사이에 임정(1947), 의정(1950)의 2녀를 낳았고, 다른 여인에게서 아들 규호(1949)를 얻었다. 양반가에서 어릴 때부터 조부와 부친의 축첩을 보고 자란 김조이는 담담히 호정과 규호를 맡아서 키우다가 6·25 때 납북되었다.

초대 농림부장관으로 농지개혁

해방 후 죽산의 박헌영에 대한 편지가 공개되며 죽산은 공산당과 공식적으로 결별하고 인천에서 제헌국회의원에 당선되었다. 어느 날 국회에서 논란이 벌어졌을 때 조봉암이 발언권을 얻어 의견을 피력하자, 이승만은 크게 감복해 의장석에서 내려가 조봉암을 얼싸안았고 후에 대한민국의 초대 농림부장관으로 기용했다.

농림부장관 조봉암은 농지개혁을 성공적으로 수행했다. 유상몰수 유상분배였지만 소작농에게 유리한 조건이었다. 양곡매입법의 제정, 농업협동조합의 설립도 추진했다. 6·25 전에 박헌영은, 우리가 밀고 내려가면 남한의 농민들이 모두 봉기할 것이라고 김일성에게 장담했지만, 농지개혁으로 자작농이 된 많은 농민은 북한의 선전에 넘어가지 않았다.

여기에서 조봉암을 존경하는 나머지 미처 보지 못하는 부분이 있다. 모든 국정의 최종 책임은 대통령에게 있으니 농지개혁의 공은 장관 조봉암뿐 아니라 대통령 이승만도 함께 나눠 가져야 한다. 가해자를 속이 시커먼 악한으로 규정하고 싶지만 그건 감성적 영역의 판단이다.

반공, 승공, 멸공이 국시였던 시절, 죽산은 극우와 극좌를 배척하는 중도의 길을 걸었다. 이승만과 결별한 죽산은 1952년 제2대 대통령선거 때는 불과 79만 표(11%)를 얻었으나 1956년 제3대 대통령선거에서는 200만 표(30%)를 넘게 얻어 이승만의 장기 집권을 위협하

조용히 絞首臺의 이슬로

死刑囚 曺奉岩 處刑瞬間의 모습

「說敎」와 「祈禱」를 自請

…마지막 술 한盞과 담배 한대도 請하고…

蒼白해진 얼굴에, 끝내 無表情

「그게 정말이냐」고

消息듣고 놀라며 痛哭

遺族들의 表情

梁明山은 發惡言辭

두派로 갈라진 「勞總」

丁·金氏派 따로 따로 會合

西大門刑務所앞에 數百名群衆

曺奉岩屍體를 보고자

동아일보에 실린 조봉암 사형 집행 기사

는 존재로 떠올랐다. 부정선거가 거듭되는 시절이라 실제로는 더 많은 표가 나왔을 것이니 그는 집권 세력의 최우선 제거 대상이 됐다.

소위 '진보당 사건'이라고 하는데, 북쪽과의 내통 혐의로 죽산은 구속되었다. 재판 당시에도 언론은 끊임없이 의혹을 제기하고 미국도 경고의 메시지를 보냈으나 정적은 서둘러서 1959년 7월 31일 11시 조봉암의 사형을 집행했다.

조봉암을 누구보다 잘 알고 있으며 광복 후 경찰청장으로 좌익 검거에 앞장서 국무총리까지 지낸 장택상은 자신의 구명운동에도 불구하고 죽산의 사형이 집행되자 후에 이렇게 회고했다.

"법은 법이라 뭐라 자신은 판단하기 어려우나 죽산은 공산주의 테두리를 벗어났다고 믿고 있다…법무장관을 만나 죽산의 형 집행을 3·15선거 후로 미루는 것으로 합의를 보았는데…집행되었다. 법무장관의 배신이었고 식언이었다. 이 배신에 대한 심판은 이 세상에서 받지 아니하면 천국에 가서라도 받게 될 것이다."(『상록의 자유혼』)

그리고 죽산의 명예회복 작업이 오랫동안 지체된 이유의 하나는 북한이 혁명열사릉의 김규식, 조소앙 선생 묘 옆에 죽산의 허묘를 만들었다는 사실 때문이었다. 원래 공산당에서 출발했지만 광복 후 박헌영의 노선을 비판하면서 공산당과 결별한 죽산은 당시 북쪽에서조차 '반역자'로 매도됐다. 그러나 북한은 죽산을 복권시켜 북쪽의 편으로 만들어버렸다. 죽산에게는 청하지도 않은 불리한 증인이 꼬리표처럼 따라다닌 셈이다. 다행히도 2003년 죽산의 묘는 여운형과 함께 혁명열사릉에서 사라졌다. (《민족21》, 2003년 4월호)

옳은 일이기에, 해야 할 일이기에

일부 강경 우파에게 그는 여전히 좌익으로 취급되고 또한 동시에 일부 강경 좌파에게 그는 변절자로 취급된다. 하지만 죽산에 관한 뉴스가 나올 때마다 드물게도 조선일보와 한겨레신문이 비슷하게 호의적인 기사를 쓴다. 죽산이야말로 동시에 좌우의 존경을 받는 이상적인 정치인이다. 죽산은 대법원에서 사형을 선고받은 후 다음과 같은 말을 남겼다.

"법이 그런 모양이니 별수가 있느냐. 길 가던 사람도 차에 치여 죽고 침실에서 자는 듯이 죽는 사람도 있는데 60이 넘은 나를 처형해야만 되겠다니 이제 별수가 있겠느냐. 판결은 잘됐다. 무죄가 안 될 바에야 차라리 죽는 것이 낫다. 정치란 다 그런 것이다. 나는 만 사람이 살자는 이념이었고 이 박사는 한 사람이 잘 살자는 이념이었다. 이념이 다른 사람이 서로 대립할 때에는 한쪽이 없어져야만 승리가 있는 것이다. 그럼으로써 중간에 있는 사람들의 마음이 편안하게 되는 것이다. 정치를 하자면 그만한 각오는 해야 한다."

죽산은 죽음의 순간에도 "내 억울하게 죽으니 후세가 내 한을 풀어 달라"고 호소하지 않았다. 그랬다면 그 인물됨은 현세에 국한된다. 하지만 그의 도량은 시대를 초월할 만큼 컸다.

이 글의 맨 위에 적은, 죽산의 연보비 앞면에 새겨진 글 또한 우리의 가슴을 뭉클하게 한다. '독립운동'이라는 말을 당신이 하고자 하는 그 무엇으로 바꾸어 읽어보라. 필자는 답사 안내를 할 때마다 특히 학생들에게는 이 글을 소리 내어 읽게 하고 이렇게 말한다.

여러분! 유학 보내줄 환경도 아닌데 공부해봤자 뭐해 하며 핑계대지 마세요. 나이키 광고처럼 'Just Do It', 그냥 열심히 하세요. 그러면 길은 열립니다. 그 모습을 본 누군가가 손을 내밀어 줍니다. 아무것도 하지 않으면 막상 찬스가 와도 그걸 잡을 수 없습니다. 독립운동 해봤자 뭐해 하며 아무것도 하지 않았다면 아마 해방 후에도 독립의 의사, 자치 능력이 없는 민족으로 취급받아 누군가의 지배를 다시 받았을 겁니다. 그래서 우리는 애국지사의 고귀한 헌신을 잊지 않기 위해 여기를 찾아와 인사드리는 것입니다.

교수대로 옮겨진 죽산은 입회한 목사에게 설교와 기도를 청했다. 목사는 성경을 펴고 누가복음 23장을 읽었다. "빌라도가 세 번째 말하되 이 사람이 무슨 악한 일을 했느냐. 나는 그에게서 죽일 죄를 찾지 못했나니 때려서 놓으리라 하니 그들이 큰 소리로 재촉해 십자가에 못 박기를 구하니 그들의 소리가 이긴지라."

어릴 때 뿌리 내린 기독교 정신은 아무리 청년 때 공산주의에 경도되었어도 끝내 사라지지 않고 그를 다시 자유민주주의로 돌아오게 하는 동력으로 작용했을 것이다. 사람들이 만든 이념은 우리를 가두고 옭아매고 구속한다. 오로지 진리만이 우리를 자유롭게 한다. 먼 길을 떠났다 돌아온 사람, 하나님의 말씀을 현실에서 실천하고자 한 사람, 그러나 과거의 행적 때문에 이념의 희생양이 되어 십자가에 못 박힌 사람, 죽산이 마지막으로 간 곳은 영원한 안식처, 하나님의 품이었다.

2011년 재심에서 무죄판결

오랜 세월이 지난 2007년 9월 27일, 진실화해위원회는 국가보안법 위반죄로 1959년 사형당한 조봉암과 유가족에게 사과하고 그 피

조봉암의 묘

해를 구제하며 명예를 회복시킬 것을 국가에 권고했다. 이에 따라 유족은 2008년 8월 대법원에 재심을 신청했고 마침내 2011년 대법원은 전원일치로 무죄 판결을 내렸다. 2011년 1월 20일 무죄 판결을 받은 그 날, 유족과 기념사업회 관계자들은 곧바로 망우리로 달려와 묘소를 참배하고 장남 규호 씨가 아버님께 판결문을 읽어드렸다. 읽다가 울고 다시 읽다가 또 울었다.

납북된 부인 김조이는 2008년 독립지사 서훈(건국포장)을 받았다. 하지만 죽산은 1941년 인천비강업조합장 시절 국방성금 150원을 낸 사실이 매일신보에 실려 있어 독립지사 서훈이 계속 보류되고 있다.

장녀 조호정 여사는 어머니와 같은 이화여대 영문과를 나와 부친의 비서로 일하고 시인 이봉래(1922~1998)와 결혼했다. 이봉래는 진보당에도 참여했고 후에 영화감독, 예총회장, 한국현대시인협회장을 지냈다. 남편과 함께 조호정 여사는 부친의 명예 회복에 평생을 바쳤고 향년 94세로 2022년 별세했다.

아들 조규호 씨는 십여 년 전의 인터뷰 당시에는 "진행 중인 재심에 대해 공식적인 판결이 나오면 비로소 비석에 글을 새길 것"이라고 다짐했는데, 무죄 판결 후에 다시 곰곰이 생각해 보니 글 없는 비석 또한 시대의 아픔을 증거하는 유물이라는 생각에 그대로 두었다.

조규호 씨는 부친의 풍모를 꼭 닮았다. 그는 공수특전단에 입대했으나 '특수임무 부적격자'의 통지를 받고 공병대로 전출되었고, 제약회사에 다닐 때는 미국 출장을 가려고 하자 '요시찰 인물'이라며 여권 발급이 거부되었다. 회사 경험을 살려 약국을 경영하며 평범하게 살면서 가족 모두 가톨릭에 귀의했다. 마지막으로 그는 이렇게 말했다.

> 아버지를 그렇게 만든 모든 사람, 저는 이미 용서했습니다. 아버지의 마음도 그러하시리라 생각합니다. 돌아가시기 전에 하신 말씀도 그러했습니다. 요즘 아버님을 생각할 때마다 저는 예수님의 삶이 떠오릅니다. 평화통일을 이루고 모두가 잘사는 나라를 만들고자 했지만 정적이 자신에게 씌운 거짓 운명을 담담히 받아들이고 가신 부친의 삶은 예수님의 삶을 그대로 따른 게 아니었을까 하는 생각을 합니다. 아버님은 씨를 뿌리고 가신 선구자였습니다.

8

좌우의 투쟁 속에 사라진 젊은 혼

삼학병(三學兵) 김명근·박진동·김성익

못다 핀 꽃들이여…. 세상에 나와 열심히 배우며
큰 뜻을 품게 되었으나 막상 그 뜻을 펼쳐 보지 못하고
사라진 젊은이의 죽음만치 애절한 것은 없다.
더구나 암울했던 일제강점기, 억지로 전장에 끌려갔던
학병들이 해방된 조국에 돌아와 겪은 현실은 어떠했는가.

중랑망우공간에서 순환로 왼쪽으로 10여 분을 가면 김상용 시인과 삼학병의 이정표가 나타난다. 아랫길로 내려가면 철책이 나오는데, 철책을 지나지 않고 철책 안쪽 왼쪽으로 따라 내려가면 왼편에 소담한 향나무 네 그루를 앞에 둔 무덤 셋이 나란히 보인다. 여기가 바로 삼학병의 무덤이다.

학병 도라오다

무거운 거름은/ 날마다 넓은/ 땅에 있었고/ 바라다 보는/ 하눌의 방향은/ 밤마다 달렀다/ 오늘은 남쪽/ 내일은 북쪽// 이르는 곳 마다/ 고향의 위치는 바뀌어/ 정오면 해가/ 지내가는 천심엔/ 언제나 별이 가득하였다// 외로움이/ 주검 보다 무서운 밤/ 그대들은 적과/ 적의

적이 널린/ 망망한 들 가에/ 기적처럼/ 위태로이 서서/ 절망 가운데/ 용기를 깨닫는/ 조국의 속삭임을/ 들었으리라// 주검도 삶도 없는 마음의 한가닥 길 우/ 죽은 사람도 없이/ 산 사람도 없이/ 고시란히 그대들은/ 어머니 아버지 나라로/ 도라 왔다// 아아 어린 영혼들아/ 젊은 생명들아/ 그대들의 청춘을/ 외로움과 주검으로/ 내어 몰은/ 패망한 적과/ 부유한 동포에게/ 이젠 경건한 인사를/ 드려도 좋을/ 때가 왔다. (임화, 「찬가」)

학병 3인의 무덤은 왼쪽부터 '학병 김명근, 박진동, 김성익 의사지묘(義士之墓)'라고 쓰인 비석과 함께 상석이 나란히 자리 잡고 있다. 세 비석의 뒷면에는 '1946년 1월 19일 祖國(조국)을 爲(위)하여 죽다'라고 똑같이 씌어 있다. 출생년도나 본관도 씌어 있지 않은 비석이다. 궁금하지 않을 수 없다. 일제 때 학병으로 나갔다가 전사한 사람도 아니고 6·25전쟁 때 학도병으로 나가 전사한 사람도 아니다. 그럼 전쟁과 무관한 이들은 도대체 누구인가? 광복 후인 1946년 1월 19일에 무슨 일이 있었던 것일까?

1946년 1월 19일은 '학병동맹사건'이 일어난 날이다. 학병동맹은 1944년 일제의 학병제도 시행 후 전쟁에 나갔다가 광복 후 돌아온 학생들의 모임이다. 이들은 일제강점기의 희생자이며, 혈기왕성한 젊은 지식인들이었기에 당시의 불합리한 시대적 상황에서 좌파 세력에 가담했던 사람들이다. 그 탓에 학병동맹은 결국 오랫동안 우리에겐 잊힌 존재가 되고 말았다.

1945년 12월 27일, 모스크바 삼상회의에서 한국의 신탁통치를 발표하자 남한 사회는 반탁의 우파와 찬탁의 좌파로 갈려 격렬한 대립의 소용돌이에 빠져들었다. 그 얼마 후인 1946년 1월 18일 결국 일이 터졌다. 반탁전국학생연맹과 찬탁파인 학병동맹원 사이에 충돌

左右翼은悔改하라

亂局에悲憤 非政治人士蹶然

聲明書

삼학병의 장례식날 조선일보에 실린 기사

이 일어나 양쪽에서 40여 명이 부상하는 사건이 발생했다. 경찰은 이튿날인 19일 새벽 서울 삼청동의 학병동맹본부를 포위했고, 학병동맹과 대치하는 과정에서 총격전이 벌어졌다. 이날 경찰의 총격으로 학병동맹원 3명이 피살됐다. 그 세 희생자가 바로 이곳 망우리에 묻힌 삼학병이다.

역사의 한 페이지에서 사라진 학병동맹사건은 그 피해자의 본명조차 잘못 알려져 있다. 『해방기 시의 현실인식과 논리』(박용찬)에 따르면 사회과학대사전에 의거해 삼학병의 이름을 박진동, 김성익, 이달이라고 써 놓았지만, 실제 무덤 비석에는 이달의 이름은 보이지 않고 대신 김명근이 씌어 있다. 어느 것이 맞을까. 국립중앙도서관에서 찾은 1946년 1월 29일자 조선일보는 필자에게 그 해답을 보여주었다. 이달의 본명이 김명근이다.

'좌우익은 회개하라!'

삼학병 중 김성익은 학병동맹의 부위원장이었고, 박진동은 진주고보 졸업생으로 학병동맹의 군무국장이었다. LG그룹 일가를 취재한 2005년 5월 16일자 서울신문은 "박진동은 남해군수를 지낸 박해주의 아들로 LG그룹 창립자인 구인회 회장의 장녀 양세(당시 15세)와 결혼했으나, 광복 후 좌우익 투쟁 중 학병동맹본부 피습 사건으로 사망했다"라고 보도했다. 그리고 그 동기 백석주는 후일 증언을 통해 박진동의 죽음에 대해 이렇게 밝혔다. "19일 아침 7시 학병동맹회관에 이르니 전쟁터를 방불케 할 정도로 어지러웠다. 경찰은 모두 철수하고 없었고 박진동은 마루에 쓰러져 있었는데 눈을 감지 못하고 있어 눈을 감겨주었다."

좌우파가 대립하던 혼돈 정국에서 벌어진 비극이다. 그러나 그 후 우파 권력은 미군정과 함께 학병동맹을 해산시켰고, 그 이후 학병동맹사건은 세인들의 머리에서 잊혔다. 다만 망우리공원 한쪽 구석에 나란히 선 비석 세 개는 다른 아무런 설명도 없이 단지 이들이 '조국을 위해 죽은' 학병임을 알리고 있을 따름이다. 그렇게 그들은 죽어서도 오랫동안 잊힌 존재가 됐다. 좌이건 우이건 민주정부를 추구한 것은 다를 바가 없는데, 이념이 달라 대립할 수밖에 없었던 시대의 아픔을 고스란히 간직한 채 세 명은 죽어서도 아무 말을 할 수 없었다. 우연히 무덤을 발견한 필자에게도 그들은 여기 묻힌 사연을 말하지 못하고 단지 이름 석 자의 단서를 던져줄 뿐이었다.

세 학병의 장례식은 1946년 1월 31일 거행됐다. 다음 날 조선일보는 '천일(天日)조차 무색(無色)하다. 3학병 연합장의 성대'라는 제목으로 장례식을 상세히 보도하며 애도했다.

> 봄날 같이 조용하게 밝은 1월 31일 하나님도 슬퍼하심인지 우리 세 학병이 무참하게도 쓰러져 열열한 영혼이 영원히 잠자는 이 날 아침은 서울 장안에는 안개가 자욱하고 흐린 날씨에도 눈물먹어 우는 것 같다. 잘 가거라 우리의 박진동, 김성익, 리달삼 세 영혼이여. 서울

삼학병 장례식 모습

삼청동 학병동맹회관의 3학병 연합장의장 앞뜰에는 이른 아침부터 각단체 학생 일반시민과 삼청동내 유지분들이 팔에 붙인 조장도 슬프게 이렇게 비장한 안색으로 모여 들었다. … 이리하야 열한시 지나 세 영구차는 수백의 동지에 에워싸여서 안국정 동대문을 거쳐서 망우리 장지로 향하얏는데 거리거리에는 일반 시민이 도열하야 세 영혼을 애도하였다. 오후 두시경 장지에 이른 영구는 잠시 안치되었다가 세시경에 심한 슬픔속에 안장되었다.

그리고 그 기사의 오른쪽에는 이런 제목의 기사가 실렸다. '좌우익은 회개하라. 난국에 비분. 비정치인사 궐연(蹶然)'

해방 후 「학병 도라오다」를 기쁘게 노래했던 시인 임화는 1946년 1월 22일 삼학병의 영령에게 다시 「초혼」이라는 시를 바쳤다.

초혼

1946년 1월 19일 새벽 서울 삼청동 조선학병동맹회관 전투에서
사몰한 세 용사의 영령 앞에 드리노라

도라오라
박진동/ 김성익/ 이 달
외로운 너의 영혼은 어느 하눌가에 있나뇨
밤 하눌 차운 길에 간단 말도 없이 호올로 나서
너이는 동무도 없이 어데로 거러 가나뇨

어느 동족이 있어 너이를 죽이되 전사로써 아니하고
도적의 떼와 같이 어두운 밤 소리도 없이 하였나뇨

원수의 쫓임에 어린 사슴처럼 주검의 따에 이르러서도
조국의 하눌을 우러러 보든 눈은 어디메서 조국을 바라
보나뇨

너이의 영혼은 아즉도 조국의 하눌에 있느냐
도라오라 가든 길 멈추어 다시 우리에게 도라오라. (임화, 『찬가』에서)

박진동의 조카를 만난 적이 있다. 다른 두 분 모두 젊은 나이라 자식은 없었을 것 같고, 그들의 부모는 세상을 떠났는지 이민을 떠났는지 오래전부터 묘를 찾지 않아 무덤 셋 모두를 박진동의 조카가 관리하고 있다. 하지만 몇 년 전 돌아가신 부친의 묘도 돌봐야 하는 처지라 언제까지 돌볼 수 있을지 모르겠다고 말했다. 해방 후 좌우의 갈등 양상은 역사에 분명히 기록되어 있지만, 눈으로 직접 보고 느낄

수 있는 현장은 여기가 유일하지 않을까. 이제는 사회가 보전의 노력에 나서야 할 것이다.

9

깊이 감추고 팔지 않음이여 지사의 뜻이로다

남파 박찬익(南坡 朴贊翊 1884~1949)

임시정부 김구 주석의 최측근이었던
남파 박찬익을 아는 사람은 적다.
임시정부에서 헌신하다 해방 후에도 중국에 남아
중국 정부와의 교섭과 교포의 귀환을 돌보다가 타계했기에
그 이름이 해방정국에 나타나지 못했고,
그리고 그가 이름을 팔고 싶지 않았기 때문이다.
진정한 지사(志士)의 모습이 여기에 있다.

망우리공원에서 우연히 박찬익의 묘를 발견했던 필자는 감동적인 비문을 읽고 오랫동안 기뻐했으나 얼마 후 혼란스러워졌다. 보훈처 사이트에서 검색하니 박찬익의 묘가 국립묘지에 있는 것으로 나타났기 때문이다. 무슨 말인가? 봉분과 비석을, 그리고 뒤로는 부친 묘소까지 직접 눈으로 확인했는데 그럴 리가 없다고 생각했다.

그러나 다른 자료에서도 국립묘지에 있는 것으로 나타나, 확인차 동작동 현충원에 가보았다. 애석하게도(?) 동일 인물 박찬익의 묘가 확실히 그곳에 있었다. 다음 주말에 망우리공원으로 달려가 관리사무소에 물어보니 1993년에 이장된 기록이 있다.

애국지사이기에 국립묘지로 이장했지만, 망우리에 남은 묘는 가족묘지로 조성된 곳이기 때문에 훗날 다른 가족을 모시기 위해 허묘

윤봉길의사 의거 때 폭탄을 만들어준 상해병공창의 중국인 왕백수 부부와 박찬익(뒷줄 오른쪽), 엄항섭(뒷줄 왼쪽), 백범 김구(앞줄 가운데).

(虛墓)를 놔둔 것으로 보인다. 망우리에 묏자리가 부족한 시절에는 남의 이장 터에 새로 묘를 조성한 사례도 적지 않았다.

순환로의 반환점이 되는 정자 동락정 뒤편으로 난 오솔길을 내려가면 박찬익 묘터를 가리키는 이정표가 서 있다.

김구의 오른팔

건국훈장의 훈계는 대한민국장, 대통령장, 독립장, 애국장, 애족장, 건국포장의 순이다. 망우리공원에 있는 독립운동가 중에 대한민국장을 받은 이가 만해 한용운이고, 대통령장을 받은 이가 위창 오세창, 그리고 독립장을 받은 이로 문일평이 있다. 위계를 따지는 것이 뭐하지만, 호암 문일평은 1995년 독립장이 추서되었으니 1963년에 독립장을 받은 남파가 이곳에 남아 있었다면 망우리공원 제3위였을 것이다. 조완구와 함께 김구의 양팔로 불린 큰 인물이었다.

비석은 타계 후 1949년에 세운 것과 아들 박영준이 1964년에 새로 세운 것이 나란히 서있다. 1949년에 세운 것은 글자가 많이 훼손되어 잘 보이지 않는다. 새로 세운 비석은 2008년 여름의 태풍에 쓰러져 두 동강 나 있던 것을 관리사무소가 2014년 3월에 복원했다. 비문을 읽어본다.

> 한 마음 지키기에 생애를 온전히 바치어 성패와 영욕에 아랑곳없이 심혈을 다 기울이고 가는 것이 지사의 천고일철(千古一轍)이다. 이역풍상 40년을 광복운동에 구치(驅馳)하다가 해방된 조국에 병구를 이끌고 돌아와 말없이 눈감은 이가 계시니 남파 박찬익 선생이 그분이시다.
>
> … 경술 국치 후 선생은 큰 뜻을 품으시고 대종교에 입교하여 동지로 더불어 북간도에 망명하시니 이로부터 40년을 길림 봉천 북평 상해 아령(俄領) 등지의 우리 광복운동에 선생의 발길이 이르지 않은 곳이 없었다. … 백범 김구 주석을 보좌하여 낙양군관학교 한생반(韓生班)의 창설을 성취한 것도 선생의 공이었다. 4272년 을묘 봄에 중경에서 임정의 법무부장이 되시고 이듬해 경신에는 국무위원에 선임되어 6년간을 그 임(任)에 당하였으며 을유 해방으로 임정이 환국한 뒤에도 선생은 주화(駐華)대표단장으로 중국에 잔류하여 3년간을 남북화각지를 분치(奔馳)하며 교포의 구호와 귀환알선사무를 주관하였다.
>
> 극무(劇務) 과로의 나머지 불기(不起)의 중환을 얻어 4281년 무자 4월에 귀국 요양을 하였으나 약석(藥石)의 효(效)없이 장서(長逝)하시니 향년이 66이요 서울시 외 망우리묘지에 묻힌 바 되었다.
>
> … 금년은 선생이 돌아가신지 열일곱해 되는 해이다. 선생의 자 영준

의 뜻을 듣고 선생 일대의 자취를 간추리노니 깊이 감추고 팔지 않음이여 지사의 뜻이로다. 한 조각 붉은 마음이사 백일(白日)이 비치리라. 조지훈 찬(撰) 최중길 서(書) 4297(1964)년 8월 일 불초자 원준 시준 영준 경립(敬立)

이 비를 세운 3남 박영준(1915~2000)은 중국에서 독립군으로 활약했고, 1948년 귀국 후 육군 소령으로 임관했다. 1951년 3대 정훈감, 1961년 5·16 후 현역 소장 신분으로 초대 한국전력 사장에 취

박찬익의 타계 후 1949년에 세운 비(왼쪽)와 아들 박영준이 1964년에 세운 비(오른쪽)가 나란히 서 있다.

임해 1968년 4월까지 7년간이나 한전을 이끌었다. 그 후로도 광복군 동지회장, 백범기념사업회장, 독립유공자협회 회장을 지냈다. 부친과 같은 건국훈장 독립장을 받았다. 박영준은 독립군 중령이었으나 귀국 후 나라를 위하는 길에 계급이 무슨 상관있냐며 흔쾌히 소령으로 임관했다고 전해지는데, 그 아버지에 그 아들이라는 생각이 든다.

박영준의 부인 신순호(1922~2009) 또한 광복군 여군 출신의 독립지사로 예관 신규식(1879~1922)의 동생 신건식(1889~1955)의 딸인데 신규식과 박찬익은 공업연구회인 '공업계'에서 인연을 맺어 의형제까지 맺은 사이이다. 1943년 결혼식 후에 받은 결혼증서에는 주례 김구, 증혼(증인) 조소앙으로 되어 있으나 당일 주례는 조소앙이 섰다고 한다. 이 두 분 사이의 딸 박천민 씨는 부모의 결혼증서를 비롯한 조부와 부친의 유물을 2014년 경기도박물관에 기증했다. 그는 몇 년 전 KBS '진품명품' 시간에 조부 장례식 때 사용된 신익희 선생 글씨의 만장(輓章)을 소개하기도 했다.

글을 지은 조지훈은 청록파 시인의 한 사람으로 40~60년대의 대표적인 시인이자 국문학자인데 그의 부친 조헌영(1900~1988, 6·25 때 납북) 또한 제헌 및 2대 국회의원, 반민특위위원을 지낸 독립지사였다. 글을 쓴 최중길(1914~1979)은 국전심사위원을 지낸 당대의 유명 서예가이다.

대종교와 독립운동

무덤을 바라보는 방향으로 오른쪽에 있는 옛날 비석은 임정 동지 조완구가 쓴 것으로 그는 박찬익과 함께 김구의 최측근이었다. 조완구는 해방정국에서 김구를 도와 큰 영향력을 행사했으나 6·25 때 납북되었고, 오랜 세월이 지난 1989년 건국훈장 대통령장이 추서되었다.

그리고 비석을 세운 날은 개천 4406년 6월, 단기 4282(1949)년 7월 31일로 되어 있다. 대종교에서는 단군의 아버지 환웅이 하늘과 땅, 나라를 연(開天) 때를 원년으로 하므로 124년이 소급된다. 조완구와 박찬익은 대종교의 중심인물이었다. 독립운동가 신채호, 박은식, 정인보, 신규식, 주시경, 최현배, 이시영, 이범석, 이동녕, 김좌진, 홍범도, 홍명희, 서상일 등도 모두 대종교 신자였다. 백범 김구도 기독교인이었으나 마음으로는 대종교를 받아들였다고 했다. 그럼에도 우리가 대종교에 대해서 잘 알지 못하는 것은 일제의 대종교 말살 정책 때문이었다. 일제는 기독교, 불교, 유교는 종교로 인정했지만, 대종교는 단군을 시조로 하는 종교이므로 일본의 동화정책에 저해되는 이단적 종교로 간주해 철저히 말살하는 정책을 취해 대종교의 중심인물은 거의 다 제거되었다. 그 영향으로 해방 후에도 그러하고 지금까지도 대종교는 세를 떨치지 못하고 있다.

박찬익은 중국 국민당에 적을 둔 적도 있어 국민당과의 인맥도 있을뿐더러, 중국어에 매우 능통해 임시정부가 손문, 장개석 등의 도움을 받는 데 크게 공헌을 했다. 옛 비문은 한문체라 매우 읽기 어렵다. 이곳에 묻히게 된 사연이 적힌 앞부분만 옮긴다.

> 남파 박공이 40년을 조국 광복에 헌신하다가 작년 봄에 병구를 끌고 고국에 돌아와 년여를 경(經)한 금년 2월 20일에 필경 환원하니 그 장의를 응당 사회의 공거로 할 것이나 공의 심각한 의념이 다만 평생에 경봉하는 대종교 의식으로 무성입토(無聲入土)를 절원하야 누누히 동지들에게 전촉(專囑)함으로 그의 의원(意願)을 준수함이 애국지사에 대한 경의라 하야 동지들이 간소하게 보통 공동묘지에 공의 유원대로 형해를 봉장하였다.

현재 박찬익의 묘는 국립묘지로 이장되고 허묘와 비석이 남아 있다.

박찬익은 임종 시 동지들이 효창공원에 모시겠다는 것을 거절하고, 조용히 흙으로 들어가기(無聲入土)를 간절히 원해 시민들의 공동묘지에 간소히 묻혔던 분이다. 새로운 비문에 쓰여 있듯, 자신을 깊이 감추고 팔지 않음이 진정한 지사(志士)의 뜻이 아닐까. 비슷한 말은 독립기념관의 남파 어록비에도 새겨져 있다. "대의에 사는 사람은 항상 소아(小我)나 소의(小義)나 소리(小利)나 소국(小局)에 구애되지 말아야 한다. 더구나 명리를 좇아서는 안 된다. 모름지기 공명심을 버리고 조국독립의 무명의 전사가 되자"라고.

나라의 일을 한다면서 실상은 자신의 명예와 부와 표를 챙기는 많은 정치인을 바라볼 때 남파의 이 말이 더욱 절절하게 다가온다. 그의 한 조각 붉은 마음(一片丹心)에 망우리의 햇빛이 내리비친다.

10

반민특위의 선봉장, 민의원

현포 이병홍(玄圃 李炳洪 1891~1955)

경남 산청 출생. 20세까지 한학을 공부하고 경성 오성학교(광신고·광신정보고)를 졸업했다. 애국심이 특히 강했던 그는 고종이 승하하자 곧바로 서울로 달려가 3·1운동에 참여하고 '독립선언서'를 바지 대님 속에 감추고 진주로 돌아와 강재순에게 전달, 강재순은 이를 인쇄해 진주 3·1운동을 이끌었다. 이어 이병홍은 고향 산청군에서의 시위를 지도한 후 일경을 피해 중국으로 망명, 상해 임정 요인을 만나 산청군의 조사원 및 자금조달역을 지시받고 귀국해 활동했다.

해방 후 9월에는 한민당 발기인으로, 10월에는 조선독립운동사편찬위원회에 참여했다. 1948년 5월 10일의 제헌국회 총선에는 무소속으로 출마해 차석으로 낙선하고 1949년 반민특위에 참여했다.

반민법이 1948년 9월 22일 법률 제3호로 공포된 후 반민특위가 10월 22일 설치되었다. 조사위원은 각 도에서 1명씩 선출된 국회의원이 맡았고 그중 김상덕(임정 문화부장 출신)이 위원장으로 선출되었다. 조사부는 정치사상, 경제산업, 일반사회 분야로 나누었는데, 그 누구보다 강직하고 열정적인 이병홍은 가장 중요한 정치사상 분야를 다루는 제1조사부의 장으로 선임되었다.

반민특위는 1949년 1월 5일부터 활동을 개시했는데 1월 13일 거물 친일파 최린을 체포할 때는 직접 이병홍이 부하를 데리고 최린의 자택을 방문했고, 특위로 출두한 김우영(2월 1일), 이광수(2월 9일) 등을 문초한 기록이 확인된다.

이광수에 관련된 에피소드가 있다. 이광수의 아들 이영근(중앙중학 6학년)이 21일 이병홍 앞에 나타나 "부친이 고혈압으로 고생하고 있으니 병원에 입원 가료케 해달라고 자기 왼쪽 넷째 손가락을 깨물어 탄원서를 써서 위원장에게 전해달라고 제시했는데 반민자의 아들이기는 하나 애비를 섬기는 그의 효심에 직원 여러 사람을 감격시켰다"고 연합신문 2월 22일자는 전한다. 이광수가 칩거하던 사릉리의 농민 300명의 진정서와 함께 이것이 주효했는지 이광수는 3월 4일 병보석되었고 8월에는 반민특위의 기소여부 심사에서 4:3으로 부결되어 불기소처분을 받고 풀려났다.

반민특위를 압박하는 친일파의 지속적인 공작으로 이승만 대통령이 1949년 2월 15일에 반민법 개정 필요성을 언급하자, 이에 대해 이병홍은 경향신문(1949.02.17)에 「조령모개의 처사」라는 제목으로, "자신이 서명 공포한 법률이 아직 때도 묻기 전에 조변석개한다면 그 나라의 장래가 어떻게 될 것인지 생각만 해도 심히 유쾌하지 않은 노릇이다. 더욱이 반민법은 민족의 정의를 세계와 후세 자손에 밝히는 것으로 말이 법률이지 우리로서는 그 법률을 일종의 민족적 성전으로 생각하고 이 법률을 발동할 때에는 언제나 옷깃을 바르게 하여 경건하고 엄숙한 태도를 가지는 것이다. 이 감정은 삼천만 국민이 동일하게 가지고 있으리라고 믿는다"며 반박했다. 연이어 차분한 성품의 김상덕 위원장도 즉각 반박성명을 냈고, 김병로 대법원장도 법의 개정은 헌법위원회에서 심의할 성질의 것이며 반민특위의 체포 구속하는 조사활동은 불법이 아니라고 본다며 사법부의 견해를 밝혔다.

그럼에도 이승만 정권은 반민특위를 저지하는 방향성을 가속시켜 1949년 6월 6일 경찰을 동원해 반민특위 산하의 특경대를 무장 해제시켰다. 이병홍의 집에도 경관 10여 명이 와서 무기를 달라고 했으나 이병홍은 완강히 거부하고 후에 총기를 내무부에 반납했다. 이어서 이승만 정권이 7월 6일 국회 결의를 통해 반민법의 시효를 1950년 6월 20일에서 1949년 8월 31일로 단축시키자, 반민특위 위원장 및 조사위원 전원이 사퇴함으로써 반민특위는 사실상 기능이 정지되었다.

1949년 9월 5일 오전, 중앙청 제1회의실에서 국회의장 신익희, 대법원장 김병로, 국무총리 이범석 등 3부 요인이 참석한 가운데 반민특위 총무과장 이원용의 사회로 열린 회의에서 제1조사부장 이병홍이 반민특위가 발족한 49년 1월 5일부터 공소시효가 만료된 8월 31일까지 추진해온 조사활동에 관한 최종 보고를 했다. 이 회의를 끝으로 특위는 문을 닫고 9월 21일 폐지안이 국회에 제출되어 통과(22일)됨으로써 반민특위의 활동은 종지부를 찍었다. 마지막으로 이병홍이 보고한 반민특위 활동기록만이 유일한 기록으로 남았을 뿐으로 682건 중 478명 구속영장, 305명 체포. 그러나 결국 체형을 받은 이는 11명뿐이라는 용두사미의 결과가 되었다. 이에 대해 국회의장 신익희는 "나는 반민특위 간부에게 큰 놈은 처단하고 작은 놈은 다스리게 하라고(殲厥巨魁섬궐거괴 脅從罔治협종망치) 지시한 바 있었다. … 시효가 지나도 도피자는 처리하여야 할 것이고 … 과거는 과거대로 우리는 장래를 위한 신생활인 만치 반민행위의 악몽에서 깨어나 오늘날의 현실에 맞도록 민족은 더욱 결속하여 국가만년대계에 적극 노력하기 바란다"고 소감을 피력했다.

이병홍은 반민특위를 그만둔 다음 해, 1950년 5월 30일 제2대 국회의원 선거에 경남 산청에서 무소속으로 당선된 후 민국당(신익희,

김성수 등)에 입당하고 탄핵재판소의 헌법심판관, 사회보건위원으로 활동했다. 이어서 1954년 제3대 총선에도 무소속으로 당선되어 무소속구락부의 대표간사, 농림위원으로 활발한 의정 활동을 벌였다.

평소 청렴 강직하며 실천력이 강한 인물이라는 평을 받던 이병홍 의원은, 1955년 10월, 이틀 연속으로 농림분과위원회에서 협동조합 문제로 밤을 새우다시피 격렬한 논전을 전개하고 16일 삼청동 집에 돌아와 양복을 입은 그대로 잠이 든 후 17일 새벽 심장마비로 급서했다. 향년 64세. 10월 19일 국회의사당 앞 광장에서 이기붕 국회의장이 장의위원장이 되어 국회의원장으로 엄숙히 거행되고 이곳 망우리에 묻혔다.

민의원 부의장 곽상훈은 이병홍에 대한 회고에서 "지조가 굳어서 정사의 유혹에 좌우됨이 없었고 청렴해서 탐욕이 없었고 실행에 있어 열성적인 인물이었다. 그러므로 사생활에 있어서는 지극히 빈곤했다. 이 빈곤이 그의 사거의 주된 원인의 하나일 것이다"라고 했다.

솔직히 필자는 고인에 대한 공부가 부족해 초간본에는 글을 싣지도 않았고 개정2판 때는 해공 신익희의 비문 글씨에 중점을 두어 글을 쓰기 시작했지만, 많은 자료를 찾는 중에 고인에 삶에 적잖이 감동했다. 남파 박찬익처럼, 자신의 이름을 팔지 않는 진정한 지사의 모습을 그에게서 본다.

묘비에는 "민의원 의원 현포 이병홍지묘"라고 쓰여 있다. 민의원은 양원제 하에서의 참의원(상원의원) 및 민의원(하원의원)이지만, 제헌국회는 단원제였고, 양원제는 1952년 7월 4일 대통령 직선제와 양원제를 골자로 한 '발췌개헌'의 통과로 시작되었지만 정권은 참의원 구성을 지연하며 민의원만으로 국회를 진행시켰고, 4·19 후에 잠시 양원제가 구성되었으나 5·16으로 해산되었다. 이후 우리나라는 단원제로 현재에 이른다. 현포(玄圃)는 중국 곤륜산에 있다는 신선의

이병홍의 비석 앞면과 뒷면

동산을 말하는 것으로 고인의 한시 취미를 엿보게 한다.

글씨는 해공 신익희가 썼다. 신익희는 임시정부 출신으로 국회의장과 대통령 후보를 지냈던 인물이다. 해공의 글씨는 추사 김정희 이후 가장 개성적인 서체가 아닐까 감히 생각한다. 마치 호랑이가 날아가는 듯한 기운이 느껴지는 서체다. 이병홍의 지조와 열성이 신익희의 글씨로 인해 생생하게 전해지는 듯하다. 역시 비석은 글과 글씨로 고인의 모습을 축약해 전해준다는 것을 새삼 느낀다.

뒷면에는 "단기 4288년(1955) 10월 22일 동지 일동 건립 해공 신익희"라고 적혀 있는데 여기서 '동지(同志)'란 국회의원 동지이기도 하지만, 독립운동을 함께한 독립지사 동지의 뜻이 더욱 강하게 전해온다. 용마산 방향으로 가면 남쪽 순환로 마지막 부분에 화장실이 나온다. 화장실 오른쪽 위에 비석이 보인다.

11

조선의 마지막 공주

명온공주와 부마 김현근(1810~1832 / 1810~1868)

명온공주(明溫公主)는 순조의 1남 3녀 중의 장녀로
동생은 복온, 덕온 공주이다.
세 자매는 조선의 마지막 공주들이다.
명온공주와 남편 김현근(金賢根), 오빠 효명세자의 이야기,
그리고 6·25 전쟁의 흔적이 여기에 있다.

공주, 그리고 안동 김씨 명문가의 무덤답지 않게 필자가 처음 찾아갔을 때는 아무도 관리하지 않아 무덤에 풀이 무성했다. 마치 몰락한 왕조의 상징과도 같았다. 2009년 초판본 출간으로 세상에 이 사실이 알려지면서 인근 지역의 안동 김씨 종중에서 묘를 돌보고 있다.

방정환 묘에서 11시 방향으로 조금 올라가면 오른편에 갓머리를 쓴 큰 비석이 있고 왼편에 장명등(長明燈)이 서 있는 묘가 나온다. 장명등은 사악한 기운을 쫓는다는 의미가 있다. 조선시대에는 원칙적으로 일품 이상 정승의 묘에 설치했다. 기름 등잔을 놓아 묘역을 밝히기도 했으나 후기에는 형식적인 장식이 되었다. 우측 비석의 앞면을 읽어본다.

명온공주와 부마 김현근의 묘 전경

上輔國崇祿大夫東寧尉 贈領議政金公賢根之墓 明溫公主祔左

(상보국숭록대부동녕위 증영의정김공현근지묘 명온공주부좌)

'상보국숭록대부'는 고종2년(1865)에 생긴 정1품의 문무관, 종친, 의빈의 품계이다. 공주, 옹주의 부마는 의빈(儀賓)이라 했다. 부마에게는 '○○위'라는 작위를 내렸는데 위(尉)는 벼슬 위자로, 왕자의 군(君)보다는 한 단계 아래다. '증영의정'은 사후에 영의정을 내렸다는 말이고 '명온공주부좌'의 부(祔)는 합사, 합장의 의미. 비석은 1892년(고종 29년) 8월에 건립된 것이다. 비석의 한문은 "명온공주 가신지 이미 37년 도위(부마도위) 김공이 세상을 떠난 지 2년 후에 합장되었다"로 시작된다.

결혼과 사망

김현근이 부마가 되는 과정을 『조선왕조실록』(순조 23년(1823) 5월 10일 등)에서 옮기면 다음과 같다.

부마를 간택하기 위해 순조가 하교하기를, "명온공주의 부마를 이제 간택하여야겠으니 15세에서 12세까지는 금혼하고, 제외 대상자 이외는 단자(單子 후보자를 적은 종이)를 받아들이도록 하라" 하여, 5월 22일 17명의 후보 중에 초간택 8명, 25일 재간택 3명, 6월 2일 세 번째 간택에 진사 김한순의 아들 김현근으로 정했고 동녕위(東寧尉)에 봉작한 후 결혼은 7월 17일 거행되었다.

그러나 명온공주는 1832년(순조 32년) 22세의 나이로 사망했다. 『조선왕조실록』(순조 32년(1832) 6월 13일)은 이렇게 적었다.

"명온 공주가 졸서(卒逝)하였다. 하교하기를, '병이 비록 짙고 오래 끌기는 하였으나 그래도 만에 하나 다행하기를 바랐는데 지금 길이 갔다는 기별을 듣게 되니 서럽고 서럽도다. 상위(喪威)가 이토록 겹쳐 참으로 인정으로는 감내하지 못하겠으니, 서럽고 서럽도다."

김현근은 고종 5년(1868년) 8월 26일에 사망했다. 고종은 이렇게 전교했다.

"뜻하지 않게 한 번 병이 들어 문득 세상을 떠났으니, 지나간 일을 돌이켜봄에 슬픔을 금할 수 없다.…전 동녕위에게 영의정을 증직하는 의전을 당일로 거행하라."

명온공주의 오빠, 효명세자

명온공주가 오라버니인 효명세자(1809~1830)와 나눈 오언절구

(五言絶句)가 『조침문』에 전해온다.

낫것(낮 음식) 잡사오시고 안녕히 다녀오시나잇가? 이 글은 소인이 지섰사오니, 감(鑑 살피다)하오시고 어떠하온지 보아 주오심을 바라옵나이다.

九秋霜夜長 구추 서리 밤이 길으니
獨對燈火輕 홀로 등잔꽃 가벼움을 대하였도다.
低頭遙想鄕 머리 숙여 멀리 고향을 생각하고,
隔窓聽雁聲 창을 사이에 두고 기러기 우는 소리를 듣더라.

이에 대해 효명세자가 답하길,

글씨 보고 든든하며 이글 오절 지었기 두어 구 고쳐 보나니 보아라. '低頭遙想鄕'은 나를 생각함인가 그윽히 감사하노라.

山窓落木響 뫼창의 나무 떨어지는 소리에
幾疊詩人愁 몇 첩이나 시하는 사람의 근심인고.
瘦月夢邊苦 파리한 달이 꿈가에 외로우니
殘燈爲誰留 쇠잔한 등잔은 누구를 위하여 머물렀는고

효명세자는 2005년 11월 문화관광부의 이달의 문화인물로 선정되었다. 역대 왕 중에서도 가장 문화예술적 재능이 뛰어나 궁중무용을 직접 창작하기도 했다. 18세 때인 1827년부터 부왕을 대리해 정치에 나서 안동 김씨를 견제하며 왕권 강화에 진력했으나 대리청정 3년만인 1930년 21세의 아까운 나이에 급서했다. 세자는 개화당의 원조라 불리는 박규수와 가까운 사이였기에 기득권층에 의한 독살설도 있다.

효명세자의 수릉(綏陵)은 천장산에 있다가 1846년 아차산 용마봉 아래로 옮겨졌다. 이때 아차산의 최고봉인 용마봉은 용마산으로 격상되었다. 수릉은 다시 1855년 현재의 동구릉 내로 옮겼고 부인 신정왕후 조 씨(1808~1890)가 합장되었다.

『조선왕조실록』 순조 30년(1830) 7월 15일자에 효명세자의 지문(誌文. 능 비문)이 나온다. 세자의 생김새는 "이마가 융기한 귀상에다 용의 눈동자로 천표(天表 제왕의 위용)가 빼어나고 아름다웠으므로, 궁중의 상하가 모두 말하기를, '장효왕(莊孝王)(정조)과 흡사하다'라고 했고, 명온공주와는 나이가 서로 비슷했기 때문에 정의가 더욱 돈독했다"고 한다. 또 명온공주는 성품이 명민하고 시에도 능통해 효명세자는 '매란여사(梅蘭女史)'라는 호를 만들어 주었다.

그리고 효명세자의 부인 신정왕후는 후에 대원군의 아들을 고종으로 올린 조대비인데, 왕위에 오른 고종은 익종(효명세자)의 양자가 되어 대통을 이었으니, 고종에게 조대비는 어머니요, 명온공주는 고모가 되고 김현근은 고모부가 되는 것이다. 그래서인지 고종의 김현근에 대한 배려는 남달랐다.

부마의 수수께끼

한편, 김현근은 "안동 김씨 김상용의 5대손으로 어려서부터 말과 글이 똑똑해 순조의 눈에 들어 15세에 부마가 되었다. 성실히 공무에 종사하고 사정에 매이지 않았으며 정자를 지어놓고 거문고와 서책을 벗하였다"고 비문에 적혀 있는 것으로 보아 그 또한 문화예술에 조예가 깊었던 것 같다.

그런데 이해할 수 없는 사실이 하나 있다. 종로구 관훈동 관훈빌딩 앞에 죽동궁터(竹洞宮址)라는 기념동판에는 이렇게 적혀 있다.

"죽동궁은 순조의 장녀 명온공주와 그 남편 김현근이 거주하던 곳이다. 이곳은 당시 김현근이 앓고 있던 병을 치료하기 위해 무당들이 대나무칼춤을 추며 병이 낫기를 기원했다고 하여 죽도궁(竹刀宮)으로 불리다가 후에 죽동궁이 되었다. 고종 때에는 명성황후의 조카 민영익이 살기도 하였다."

병은 정신질환이었다고 한다. 옛사람들은 크게 놀라면 정신병이 낫는다고 믿었는데, 김현근도 병을 고쳐보려고 무당을 불러 칼춤을 추다 칼을 갑자기 들이대게 했다고 한다. 명온공주가 죽은 후에도 오랫동안 공직에 몸담은 명민한 김현근이 어찌해 정신병에 걸렸는지, 어떻게 나았는지, 또 그게 그리 쉽게 낫는 병이었는지 의아스럽다. 또 병의 원인은 무엇이었을까.

어쨌거나 김현근은 그 후 병이 나아 27세와 36세 때는 각기 동지사(冬至使. 매해 동짓달에 중국으로 보내던 사신)와 주청정사(奏請正使. 동지사 외에 중국 조정에 청할 일이 있을 때 파견한 사신의 대표)의 임무를 수행한 기록이 보이고, 말년에는 약방제조(藥房提調. 임금에게 올리는 약을 감독하는 관리), 빙고제조(氷庫提調. 얼음창고 담당), 내의원제조(內醫院提調. 궁궐의 의약 담당), 그리고 사옹원제조(司饔院提調. 궁궐 음식 담당) 등을 지낸 후, 고종 2년(1865)에는 의금부의 최고직인 판의금부사에 임명되었다. 대개 사위는 실제 역직이 주어지지 않는다고 하는데 김현근은 국왕의 근친으로서 궁궐의 일을 열심히 돌본 것으로 보인다.

이 묘는 원래 종암리 보성전문학교(고려대) 앞쪽에 있었고 이곳 망우리로 이장된 것은 『서울 600년사』에 따르면 "1936년 총독부 고시에 따른 토지 구획정리에 의해 망우리묘지 조성시 이장되었다"고 한다. 한편 "이장 전에는 묘비와 장명등 1기 문인석과 석수(石獸)가 각 1쌍씩 있었다"고 기록되어 있으나 현 묘역에는 묘비와 장명등만이 남아 있다.

장명등은 조선 후기의 양식을 볼 수 있는 중요한 것이라 하는데, 머리 부분이 불에 검게 그을렸고, 모서리도 훼손되어 마치 떨어져 뒹굴다가 다시 올려놓은 듯하다. 또, 묘 앞의 상석 위에는 4명의 영문 이름 및 이니셜과 태극 마크가 새겨져 있다. 조사해 보니 이곳은 6·25전쟁 때 격전지였다. 망우리공원 곳곳에는 지금껏 총탄의 흔적이 남아 있는 비석이 많다.

명온공주와 김현근의 상석에 새겨진 영문 이름 중, 한가운데에 'smith'라는 미국인의 이름에 주목한다. 그래서 필자는 전쟁 당시 이곳에 진을 치고 적을 기다리던 미군과 한국군(카투사)이 기념으로 이름을 새기지 않았을까 추측한다. 죽기 전에 무언가 흔적을 남기고 싶

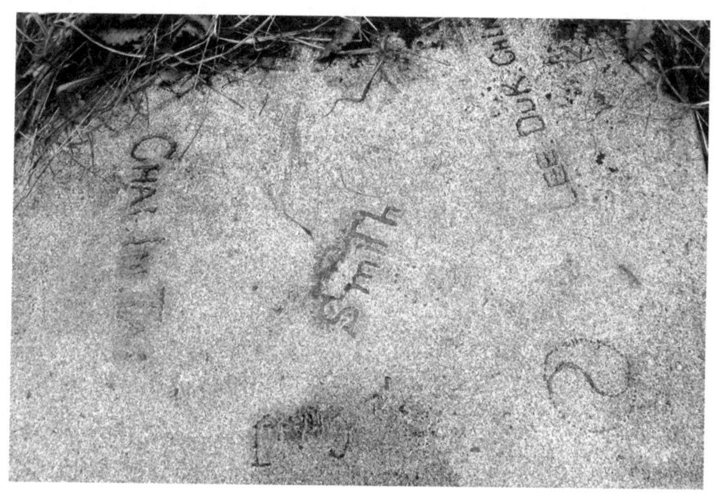

묘 앞 상석의 흔적

어 하는 인간이 가진 '각인의 욕망'을 본다. 그들은 당시 모두 전사했을까? 아니면 누군가는 살아서 다시 이곳을 찾아왔을까…? 아래 고은의 시(『만인보』16권, 273쪽, 창작과비평)는 당시의 상황을 축약해 보여준다.

망우리 묘지
_고은

공동묘지도 전쟁은 가만두지 않았다

망우리 공동묘지는
서울의 저승
1950년 9월 30일
그곳조차
싸움터였다

6천개의 무덤들은 엎드려 있고
유엔군과
인민군은
무덤 사이
총탄 빗발치다가
서로 달겨들어
총검으로 찔렀다

전사자의 시체가
무덤 사이

여기저기 널브러졌다
흑인병사
백인병사의 시체
인민군의 시체
벌초하지 않은 풀 깔고 나뒹굴었다

사투 1시간 15분
쌍방 시체 73구
이상

망우리 공동묘지는 다시 묘지로 돌아갔다

비문(1892년(壬辰, 고종 29년) 6월)

명온공주를 장사지내고 나서 37년이 지나 부마도위(駙馬都尉) 김공이 세상을 떠나자 2년 후에 공주의 묘소에 합장하였으니, 묘소는 바로 양주(楊州) 종암(鐘巖) 유좌(酉坐)의 언덕이다.

그 뒤 23년이 되어 공의 손자 참판 덕규(德圭)가 공의 지장[誌狀:묘지(墓誌)와 행장(行狀)]을 받들고 와서 나[韓章錫]에게 표천[表阡:묘표(墓表)]의 문자를 부탁하면서 하는 말이, "그대의 외조부 연천(淵泉) 홍공[洪公:洪奭周]께서 왕의 교시(敎示)를 받들어 공주의 비문을 찬술하였는데, 지금 한 갑자(甲子)가 지나고 그대가 또 사관의 직책을 맡고 있으니 감히 비문을 청합니다." 하였다.

삼가 살펴 보건대, 공의 휘는 현근(賢根)이고 자는 성희(聖希), 호는 죽사(竹史)이며 본관은 안동이다. 선원(仙源) 문충공(文忠公) 상용(尙

容)의 8대손이다. 아버지의 휘는 한순(漢淳)이니 공조 판서를 지내고 영의정에 추증되었고 어머니는 증(贈)정경부인 평산 신씨이니 각(慤)의 따님이다. 할아버지 휘 이양(履陽)은 이조판서로 치사(致仕: 관직에서 물러남)하고 영중추부사(領中樞府事)에 추증되었으며 증조부는 휘가 헌행(憲行)인데 판관(判官)을 지냈고 영의정의 증직을 받았다.

공은 순조 경오(庚午;1810년) 12월 12일에 출생하여 열네 살에 공주에게 장가들어 동령위(東寧尉)에 제수되었다. 공은 두 번 사명(使命)을 받들었고 여섯 번 종묘 제례의 향관(享官:제관)이 되었으며, 13년 동안 제거(提擧:조선 말기, 장악원·사옹원·상의원·봉상시·종묘서의 으뜸 벼슬)를 맡았다. 지금의 임금 을축(乙丑;1865, 고종 2년)에 특명으로 상보국(上輔國)·판돈녕부사(判敦寧府事)·판의금부사(判義禁府事)의 품계에 올랐으니 특별한 예우였다. 공은 지성스러운 품성으로 어버이를 섬겼으며 병환 중에는 시중들기를 조금도 게을리하지 아니하였고 거상 중에는 너무 지나치게 슬퍼하여서 몸이 야위어 예절의 법도를 벗어났다. 백씨인 판서공과 밤낮으로 함께 침상을 마주하면서 화목하고 즐겁게 지냈다.

공이 동자(童子)일 때 왕이 불러 오언절구를 시험하니 뜻이 통달하고 언사가 분명하여 순조 임금께서 대단히 기특하게 여겼다. 왕궁의 이실〔貳室; 별실(別室)〕로 거처를 옮기게 되어서는 더욱 신중하고 침착하여 스스로 자제하고 분수를 지켰다. 부지런히 공무에 종사하여 사정(私情)에 매이지 않았으며 성실하게 사람들을 대우하였다. 공은 평소에 산림(山林)과 천석(泉石)을 좋아하여 동문(東門) 밖에 정자를 지어 놓고 거문고와 서책을 좌우에 두고 벗하였다. 세속에 물들지 않고 초연히 속세 밖의 세상에 마음을 두었다.

만년에 충청도 결성에 있는 선친의 묘소 옆에서 거상의 의례를 지키려 하였으나 병환이 깊어져서 집안사람들이 도성의 사가로 돌아가 의원의 치료를 받을 것을 간청하였으나 듣지 않아 백씨께서 눈물을 흘리며 힘써 권한 뒤에야 마침내 길을 떠나 도성에 들어온 지 엿 세 만에 졸하니 무진(戊辰:1868, 고종 5년) 8월 25일이다.

왕이 부고를 듣고 슬퍼하여 특별히 상국에 추증하고 동원(東園: 관청·능·묘에 쓰는 기물의 제조와 공급을 맡는 곳)에 속한 기물을 부의로 보내어 상중의 예식과 장례를 전례(典禮)에 따라 치르도록 하였다.

계자(系子) 병삼(炳三)은 돈령부 참봉(敦寧府參奉)으로 이조참판의 증직을 받았으나 일찍 졸하여 족질(族姪) 증이조참판(贈吏曹參判) 병관(炳瓘)의 아들 덕균(德均)을 맞아들여 손자로 삼아 〈덕규(德圭)〉라 이름을 고치게 하였다. 딸은 덕수 이씨 이석영(李碩永)에게 출가하여 아들 종갑(種甲)을 두었다. 서자 병수(炳洙)는 판관을 지냈고 아들 복규(復圭)·영규(寧圭)를 두었으며, 병하(炳河)는 무과(武科)에 급제하여 방어사(防禦使)를 역임하였고 양자는 태규(泰圭)이다. 병룡(炳龍)은 음직(蔭職)으로 도정(都正)을 지냈으며 딸 셋을 두었으니 맏딸은 은진 송씨 송기헌에게 출가하고 다음은 은진 송씨 송지순에게, 그 다음은 완산 이씨 이인섭에게 출가하였다.

공은 비록 일찍이 귀하게 되었으나 법도를 따르고 실천하여 40여 년 동안 궁중에 출입하면서도 항상 겸손하고 자중자애하여 다섯 왕조의 남다른 총애를 받았다. 현량한 의빈(儀賓:왕실의 사위)이라고 칭송이 성대하였으니, 참으로 자손들이 본받을 만하다. 임금이 공의 죽음을 애도하여 내린 교시(敎示)에 이르기를, "마음을 조심하고 언행을 삼가고 일생 동안 지조와 분수를 지켰다" 고 하였으니, 그대도 역시 잘 알고 있을 것이다.

아! 능히 화곤(華袞: 화려한 예복. 곧 귀족의 신분)이 백 세가 되도록 이어갈 수 있을 것이다. 숭정기원후(崇禎紀元後) 다섯 번째 임진(壬辰:

1892, 고종 29년) 6월 일 고쳐 세우다.

(『중랑의 문화유산』, 2005.12, 중랑문화원)

12

신립 장군의 아들, 무인 출신 영의정

충익공 신경진(忠翼公 申景禛 1575~1643)

망우리공동묘지 조성 전부터 아차산(망우산) 기슭에 평산 신씨 가문의 묘가 존재했다. 지금 사진 촬영장으로 이용되고 있는 용마랜드 포함 8만여 평이 평산 신씨 종중 소유이다.

용마랜드 아래, 봉화중학교 정문 건너편으로 담이 둘러쳐진 큰 묘역이 보이고 더 아래 주차장 근처에 인조 때의 영의정 신경진의 묘와 신도비가 있다. 조사해 보니 현감이 많고 판서급 이상만 3인(신상, 신경진, 신여철)이다. 망우리 유명 인사 리스트에는 신경진만 대표로 올렸다.

평산 신씨의 시조는 고려 개국공신 신숭겸이고 그중 문희공파·정언공파·사간공파 등이 다수를 차지한다. 여기 묻힌 인물들은 평산 신씨 문희공(文僖公)파에 속한다. 문희공 신개(申槩 1374~1446)는 세종 때 좌의정까지 올라 영의정 황희와 함께 세종을 보필하고 사후에 세종의 묘정에 배향되어 문희공파의 시조가 되었다.

이곳 묘역의 시조격으로 가장 위쪽에 전첨공 신말평(申末平 1469~1494)의 묘가 있다. 신개의 아들이 충청도 관찰사 신자준이고 그의 아들이 신말평이다. 종6품 장악원 주사 때 성현의 『악학궤범』 편찬에 참여했다. 벼슬은 종친부(宗親府) 전첨(典籤 정4품)까지 올랐는데 비석에는 추증 '좌참찬(左參贊)'이 새겨져 있다.

그 앞쪽에는 신말평의 2남 신탁(申鐸)이 있다. 중종 2년(1507)년 증광시에서 진사에 급제했으나 일찍 사망해 후사가 없다.

다시 그 앞에 장남 신상(申鏛 1480~1530)이 있다. 신상은 어릴 때부터 재주가 뛰어나 보통 아이들과 달랐으며 이갈이를 할 때 벌써 글을 배웠는데 스승의 가르침을 받지 않고서도 경사(經史)의 대체적인 뜻을 알았다. 1498년(연산군 4년)에 진사시에 합격하고 1503년(연산군 9년)에 문과에 급제했다. 상은 관찰사(평안, 경기, 전라, 경상), 한성판윤, 이조판서, 형조판서를 지냈다. 호는 문절(文節)로 1628년 신도비가 세워져 묘역 입구의 문절각(文節閣)에 안치되어 있다. 사림과 훈구의 중재를 위해 노력한 인물로 전한다. 신흠이 지은 비문이 인터넷 지식백과 '국역 국조인물고'에 올라가 있다.

신상의 오른쪽에 신상의 2남 신홍국(申弘國)이 있다. 비석에는 통훈대부(通訓大夫) 조지서(造紙署) 별제(別提 종6품)라고 새겨져 있다. 통훈대부는 정3품 당하관의 품계다. 당상관은 통정대부(通政大夫). 홍국의 외아들이 신락(申硌)으로 그의 묘가 홍국의 오른편 자리에 방향을 좌로 틀어 자리 잡고 있다. 비석에는 '이천 현감'이라 새겨져 있다. 신락은 후사가 없어 사촌 신확(신상 장남 광국의 4남)의 4남 경시(景禔)를 아들로 삼았다. 경시의 묘는 신광국의 아래 우측에 방향을 좌로 틀어 자리 잡았는데 '양지(陽智, 용인) 현감'이라 비석에 새겨져 있다.

신상의 아래에 있는 장남 신광국(申匡國)은 중종 20년(1525)에 진사시에 급제해 개성부(開城府, 옛 도읍 관리) 경력(經歷 종4품)을 지냈다.

다시 그 아래 맨 밑에 신여철(申汝哲 1634~1701)이 있는데 그는 신경진의 차남 신해의 2남으로 그 또한 무인 출신으로 이조, 공조판서를 지냈다. 비석에는 판중추부사(判中樞府事, 종1품)라고 새겨져 있고 시호는 장무(莊武)이다. 독도의 인물 안용복이 조정의 허락 없이 외국을 출입해 문제를 일으켰다는 이유로 조정에 압송되어 사형까지 논의되었으나 신여철이 말하기를, "안용복의 일은 매우 놀랍기는 하나, 국가에서 못하는 일을 그가 능히 했으므로 공로와 죄과가 서로 덮을 만하다"고 말한 것이 『조선왕조실록』에 전해온다.

신여철의 오른쪽으로 가면 방향을 좌로 튼 묘가 있고 비석에는 양성(陽城, 안성) 현감 신여정(申汝挺 1615~1651)이라 새겨져 있다. 신경진의 장남 신준(형조판서)의 장남이다. 신여정의 아들 신완(1646~1707)은 양자로, 생부는 숙부 신여식이다. 신완은 숙종 때 영의정을 지냈다.

다시 족보를 거슬러 올라가, 신상의 3남 화국(華國 1517~1578)은 생원시에 합격했으나 벼슬에 나가지 않았다. 처가인 충북 진천에서 명을 마치고 그곳에 묻혀 이후로 진천군에는 평산 신씨가 번성했다. 장남 신잡(申磼 1541~1609)과 3남 신립(申砬 1546~1592)이 유명한데, 신잡은 임란 때 선조를 호종한 공로로 호송공신 2등으로 평천부원군에 봉해졌으며 형조판서를 지냈다. 삼도순변사 신립(申砬 1546~1592)도 임진왜란 때 충주 탄금대에서 배수진을 치고 왜적과 싸웠으나 패하고 강물에 장렬히 몸을 던졌다. 두 아들 모두 추증 영의정이고, 부친 화국도 두 아들 덕분에 영의정이 추증되었다.

신립 장군의 장남이 신경진인데 묘는 종중묘역에서 별도로 떨어져 있다. 예전에는 같은 묘역이었지만 지금은 주차장과 건물이 중간에 들어서서 홀로 떨어진 모양새다. 신경진은 드물게도 조선에서 무인으로서 영의정에 오른 2인 중의 한 사람이다. 또 한 사람은 중종반정(연산군 폐위)의 공신 박원종이다.

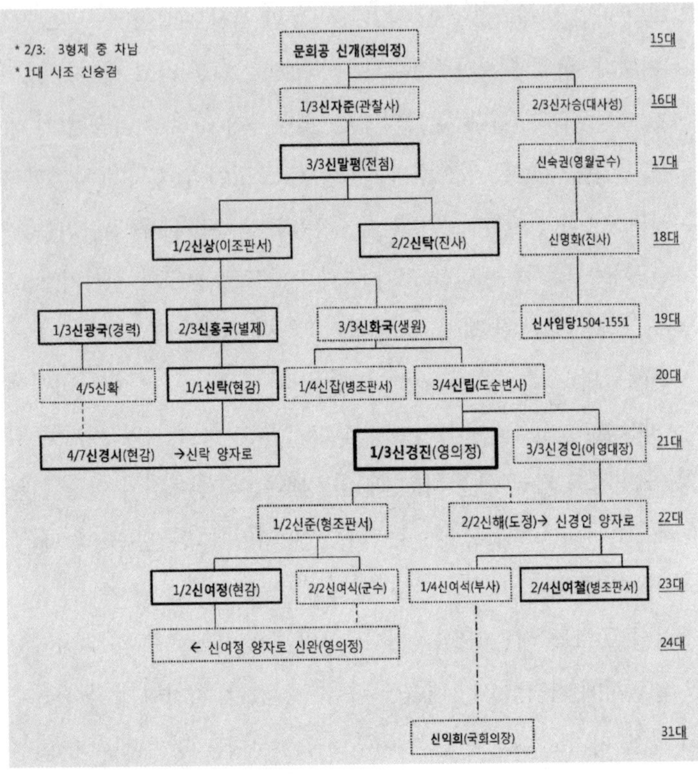

신경진 가계도(문희공파 족보에 근거해 필자가 작성). 신경진을 비롯한 굵은 실선으로 표시한 네모 속 인물들이 평산 신씨 종중 묘역에 있다.

신경진은 광해군을 몰아낸 인조반정의 공신이었다. 신경진은 외직에 보임되어 반정에 직접 참여하지는 못했으나 제일 먼저 계획을 도모했다고 하여 일등공신에 녹훈되었고 이후로 이괄의 난, 병자호란 때 공을 세우고 사은사로 청나라에도 파견되었다. 반정 이래로 인조의 절대적인 신임을 받아 항상 훈련도감·호위청 등의 친병을 장악하며 왕의 경호를 책임졌고 외교 교섭에 능해 청나라의 과도한 주문과 잦은 내정 간섭을 철회하게 하는 성과를 거두었다. 또한, 송시열 등의 사림을 천거하고 적극적으로 등용해 그들의 지지를 받았다. 그런 인연 때문인지 신경진의 신도비는 좌의정 송시열이 지었다.

신경진의 손자 신여석(신여철의 형)의 후손이 해공 신익희로 31대손이 된다. 그리고 이곳의 시조 신말평의 숙부 신자승(신개의 2남)의 아들이 신숙전이고, 그 아들이 신명화, 그 딸이 신사임당이다. 사임당은 이곳의 신광국, 홍국과 같은 19대손이다.

신씨 문중 및 신경진 묘는 들어가지 못하도록 입구가 자물쇠로 잠겨 있다. 종중 사무실로 가서 조사차 왔다고 하면 문을 열어 준다. 향후 별도의 투어 코스로 만들어 상시 개방했으면 한다.

신경진 묘 건너편에 신도비가 별도로 서 있다. 신경진 묘 입구의 안내판과 신도비의 안내판 내용을 아래에 옮긴다.

묘역 안내판

충익공(忠翼公) 신경진 묘역

지정번호: 서울특별시 유형문화재 제95호 / 시대 : 17세기

소재지: 서울특별시 중랑구 망우동 산 69번지 1호

이곳은 조선 인조 때 영의정을 지낸 무신 신경진(1575~1643)과 그의 부인 순창 조씨의 합장묘가 있는 묘역이다. 묘역의 봉분은 단분이고, 신도비를 비롯하여 묘표, 혼유석, 상석, 향로석, 망주석, 문인석 2쌍 등의 석물이 있다. 그의 본관은 평산이고 자는 군수(君受)이다. 그는 임진왜란 때 충주 탄금대에서 왜군과 싸우다 전사한 도순변사 신립의 아들이다. 그는 인조반정이 성공하여 정사공신 1등으로 책봉된다. 그는 병조참판 등을 거쳐 1636년(인조 14)에는 한꺼번에 훈련원과 호위청, 포도청의 대장을 맡았다. 그는 병자호란 때 공을 세워 우의정과 좌의정을 거쳐 1640년(인조 18)에 평성부원군에 임명되었다. 1642년(인조 20)에 영의정이 되었다가 병으로 사퇴하였는데

신경진의 묘

이듬해 다시 영의정으로 임명된 지 열흘 만에 세상을 떠났다. 그의 시호는 충익이다.

신도비 안내판

충익공 신경진 신도비(忠翼公申景禛神道碑)*

시대: 1683년(숙종 9)

소재지: 서울특별시 중랑구 망우동 산 69번지 1호

이 비는 조선 인조 때 영의정을 지낸 무신 신경진(1575~1643)의 신도비이다. 신도비는 죽은 사람의 행적을 기록하여 묘에 이르는 입구에 세우는데 조선시대에는 종2품 이상의 관직과 품계를 갖추어야 건립할 수 있었다.

이 신도비는 옥개석(屋蓋石)·비신(碑身)·귀부(龜趺)의 형태이다. 옥개석의 지붕 위에는 두 마리의 이무기가 서로 몸을 꼬아 양 측면을

* 신도비 번역문: http://cafe.naver.com/mangwoopark/286

바라보고 있다. 귀부는 거북 몸에 용머리를 하고 있는데, 입에는 여의주를 물고 있다. 비문은 좌의정 송시열이 짓고, 사간원 정원 박태유가 글씨를 썼으며, 전액은 판돈령부사 이정영이 써서 1683년(숙종 9)에 세워졌다.

비문에는 고려 왕건의 충신이었던 신숭겸과 조선 세종 때의 명신 신개 등 그의 선조에 대해 약술되어 있고, 이어 광해군·인조 때 활약한 그의 행적이 새겨져 있다. 또한 비문에 의하면 묘소는 원래 청주 땅에 있었으나 뒤에 현재의 이곳으로 이장되었고, 이후에 신도비가 건립되었음을 알 수 있다.

원래 이 신도비만 유형문화재로 지정되었으나, 2008년에 신경진 묘역까지 확대하여 유형문화재로 지정하여 이 신도비를 포함시켰다.

13

한성판윤에 5회 제수된 역관

길운 변원규(吉雲 卞元圭 1837~1896)

은둔의 나라 조선에 19세기 이후 외국의 문물을
소개하며 나라를 개화의 방향으로 이끈 주역은
외교 현장에서 활약한 역관이었다.
특히 망우리에 있는 변원규는 5회나 한성판윤을 제수받을 정도로
조선말 외교의 중추적 인물이었지만
전근대적 신분사회에서 그는 몸을 낮추어 살아가야만 했다.

임오군란(1882) 때 인사동의 어느 큰 기와집에도 성난 군인들이 들이닥쳤다. 곧바로 마루로 올라갈 기세였다. 그런데 어느 늙은 군인이 앞으로 튀어나와 군인들을 만류하며 이렇게 말했다. "이집 대감은 마동에 살던 변 지사의 아드님이시네. 우리가 야밤에 대궐 밖을 순찰할 때 혹심하게 추운 날에는 변 지사께서 우리를 집으로 들여 뜨뜻한 국과 술을 대접해 주셨네. 그분의 은혜를 악으로 갚을 수는 없네." 이 말에 군인들은 고개를 끄덕이며 물러났다.

윤효정(1858-1939)의 『풍운한말비사』에 나오는 내용을 필자가 고쳐 썼다. 대감은 변원규이고 변 지사(知事)로 불린 부친 변광운(1798~1816)은 종1품 숭록대부의 품계를 받은 당상역관이었다.

화가 장승업에 관련 일화도 있다. 변원규의 집에는 늘 식객이 들끓었다. 그중 소년 장승업도 식객으로 잡일을 도우며 지냈는데 장승업은 집에 있는 많은 서화와 골동을 보고 안목을 키우며 틈틈이 그림을 그리다가 변원규의 눈에 띄어 적극적인 지원을 받게 되었다. 시인 고은은 『만인보』 변승업 편의 말미에 이렇게 썼다. "환쟁이 장승업도/ 그 변승업 후손 변원규의 사랑방에서/ 그림을 그려놓고/ 그림 속 산중거사 마주하고/ 말술 섬술 마셨다"

변원규는 밀양 변 씨다. 밀양 변 씨에는 고려말 조선초의 문신 변옥란(고려조 이조판서, 조선 개국공신)의 아들 3형제 변맹량, 변중량, 변계량이 유명하다. 맹(孟)은 맏이, 중(仲)은 둘째, 계(季)는 막내를 뜻한다. 변원규는 변중량의 후손인데 가문에서는 위 삼형제를 삼량(良)이라 부르고 후대의 변영만, 변영태, 변영로 삼형제를 삼변이라 부른다. 변중량은 정몽주의 문하생이자 태조의 조카사위로 조선 건국의 공신이 되어 우부승지(정3품)에 올랐으나 1398년 1차왕자의 난 때 정도전파로 분류되어 이방원에게 참살되었다. 대원군 때인 고종 5년(1868)에야 신원되었다(추증 이조판서).

변중량의 후손, 중랑천의 어원

변계량(세종 때 20년간 대제학)은 형의 시신을 수습해 경기도 장단에 묻었다. 변계량이 형의 시신을 싣고 건넌 나루터를 중량포(中良浦)라 지었다는 설이 있다. 여기서 잠시 중량포로 빠진다.

중량포는 변계량의 문집 『춘정집』에 2회 등장하고 태종17년(1417)~성종12(1481)까지의 실록에 20회 등장하며 김수온(1409~81)의 『식우집』에 1회, 박세채(1632~95)의 『남계집』에도 2회 등장한다. 중량포는 그 후, 충량포(忠良浦), 중랑포(中浪浦), 중량포(中梁浦),

중랑천(中梁川)으로 나타나는데 일제는 중랑천(中浪川)으로 정했다. 일제가 랑(良)을 양(浪)의 오기로 간주해 중랑으로 표기하기 시작했다는 설도 있지만, 그 이전에도 중랑포는 보인다. (『승정원일기』 영조 3년 1월 7일 갑오 16/20 기사 1727년)

지금 공식 명칭은 중랑이지만 필자가 어릴 때는 중량천, 중량교라고 불렀던 기억이 있다. 지금도 지역의 어르신은 '중량'이라 발음한다. 대제학으로 권세를 누렸던 변계량 사후에는 중량의 이름이 역사에서 사라졌지만, 민중은 단서를 남겨 놓았다. 중랑천 유래의 설화 속 소녀의 이름이 중랑(仲娘)이고 부친의 이름은 중이(仲伊)인 것이다.

그 후 변중량의 후손은 문과 급제는 소수이고 대대로 주로 무과, 의과, 역관으로 진출했는데, 변원규에 관한 선행 연구자인 청주대 김양수 교수는 밀양 변씨 가문이 역관으로는 조선에서 가장 많은 당상 역관을 배출한 가문으로 보았다.

변원규의 6대조인 변승업(1623~1709)은 일본어 역관으로 일본-중국의 무역 중개로 막대한 재산을 모아 조선 최고의 거부가 되었다. 「허생전」(박지원)에서 무일푼 허생에게 돈을 서슴없이 빌려준 변 부자가 변승업의 부친 혹은 조부라고 한다. 또한, 변승업의 타계 전에 자손이 회계장부를 들춰보니 50만 냥의 채권이 있었다. 그 돈을 거둬들이자고 하자, 변승업은, 이는 한양 만호(만 세대)의 목숨 줄이니 그대로 돌게 하라며 없던 것으로 했다. 이렇게 거부 변승업은 고매한 인품으로 몸을 낮추며 권력에는 적절히 자금을 풀며 사화가 끊이지 않았던 조선 사회에서 온전히 가문과 부를 지켰다. 이러한 적선은 임오군란 때도 화를 면하게 해 주었던 것이다.

대청 외교의 주역

변원규는 1855년(철종6년) 18세에 한학 역관 과거에 장원으로 합격해 당상역관까지 올랐다. 그는 1880년부터 대청 외교의 중요 인물로 부상한다.

1880년 조선은 무비자강(武備自强)의 목적으로 유학생 파견을 추진하기 위해 변원규를 파견했다. 변원규는 '자문을 요청하는 서신(請咨文)'을 청나라 예부에 전한 후에 곧바로 천진으로 가서 무기 제조 시설을 돌아보고 다시 돌아와 이홍장과 회담 후 소기의 목적을 달성했다. 이에 조선은 다음 해 9월 영선사(領選使) 김윤식을 대표로 한 유학생 일행을 청나라에 파견했다. 이때에도 변원규는 김윤식과 동행해 이홍장 등과 수차례 회담했다. 회담을 마치고 변원규가 먼저 조선으로 돌아갈 때 김윤식이 건네준 시가 전해 오는데 변원규의 존재감과 김윤식과의 깊은 교유 관계를 엿볼 수 있다.

변원규 지사의 귀국을 전송하다 늦겨울(送卞元圭知事歸國 季冬)

변자의 재능은 천하무적 / 큰일 할 만한 세상에 태어났네
나라가 날로 약해져 / 수레를 잠시도 멈출 수 없었네
그러나 부끄럽게 능력이라곤 없는 내가 / 그와 함께 요계를 지나게 되었네
요동의 벌판은 얼마나 아득한지 / 사방을 둘러보아도 끝을 볼 수 없었네
우주란 본래 광활한 것 / 해와 달은 이지러지고 가려짐이 있는 것
때때로 여관의 등불 아래서 / 손뼉 치며 대세를 논했네
(이하 생략) (고전번역원, 『운양집』 제3권)

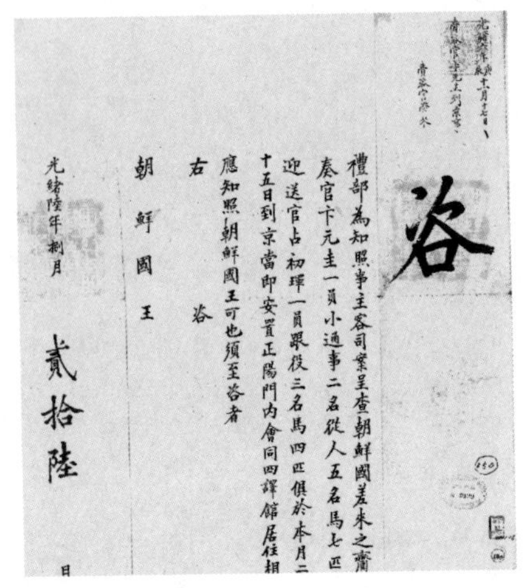
咨

禮部爲知照事主客司案呈查朝鮮國差來之齎
奏官卞元圭一員小通事二名從人五名馬七匹
迎送官占初譯一員跟役三名馬四匹俱於本月二
十五日到京當即安置正陽門內會同四譯館居住相
應知照朝鮮國王可也須至咨者

右 咨

朝鮮國王

光緒陸年捌月 貳拾陸 日

광서육년(1880)에 변원규 일행을 파견한다는 내용이 적힌 조선의 대청 외교문서

그리고 변원규의 아들 변종헌이 부친의 문집 『길운유고(吉雲遺稿)』를 간행할 때 김윤식은 서문에서 "천진에 도착하여 그곳의 여러 공들과 마음을 헤아려 교분을 맺어 이르는 곳마다 다 신을 거꾸로 신고 나와 반갑게 맞이하고 우리를 위해 먼저 수용하게 하여 일에 장애가 생기거나 지체됨이 없었다. 이리하여 다행히 군명(君命)을 욕되게 하지 않을 수 있었으니 진실로 군(君)의 힘이었다"고 회고했다.

영선사행은 결과적으로는 재정의 부족과 유학생의 중도 귀국 등으로 단기에 종료되었지만, 이때 처음으로 서양식 현대 기계와 과학기술 서적이 대량으로 도입되어 우리나라 최초의 근대 무기제조공장인 기기창이 1883년 3월 서울 삼청동 북창에 건립되기에 이르렀다. 그 한편, 대외적으로는 무비강구가 의제였지만 은밀하고 더욱 중요한 안건이 있었다. 실제로 이홍장과의 회담에서는 무비강구의 건보다 조선의 서양과의 통상 및 수교에 관한 건이 주로 논의되어 조선은 이홍장의 권유를 받아들여 1882년 미국과의 조미수호통상조약을 체결하기에 이르렀다.

김윤식의 글에도 나타날 정도로 변원규는 두터운 인맥으로 청나라 외교에서 크게 활약했다. 『역관 변원규의 생애와 중국사행 시의 교유』(김홍매, 2017)는 변원규의 중국 관리 유지개, 공헌이, 동문환 등과의 교류를 소개하고 있는데 변원규의 후손은 변원규가 원세계, 이홍장 등 수많은 청나라 관리에게 받은 명함집 2권과 『북안척일(北雁尺一)』이라는 서간집 9권을 보관하고 있다. '북안척일'은 북(청나라)에서 온 편지라는 의미로 아들 변종헌이 제본하고 종헌의 역과 동기인 오세창이 표지의 제자를 썼다. 편지는 그림이 들어간 색종이의 아름다움도 갖추고 있다. 19세기 한중교류사 연구에 매우 중요한 사료이다.

이렇게 청나라와의 외교를 성공적으로 이끄는 데 공을 세운 변원규에게 고종은 1881년 2월 가평군수, 1882년 장단부사를 제수했다. 이후 1883년 1월(고종 20) 교섭통상사무 참의(외교부 국장)가 되었는데 그해 7월 체결된 조일통상장정의 기념연회도(안중식 그림)에서는 같은 참의 이조연, 김옥균과 함께 나란히 앉아 있다. 그 후, 1883년 12월 평산부사, 1884년 기기국 방판(차관)에 이어 교섭통상사무 협판(차관)에 임명되고 지돈녕부사(정2품)를 받고 1885년 5월 8일에는 '특별히' 한성부 판윤(정2품)에 제수되었다(特授卞元圭爲漢城府判尹, 고종실록). '특별히'는 아마 역관 신분임에도 배려했다는 의미로 파악된다.

그 후 1889년, 1890년(2회), 1894년까지 도합 5회나 한성판윤으로 이름을 올렸다. 조선말 외교가 크게 중요해지며 역관의 신분으로 현감, 군수 등에 임명된 이들이 늘어났는데 가장 높은 벼슬에 오른 대표적인 인물이 변원규였다. 1880년의 영선사 건 외로도 변원규는 꾸준히 대청 외교의 중요한 역할을 수행한 것으로 보인다. 일본 외무성의 기밀문서 '한국에서 구주각국으로의 공사 파견에 관해 이홍장

「조일(한일)통상장정 체결 기념연회도」(안중식, 1883년). ① 민영목 ② 묄렌도르프 ③ 이조연 ④ 변원규 ⑤ 김옥균 ⑥ 묄렌도르프 부인 ⑦ 홍영식 ⑧ 소에나 세쓰 ⑨ 기생 ⑩ 민영익 ⑪ 조영하 ⑫ 다케조에 신이치로

과의 협의를 위해 밀사 변원규 도청 일건(1890.12-1891.04)'에 의하면 변원규는 고종의 밀사로 중국에 파견되어 이홍장을 만났고, 1896년 6월에는 러시아공사관에 있던 고종을 찾아가 청나라와의 새로운 평등 조약 체결 문제를 논의한 기록도 보인다. 고종 때의 한성판윤은 대부분 재임 기간이 극히 짧아 실무직이라기보다는 명예직으로 보이지만 변원규가 5회나 한성판윤에 제수된 배경을 알 법하다.

하지만 개화파 변원규에 대한 위정척사파 유생들의 탄핵 요구는 거셌고 역관 변원규의 출세에 대한 반발도 적지 않았다. 1884년 우의정 김병덕은 "변원규에 대한 동지돈녕부사 제수가 지나치니 환수

할 것"을 청했으며 1885년 12월에 정언 김진우는 변원규(당시 협판)가 "지나치게 발탁되어 외람되이 경의 품계에 올랐으며 문안에 뇌물이 가득하다"며 탄핵하는 상소를 올리기도 했다.

그래서인지 다음 해 1월 변원규가 몸을 낮추며 "신은 자질로 보면 가장 어리석고 가문으로 따지면 지극히 미천합니다. 그런데도 세상에 드문 특이한 대우를 지나치게 입고 분수에 맞지 않는 높은 품계를 무릅쓰고 차지"했다며 사직을 청했지만, 고종은 "상소는 잘 보았다. 사직하지 말고 공무를 보도록 하라"며 받아들이지 않았다. 그리고 변원규가 1887년 외무협판 때 전 부산첨사 김완수의 일본인에 대한 채무에 보증을 알선한 책임으로 순천으로 귀양(친러파로 돌아선 민비에 의해 배척되었다는 설도 있다) 갔으나 1년 후에 석방하고 다음 해인 1889년 다시 한성판윤에 낙점했다. 이렇게 신분보다는 능력을 중시한 점에서 고종은 결코 무능하기만 한 군주는 아니었던 것 같다.

시와 글씨에 능한 변원규

변원규에 대해 당대 인사들은 그가 시와 글씨에 능했다고 전하고 있다. 김윤식은 『길운유고』 서문에서, "그의 시문은 맑고 아름다우며 곡진하고 충정을 담아내어 사람들로 하여금 즐겁고 기뻐하여 남은 흥미가 있게 했다"고 했고 창강 김택영(1850~1927)은 변원규가 시를 민첩하게 빨리 지었을 뿐 아니라 호방한 기질이 있다고 했다. 그리고 변원규의 글씨는 『한국역대명가필집』(문헌편찬회, 1958)에 한 자리를 차지하고 있다. 『길운유고』는 지금 전해지지 않고 조선 역관 6인의 시집 『해객시초(海客詩抄)』에 46수가 전해오고 있다.

변원규의 묘는 지석영 묘 입구인 연보비 옆으로 올라가 능선 왼쪽 길로 조금 올라가면 우측에 소방초소가 있고 왼쪽에는 돌로 된 서양식 평묘가 보이는데 그 묘의 바로 아래에 있다. 묘번 202727. 하지만 비석에는 이름이 새겨져 있지 않고 앞면에 '밀양 변씨 가족 묘', 뒷면에는 '묘주 변덕연'만이 새겨져 있다. 변원규 가문의 묘는 원래 노원구 서울과기대 자리에 있었는데 그 땅이 일제 때 수용되어 1939년 망우리로 이장되어 변원규와 변종헌 부자가 함께 묻혀 있다.

묘주 변덕연(卞悳淵 1886~1951)은 변종헌의 아들로 한성부 주사를 지냈다. 왼쪽 묘(202737)는 변덕연의 부인 해주 오씨인데 1949년에 묘가 만들어졌고 변덕연은 6·25 때 피난지에서 사망해 화장 후 별도로 묘를 만들지 않았다.

아들 변종헌(卞鍾獻 1859~1929)은 1879년 역과에 급제해 목천 현감(1884)을 지내고 1892년 문과에 급제, 사헌부 지평(정5품, 1893), 농상공부 참서관(1896)을 지내고 마지막으로 비서원승(정3품, 1904)에 임용되었다.

알려지지 않은 조선말 외교의 주역 변원규의 삶과 그의 한시를 새긴 비석을 새로 세웠으면 한다. 필자는 아래의 시가 마음에 든다.

이소석 학사에게(次寄李少石學士)

날마다 사슴들을 따라다니니
개울 가득 명월이요 산 가득 구름이라
가슴 속 텅 비어 아무것도 없으니
가을 소리를 그려 그대에게 주네
日日行隨麋鹿群
滿溪明月滿山雲

胸中空洞無他物

却寫秋聲寄與君

〈大東詩選 卷10〉

(『한국역대한시선집 02』, 집문당, 2007)

14

독립운동의 역사를 말하다

망우리공원의 애국지사들

문화재청은 2012년에 애국지사 한용운을,
2017년에는 망우리의 애국지사 8인
(오세창, 문일평, 방정환, 오기만, 서광조, 서동일, 오재영, 유상규)을
등록문화재로 지정했다.
즉 망우리공원이 항일독립운동의 정신 계승과
역사적 교훈의 가치가 담긴 장소로 인정된 것이다.

오기만(吳基萬 1905~1937), 애국장

초판 출간 후 성균관대 도서관에 근무하던 백인욱 씨의 소개로 찾은 묘다. 묘를 조성한 오기만의 동생인 오기영(吳基永 1909~?)부터 소개한다. 성대 출판부는 2003년 7월 오기영의 저서 『사슬이 풀린 뒤』(1948, 성각사)을 복간했다. 오기영은 배재고보를 중퇴하고 1928년부터 동아일보 기자로 재직하다가 동우회 사건에 연루되어 1937년 퇴사했는데, 1938년 서거한 도산 안창호의 병실을 마지막까지 지키고 도산의 장례까지 앞장서서 치렀다.

해방 후에는 경성전기주식회사에 근무하면서 정치문화평론을 언론에 발표하며 예봉을 휘둘렀는데, 경성전기 총무부장 시절에는 경전의 노동조합을 탄압한 '악질' 간부로도 등장한 기사가 보인다. 오기영의 아버지는 우익이고 형과 동생은 좌익인데 본인은 우도 아니오 좌도 아닌, 그렇다고 기회주의자는 아닌, 자유주의자를 자처하다 1949년 이승만 정권에 회의를 느끼고 월북했다. 그래서 그는 후에 '전쟁 전 월북인사(A급)'로 분류되어 저서의 출판이 금지되었기에 우리가 그 이름을 접하지 못했다.

『사슬이 풀린 뒤』는 3·1운동 때부터 해방 때까지 독립지사 가족이 겪은 고난의 수기인데, 수난의 가족사가 많은 이의 눈물을 자아내 몇몇 학교에서는 임시교재로도 썼다고 한다. 그래서 해방 후 학교 교육을 받은 이 중에는 이 책을 기억하는 이가 많다.

부친 오세형과 형 오기만은 1919년 3월 30일 황해도 배천읍 장날의 3·1운동의 주모자로 일경에 구금되어 고초를 당했고, 오기영 또한 11살의 나이로 친구들과 만세운동에 참여해 일경에 잡혀 고초를 겪었다.

오기만은 배재고보 2학년을 수료한 후 면학을 목적으로 수차례 중국을 왕래하면서 민족운동가들과 교유했으며, 1928년 4월 16일 신간회 배천지회 설립대회 당시 준비위원으로 격문을 배부하려다 일경에 체포되어 옥고를 치렀다.

출옥 후 상해로 망명해 1929년 1월 유일독립당 상해촉성회에 가입, 동년 겨울 홍남표, 김형선, 구연흠 등과 함께 유일독립당 상해촉성회를 해체하고 유호한인독립운동자동맹을 결성해 민족운동 기념일마다 재류한인들에게 격문을 반포해 민족의식을 고취시키는 활동을 전개했다. 또한, 구연흠, 조봉암 등과 사회주의운동에 참여해, 중국공산당 산하의 청년반제상해한인청년동맹(青年反帝上海韓人青年同盟)을 결성하고 집행위원장으로 활동했다.

1931년 6월 상해에서 김단야로부터 국내의 적색노동조합과 조선공산당 재건명령을 받고 귀국해 동년 7월 경성에서 김형선을 만나 협의한 결과 함남 진남포에서 활동하라는 지령을 받았다. 1932년 1월 진남포로 간 그는 적색노동조합 결성을 기도해 동년 10월 적색노동조합부두위원회를 조직하고 활동했다. 이외에도 진남포상공학교 적색비밀결사를 조직했고 평양에서는 면옥노동자총파업을 선동하는 등 활동을 전개하다가 1933년 9월 상해로 돌아왔으나 1934년 4월 총독부에서 파견한 일경에 체포되어 국내로 압송되었다. 동년 12월 치안유지법 위반으로 징역 5년을 받고 서대문형무소에서 옥고를 치르다가 중병으로 인해 1936년 6월 형집행정지로 출옥했으나 옥고여독으로 순국했다.

오기영의 첫 부인 김명복(1906~1943, 경성치과의학교 졸업)은 치과의사로 시숙 오기만에게 계속 자금을 지원해 주었다. 오기영의 매제 강기보(1905~1935)는 고려공산청년회 활동으로 옥사했고(애족장, 2007), 동생 오기옥도 독립운동으로 복역하다가 해방으로 석방되었다. 정부는 오기만의 공적을 인정해 2003년 애국장을 추서했는데, 본서의 개정2판(2015)이 나오기 전까지는 유족 외로 관리사무소는 물론이고 오기만의 존재를 아는 이는 거의 없었다.

망우리의 묘는 가족 납골묘 형태로, 일제강점기 말에 서서히 일본식의 '경제적인' 묘가 하나둘 생기기 시작한 것을 보여준다. 묘의 앞에 있는 비석에는 한가운데 '오세형가대대지묘(吳世炯家代代之墓)'라고 새겨져 있다. 조봉암 묘에서 위쪽 1시 방향으로 능선 바로 밑에 있다.

(비석 우측)

전생 다생에 인연 있는 우리들이 부모처자로 금생연을
지어 피를 물려가며 고락을 가티 하였더니 때가 이르매
사랑하는 이들의 슬픔을 알면서도 도라갔다

본시 생자필멸이라 무상을 깨다르니 남아서 슬퍼하는
이들도 백세 차기 전에 가티 흙으로 도라갈 것이매
살아 한집에 들었드시 여기 한 무덤을 지어 대대지묘로
삼았노라

銘(명)
세월이 얼마되랴 나도 가티 흙일 것을
그래도 정이로다 압세우기 이대섧어
무덤에 풀옷 입히며 눈물 다시 새로워라
계미년(1943년) 3월 22일
기영 합장

(비석 좌측)
제1대
부 세형
처 인의
자 기만(을사(1905) 8월 21일생/정축(1937) 8월 23일 향년 33)
제2대
부 기영(기유(1909) 4월 13일생/)
처 명복(병오(1906) 11월 13월/계미(1943) 2월 2일) 향년 38

남북이 갈라지면서 황해도의 부모는 여기에 들어오지 못했고 묘를 조성한 오기영도 여기에 들어오지 못했다. 오기영은 1946년 3월 한글학자 김윤경의 조카 김정순과 재혼했으나 1949년초 월북, 6월 조국통일민주주의전선 중앙위원으로 피선되고, 후에 북한 정권의 기관지 《조국전선》주필(1958), 과학원 연구사(1962)를 지냈다. 사망

오기만의 비석

년은 알 수 없다. 결국, 묘하게도 이곳에는 오기만과 김명복, 즉 시숙과 제수가 함께 있게 되었다.

2019년 『동전 오기영 전집』(전6권)이 간행되었다. 편찬위원장 정용욱 서울대 교수, 오기영의 외손녀 김민형 외대 교수, 편찬위원 백인욱 씨 등과 함께 묘역을 찾아 출간의 인사를 올렸다.

서광조(徐光朝 1897~1964), 애족장

우리 한국은 한국인으로서 중국은 중국인으로서
자치의 자유를 향유할 희망을 가지고 있다.
따라서 장래 이 목적을 달성하기 위하여 금일에
동지의 결속을 도모하여 그 준비를 해야 한다.
_〈조선국민회 설립 취지 중에서〉 (연보비)

서광조는 1917년 3월 23일 결성된 비밀결사 조선국민회에 참여해 옥고를 치른 공적이 인정되어 1990년 건국훈장 애족장을 추서받았다.

비석의 앞면에는 십자가 아래에 '경아 서광조의 묘', 뒷면에는 1964년 7월 14일 가심, 아래에 아들, 딸, 사위의 이름이 새겨져 있다. 그런데 묘소 입구의 연보비와 보훈처 공훈록에는 1972년 사망으로 되어 있다. 행정관서의 무심한 일처리는 곳곳에 이런 오류를 새겨 넣고 있다. 비석의 글을 확실히 믿지 못했는지, 2019년 새로 세워진 문화재청의 등록문화재 안내판에도 "비석과 공적조서 및 연보비 표기가 각기 달라 비석 뒷면의 기재를 근거로 했다"라는 내용을 적어 놓아 몰년의 확정을 여전히 뒤로 미루고 있다.

조선국민회는 1917년 3월 23일 평양의 숭실학교 재학생 및 졸업생, 교사가 중심이 되어 결성된 청년학생의 항일비밀결사단체다. 일경의 자료 '비밀결사 발견 처분의 건'(1918년 2월 18일자, 高제3094호 비수(秘受)3725호)의 내용을 근거로 하고 별도로 확인된 사실을 추가해 서술한다.

주도적 역할을 한 숭실학교 졸업생 장일환(32세, 1918년 현재)은 1914년 9월 하와이에서 한인사회 독립운동의 중심인물인 박용만과 협의해 국내에 청년단체를 조직해 국내외 협력의 국권회복운동을 전개하기로 결의하고 1915년 4월 비밀리에 귀국해 서광조(22, 목포) 및 1909년 하와이에서 귀국한 전 국민회 회원 강석봉(28, 목포. 전남 사회주의 운동가)과 함께 동지로서 맹약하고, 동년 겨울 중국 안동현 거주 백세빈(25)을 만나 협의하고, 그 운동자금으로써 봉천에서 중국 화폐를 위조해 그 돈으로 간도에 토지를 구입해 장래 활동의 근거지를 만들 계획을 세웠으나, 그 후 강석봉은 오히려 서두르면 일본 관헌에 발각될 우려가 있다며 이를 반대해 우선은 회원 모집에 노력하기로 했다.

그 후 동회에 가입한 배민수(22, 숭실중학생) 및 김형직(24, 서당교사, 후술 참조)과 1917년 2월 자택에 모여, 당시 마침 평양 예수교 장로파

신학교가 개학 중이었으므로(매년 3개월간) 각 도에서 청년 기독교 신자가 평양에 와 있는 것을 기회로 삼아 가입을 권유하고 구체적인 단체를 조직하기로 협의하고, 3월 23일 장일환 외 9명은 이보식(30, 숭실대학생) 집에서 모여 장일환을 회장, 배민수를 통신 겸 서기, 백세빈을 외국통신원으로 선출하고 단체명을 '조선국민회'로 칭했다.

회원은 숭실학교 학생 및 졸업생과 교사, 평양신학교 졸업생, 연희전문 학생, 군산 영명중학 학생, 교회 장로, 교회 조사 등으로 대부분 기독교 신자였다. 자료의 마지막에 일경은 별도 항목으로 회원의 대다수를 차지한 숭실학교를 불온사상의 온상으로 적시하고 "근본적으로 개선할 필요성이 있다"고 첨언했다.

숭실학교는 1897년 미국 북장로교 선교사 베어드가 평양에 설립한 미션스쿨이다. 1905년에 숭실중학과 숭실대학으로 분리되고 대학은 1906년 학교운영에 감리교가 참가하고 1912년에는 남장로교가 참가했다. 1938년 신사참배를 거부해 폐교당했고 1954년 서울 영락교회 부속 건물에서 새로 개교했는데 조선국민회 회원이었던 배민수(1897~1968) 목사·박사가 재단이사장, 한경직 목사·박사가 학장에 취임했다. 1957년 현재의 상도동으로 이전했다.

조선국민회는 1911년 해체된 신민회를 계승한 모습으로 애국계몽과 실력양성을 목적으로 했지만 실제로는 독립군적인 암호 사용, 무기 구입, 무력양성계획을 수립을 하는 등 혈기 왕성한 기독교 청년들의 시선은 무력투쟁에 쏠렸다. 즉 마치 안중근 의사의 이토 히로부미 척결 결의의 모습처럼, 1917년 6월 배민수, 김형직, 노덕순 등은 집게손가락을 잘라 서로 '대한독립'의 혈서를 쓰고 또 회원 중에는 '결사'라고 쓰는 등 장래의 활동을 맹약했다. 또한 의지가 굳은 청년을 물색해 입회케 했는데, 백세빈은 재미동포가 발행한 『국민보』를 회원에게 배포했다. 노선경은 동년 7월 간도 동지와의 연락 통신

서광조 연보비

의 임무를 수행하기 위해 서간도 삼원포에 가고, 배민수는 중국무관학교 입학을 위해 떠났으며, 군자금 1만 원을 확보해 그 일부로 권총을 구매했다.

또한, 이들은 비밀을 유지하기 위해 회칙과 회원명부는 전혀 만들지 않고 회원끼리 암호를 사용했다. 예를 들면, 권총은 '돼지 발'(일본어. '족발'을 의미하는 듯), 회원 회합은 연회로 칭하고, 회원 이름은 예를 들면 장일환은 장동서일대소환(張東西日大小煥)이라고 써서 문자 사이에 불요 2문자를 나열했다.

경상도, 황해도, 전라도 등 구역별로 구역장을 임명해 회원 모집에 나서, 서광조는 전라도 구역장 강석봉과 주역으로 활동했다. 그러나 1918년 2월 조직이 발각되어 25명이 피체, 장일환 등 중요인물

12명이 기소되고 서광조는 1918년 3월 16일 평양지방법원에서 보안법 위반으로 징역 8월형을 받아 옥고를 치렀다.

상기에 나온 김형직(1894~1926)은 김일성의 부친이다. 그는 선교사의 추천으로 1911년에 1913년까지 숭실학교를 다녔고 1916년에 기독교계 명신학교에서 교사가 되었다. 부인 강반석은 강돈욱 장로의 딸로 원래 이름이 강신희인데 미국 선교사 넬슨 벨로부터 세례를 받고 반석(베드로)이 되었고, 벨 선교사의 중매로 결혼했다. 그런 인연으로 김일성은 넬슨 벨의 사위인 빌리 그레이엄 목사를 평양에 1992년과 1994년 두 번이나 초청했다. 기독교인 부모 아래서 자란 김일성이 종교를 부정하는 공산주의자가 되었다는 것이 놀랍다. 북에서는 평양 중구역에 1977년 3월 23일 조선국민회 창건사적비를 건립했고 한동안 10년 단위로 기념우표도 발행했다. 이 때문에 국내에서의 연구가 기피되어 오랫동안 조선국민회의 존재는 널리 알려지지 않았던 것으로 보인다.

서광조는 출옥 후 제주도에 거주제한을 당하고 있을 때 제주도 청년을 중심으로 금주회를 조직하고 여자 야학을 세웠다. 다시 목포로 나온 1920년 9월 4일에는 목포청년회관에서 목포청년회 주최로 '시대가 요구하는 도덕'이란 주제로 강연했으나 일경의 주의로 중지되었다. 이후, 동경의 조선 고학생 원조 목적으로 조직한 목포청년활동사진대의 대장으로 동경에 갔다 와서 1922년 7월 16일 영광청년회관에서 정황을 설명한 후 사진을 영사했는데 관중은 4백여 명으로 기부금 40원이 들어왔다. 이후 나주, 논산, 공주, 대구에서 순회 상영했다. 1923년 1월 1일에는 목포기독청년회 소속으로 시양동 예배당에서 '새해를 어떻게 맞으랴'라는 주제로 연설했고, 동경 유학 중인 1926년 6월에는 재동경호남유학생회 소속으로 조국에서의 하기 순회강연 계획 수립시에 고향인 목포를 비롯한 해남, 강진 등의 지역을 맡은 제4대의 인솔자로 선출되어 8월에 귀국했다.

해방 후, 1950년 4월 24일 열린 전남보도협회 정기총회에서 위원장으로 재선되었고 1963년 2월 군정에 반대하는 윤보선, 김병로 등이 만든 민정당의 전남도당 준비위원으로 참여했으며 3월 심사분과위원장에 선출되었다. 그러나 동년 3월 22일 광주시에서 발생한 군정연장반대 데모로 서광조는 신학, 고석룡과 함께 '비상사태수습을 위한 임시조치법' 위반 혐의로 구속되어 군사재판에 회부되었다. 이 또한 1990년이 되어서야 애족장이 서훈된 이유가 되었다.

춘파 서동일(春波 徐東日 1893~1966), 애족장

경북 경산 출생. 1923 중국 북경으로 망명하여
국민당에 가입, 재정부장을 했다.
1924년 군자금 모집 밀명을 받고 대구로 와
군자금 1,300여원을 모집하여 북경에 전달하고,
다시 1925년 귀국하여 군자금 모집을 전개했으며
동년 4월 무언실행을 행동지침으로 하여 일제 앞잡이를
처단하는 다물단(多勿團)에 가입하여 활동하다가
일경에 검거되어 3년의 옥고를 치렀다.
(보훈처 공훈록 요약)

연보비 앞면에는 다물단의 뜻이 기록돼 있다. "다물이란 옛 땅을 회복한다는 뜻으로, 용감, 전진, 쾌단 등의 뜻과 함께 불언실행(不言實行)을 의미한다."

춘파 서동일의 묘는 필자가 혼자 몇 번이나 찾아봐도 보이지 않았다. 결국 관리사무소에 문의한 바, 춘파의 묘비는 그의 이름으로 되어 있지 않고 부인 이름 최옥경으로 되어 있다고 한다. 이게 무슨 말인가?

서동일 연보비

관리사무소에 따르면, 원래 이 묘는 부인의 묘였는데, 1995년 춘파를 이곳으로 이장해 합장시켰다고 한다. 묘지가 1973년 만장되어 더 이상의 묘나 합장조차 허용되지 않았지만, 1990년에 독립유공자로 인정받아 특별히 예외적으로 허용되었을 것이라는 추측이다. 하지만 유족의 형편이 어려운지 새로 춘파의 비석 하나 제대로 세우지 못한 채 그대로 부인 이름의 비석만 있었다.

관리사무소가 가르쳐준 지역으로 찾아가 한참을 헤맨 후에 묘번 107266을 찾을 수 있었다. 지금은 가는 길을 안내하는 이정표가 군데군데 세워져 있어 찾아가는 게 어렵지 않다.

먼저 눈에 들어오는 비석 뒷면에는 자식들의 이름이 페인트로 적혀 있고, 앞면에는 부인 최옥경(1891~1950)이라 되어 있다. 비석 하나 제대로 세우지 못했다는 것이 사실이라면 매우 안타까운 일이었다. 필자는 본서 3판(2018)까지 아래의 글을 남겨 두었다.

"공동묘지이지만 여기 있는 많은 유명인 전부는 아니더라도 적어도 우선 독립유공자들은 나라에서 예산을 내어 비석을 세워주고 묘를 관리하도록 추진해야 할 것이다. 나라를 위해 몸을 바친 사람은 개인의 조상이 아니라 나라의 조상이다. 그리고 나아가 후세에 큰 영향을 미치고 귀감이 되는 문인과 예술가도 나라의 조상으로 관리해야 하지 않을까."

다행히도 2017년 10월 문화재청은 서동일 선생을 포함한 망우리의 독립지사 8인을 등록문화재로 지정했다. 묘역에 안내판도 세워지고 지자체의 관리도 이루어지고 있다.

오재영(吳哉泳 1897~1948), 애족장

강도 일본의 통치를 타도하고 우리 생활에 불합리한
일체 제도를 개조하여 인류로써 인류를 압박치 못하며
사회로써 사회를 박삭(剝削. 갉아내다)치 못하는
이상적 조선을 건설할지니라 (연보비)

이중섭 묘 정면을 바라보고 왼쪽으로 20m 정도에 있다. 다른 이름은 오택, 오준영 등이 있는데 묘비 이름은 오준영(吳晙泳)으로 되어있다. 길가의 연보비와 보훈처 공훈록 등에는 오재영으로 되어있다.

우리나라 독립운동사에서 의열단처럼 화끈한 운동가들이 없었다. 영화 「아나키스트」(유영목 감독)가 의열단을 소재로 만들어졌다. 의열단이 우리에게 잘 알려지지 않았던 것은 의열단의 이념은 사회주의적 민족주의였고, 단장 김원봉(1898~1958)은 1948년 월북해 노동상까지 지냈기 때문이다.

길가 연보비의 글은 의열단의 '조선혁명선언'의 마지막 부분에 있는 내용이다. 조선혁명선언은 단장 김원봉의 부탁으로 신채호가 썼다. 신채호 또한 급진노선파였다. 선언서에서 임시정부의 온건파들, 즉 외교론(이승만 계)이나 준비론(안창호 계)를 비판하며, 무장투쟁이 유일한 무기라고 주장했다. 의열단은 1919년 11월 9일 13명의 조선청년이 중국 길림에서 결성했는데 21세의 김원봉이 단장으로 추대되었다. 단원은 엄격한 심사를 거쳐 뽑았고 사격과 폭탄 투척 연습, 무술연마 및 예절 교육까지 시켜 깔끔한 국제신사의 이미지를 유지했다. 상해에 폭탄 제조소 12곳을 두었고 국내에도 조직망을 만들었다.

1920년부터 국내로 잠입한 단원들은 연달아 주요 일제 기관에 폭탄을 던지는 의거를 감행했다. 1920~1926의 기간에 부산경찰서(박재혁), 밀양경찰서(최수봉), 조선총독부(김익상), 상해에서의 육군대장 다나카 기이치(김익상, 오성륜), 일본 황궁 앞(김지섭), 종로경찰서(김상옥), 동양척식회사 및 식산은행(나석주) 등에 폭탄을 투척하거나 총격을 가했다. 육군대장 다나카 기이치 저격 사건으로 체포된 오성륜은 목욕탕에서 주운 못으로 수갑을 풀고 탈옥해 신출귀몰한 의열단의 이미지를 심어주었다.

오재영이 관련된 사건의 내막은 이러하다. 의열단은 제일 처음 밀양경찰서를 표적으로 했으나 부산경찰서에서 꼬리가 잡혀 단원 16명이 검거되었다. 이 사건으로 의열단의 실체가 일부 드러나게 되고 무기반입이 엄격히 통제되었다. 김원봉은 이 소식을 듣고 부산경찰서장을 처단할 계획으로 박재혁에게 임무를 맡겼다. 박재혁은 등에 고서를 진 고서판매상으로 위장해 서장을 만난 자리에서 고서를 꺼내는 척하며 폭탄을 투척, 서장은 중상을 당하고 박재혁도 부상된 몸으로 체포되었다. 사형이 확정된 후 그는 단식으로 옥중에서 목숨을 끊었다. 박재혁에게는 1962년 독립장이 추서되었다.

오재영은 부산상업학교(현 개성고) 동창인 박재혁, 최천택과 가장

오재영 연보비

가까웠다. 세 사람은 좌천동의 증대산에 올라가 의형제를 맺고 평생 서로 도우며 살자고 약속했다. 또한, 그들은 독립운동에도 뜻을 같이 해, 다른 동기 및 선후배와 함께 1914년 4월 일제에 맞서 조국을 구하자는 의미의 구세단을 비밀리에 조직하고 활동했다. 박재혁은 몇 년 후 상해로 가서 의열단에 가입하고 단장 김원봉의 밀명을 받고 부산경찰서장을 처단하기 위해 국내로 들어온 것이었다.

오재영은 출옥 후에 친구 박재혁을 기리는 활동뿐 아니라, 나라를 위한 많은 일에 참여했다. 1924년 시대일보 부산지국을 경영하면서 친일적인 단체를 공격하는 운동을 벌였고, 1925년 조선일보 부산지국을 경영하며 낙동강 수해 복구에 앞장섰다. 1926년 농민을 위한 계몽운동을 벌이고, 1927년 신간회 부산지회가 만들어지자 주요 간부로 활동했으며, 1929년 부산 대창동에서 노동자 숙박소를 설치하고 무료급식 봉사를 했다. 1931년 서울로 이사해 활동하다 1941년 일경에 구속되기도 했다.

해방 후, 1946년 3월 1일 부산에서 박재혁 의사 추모회를 개최하고 동료와 함께 박재혁 추모비를 세우는 등 친구 박재혁 의사를 기리는 일에 앞장서고 1948년 8월 22일 52세의 나이로 별세했다. 묘역은 2017년 국가의 등록문화재로 지정되어 문화재청이 세운 안내판이 서 있다.

비록 실패해 체포되거나 자살한 경우가 더 많았으나, 의열단의 거사는 조선 민중에게는 가슴이 후련해지는 쾌거가 아닐 수 없었다. 물론 이런 식의 무장투쟁이 오히려 조선의 독립을 요원하게 할 것이라는 생각을 가진 신중파도 있었지만, 군대를 가지지 못한 망국민에게는 장기적으로는 꾸준한 실력양성과 동시에 단기적으로는 최소의 희생으로 최대의 효과를 얻는 이런 식의 투쟁도 피할 수 없는 선택이었다고 본다. 김구의 임시정부도 결국 의열단과 같은 노선의 한인애국단을 조직해 1932년 1월 8일 이봉창은 천황에게 폭탄을 투척했고, 1932년 4월 29일 윤봉길은 홍구공원에서 도시락 폭탄 투척 의거를 일으켰다. 이 사건들은 해방 때까지 임시정부에 대한 중국 국민당의 전폭적인 지원을 이끌어내는 데 큰 도움이 되었다.

김중석(金仲錫 1883~1966), 건국포장

망우리공원 북쪽 길 건너편 강소천 묘가 있는 구역 맨 위편에 있다. 2021년 전수조사 시에 발견했다. 사설묘지다. 1992년 건국포장을 추서받았다.

(비석 앞면)

목사 전주 김씨 중석지묘 권사 밀양 박씨 치경 부좌

(비석 뒷면)

여기 쉬시는 분은 1883년 5월 1일 평안남도 맹산군 북창리에서 부친 김공 승호 모친 최씨(납결)의 삼남으로 출생 1894년에 함남 홍원에 이주하시어 16세에 기독교 장로직에 입교 1913년 김씨(치경)와 결혼 2남 1녀를 두시고 20년에 평양신학을 졸업하시고 일생을 교회와 교육 사업에 헌신하시다. 1947년에 월남 함남노회장으로 재임 중 1966년 6월 11일 향년 83세를 일기로 별세하시다 자 홍제 영제 녀 덕재,

(비석 옆면)

권사 김치경 1895년 5월 12일 출생하시어 교회 봉사하시다가 하나님의 부르심을 받고 1985년 11월 14일 향년 91세로 여기에 잠드시다.

계산 김승민(桂山 金升旼 1872~1931, 비석), 애국장

2016년 겨울, 망우리공원을 찾은 한국내셔널트러스트의 김금호 사무국장은 소설가 최학송 묘 뒤편에서 서울 쪽 전망이 매우 좋은 장소를 발견했는데, 그곳에는 큰 비석이 하나 흙 속에 반쯤 묻혀 있었다. 앞면의 이름을 적은 한문 글씨가 보통 솜씨가 아니었고 뒷면에는 '대통령이…'라는 심상치 않은 글이 보였다.

확인하니, 그는 독립운동사 초기에 활약한 독립지사 계산 김승민이었다. 1990년에는 '애국장'의 서훈을 받았고 1994년 대전 현충원으로 이장되었는데 이장 때 땅속에 묻은 비석이 세월이 지나 모습을 드러낸 것이었다. 곧바로 서울시설공단에 비석의 복원을 부탁해 몇 달 후 비석이 다시 세워졌다. 비석에 드러난 글은 아래와 같다.

김승민 선생의 자는 성극(星極)이요 호는 계산(桂山). 단기 4205년 (1872, 고종9년) 임신 12월 11일 함주군 연포면에서 탄생. 소시부터 면학. 그 뒤 주유천하 하며 산천을 즐기다가 24,5세서부터는 영흥군 소재 도안암에서 오도일매(悟道一昧, 도를 깨우침에 집중) 한때 삼남(三南)에서 이 암자에 모인 제자만도 수천 명을 헤아렸음. 광무 10년 (1906) 5월 정3품 통정대부 비서감승(비서실장)에 임명되어 황제로부터 사전(師傳, 사부)의 대접을 받았음. 동년 황제의 밀지사건(일인들이 말하는 김승문(金升文) 사건)으로 말미암아 남대문 일인 감옥에서 1년 반 복역. 동사건의 탄로로 광무황제는 마침내 양위. 그 뒤 해삼위(블라디보스토크)로 밀항 도중 일 헌병에 피체. 다시 함흥옥에서 6개월 복역. 출감 후 만주로 망명. 이후 30년간 북만 일대를 전전하셔 독립군 백여 명과 더불어 광복단장 혹은 대동회장으로서 무력 항일투쟁에 전념 한편으로는 이민의 권장 후진교육의 계발. 독립군의 양성 등에 심혈을 기울이던 중, 4264년(1931) 9월경 안도(安圖)에서 흉도의 저격으로 순국. 4301년(1968) 독립유공자로서 대통령으로부터 표창장을 추서받음. 좌부 성재문 여사는 4207(1874)년 갑술 9월 12일생 일찌기 부군인 선생의 뒤를 따라 도만 '독립군의 어머니'로서 필설에 절하는 고난을 겪으며 선생의 독립운동에 협조 그 업적 두드러진 바 있었음. 4292(1959)년 음 8월 14일 선생의 안부에 집념하며 고국의 품에 안겨 장서. 두 분의 빛나는 독립운동 사적을 기리 새겨 두기 위하여 이에 추모비를 건립하며 삼가 두 분의 명복을 비는 바임.

건국기원 4301(1968)년 8월 일

재만광복동지 대표

후학 이현익(李顯翼) 찬지(撰識)

학남 정환섭(鄭桓燮) 경서(敬書)

위에서 말하는 '밀지사건'은 헌병대에 체포된 김승민의 품에서 의병에게 보내는 황제의 밀서가 발견된 사건인데 황현의 『매천야록』(1906)에는 이렇게 적혀 있다. "김승문은 함흥 사람이다. 그는 신술(神術)이 있었으므로 강석호가 그를 천거하자, 고종은 그를 대면하고 10일 만에 비서승으로 제수했다. 이때 어떤 사람이 일본인에게 밀고하기를, '이 사람은 의병과 내통한 사람이다'라고 했다. 이에 일본인들은 그를 구속한 후 그의 행적을 조사해 의병과 내통한 어보문자(御寶文字)를 발견하고 결국 그를 오랫동안 수감했다."

김승민은 다시 1909년에 헤이그밀사사건으로 서울 경무청에 수감되어 6개월간 복역했다. 1920년에는 봉천성 안도현에서 홍두식과 함께 광복단을 조직, 약 300명의 단원을 무장시켜 1922년 7월까지 6차에 걸쳐 국내와 만주 일대에서 무력항쟁을 전개했다. 1923년 가을에는 흥업단·군비단의 3개 단체를 통합해 광정단(匡正團)으로 확대 개편했다. 1925년에는 만주 봉천성 안도현에서 대동회를 조직해 회장으로 활약하다가 간도 일영사관 경찰에게 체포되어 다시 옥고를 치렀다. 또한, 일경의 '용의조선인명부'에 김승민은 1920년 8월 북간도에 이주해 의업을 했고 돈화현 중국 육군 명예군의(軍醫)의 군적을 가졌으며 1928년 가을 돈화현 중국감옥의 의관에 임명된 것으로 기재되고 계파는 민족주의, 공산주의, 고려공산당계로 분류되어 있다.

글을 지은 이현익(1896~1970)은 함경남도 단천 출신으로 1905년 만주로 이주, 광정단의 외교부장으로 김승민의 휘하에서 활동했다. 이후 독립운동을 하는 한편, 민족 종교 대종교의 전도에도 진력하다가 1944년 목단강 고등법원에서 징역 7년형을 선고받고 복역 중, 1945년 광복 직전 소련군의 만주 진출로 출옥했다. 1990년 김승민과 함께 애국장이 추서되었다.

김승민의 비석

글자를 쓴 학남(鶴南) 정환섭(1926~2010)은 충남 홍성 출생. 소전 손재형에게 사사. 서울대 미대를 졸업하고 한국미술협회장, 국전 초대작가 심사위원장 등을 역임했다. 추상에 가까운 파격적인 실험 서체를 보이며 국내 서단에 새로운 바람을 일으켜 한국 서예의 현대화를 주도한 인물로 평가받는다.

순환로 중랑전망대에서 용마산 쪽으로 50미터쯤 가서 왼쪽 울퉁불퉁한 돌계단을 50미터 올라가 왼쪽 오솔길로 들어가면 북한산이 바라보이는 전망 좋은 자리에 갓을 쓴 큰 비석이 우뚝 서 있다.

김진성(金振聲 1892~1968, 비석), 애국장

산신제단 아래편으로 내려가 '오거리쉼터' 에서 아래쪽에 비석이 보인다.

(비석 앞면)

독립지사 김공진성지묘(獨立志士 金公振聲之墓)

(비석 뒷면)

…1892년 출생하시다. 1919년 을미에 재(在) 하루빈 노군(露軍) 사령관 호리왓트 대장과 연락, 해삼위를 중심으로 유동열 신영삼 등과 같이 한인 8백여 명을 모집, 동청철도수비대에 편입시켰고, 또 상해 임정과 연락을 취하다 왜헌에 피체, 경성으로 압송되었으나 유동렬 양기탁 씨의 석방운동으로 3개월여의 옥고 후 석방되어 계속 전남 광양 지방의 부호들에게 군자 7천 원을 모금하여 양기탁 씨 등에게 전달하고 그 외에 13,000원의 모금 전달과 1천여 매의 전단을 만들어 미국의원단 내한시에 살포하였으며 또 전주 고산의 부호 친구인 고갑준 씨 집에 야간 잠입하여 군자금 9600원을 강요하여 상경 은신 중 체포되어 징역 10년 형을 받고 7년 복역 후 가출옥 석방한 뒤에도 소위 요시찰인물로 지목되어 국내외의 항일투쟁 사건이 발생할 때마다 왜경에 구속되기 수십차였다. 해방 후 임정요인이 환국하자 옛 동지 유동열 씨가 통위부장으로 당선됨에 그를 보좌하여 국군 창설에 다대한 공을 세웠으며 6·25사변 이후는 과거 고문 여독으로 행보조차 불능하여 항상 병석에서 신음하시다가 1968년 1월 1일 향년 74세로 서거하였다. …1968년 3월 1일 건국훈장 대통령표창 추서. …77년 11월 재심하여 건국포장 추서. 공의 일생은 실로 건국을 위한 형극의 일로였다.…

(비석 옆면)

장남 용화는 정밀공업계에 선구적 업적, 차남 성배는 예비역 육군 준장, 삼남 경화는 기업가, 사위 김사도는 감사원 사무총장, 손녀사위 허화평은 예비역 육군 준장이다.

김사국·박원희 부부 (비석), 애족장

박원희(朴元熙1899~1928)는 대전 출신으로 경성여고보(경기여고)를 졸업하고 철원에서 보통학교 교사로 재직하다가 1921년 뜻이 맞는 김사국과 결혼 후 11월에 함께 도쿄로 건너가 양복 직공으로 일하면서 고학했다.

귀국 후 간도로 건너가 1923년 남편 김사국과 용정에 동양학원을 설립해 사회주의 운동가 양성 교육을 실시하는 한편, 항일선전문을 배포하고 폭탄으로 일제 기관의 파괴를 계획하다 일경에 함께 체포되었으나 임신 중이라 기소유예로 풀려났다.

귀국 후 1924년 5월에 창립된 한국 최초의 사회주의 여성운동단체인 '조선여성동우회'에 발기인으로 참가하고 창립총회에서 3명의 집행위원 중 한 사람으로 선출되었다. 집행위원으로 함께 선출된 2명은 허정숙과 주세죽인데 허정숙(1902~1991)은 북에서 조선노동당 비서를 지낸 인물이고 주세죽(1901~1953)은 박헌영의 아내로 모두 사회주의 여성운동계의 거물이었다.

조선여성동우회는 강령으로 "사회진화법칙에 의하여 신사회의 건설(즉 무산계급 해방)과 여성해방운동에 입(立)할 일군의 양성과 훈련을 기함, 조선여성해방운동에 참가할 여성의 단결을 기함"를 채택하고 강연 및 음악회 등의 사회활동을 개시했다. 1925년 3월 8일에 무산부인기념강연을 천도교당에서 개최했을 때 강사로는 박원희, 허정숙, 주세죽, 박희자, 김조이(1924년 조봉암과 결혼)의 이름이 보인다.

이어서 1925년 박원희는 경성여자청년회를 주도적으로 조직하고 집행위원에 피선되었다. 일요강습회를 개최해 여성들에 대한 사회교육을 실시하는 등 여성계몽운동을 전개했다. 그리고 1927년 4월에는 중앙여자청년동맹의 집행위원에 선임되어 '청소년 남녀의 인신매매 금지, 만 18세 이하 남녀의 조혼폐지, 청소년 남녀직공의 8시간 이상 노동야업 폐지, 무산아동 및 산모의 무료요양소 설립' 등을 주장했다. 동우회가 1927년 민족주의계와 연합해 신간회의 자매 단체격인 '근우회'로 이어졌을 때에는 근우회 47명의 발기인 명단 가운데 사회주의계 10명 중 한 사람으로 참가했다.

남편 김사국(金思國 1892~1926)은 충남 연산 출신으로 10세 때 부친을 여의고 편모와 남동생(思民)의 빈곤한 가정에서 자라나 비구니가 된 어머니(安國堂)를 따라 금강산 유점사에 들어가 한학을 배우다가 경성으로 와서 보성학교에서 수학하고 1908년 도일해 피혁공장 등에 다니며 고학했다. 1910년 8월 한일병합 후에 귀국해 경성중학에서 공부한 후에 교사로 일했다. 1918년에는 만주와 시베리아에서 활동하다가 1919년 2월 귀국했다. 3·1운동 이후 4월에 일어난 '국민대회' 사건의 주모자로 활동하며 한성임시정부를 조직하고 선포했다. 이로 인해 체포되어 1년 6개월의 옥고를 치르고 1920년 9월 출옥했다.

1921년 1월 장덕수 등과 서울청년회를 조직했다. 동년 7월 박원희와 결혼하고, 11월에 동경으로 가서 오일신보(五日新報)를 발기하고 박열, 김약수, 조봉암 등과 흑도회를 조직하고 12월에는 조선고학생동우회를 조직했다.

1922년 봄 귀국해 4월의 청년연합 정기총회에서 장덕수 등 민족주의계의 제명을 제안하고 부결되자 서울청년회(당시 대표) 외 8개 단체를 이끌고 탈퇴를 선언해 서울청년회의 주도권을 잡았다. 또한 4월에 열린 조선노동공제회 제3회 정기대회에서 차금봉과 손을 잡고 주도권을 장악했으나, 11월 잡지 《신생활》의 필화사건(러시아혁명 5주년 기념호)이 계기가 되어 1923년 블라디보스톡으로 망명했다.

1923년 만주 용정에서 동양학원, 영고탑에서 대동학원을 설립해 사회주의 이념 교육을 했다. 중국 관헌의 탄압으로 다시 러시아로 망명했으나 폐병이 악화되어 1924년 6월에 귀국해 조선청년동맹에서 일하면서 10월 고려공산동맹을 결성하고 책임비서가 되어 활약하다가 1926년 5월 8일 사망했다.

김사국 사후, 박원희는 눈물겨운 세상을 저주하면서 4세의 딸 사건(史建)을 업고 다니며 남편의 유업을 이루기 위해 분투했으나 1928년 1월 5일 30세를 일기로 끝내 영면했다. 34단체의 사회단체연합장으로 수철리(금호동) 공동묘지의 남편 옆에 묻혔다.

김사국의 어머니 안국당은 1938년 별세해 망우리에 묻혔고, 묘번

김사국의 비석 뒷면과 박원희의 비석 앞면

이 109676(모), 109677(부부)로 연이은 것으로 보아, 그때 함께 김사국과 박원희도 수철리에서 망우리로 이장된 듯하다.

김사국·박원희 부부는 독립지사 서훈을 받은 후 2002년 대전현충원으로 이장되었고 어머니 묘만 남았는데, 이 묘 우측에 며느리 박원희의 비석을 옮겨 세워 놓았다. 김사국의 묘비는 보이지 않았다. 어느 날 큰비에 김사국의 비석이 드러난 것을 당시 면목동 거주 성대 대학원생 이준영 씨가 발견해 필자에게 알려 주었다. 중랑구청이 2022년 봄에 바로 세웠는데 비석의 깨진 윗부분은 찾지 못했다.

비문 전체 글자를 추정과 옛 기사 검색을 통해 옮기자면, 앞면에 '조선사회운동가 김사국지묘', 후면에 '1926년 5월 12일 망(亡?), 사회운동단체연합장의위원회'라고 적혀 있다.

그리고 박원희의 비석 앞면에는 '여성운동선구자 박원희', 뒷면에는 '1928년 1월 9일 입(立), 조선사회단체연합장의위원회'라고 되어 있다. 부부의 비문에서 1920년대 우리나라 사회운동 선구자로서의 위상을 가늠케 한다.

문일평·오세창 묘 입구를 지나 한용운 묘 방향으로 가다 서병호 연보비 전 50m 왼쪽 아래에 있다.

김정규(金貞奎 1883~1960, 비석), 애족장

함흥 출생. 1913년 간도에서
선교활동을 통해 민족의식 고취 및 계몽활동 전개.
1919년 3월 20일 중국 길림성 훈춘(琿春)지방의
독립만세운동에 주도적 역할을 하였다.
1990년 애족장 추서(공훈록)

훈춘은 현재 중국 길림성 연변자치구에 위치한 곳으로, 당시 간도지방에 속한다. 훈춘은 만주어로 '변경(邊境)'의 뜻이다. 최학송의 「탈출기」에서도, 주인공이 간도 지방에서의 일제의 탄압을 분쇄하기 위해 XX단에 가입하게 되는데, XX단은 대한신민단이나 한국의민단 등 많은 독립투쟁단체의 하나를 의미한다. 그렇듯 간도지방은 독립군의 활동이 왕성한 곳이었다. 국내에서 3·1운동이 일어나자 해외 각국의 조선인들도 이에 호응해 만세운동을 벌였는데, 김정규는 훈춘 지역 만세운동에 주도적 역할을 했다.

3·1운동 이후 국내를 탈출해 간도 지방에 온 조선인들도 합류해 항일독립운동을 벌이게 되는데, 독립군은 수시로 조선으로 들어와 치고 빠지는 식의 공격을 감행했다. 간도의 훈춘이 중국지역이라 마음대로 진군을 할 수 없던 일제는, 1920년 10월 훈춘사건을 일으켰다. 중국의 마적을 사주해 훈춘성을 약탈케 하며 중국인, 조선인뿐 아니라 일본공사관을 불태우고 일본인을 수명 살해하는 사건을 일으켜, 이를 빌미로 진주한 일본군은 독립군의 거점 소탕을 한다는 명목으로 3개월에 걸쳐 수천수만의 조선인을 사살하고 마을을 불태웠다.

초판 집필 때, 필자는 관리사무소로부터 지도를 받아들고 찾으러 나섰지만, 숲속을 헤매다 다시 내려오길 서너 번. 옛날 묘지라 묘가 계단식으로 순서대로 들어선 것이 아니라, 뒤죽박죽 여기저기에 들어온 순서로 번호가 매겨졌으며, 그 번호조차 실제와는 다른 경우도 많다. 그래서 묘번만 가지고는 찾기 어렵다. 다른 묘들은 찾아가는 길이 다 파악이 됐지만, 이 묘만이 오랫동안 숙제로 남아 있었다.

직접 확인도 하지 않고 두루뭉술하게 '오재영 연보비 건너편에 있다'라고만 쓸 수는 없었다. 그래서 마지막 조사라는 결심으로 망우리공원을 다시 찾았을 때, 다행히도 묘의 위치를 아는 백성진 씨

(당시 52. 묘관리업)를 만날 수 있었다. 백성진 씨는 김정규 묘 아래의 묘를 위탁받아 관리하는데, 독립유공자 김정규 묘는 늘 돌보는 이 없이 방치된 것이 보기 안타까워 벌초하는 김에 같이 해주었다. 유족이 두 분 있는데 둘 다 장애인이라 묘를 찾아오기도 힘들고 생활 형편도 어렵다고 전했다.

그래서 김정규 선생을 초판에 소개했으나 어느 해 찾아가 보니 묘가 사라졌다. 비석도 보이지 않았다. 확인해 보니 2011년 대전 현충원으로 이장되었다. 아쉽지만 개정 2판에서는 뺄 수밖에 없었다. 아무 흔적도 없는 곳에 찾아가라고 독자에게 말할 수는 없었다.

땅에 묻힌 비석을 2022년 봄에 재림교회독립운동기념사업회 류제훈 사무국장이 필자의 초판본에 나온 길 안내를 참고해 용케 찾아내 다시 세웠다. 비석 앞면을 보면 '고 송계 김정규지묘' 우측에 '제7일안식일 예수재림교인'이라고 새겨져 있다. 만주와 서울삼육병원에서 치과의사로 근무했다고 한다. 망우리에는 흥사단원 허연과 더불어 두 분의 재림교 독립지사가 있다.

오재영 연보비 건너편 쪽으로 11시 방향 100m 정도 올라가, 208019번 묘에서 왼쪽 덤불을 과감히 헤치고 들어가 다시 206182번이 나오면 바로 그 위에 있다. (GPS: 위도 37.594938, 경도 127.112525)

박승룡(朴承龍 1872~1957, 비석), 애족장

비석 앞 이름 옆에 '천도교 종법사(宗法師)'라고 새겨져 있다. 비석 후면 내용과 보훈처 공훈록 내용을 참조하여 정리하면 아래와 같다.

여암(余庵) 박승룡은 함남 이원군 출신이다. 31세에 동학에 입도

하고 33세에 이원군에 보명학교와 신명학교를 설립해 교육에 힘썼다. 48세 때인 1919년 3월 10일 이원읍 장터에서 천도교인 김병준, 공시우, 최종준 등과 함께 1,000여 명의 시위를 주도하고 일경에 체포되어 3년간의 옥고를 치렀다. 출옥 후에는 종무사업에 전념해 51세에 도호(여암)를 받고 종법사에 피존되었다. 부인 조 씨와 이 씨가 있고 2남 4녀를 두었다. 1990년 건국훈장 애족장이 추서되었다.

비문의 끝에 새겨진 '의학박사 공군준장 전강원도지사 전전라남도지사 고애자(孤哀子) 건원'이라 새겨져 있다. 장남 박건원(1904~1975)은 보성고, 경성제대 의학부를 나와 경성제대병원의 외과 의사를 지냈다. 1945년 12월 최초의 강원도지사가 되었다. 1947년 백인제 등과 조선외과학회를 창립했다. 6·25 때 참전해 공군 준장으로 예편했다.

글씨를 쓴 이는 공군대령 한글학회 이사 전 서울대학 교수 한갑수(1913~2004)다. 1994년 대전현충원으로 이장되고 비석이 남았다. 중랑구 쪽 순환로 끝에 있는 극작가 이광래 묘의 아래쪽에 있다. (GPS: 위도 37.580685, 경도 127.102618)

월파 이태건(月坡 李泰建 1885~1958, 비석), 애족장

용마산 방향으로 계속 직진해 면목동 남촌 응달말 산신제단 위편에 비석이 남아 있다.

(비석 뒷면)

여기 월파 선생 이태건공은 한말의 풍운이 격동하든 서기 1885년 11월에 평북 위원에서 고 이창규 선생의 3남으로 출생하시었다. 선생의 유소년 시절에는 향리에서 한학을 수업하시고 20세에 선천사범학교를 졸업하시었다. 대한제국의 국운이 기우러지매 선생은 조국의 독립을 위하야 신명을 바치기로 결심하고 105인 동지들과 같이 일제에 항쟁하다가 피체하여 3년간 영어의 고난을 겪으시고 출옥 후에도 선생의 백절불굴하는 애국 열성은 의주 청년단장의 3·1운동의 청년 인재를 규합하다가 재차 일제 관헌에 발각되어 신의주형무소 옥중 생활을 계속하시었다. 그 후 선생은 일제의 혹독한 탄압 아래 선천에서 시대일보와 조선일보의 지국장으로 또는 기독교 언론과 종교 양 방면으로 투쟁을 계속하시었다. 선생은 일제 말 북경으로 피신하셨다가 해방된 조국에 다시 돌아와 대동신문과 서울신문에 집필하시면서 조국의 재건을 위하여 노력하시다가 일제시대의 고문으로 말미암은 유병이 재발하여 서기 1958년 5월 12일 향년 74세를 일기로 서거하시었다. 슬하에는 다복한 5남 3녀가 있으며 그들은 국가와 교회의 발전을 위하여 활약하고 있다.

차숙경(車淑卿 1887~1948), 여성운동가

망우리공원 사색의 길 동락정 정자 정면에서 구리시 쪽으로 난 오솔길을 30m 내려가다 좌측에 민족대표 33인 이갑성의 부인 차숙경의 커다란 묘가 보인다.

(비석 뒷면)

약력 경인 12월 2일 서울시 당인리에서 탄생 배화학당 수업 18세 결혼 생 2남 2녀 기미년 3월 1일 독립만세사건 당시 조선 민족대표 33인 중 1인으로 부군 투옥 독립운동을 부군으로부터 계승하야 비밀연락으로 필사의 노력과 아울러 부군의 감옥 바라지와 자녀교육에 주력하시다 부군 옥중생활 4년 망명 생활 10유여년 구금 감옥 3년 극빈과 일경의 박해와 품팔이로 생활을 유지하여 자녀를 최고학부까지 수업시키시다. 계해년 경성여자기독청년회 이사에 피임 사회부구제부를 전담. 을유년 8월 15일 해방 후 애국부인회중앙집행위원 여자기독청년회 이사 재피임 절제회 이사 교회간부 양재학원원장. 침식을 잊으시고 자조지석 활동하시다가 과로로 인하여 무자년 2월 한 번 병석에 누우시메 부군과 자녀의 지극한 정성도 효험을 얻지 못하시고 8월 18일 오후 한 시 40분 59세를 일기로 영면하시다 단기 4281년 서기 1948년 8월 18일.

우측에 작은 묘(109466)가 있는데, 이것은 어려서 죽은 손자의 묘다. 차숙경은 3·1운동의 자금 모집을 위해 조직된 여성 단체 혈성애국부인회(후에 대한민국 애국부인회)에 참가했고 남편 대신 학생들과의 비밀연락 활동을 도왔다. 1923년 경성여자기독교회 이사, 1924년 기근구제위원회 집행위원, 해방 후 애국부인회 중앙집행위원, YWCA 이사, 절제회 이사 등을 지내고 생업으로 양재학원을 운영하였다. 그러나 일제 때 이갑성이 9차례 10년이나 옥고를 치르는 바람에 홀로 옥바라지와 자녀교육에 고생한 탓인지 남편보다 먼저 타계하였다.

차숙경의 남편 이갑성은 기미 33인 중 가장 마지막까지 생존하고 1981년 3월 25일 94세로 별세했다. 묘소는 서울현충원 애국지사묘역(183번)에 마련되었는데, 그곳에는 이갑성의 두 번째 부인 최마리아(?~1997)가 합장되어 있다.

김찬두(金瓚斗 1898~1948), 세브란스 학생 때 3·1운동에 참여

평남 대동군 출신. 배재고보를 우등으로 졸업하고 연희전문에 입학했으나 1918년 세브란스의전에 다시 입학했다. 1학년 때부터 급장을 맡으며 지도자로서의 자질을 보였다. 김찬두는 경성부 화천정 126번지(중구 순화동) 집에 함께 하숙하고 있는 세브란스 의전생 김문진, 배동석, 김성국, 김봉렬, 이굉상과 더불어 3·1운동 참가를 모의하고 3월 1일 오후 만세운동에 참여해 종로에서 행진하다가 우미관 앞에서 체포되었다. 미결수로 옥고를 치르다가 11월 6일 징역 6개월에 집행유예 3년을 선고받고 풀려났다.

1920년 5월 9일 800여 명의 중학·전문학생이 정동교회에 참석해 조직한 '조선학생대회'에서 부회장에 선출되었다(회장은 연희전문 김윤경). 학생 대중의 단결 및 친목을 도모, 조선물산의 장려, 지방열(색) 타파를 목적으로 내걸었다. 전국 2만 명의 회원으로 기세를 올렸으나 곧 일제의 중학생 강제 탈퇴 시도로 힘이 약화되어 1923년 전문학교 중심의 '조선학생회'로 이어졌다.

조선학생대회는 1920년 7, 8월에 전국을 도는 각지순회대강연을 주최해 김찬두도 전국을 돌며 강연 활동에 나섰고, 1922년 2월 17일 개벽사 후원으로 천도교당에서 열린 전조선전문학교 연합 학술강연회에서 김찬두는 「조선사회와 화류병」이라는 주제로 강연했다.

1922년 의사시험에 합격하고 동년 12월 15일 면허를 발급받았다(527번). 1923년 1월 고병모와 함께 황해도 서흥군 신막역 앞에 순천의원을 개업했다. 1926년 11월 정의여고 출신의 보통학교 교사 윤인덕과 결혼했다. 산부인과와 내·외과의 명의로 유명했고, 개업초부터 극빈자를 무료로 치료하는 인술을 베풀어 지역에서 인망이 자자했다.

사회사업에도 솔선 활동해 1923년 5월 민립대학 황해도 서흥군 지부 집행위원, 1929년 신막청년회 회장, 1930년 교풍회 위원, 1931년 신막축구단 단장, 1935년 조선중앙일보 신막지국 고문을 지냈고 교육사업으로서는 무산아동의 교육기관 덕성학원을 1923년 인수해 1931년 문맹자를 위한 야학부까지 설치하고 1933년 12월 일제에 의해 강제 폐쇄될 때까지 경영했다. 그밖에 신막번영회장, 신막공립보통학교 후원회장, 군학무위원, 예수교회 장로 등을 지냈다.

한편, 서흥군 내 사건·사고의 사체 검시관으로도 오랫동안 활동했다. 1929년 10월 도내의 어떤 급사사건에 경찰은 일본인 의사와 해부검시해 뇌내출혈 사망으로 보고했으나, 서흥지청 검사가 김찬두와 다시 해부검시를 한 결과 타살로 판명된 적도 있었다.

해방 후 월남해 1946년 서흥군중앙군민회 초대회장, 1947년 10월 15일 조선민주당(조만식)에 문교부장으로 참여한 것을 마지막 기록으로 남기고 1948년 2월 28일 서울에서 별세해 망우리로 왔고 부인은 1967년에 들어왔다. 비석 앞면에는 십자가 아래에 장로 김찬두 권사 윤인덕이라 새겨져 있다. 김상용을 지나 지석영 연보비 방향으로 가면 왼쪽 길가에 멋진 소나무가 서 있고 벤치 하나가 있는 데 그 아래 두 번째 묘다.

그 외

1

하늘을 찌르는 의병의 기상

13도창의군탑(十三道倡義軍塔)(허위, 이인영)

'동부제일병원·망우리공원' 정거장에 내려서 망우리공원으로 올라가면 운동장이 나오고 그 운동장을 왼쪽이나 오른쪽으로 끼고 돌아가면 묘지로 올라가는 길이 나온다. 운동장 한편에는 높은 탑이 서 있는데 바로 '13도창의군탑(十三道倡義軍塔)'이다.

동아일보가 1991년 8월 15일 세웠고 높이는 15m. 탑의 설계자는 독립기념관 정문의 조각품으로도 유명한 김영중(1926~2005) 조각가다. 비문은 국사편찬위원장을 지낸 한림대 최영희(1926~2005) 교수가 지었다. 13도는 당시 조선의 전국 13개 도를 말하는 것이고, 창의(倡義)는 국난을 당했을 때 의병을 일으킨다는 의미다. 탑 왼쪽에 서 있는 안내판을 읽어본다.

이 탑은 구한말인 1907년 11월 전국의 13도에서 모인 의병들이 일제침략의 본거지가 있는 서울을 탈환하여 국권을 회복할 목적으로 경기도 양주에 집결, 동대문에서 30여 리 떨어진 이곳 망우리 일대에서 서울진공작전을 펼친 것을 기념하기 위하여 1991년 8월 14일

13도창의군탑

동아일보사가 건립하였다. 당시 48진 1만여 명에 이르는 의병은 13도 창의대진소를 설립하고 총대장에 이인영을, 군사장에 허위를 추대하였다. 다음 해 1월 허위는 3백 명의 선봉 결사대를 이끌고 서울로 진격하다 이곳에서 일본군과 혈전을 벌였으나 후속 부대의 도착이 늦어 중과부적으로 퇴진하지 않을 수 없었다. 그 후 허위는 임진강을 근거지로 서울을 공격하였으며 전국적으로 의병전쟁이 더욱 치열해졌었다. 이곳은 비록 서울을 탈환하지는 못하였으나 민족의 독립과 자유를 쟁취하려는 연합의병들의 고귀한 뜻이 깊이 숨 쉬고 있는 곳이다.

13도창의군은 왜 중요할까? 1919년 3·1운동은 온 겨레가 떨쳐 일어난 비무장 독립운동이었다. 민족 모두가 함께했다는 점이 중요하다. 그리고 대한제국 말기에 전국 각지에서 일어난 의병들이 따로 투쟁하다가 1907년 13도창의군으로 함께 힘을 모아 무장 독립전쟁을 일으켰다는 점에 큰 의의가 있다.

그리고 13도창의군에 가담했던 많은 의병은 중국의 만주, 러시아의 연해주 지역으로 탈출해 독립투쟁을 계속 펼쳤다. 그러므로 13도창의군은 8·15 광복 때까지 해외에서 끊임없이 이어진 독립투쟁의 시발점이었다고 볼 수 있다.

13도창의군의 총대장은 이인영(1867~1909)이었으나, 그는 서울 진격을 앞두고 부친이 사망하는 바람에 고향으로 돌아갔다. 지금은 이해하기 힘들지만, 조선 말기에는 나라에 대한 충성보다 부모에 대한 효도를 더욱 중시하는 예도 있었다.

군사장인 왕산 허위(1854~1908)가 이인영을 대신해 13도창의군을 이끌었다. 그래서 역사에서는 허위가 13도창의군을 대표하는 인물로 기록되었다.

허위는 1895년 명성황후가 시해되자 1896년 3월 10일 이은찬 등과 의병을 일으켰는데, 왕산의 3형제가 참여했다. 큰형 방산은 진보, 셋째 형 성산은 선산과 진보, 왕산은 선산에서 의병을 일으켰으나, 의병을 해산하라는 고종의 밀서를 받고 스스로 해산하고 학업에만 전념하다가, 1899년 고종의 부름을 받고 중추원 의관, 의정부 참관 등을 지냈다. 그러나 1905년 을사조약이 체결되자 모든 공직에서 물러나 1907년 대한제국 군대의 강제해산을 기점으로 경기, 강원 일대에서 의병을 일으켜 13도창의군에 합류했다.

1908년 1월 허위는 3백 명의 결사대를 이끌고 동대문 밖 30리 지점인 이곳 망우리에서 일본군과 전투를 벌였으나, 막강한 화력을 갖춘 일본군을 이길 수 없었다. 그리고 사전에 신문에 정보가 새나가는 군사 전술의 미숙함도 있었다.

피신한 허위는 이후 임진강, 한탄강 지역으로 물러나 다시 진격을 준비하다가 6월 포천에서 체포되어 서대문형무소에 갇혔다. 허위는 심문을 받는 과정에서도 당당한 지조, 깊은 학문으로 일본 헌병사령관 아카시(明石)를 감복시켰다. 또한, 거사 이유를 묻는 재판장의 질문에 왕산은 "이토(히로부미)가 우리나라를 뒤집어 놓지 않았다면 의병은 일어나지 않았을 것이다. 그러니 의병을 일으킨 게 이토가 아니고 누구겠느냐"고 하며 끝까지 독립의 뜻을 굽히지 않았다.

허위는 1908년 10월 21일 서대문형무소 제1호 사형수로 순국했다. 1909년 10월 26일 하얼빈에서 이토 히로부미를 권총으로 처단한 안중근 의사는 재판 때 왕산 허위에 관해 이렇게 말했다. "우리 이천만 동포에게 허위와 같은 충성과 용맹의 기상이 있었다면 오늘과 같은 굴욕을 받지 않았을 것이다. 원래 고관은 자기 몸만 알고 나라는 모르는 법이지만 그는 그렇지 않았다. 따라서 그는 관리 중에 제일의 충신이라 할 것이다."

많은 고관 중에 이렇게 자신의 몸을 바쳐 의병투쟁에 나선 이가 드물기에 왕산 허위가 더욱 빛이 난다고 말한 것이다.

정부는 1962년 건국훈장 최고의 대한민국장을 수여했고 서울시는 1966년 허위의 호 왕산을 따서 청량리 로터리에서 동대문까지를 왕산로(旺山路)라고 지었다. 2010년부터는 시조사 삼거리에서 신설동 오거리까지를 말한다. 이순신(충무로), 이황(퇴계로), 을지문덕(을지로)과 동급의 위인으로 기리고 있는 것이다.

왕산 허위의 장남 허학(애국장)과 맏사위 이기영(애국장)도 1907년의 의병에 참여해 왕산의 순국 후에도 국내에서 독립운동을 계속하다, 이기영은 1918년 옥중에서 타계했다. 이후 왕산의 친외가 유족은 일제의 탄압을 피해 1910년대 서간도로 망명하고 그 후 다시 여러 나라에 흩어져 살게 되었다. 허학의 가족은 소련 연해주로 갔다가 1937년 강제이주정책에 의해 우즈베키스탄으로 옮겨져 황무지를 개척하며 살았고, 허학은 1940년 갑자기 붙잡혀간 뒤 소식이 끊어졌다고 한다. 그의 딸, 즉 왕산의 장손녀 로자(1926~)는 언론에 의해 세상에 알려져, 2006년 10월 정부의 초청으로 방한해, 10월 6일 추석 때는 여러 나라에서 모인 유족들이 구미 금오산의 왕산 묘를 참배하고, 정부가 왕산에게 1991년 추서한 건국훈장을 대신 받았다. 훈장을 받아든 그녀는 "아버님(허학)께선 이런 날이 오르리라고는 꿈에도 생각지 못하셨을 거야" 하며 울먹였다.(《순국》) 허로자 씨는 2008년 8월 15일 광복절 기념식 때 다시 정부의 초청을 받았다. 「청포도」의 시인 이육사가 왕산 사촌의 외손자이다.

탑의 위쪽 면을 바라보면 검은 바탕에 흰색으로 영예로운 대한민국장이 조각되어 있다. 망우리고개에 집결해 저 아래로 멀리 청량리와 동대문 쪽을 바라보던 창의군의 고귀한 뜻이 푸른 하늘을 찌르고 있는 듯하다.

2

변영만의 글, 오세창·김흡의 글씨

경서노고산천골취장비(京西老姑山遷骨聚葬碑. 1938)

서울 서쪽 노고산(서강대 뒷산)의 공동묘지를 택지로 개발하면서 무연고 묘를 옮겨 장사지내고 1938년에 세운 비석이다. 1933년 망우리가 경성부립 공동묘지로 개장되면서 시내의 다른 공동묘지로부터의 이장이 순차적으로 이루어졌다.

아래의 직사각형 돌판에 새긴 비문 후단에 '수양산인(首陽山人)(해주 오씨를 말한다) 오세창 예(隸)'라 하여 위의 제자를 위창이 예서로 썼고, '부춘산인(富春山人)(경주 김씨) 김흡(金恰) 근서(謹書)'라 하여 비문은 김흡(金洽)이 썼다고 새겼다. 석산(石山) 김흡은 함북 부령군 출신의 한학자이며 서예가였다.

비석을 세운 노고산장택지경영주식회사의 사장 박보양(1888~?)은 강원도 철원 출신으로 사업과 정치에 활발하게 활동하며 강원도 도회 부의장, 중추원 참의(1939~1942)를 지냈다. 비문은 전무 송달섭이 지었다고 적혀 있는데, 최근 조운찬 작가는 한학자·영문학자인 산강재 변영만(1889~1954)의 문집 『산강재문초』에서 이 글을 발견했다. 「망우천비(忘憂阡碑)」라는 제목과 함께 그 아래에 '대작(代作)'

경서노고산천골취장비. 사연이 적힌 아래의 돌판은 떨어져서 상석처럼 오랜 세월 누워 있다가 2019년 복원되었다.

이라 적어 놓았다. 즉 송달섭의 부탁으로 변영만이 써 준 것이었다.

조운찬 작가가 번역한 비문의 내용을 아래에 옮긴다. 참으로 명문인지라 생략 없이 모두 싣는다. 변영만의 문집에는 마지막의 한시 부분까지 실려 있다.

옛날 들녘 사당의 묘비에, 비석의 '비(碑)' 자는 '슬프다(悲)'는 구절이 있었다. 이 말이 과연 문자학에 부합되게 사용한 것인지는 알 수 없다. 그러나 지금 이 비야말로 정말로 그 말과 같으니 문자학을 기다릴 것도 없이 들녘 사당의 비석보다도 더 슬프구나.

보통 사람이 묻힌 곳에는 비석을 세워 묘소를 표시한다. 누구나 무덤에 이르면 슬퍼지는 게 인지상정이다. 하물며 이장한 무덤 자리를 보면 어떻겠는가. 백성들이 흩어져 떠돌아다니는 모습에 비교될 것이다. 홀로 떠도는 외로운 혼백도 슬픔을 견뎌내기가 쉽지 않다. 하물며 외로운 혼백들을 모아놓는다면 어떻겠는가. 전쟁 중에 죽은 적들의 시체를 쌓아 올린 언덕을 보는 느낌에 비교될 것이다. 그렇지만 지금은 어찌할 수 없는 상황인지라 신만이 그것을 알 것이다.

달섭*은 반평생을 분주하게 살아왔다. 나이는 점점 들어가는데 이뤄놓은 게 없어 걱정스러웠다. 그러던 차에 집 없는 사람들이 눈에 밟혀 마음 맞는 사람들을 모아 건설회사를 경영하게 되었다. 대개 건설이란 높은 곳을 허물고 낮은 곳을 메워 집들을 줄지어 들어서게 하는 일이다.

최근 들어 확고해진 생각은 차라리 신을 저버릴지언정 산 사람을 저버려서는 안 된다는 것이다. 마침 서울 입구의 노고산 기슭이 첫 후보지로 정해졌다. 계획이 대략 세워지고 물자와 인력이 갖추어져 일꾼들을 감독하며 공사에 들어갔다. 공사 과정에서 언덕을 깎아 평평하게 만드는 일은 당연한 순서였다. 그런데 아! 슬프게도 유골들이 드러나는 어려운 상황이 벌어졌다. 그래서 서울 동쪽 교외의 망우리 언덕에 자리를 잡아 그것들을 옮겨 함께 모아 봉분을 만들었다. 이것이 이 비가 있게 된 이유이다.

유골을 한데 모아 묻는 일은 인정으로 말하자면 거칠 수밖에 없고 예의를 따지자면 의문이 있을 수밖에 없다. 그렇지만 큰 건물에서 함

* 송달섭. 변영만 문집에는 모(某)라고 적혀 있다.

께 살고 큰 우산을 함께 쓰며 큰 이불을 함께 덮고 자는 것과 같은 격이다. 그리고 또 모두는 동포이니 다른 종족과 섞일 일도 없으니 어찌 각각 흩어지고 나뉘어 어그러지는 것과 비교할 수 있겠는가. 개미와 함께 지내고 뱀이나 지렁이와 함께 엮이는 것보다는 인정과 예의에서도 저곳이 이곳보다 낫다고 할 수 있지 않겠는가. 게다가 신령은 장소에 구애받지 않아 넓은 곳에 있어도 꽉 차고 틈새 구멍에 들어가도 좁지 않으니 이곳에 함께 있는 것이 어찌 옳지 않겠는가.

일찍이 듣건대 중국의 하 왕조가 일어났을 때, 여러 신이 회계산에 모여 옥으로 된 홀을 잡고 있었는데, 방풍씨(防風氏)*는 늦게 와 죽임을 당했다고 한다. 지금 모든 신령은 옛 서울을 보살피고 망국의 백성에게 은혜를 베풀면서 방풍씨가 무리를 속이는 것을 미워하고 여러 신의 화락하고 착한 모습을 따를 것이다. 모두 혼연일체가 되어 옛것을 버리고 새것으로 나아가시라. 이 망우리 언덕은 길이 편안할 것이요, 홀을 잡은 신들처럼 아름다울 것이다.

이에 흐르는 눈물을 닦으며 신령들을 위해 명(銘)을 짓는다.

노고산의 품을 떠나 망우리 언덕에 모였다네
성도 이름도 다 잃고 이제는 친구로서 하나라네
이렇게 높은 곳에 있으니 장수의 지극한 덕이라
이 나라 군자들이여 누군들 근본이 없겠는가

여산후인 송달섭이 삼가 비문을 짓고

* 방풍씨: 옛날 중국 회계산에 살던 부족의 수령. 하나라의 우임금이 회계산에 갔을 때 여러 신은 홀을 잡고 모였는데, 방풍씨는 늦게 와 죽임을 당했다. 뒷날 오나라가 월나라를 공격할 때 회계산에서 수레가 가득 찰 정도로 커다란 뼈를 발견했는데 이것이 방풍씨의 해골이었고 한다. (「공자세가」, 『사기』)

수양산인 오세창이 비석 앞면의 예서를 썼으며

부춘산인 김흡이 삼가 비석의 비문의 글씨를 썼다.

노고산장택지경영주식회사

취체역 사장 박보양

전무취체역 송달섭이 삼가 비석을 세우다

3

최고학 할아버지의 기원

국민강녕탑(國民康寧塔)

용마산 방향 우측 순환로로 걸어가 전주 21번을 지나면 왼편에 나온다. 용마산·아차산 지킴이로 수십 년간 산속 쓰레기를 주워온 최고학((崔孤鶴 1927년생) 옹이 국민의 행복을 기리며 홀로 십여 년에 걸쳐 쌓은 탑이다. 탑은 2002년부터 쌓기 시작해 2012년 완성되어 이제 새 탑을 쌓지는 않지만 최고학 옹은 거의 매일 망우리공원에서 살다시피 했다.

어느 날 하필 이곳에 탑을 세웠냐고 물어보니 최 옹은 자신이 직접 그린 지도를 바닥에 펼치고 설명하길, 아차산 전체에서 용마봉이 용의 머리이고 관리사무소에서 박인환 묘 가는 길에 물이 흘러내리는 곳(즉 지금의 사잇길 입구)이 용의 배설구, 그리고 이곳이 용의 배꼽에 해당한다고 했다.

그가 늘 종이에 직접 써서 길가에 놓아둔 설명문이 2014년 북한산 둘레길 조성 사업 때 세워진 설명판에 옮겨져 있다.

노인은 왜 탑을 쌓고 있습니까?

앞에 보이는 국민강녕탑을 바라보고 지나다니는 전국민들이여. 지나친 욕심을 버리고 남을 미워하지 않으면 자살하는 국민도 이혼하는 국민도 결혼을 못하고 늙어가는 처녀총각도 없을 것이요. 돈이 많으면 모든 것이 해결되는 것은 아닙니다. 마음이 맞으면 행복을 만들어 갈 수 있습니다. 우리 국민의 건강과 마음이 평안해지리라 하는 마음으로 국민강녕탑을 쌓고 남은 여생을 보내고 있는 87세 최고학이라 합니다. 우리 국민들 소원이 꼭 이루어지기 바랍니다. 앞에 보이는 국민강녕탑은 우리 국민들 행복을 빌고 건강을 비는 탑으로 수천 년, 수만 년 보존될 것입니다.

또 하나의 새로운 탑을 세우려고 하는 것을 관리사무소에서 만류했다. 산 위의 돌을 끌어모아 탑을 쌓으니 수해의 우려도 있기 때문이다.

그는 해방 후 국방경비대에 입대해 14년을 근무하며 4·3도 겪고 6·25도 겪었다. 먼저 가버린 전우를 생각하면 자신은 너무도 장수해 마음이 아프다. 늘 물을 많이 마시며 아차산을 돌아다니며 쓰레기를 줍는 것이 건강 비결이다. 국민강녕탑 위치를 설명하는 용 모양의 조감도 외로도, 직접 그린 아차산 지도를 바닥에 펴 놓고 보여준다. 아차산 지도에는 각 부분이 걸음으로 몇 보인지를 상세하게 적어 놓았다.

언젠가는 대화 중에 자신이 얼마나 건강한지 보여주겠다며 그 자리에서 발을 구르며 뱅뱅 몇십 바퀴나 계속 도시기에 걱정되어 그만 두시라고 했다. 알고 보니 '제자리돌기 600바퀴'로 83세 때 방송에도 나왔다. 배도 나오지 않았고 목소리도 쩡쩡 울렸다. 한때 의류제조업으로 평화시장에 납품하며 돈도 벌었지만, 은퇴 후 아래 동네에서 매일 망우리공원에 오르는데, 오후에는 주로 순환로 반환지점인

국민강녕탑

정자(동락정)의 벤치에 앉아 그곳을 찾는 산책객과 대화를 나누는 것을 낙으로 삼았다.

탑을 쌓는 마음, 탑을 도는 마음이란 무엇일까 생각해 본다. 무언가 기원을 이루고자 하는 마음을 행동으로 표현한 것이 탑쌓기, 탑돌이다. 아무 의미 없는 일이라고 치부될 수도 있는 것이지만 자신을 돌아보라. 최 옹은 홀로 10년간 묵묵히 탑을 쌓았다. 우리 각자는 그동안 무엇을 쌓았을까….

4

어여간 나의 마음, 가르어간 나의 몸

서민의 비명

이 책은 스토리가 있는 유명인 위주로 엮어졌지만,
이름 없는 고인의 비석에서도 감동적인 글을 찾아볼 수 있다.
역사에 이름을 남기지는 않았지만,
묵묵히 자신의 삶을 살다간 서민의 모습,
가족이나 친구 사이의 애절한 마음이 비석에 새겨져 있다.

서민들의 비석에는 대부분 본관과 이름 석 자 그리고 출생과 사망 연월일, 자식의 이름 정도가 새겨져 있다. 오래된 유교식 비석에는 아무 벼슬이 없던 서민들은 학생(學生)이라는 단어를 이름 앞에 붙어 놓았을 뿐 달리 아무런 글이 없다. 많은 글자를 새기려면 지은이와 쓴이(서예가) 그리고 새기는 이의 노고가 공짜일 리가 없고 비석도 커져야 하니, 작은 비석 하나도 세우지 못하는 이도 많았던 시절, 간신히 이름 석 자라도 넣은 비석을 세우는 것은 그나마 다행이었을 것이다. 필자가 대학생 때 이 공원을 찾았을 때는, 각목을 땅에 심고 그 한 면에 '아버님 잠드신 곳'이라고 검은 페인트로 써 놓은 비목을 보았고 그런 비목조차 없는 묘도 많았다. 그렇게 결국 남길 글도 없고 새길 돈도 없던 탓에 그들 생전의, 이름 있으되 없는 바와 같은 익명성은 사후에도 그대로 이어지고 있다.

그렇게 심심하기 그지없는 정형적인 평범성은, 저 아래의 속세나 이곳 고인의 동네에 거의 같은 비율로 존재한다. 현실에서 머리와 가슴을 치는 글을 찾기 어려운 것은 여기 고인의 동네에도 다름이 없다. 이 공원에서도 감동은 힘들게 헤매다가 우연히 드물게 발견된다. 대개의 사람은 아무런 관심도 없이 그저 무덤 사이의 등산로를 바삐 걸어갈 뿐이고 비석도 그들에게는 눈에 들어오지 않는다. 찾고자 하는 이가 공원을 헤매다가 더위에 지쳐 작은 돌에 털썩 주저앉았을 때, 그때 바로 옆에 노란 꽃들 사이로 비석은 슬며시 모습을 드러낸다. 그렇듯 진위, 귀천, 빈부 등의 구성 비율에 있어서 여기 '고인의 동네'는 아래의 '산 자의 동네'와 별반 다르지 않다. 그러한 평범 속에서 발견한 서민의 비문 몇 개를 소개한다.

벗들의 애곡

조재희(1925~1962) 서울시 사무관 묘번 : 103822

오호라 활짝 피여도 못보고 광풍에 스러진 님이여 얼마나 원통하게 눈을 감으셨나이까 그러나 생자필멸은 만고불역의 진리이거든 인간의 생명도 앞가고 뒤서는 것뿐이오이다. 혁명정부의 뜻을 받드러 청신한 역군이 되여보려고 마치 니해(泥海)를 뒤덥는 신조(新潮)와도 같이 슬기롭게 분투하든 님의 기상을 우리는 영원히 아니 잊으오리다. 사바에 남은 벗들 가신 님 그리워 애곡하며 초라한 석비 세워 재천의 영을 위로하노니 님이여 유택에서 고히 잠드소서. 서기 1962년 11월 18일 벗들

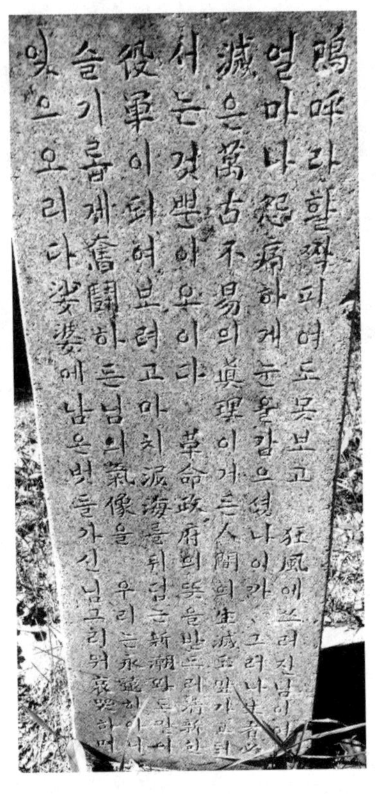

비명은 시대의 상황을 대변해 준다. 필자 세대는 '혁명'이라고 배웠는데 요즘은 군사정변이라고 하는 듯하다. 그 당시 5·16 후에는 많은 대학생이 침묵했고 《사상계》의 장준하도 지지를 한 바가 있다. 서울시 공무원이었기에 당연히 그럴 수도 있지만 어쨌거나 비문의 혁명이라는 단어는 1962년 11월의 분위기를 그대로 전해준다.

오재영 연보비 오른쪽으로 능선으로 쭉 내려가 103168(김창전)을 지나 갈림길(여기까지 약 4분)이 나오면 파란 페인트가 칠해진 나무 왼쪽으로 103710, 그리고 103829를 지나면 아래 왼쪽에 있다.

님이여…

남편이 부인에게 바치는 글이다. 이것은 산책로 오른쪽 길로 죽 가서 왼쪽 반환점으로 돌지 않고 계속 용마산 방향(서광조 묘 방향)으로 직진하면 오른쪽에 보였다. 그러나 2014년 서울시 용역으로 실태조사차 다시 가보았지만 찾을 수 없었다. 서민의 비석도 시대를 말해

주는 소중한 문화재다. 대개 이장할 때 비석은 무거우니 그 자리에 묻고 간다고 한다. 서울시에 비석의 발굴을 부탁했는데 조만간에 다시 볼 수 있게 되기를 바란다.

(비석 앞면)

박은히 자는 곳

님이 가시면서 부탁한 그대로 어린것들을 나 혼자서라도 잘 키우리이다 님이여 우리 다시 만나는 영원한 나라에 빛나는 나라에 함께 만나리 다시 만나리. 갈린몸 정훈

(비석 뒷면)

님이여 그대가 마즈막 말로 편안치 않지만 잘 터이니 깨우지 말우 하면서 곱게 자던 그 얼굴을 나는 똑똑히 이 눈으로 보았나이다 잘자오 님이여 아름다운 그 말이여 님이 자고 있는 이곳에 나는 님이 하시단 말을 그대로 기록하였나이다.

옆면에 1954년 월 일 아침 6시 10분 묘주 정훈

'갈린 몸'이라는 표현이 인상적이다. 부부는 일심동체였으나 사별하니 갈린 몸이 되었다.

그리고 드물게도 부인 둘을 양옆에 두고 잠든 남편도 있다. 좌우로 문화 유씨 부인과 풍천 임씨 부인이다. 생전에도 두 부인은 '형님, 동생' 하며 사이좋게 지내지 않았을까. 구리시 쪽 양지바른 곳에 있는 망우리공원 초창기의 묘다. '유인(孺人)'은 공식적으로는 종9품 벼슬아치의 부인에게 붙이는 작위인데, 흔히 벼슬을 하지 않은 남자의 부인에게도 붙인다. 혼례 때 '사모관대'를 입고 식을 올리니 서민 누구라도 명예 종9품 벼슬을 한 것으로 치자는 식이다.

아버지의 두 귀 잡고…

아버지에 대한 비문이다. 늘 엄하고 말이 없던 과거의 아버지들이기에 어머니보다는 감동적인 비문이 적기는 하다. 조봉암 묘를 지나 형제약수터로 내려가다 갈림길 왼쪽에 '秀麗(수려)동산'이라고 쓴 비석이 보인다. 비석의 뒷면을 읽어본다.

엄한 위엄 속에서 섬세한 애정으로 밥알 한 톨 아껴
남의 어려움 살피시다 싱그러운 젊음으로 여기
秀麗(수려)동산에 편히 잠드셨네
六월 어느날 이른 歸鄉(귀향)길에 오르심은
훗날 저희들 마중을 위한 등불의 준비 때문
아버지의 두 귀 잡고 뽀뽀하며 안녕을 빕니다

기독교인의 비문

망우리공원에는 기독교인이 많다. 십자가를 그려 넣고 성경의 말씀을 새겨 넣은 비석이 곳곳에 눈에 많이 띈다. 6·25 때 많은 기독교인이 월남했는데 그들은 고향으로 돌아갈 수 없었다. 여기에 소개된 유명 인사 중 많은 분이 북쪽이 고향이고 그 밖의 많은 서민이 이곳으로 왔다. 개성이 고향인 어느 고인을 여기에 모시고 자식은 비석에 "단기 4294년(1961). 본적 경기도 개성군 남면 ○○리. 고향에 모실 때까지 편히 계세요"라고 적어 놓았다.

이제나저제나 기다렸건만 남북이 철조망에 가로막힌 세월이 어언 70년이 넘게 될 줄 그 누가 알았겠는가. 우리나라 기독교의 초기 역사와 더불어 종교의 자유를 찾아 월남한 분들의 이야기가 여기에 모여 있는 것이다.

그리고 기독교인의 비석은 공통적인 특징이 있다. 일단 유교식 비문은 간단하게 예를 들어 앞면에 '학생(學生)○○○지묘'나 '金公○○지묘', 뒷면에 생몰연월일과 자식의 이름만 써 놓은 것이 많은데, 기독교인의 비문은 틀에 얽매이지 않고 비교적 자유롭게 많은 글이 새겨져 있다. 그래서 당대의 역사를 증언하는 소중한 비문이 많다. 또한, 십자가가 새겨진 것 외로 대부분 한문이 아닌 한글을 많이 사용했다. 서기는 주후(主后, A.C.), 묘지는 무덤, 고(古)는 옛, 생몰(生沒)은 남·잠 등으로 썼다.

기독교가 우리나라에 처음 들어왔을 때부터 성경은 한문이나 국한문 혼용체가 아닌 한글로 번역되었고 찬송가와 기독교 서적, 신문도 한글로 만들어 널리 보급되었다. 기독교 발전의 역사는 서민의 부상과 한글 발전의 역사이기도 하다. 한글학자 주시경은 상동교회에서 조선어강습원을 열어 한글을 보급했고, 김윤경(정동교회), 최현배(새문안교회) 등도 한글 보급의 선구자였다. 그러한 기독교와 한글의 공존이 이곳에 나타나 있다.

사랑은 내리사랑이라고, 자식을 잃은 부모의 마음만큼 애절한 것이 또 어디 있으리. 필자가 대학시절에 처음 망우리공원을 찾았을 때 발견했던 비석 중의 하나가 부모보다 일찍 간 아들을 기리는 비석이었다. '바람이 불고 구름이 흘러가도 비가 내려도 너는 우리 가슴에 영원히 남아 있으리.' 초판의 머리말에도 썼지만 이 말을 지금도 나는 잊지 못한다. 그러나 오랜만에 찾은 공원에서 그 비석은 아무리 돌아봐도 찾지 못했다. 이장한 듯하다.

용마천 약수터 가까운 곳에 일찍 여읜 자식을 기리는 비명이 두 곳 가까운 자리에 있다. 위에 소개한 조재희(103822) 아래에 있다.

어여간 나의 마음/가르어간 나의 몸
어이고 가르니/가는 곳 그 어딘가
영화롭다 주 계신 곳/아버지 가신 곳
요한아!

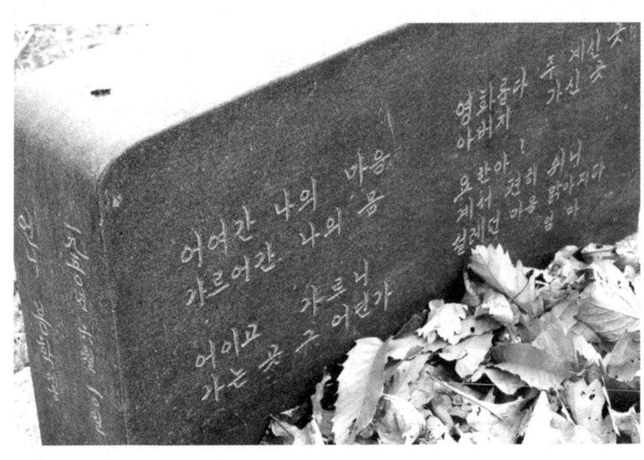

계서 편히 쉬니/설레던 마음 맑아지다
엄마

'어이다'는 '에다' 이다. 즉 '칼 따위로 도려내듯 베다, 마음을 몹시 아프게 하다'라는 의미다. 아들 현요한이 가버린 나이는 불과 18세. 오른쪽에는 '언니 봉학 세움. 1950.6.10'이라 새겨져 있다. 서울에서는 예전에는 형을 언니라고 불렀다. 졸업식 노래에 "우리도 언니 뒤를 따르렵니다"라는 가사가 있듯 예전에는 언니가 표준말이었다.

근대사 관련 책을 계속 읽다 보니 이 비석에 숨겨진 새로운 사실을 몇 년 전에 알게 되었다. '언니 봉학'은 흥남 철수 작전의 영웅 현봉학 박사(1922~2007)를 말한다. 현요한의 본명은 현익이다. 부친은 함경북도 성진 욱정에서 영생고녀 교목을 지낸 현원국 목사이고 모친은 장로교 여전도회장(14대, 1946)을 지낸 신애균 여사였다. 무명인의 비문에서도 우리의 근대사의 단서가 숨어 있는 것이다.

이 비석은 2021년 봄에 가보니 보이지 않았다. 유족에게 연락하니 몇 주 전에 파주의 가족묘로 이장하고 비석은 땅에 묻었다는 것이다. 유족의 양해를 받고 묘 관리인에게 연락해 다시 파내 그 자리에 복원해 놓았다. 이 일을 계기로 서민의 비석도 문화적 가치가 있는 것은 꼭 좀 보존해 달라고 서울시에 민원을 넣었다. 앞으로는 그렇게 하겠다는 대답을 받았지만, 법적 제도적 후속 조치는 아직 없다.

아아 어머님

망우리공원 순환로를 가서 한 바퀴 돌아오는 지점에 정자가 있는데, 다시 정자에서 용마산 방향으로 가다보면 길 왼편에 무덤이 하나 보인다. 비석 앞면에 숙부인 양천 허씨라고 쓰여 있고 좌우 뒷면에 글이 가득하다.

> 아아 어머님 어머님께서는 삼십 미만 이십팔세 때 푸른 나이 아버님을 여의고 홀로 되시었습니다. 그때 불초자의 나이 겨우 여섯살과 두살이였습니다. 청상의 몸으로 소자들을 길러주셨습니다. 길러만 노셨습니까 글을 가르쳐 주셨습니다. 늘 불초자가 사람 구실을 하게 된 것도 어머님의 백수정같이 맑으시고 난초같이 향기 높으신 그 자세로 인한 것이었습니다. 그뿐이오이까 해방 뒤 국토가 양단되어 고향 길주를 뒤에 남기고 남으로 내려오던 그 가시밭길 아직도 눈에 삼삼어리옵니다. 어머님 어머님께서는 춘추69세로 윤삼월 구일 합연 불초자를 남기고 이 진세(塵世)를 떠나셨습니다. 어머님 호천망극 어머님을 주소로 생각하는 지극한 정을 이 빗돌에 새겨 후에 자손에게 전합니다. 1967년 사월 일 건립/그 효심에 부쳐 월탄 박종화 지음/사자(嗣子) 김시종 김백종

월탄 박종화는 1901년생이니 월탄이 모친과 가까운 사이였거나 자제와 지인이었던 것 같다. 숙부인(淑夫人)은 조선시대에 정3품 당상관의 부인에게 주는 작위를 말한다.

그리고 어느 곳에는 어머

니를 그리는 팔언절구의 비문도 보인다. 읽다보면 리듬이 따라 붙는다. 묘번 112589. 1956년 4월 19일에 돌아가신 김화선 고인이다.

함흥명지 이원 땅에/김씨가에 탄생하니
화선이라 이름 짓고/신문에 출가하여
신이선과 짝이 되니/천정배필이 않인가
신의주의 복음 자리/안락도 하였는데
8.15에 부는 바람/한강으로 인도하네
용산에 자리 잡고/천수를 기약할제
매난국죽 피를 이어/네 자매 키울 적에
어른이 먼저 가고/뒤따라 또 가시니
그 얼굴 그 목소리/어느 곳에 듣고볼제
한 많은 이 세상이/어이 그리 짧았던가
자녀들 애통하여/돌을 깎아 세워 놓고
복원봉축 비옵나니/극락천국 드옵소서

그리고 마지막으로 본서의 대미를 장식하기도 하는 비문을 소개한다.

저 태양이 만물을 살리움 아는 한
저 화려한 꽃들은 그 뿌리의

역사로

피어났음을 아는 한

우리 가문에 불멸의 공을 쌓으시고

여기에 누우신 어머니의 거룩한 모습을

길이 길이 찬양하리라

1961년 4월 5일

세상에 영원히 사는 이는 없으니 이 세상에 태어나 키워진 후에 낳고 키우고 가버린다. 마치 바통을 이어받듯 순환하는 고리 하나씩 만들며 엮어져 간다. 그 고리의 연결은 '기억'이라는 장치가 담당한다. 부모는 조부모를 기억하고 내가 부모를 기억하고 자식은 나를 기억하니 우리 가문은 영원히 이어진다. 부모의 기억이 없다면 내가 없는 것이요, 역사를 잊으면 우리가 없는 것이다. 서양에서는 묘지를 메모리얼 파크(Memorial Park)라고 한다. 'Memorial(기념)'은 어떤 일을 상기할 근거로 삼는다는 말이다. 기억이 소중하면 그 기억의 근거인 묘지도 소중한 것이다.

하늘의 태양이 빛을 지상에 내려 자연의 만물을 살리고, 저 화려한 꽃들이 땅 속 뿌리에서 근원을 갖고 피어났음을 안다면, 자신의 부모뿐 아니라, 더 큰 부모인 나라의 위인을 기리는 것은 너무도 당연한 심적 발로이다. 우리의 부모님, 그리고 지금의 우리나라를 있게 해 준 고인들의 거룩한 모습을 길이길이 찬양하리라.

망우리공원의 개요

하늘이 한양을 세움에 반드시 까닭이 있으니
동서 빙 두른 것이 어찌 헛되이 늘어놓음이겠는가
시대에 응해 한강을 열어 천년 동안 오래이고
뜻을 품고 나라를 처음 세워 만세의 어버이가 되었네
天作漢陽必有因 東西環局豈虛陣
應時開洛千年久 飽意建元萬歲親
(최공식, 和徐丙轍忘憂元韻, 『가산잡초』, 월인, 2002)

역사 속의 망우리

최공식(崔公植 1902~1989) 선생은 중화동 친우의 조부님이다. 휘문고보 4학년 때 동맹휴학에 주도적으로 참여해 이태준 등이 퇴학 처분을 받았을 때 무기정학의 처분을 받았다. 해방 후 구리면 치안유지위원장을 지냈고 1946년 9월 구리면장으로 피선되었으나 사양했다. 배밭과 목장을 경영하는 주경야독을 견지하는 한편 중화초를 설립하는 등 지역의 지도자요 마지막 유학자로서 숭고한 일생을 마쳤다.

위의 시는 역사 속 망우리의 위상을 가장 적절히 표현한 듯하다. 한양의 동쪽을 병풍처럼 둘러친 아차산은 삼국시대부터 지정학적으로 매우 중요한 지역이었다. 아차산에서 경기도 쪽을 바라보면 한강이 흐른다. 아차산에서 온달장군이 전사했다는 전설과 아차산 능선에 산재한 고구려의 보루 유적이 증명하듯 이곳 한강 유역은 중국과의 교통로이며 땅은 비옥하고 전쟁에 유리한 지형으로 삼국시대의 지정학적 요충지였다. 백제와 고구려에 이어 신라가 이곳을 차지하며 한반도의 주인이 되었다. 고구려는 장수왕 때이고 신라는 진흥왕 때다. 즉 이곳을 점유한 나라가 한반도의 패권자가 되었다. 또한, 조선에 이르러서는 태조 이성계의 '망우'에 얽힌 설화를 담고 한양을 크게 외곽에서 감싸며 500년 왕조를 지켜왔다. 서울을 크게 둘러싼 외사산(外四山)의 동쪽 산이 아차산으로, 내사산의 낙산은 내(內)청룡이요 외사산의 아차산은 외(外)청룡이다.

필자는 망우리공원에 가까운 중화동과 상봉동에서 대학 때까지 살았는데, 요즘 사람들이 부르는 '망우산'이라는 지명은 들어본 기억이 없다. 실제로 망우리공원에 있는 오래된 비석에는 '서울 동쪽의 아차산에 묘를 세웠다'는 글이 새겨져 있어 예로부터 이곳이 아차산임을 증명한다. 용마산도 옛날에는 용마봉이라 하여 아차산의 주봉이었다. 그러나 말이 세월에 따라 바뀌듯, 이 지역에 사람들이 많이 살게 되니 자연히 지명도 세분화되어 망우산이 별도로 불리게 되었다.

망우는 근심을 잊는다는 망우(忘憂)로, 태조 이성계가 무학대사와 함께 고개에 올라 저 아래 자신이 점지한 능터를 살펴보고 이제야 모든 근심을 잊겠노라고 하여 망우고개라 불리게 되었다고 전한다. 생전의 근심을 잊고 잠든 곳이라는 의미는 묘지에도 잘 어울린다. 『조선왕조실록』에도 1683년 송시열이 숙종에게 "…태조께서는 자손들이 뒤따라 장사지낼 곳이 20개소까지 많게 된다면 내가 이로부터 근심을 잊겠다고 했습니다. 그러므로 그곳의 가장 서쪽 한 가닥의 산봉우리를 이름하여 망우리(忘憂里)라 했습니다…"라고 말한 기록이 보인다. 적어도 20명의 왕이 이어진 나라가 된다면 걱정이 없겠다는 말이다.

그리고 『망우동지(忘憂洞誌)』*는 전하길 "처음 우리 태조께서 친히 도성 동쪽의 검암산에 건원릉을 정하시고 이어 아차산 북쪽 기슭 고개에서 어가를 멈추시고 쉴 때에 '선침(仙寢, 왕릉)을 정했으니 나의 근심을 잊을 수 있겠구나' 라고 말씀하시면서 고개 서쪽 마을을 '망우(忘憂)'라고 이름하도록 명하셨다"라고 하며 망우리 지역은 동쪽 망우령과 아차산, 북쪽으로는 태릉 및 강릉까지이고, 서쪽은 중령포(중랑천)이고 남쪽 끝은 마장(馬場)이라고 하는 광범위한 지역이라고 했다.

조선 중기부터 면목동(말 목장 지역)을 제외한 중랑구 전체가 망우리면이었다. 망우면이 아니라 망우리면이라 한 것에 주목한다. 동구릉이 동육릉 시절(1718~1776)의 고지도를 보면 망우리면이라고 나와 있다. 백사 이항복의 별장 동강정사는 지금의 구리시 쪽에 있었는데 당시에는 망우리라고 했듯, 옛날의 망우리는 산 너머 아래까지를 포함한 지역이었다.

---

* 서울특별시 유형문화재 제299호. 1760년 편찬. 조선시대 지리지가 군현별로 편찬되는 것이 일반적인데 동 단위로 편찬된 매우 드문 망우리 인문지리서. 내용상으로도 동계, 동규, 향약, 선생안, 선배비상 등 지방의 특수 사정을 상세히 기록해 조선 시대 지방사 연구의 귀중한 자료이다. 1995년 망우리에 6백년 이상 집성촌을 이루고 살고 있는 동래 정씨 가문이 서울역사박물관에 기증했다.

어둠의 대명사, 망우리공동묘지

그렇게 임금으로부터 하사받은 영예로운 이름이라 하여 이곳 사람들은 오랫동안 긍지를 가지고 살아왔지만, 일제는 1914년 망우리면을 구리면 망우리로 격하시키고, 1933년에는 왕릉 가까운 이곳을 공동묘지로 지정함으로써 '망우리'의 역사성을 훼손했다.

경성부가 망우리 지역 52만 평을 새로운 공동묘지로 개설한 것은 1933년 5월 27일이었다. 그 후 이태원, 신사리, 수철리(금호동), 미아리 등지의 묘지를 없애면서 많은 묘가 이곳으로 옮겨졌으며 4만 7,700여기의 묘가 들어선 1973년 3월 25일 폐장되었다. 2022년 현재 약 6,900기가 남아 있다.

최대 규모의 공동묘지 망우리는 어느덧 죽음의 대명사가 되었다. "차라리 죽으러 망우리 가요"라는 우스갯말도 생겼다. 청량리 중랑교(중랑교) 망우리 가는 버스의 여차장이 글을 모르는 사람들이나 지방 사람들을 위해 행선지를 소리쳐 알리는데, 그렇게도 들렸다고 한다.

그리고 지금도 청량리동, 왕십리동, 답십리동은 '리'가 그대로 남아 있는데 그보다 역사성 깊은 망우리는 망우리동이 되지 못했다. 망우초 옆에 1985년에 생긴 중학교는 망우중학교가 아니라 봉화중학교라 했다. 이 모두 공동묘지의 어두운 이미지 때문이었다. 아이러니하게도 '망우' 이름 그 자체가 근심거리가 되어 버렸다.

묘지에서 공원으로, 망우리의 부활

그 이후로는 새옹지마, 전화위복, 상전벽해의 역사가 서서히 진행되었다. 이장된 자리에는 나무를 심으며 가꾸는 작업을 계속했다. 이제 순환로는 울창한 나무의 그늘 길이 되었고 공원 전체는 사시사철 색다른 아름다움을 보여준다. 능선에 올라서면 풍수지리를 모르더라도 멀리 서울 쪽으로는 중랑천과 한강이, 경기도 쪽으로는 한강이 내려다보이는 이곳이 배산임수의 명당임을 느낀다.

1991년 서울시설공단이 설립되어 서울시로부터 묘지관리 업무를 인수받아 서울시설공단 망우리묘지라 했고, 1998년 공원화 작업 이후로는 망우리공원으로 명칭을 바꾸었다.

1997~1998년의 공원화 사업으로 여기저기 정자와 벤치가 설치되고 관리사무소에서 시작해 한 바퀴를 돌아오는 '사색의 길'이 조성되었으며, 유명인의 묘 입구에 연보비가 설치되어 시민의 공원으로 변모되었다. 현재 연보비가 설치된 유명인은 문일평, 문명훤, 박인환, 방정환, 서광조, 서동일, 서병호, 오긍선, 오세창, 오재영, 유상규, 장덕수, 조봉암, 지석영, 한용운 등 15명(가나다순)이다.

다시 십여 년의 세월이 흘러 2009년 본서 간행, 2012년 한국내셔널트러스트의 '꼭 지키고 싶은 우리의 문화유산' 선정, 2013년 서울미래유산 지정 등으로 인해 망우리공원의 가치를 인식하고 찾는 시민이 계속 늘어나는 가운데, 서울시는 2014년 '망우리공원의 가치제고' 및 '인문학길 조성'의 용역을 한국내셔널트러스트에 발주하고 2016년 12억의 예산을 들여 인문학길 '사잇길'의 조성을 마무리했다. 이때 처음으로 묘를 찾는 이정표와 안내판이 설치되었다. 한용운, 이중섭을 찾아가는 이정표 하나 없었으니 지금 돌이켜 보면 이해할 수 없는 문화 후진국의 모습이었다. 그밖에 세 곳의 전망대(중랑, 망우, 구리)와 세 곳의 숲(사색, 생명, 명상)이 만들어져 역사공원으로서의 기본적인 모습을 갖추게 되었다.

그러나 망우리공원은 서울시 어르신복지과 관할이라 역사문화공원으로서의 발전에는 한계가 있었다. 그래서 중랑구청은 2020년 7월 서울시로부터 관리권을 이관받고 전담부서인 망우리공원과를 신설해 주체적인 관리·운영에 나섰고 2022년 4월 관리사무소 자리에 사무·휴게·교육·전시 시설인 중랑망우공간을 건립하고 '망우역사문화공원'이라는 일반 명칭도 새로 만들었다.

그렇다면 이곳에는 얼마나 많은 역사 인물이 있을까. 2006년 시점에서는 17명이 관리사무소의 리스트에 있었다. 2009년 필자가 초판을 내며 40명, 2015년 개정 2판 때 50명, 2018년 개정 3판 때 60명을 소개했다. 다시 2021년 중랑구청 용역으로 한국내셔널트러스트 망우리분과위원회가 묘역전수조사를 실시한 결과, 41인의 유명인사(비석 9인 포함)를 추가로 밝혀냈다.

따라서 망우리에는 100인 이상의 유명 인사가 존재한다. 그러나 유명 인사 기준은 사람에 따라 의견이 다르고, 감동적인 비문을 남긴 서민도 적지 않다. 여건이 되지 않아 유명해지지 못했을 뿐 가족을 위해 헌신했고, 많은 이가 3·1운동 때 지도자를 따라 독립만세를 불렀을 것이다. 또 합장 묘역 두 곳은 수만을 헤아린다. 이제 전부 정확히 몇 명이라는 수치는 의미가 없다. 100보다 많다는 의미의 101인으로 말한다. 본서에서는 역사적으로 중요하거나 스토리가 있는 인물 23인을 추가했다. 본서에서 언급하지 않은 나머지 인사들은 추후 인물총람 발간시에 모두 망라할 생각이다.

그렇게 이제 망우리는 시민의 공원은 기본이고 더 나아가 마치 액자로 잘라낸 듯한 40년간의 기간에 묻힌 숱한 고인들의 비명을 통해 우리 근현대사를 찾을 수 있는 거대한 야외박물관으로 다시 태어났다.

낙이망우(樂以忘憂), 인문학의 공간

發憤忘食 樂以忘憂 不知老之將至云爾(발분망식, 낙이망우, 부지노지장지운이). 배움을 좋아하여 알고자 하는 마음이 생겨나면 밥 먹는 것도 잊고 (도를 행하기를) 즐김으로써 근심을 잊으며 늙음이 닥쳐오는 것도 알지 못한다.(논어 술이편 제18장)

그렇게 고난의 시기에 잃어버린 '망우'의 참뜻이 이제는 이곳의 다양한 죽음의 모습을 통해 다시 살아났다.

옛사람들은 『논어』의 '낙이망우(樂以忘憂)'를 알고 있었다. 그랬던 곳이 근세에 묘지가 되어 한동안 주민에게는 근심스러운 장소였으나 이제는 비명을 읽고 걷는 행위를 통해 깨달음을 얻어 근심을 잊게 하는 장소가 되었다.

소인은 하늘이 무너질까 걱정한다. 오늘부터 근심을 잊자고 결심해도 저절로 잊히는 것이 아니다. 근심은 오로지 수행을 통해 마음을 강하게 만듦으로써 잊을 수 있다. 소인다우(小人多憂)요 대인망우(大人忘憂)이다.

이곳 망우리공원에서, 삶과 죽음의 사이, 어제와 오늘의 사이, 그와 나 사이의 '사잇길'을 걸어가며 '망우'해 보지 않겠는가.

부록

망우리공원 역사인물 종합요약표

*가나다순, 2022년 12월 현재. *애국지사: 서훈자 *독립지사: 미서훈자

No.	이름	묘번	생몰	출신	직업	상세
영면 인사						
1	국채표(鞠埰表)	112731	1906~1969	전남담양	중앙관상대장	중앙관상대장, 기상학회 초대회장, 과학기술유공자(2020)
2	강소천(姜小泉)	개인묘지	1915~1963	함남고원	아동문학가	아동문학가, '산토끼', '스승의 은혜' 등 작사가
3	계용묵(桂鎔默)	105383	1904~1961	평북선천	소설가	소설가, 대표작 '백치 아다다'
4	권진규(權鎭圭)	201720	1922~1973	한남함흥	조각가	한국 현대 조각의 선구자, 무사시노미대 최고의 졸업생
5	김규현(金奎現)	205179	1904~1956	서울	교육가	영등포공고교장, 진보당 창당 준비위원
6	김기만(金基萬)	104327	1892~1956	평남용강	독립지사	흥사단원, 임시정부 참여
7	김말봉(金末峰)	100768	1901~1962	부산	소설가	소설가, 여성 최초의 예술원 회원 및 기독교회 장로
8	김명신(金明信)	109461	1899~1974	황해해주	독립지사	해주 3·1운동, 배화여고 교장, 모친 주룰루, 부인 박경신
9	주룰루(주눌누)	109441	1880~1960	경기개성	기독교인	기독교 전도부인(전도사), 김명신의 모친
10	김분옥(金芬玉)	103459	1903~1966	평남강서	여성운동가	유관순 동기 3·1운동 참가, 이화여전 교수, 여경국장
11	김상용(金尙鎔)	109956	1902~1951	경기연천	시인	시인, 이화여전 영문과 교수
12	김석영(金夕影)	103459	1929~1966	함남이원	언론인	언론인, 사회평론가, 신익희선생일대기(1956) 저자
13	김이석(金利錫)	203693	1915~1964	평남평양	소설가	'실비명'의 작가, 서울시문화상
14	김중석(金仲錫)	개인묘지	1883~1966	함남함흥	애국지사	애국지사(건국포장), 목사
15	김찬두((金瓚斗)	109885	1898~1948	평남대동	의사	세브란스 학생 때 3·1운동 참여, 황해도 신막 순천병원장
16	김창호(金昌鎬)	205110	1902~1964	미상	교육가	수학과 교수, 성균관대학교 문리대 학장
17	김채홍(金采弘)	109411	1910~1971	경기광주	국악인	대금주자, 서울시립국악관현악단악장
18	김호직(金浩稙)	개인묘지	1905~1959	평북벽동	영양학자	콩박사, 영양학자, 문교부 차관
19	나 우(羅 愚)	203948	1885~1960	영남용강	독립지사	임시정부 참여, 흥사단원. 미서훈
20	노 필(盧 泌)	204942	1927~1966	서울화동	영화감독	'밤하늘의 블루스' 등의 음악영화의 일인자

21	노창성(盧昌成)	105601	1896~1955	평북철산	방송인	우리나라 최초의 방송인, 이옥경의 남편
22	이옥경(李玉慶)	105601	1901~1982	서울	아나운서	노창성의 아내, 우리나라 최초의 아나운서
23	명온공주 (明溫公主)	203747	1810~1832	서울	공주	순조와 순원왕후 사이의 제1공주
24	김현근(金賢根)	203747	1810~1868	안동	부마/영의정	명온공주의 남편
25	문일평(文一平)	203742	1888~1939	평북의주	애국지사	교육가, 역사학자, 독립장, 등록문화재(691-2)
26	박승빈(朴勝彬)	203610	1880~1943	강원철원	변호사	변호사, 국어학자, 초대조선축구협회장
27	박인환(朴寅煥)	102308	1926~1956	강원인제	시인	대표작 '목마와 숙녀' '세월이 가면'
28	박현식(朴顯植)	205118	1894~1954	평남대동	교육가	중동학교 교사, 한영학원 설립자, 조선어학회 회원
29	박희도(朴熙道)	109628	1889~1951	황해해주	교육인	민족대표 33인 기독교 대표, 중앙보육학교장
30	방정환(方定煥)	203703	1899~1931	서울당주동	아동문학가	아동문학가, 어린이 운동 선구자, 등록문화재(691-3)
31	배형섭(裵亨涉)	203371	1882~1955	평남용강	실업가	진남포 삼숭학원 설립자, 실업가
32	변성옥(邊成玉)	205301	1892~1950	평남평양	목사	만주의 조선기독교회 창설자, YMCA 총무
33	변원규(卞元圭)	202727	1837~1896	서울	역관	청나라 외교 주역, 한성판윤 5회 제수, 교섭통상사무 협판
34	삼학병 김명근	109954	?~1946	함남북청	학병동맹	학병동맹원
35	삼학병 김성익	110014	?~1946	함남단천	학병동맹	학병동맹 부위원장
36	삼학병 박진동	109955	1921~1946	경남남해	학병동맹	학병동맹 군사부장
37	서광조(徐光朝)	108919	1897~1964	전남목포	애국지사	애국지사(애족장), 등록문화재(691-5)
38	서동일(徐東日)	107266	1893~1966	경북경산	애국지사	애국지사(애족장), 등록문화재(691-6)
39	석상옥(石常玉)	109487	1911~1986	서울	교통부장관	제9대 교통부장관(1960)
40	설의식(薛義植)	204325	1901~1954	함남단천	언론인	손기정 일장기 말소 사건으로 퇴직한 동아일보 편집국장
41	설태희(薛泰熙)	204329	1875~1940	함남단천	유학자	설의식의 부친, 군수, 개신유학자
42	신경진(申景禛)	개인묘지	1575~1643	서울	영의정	조선시대 무신 출신 영의정. 신립 장군의 아들
43	안봉익(安鳳益)	204419	1910~1957	함북경성	기업인	광업전문가, 대한중석 초대 사장
44	예동식(芮東植)	201413	1904~1970	미상	기업인	경성세관 근무, 유한양행 부사장 (1956)
45	오긍선(吳兢善)	203636	1878~1963	충남공주	의사	세브란스의전 최초 한국인 교장, 사회사업가
46	오기만(吳基萬)	204390	1905~1937	황해연백	애국지사	애국지사(애국장), 등록문화재(591-4)
47	오세창(吳世昌)	203733	1864~1953	서울	애국지사	민족대표 33인, 애국지사(대통령장), 등록문화재(691-1)
48	오재영(吳哉泳)	103570	1897~1948	부산	애국지사	애국지사(애족장), 부산경찰서 폭파사 건, 등록문화재(691-7)

49	오한영(吳漢泳)	203614	1898~1952	충남공주	보사부장관	오긍선의 장남, 의사, 2대 보건부장관
50	유상규(劉相奎)	203555	1897~1936	평북강계	애국지사	안창호의 비서, 의사, 애족장, 등록문화재(691-8)
51	이경숙(李景淑)	203364	1924~1953	경기개성	여성운동가	MRA 개척자, 교사, 기독교인, 스승 유달영의 비문
52	이광래(李光來)	108899	1908~1968	경남마산	극작가	신협 대표, 서라벌예대 초대연극학과장
53	이병홍(李炳洪)	205129	1891~1955	경남산청	국회의원	반민특위 조사부장, 제2대 국회의원
54	이 북(李 北)	108576	?~1954	미상	언론인	1950년대 중앙일보사(현 중앙일보와 다름) 사장
55	이영준(李榮俊)	203620	1896~1968	서울	국회부의장	세브란스의전 3대 교장, 국회부의장
56	이영찬(李泳贊)	100291	1896~1959	평북선천	중추원참의	사업가, 중추원 참의
57	이영학(李英學)	203566	1904~1955	평북선천	독립지사	흥사단원, 동아일보 선천지국 기자
58	이인성(李仁星)	203574	1912~1950	대구	화가	근대 최고의 유화가, '경주의 산곡' '해당화'
59	이종모(李鍾摸)	개인묘지	1923~1963	전북군산	영화배우	예명: 남춘역, 가수, 배우
60	이중섭(李仲燮)	103535	1916~1956	평남평원	화가	가장 유명한 국민화가. 흰소, 황소, 은지화
61	이태흡(李泰洽)	207592	1912~1948	평북운산	관료	미군정 중앙물가행정처 차장. 이태영 오빠
62	임병철(林炳喆)	202553	1905~1947	함남함흥	언론인	동아일보 편집국장(46), 손기정 일장기 말소 사건 관여
63	장내원(張迺源)	109100	?~1963	북간도	사회기관인	유네스코 한국위원회 2대 사무총장
64	장덕수(張德秀)	109257	1894~1947	황해재령	언론인/정치인	상해임시정부 활동, 동아일보 주필, 한국민주당 정치부장
65	박은혜(朴恩惠)	109257	1904~1963	평남평원	교육인	장덕수의 아내, 경기여고 15년간 교장
66	장형두(張亨斗)	201271	1906~1949	광주누문	식물학자	한국 식물학의 선구자, 서울사대 부교수
67	정용국(鄭用國)	108810	1901~1966	미상	치과의사	서울의대 치과교수, 한국 치의학계의 초기 선구자
68	정학모(鄭學謨)	100414	1886~1961	전남함평	성균관사성	유도회 중앙위원, 성균관 사성(종3품)
69	조봉암(曺奉巖)	204717	1899~1959	경기강화	정치인	초대농림부장관, 진보당 당수
70	지석영(池錫永)	202541	1855~1935	서울낙원동	의사	우두법 보급, 의사, 한글학자, 동래부사, 한성판윤
71	차숙경(車淑卿)	109453	1887~1948	서울당인리	여성운동가	여성운동가, 기미 33인 이갑성의 첫째 부인
72	차중락(車重樂)	105689	1942~1968	서울신당동	가수	대표곡 '낙엽따라 가버린 사랑' 최초의 '오빠'
73	최문길(崔文吉)	개인묘지	1928~2012	미상	교육가	경기고 교장, 서울강남교육청장
74	최병석(崔秉錫)	203627	1897~1971	경남 진주	변호사	초대대한변호사협회장, 대법원 판사, 사정위원장
75	최신복(崔信福)	203704	1906~1945	경기수원	아동문학가	비문은 동요 '호드기', 조선중앙일보 기자, 개벽사
76	최학송(崔鶴松)	205288	1901~1932	함북성진	소설가	소설가, 대표작은 '탈출기', '홍염' 등

77	한용운(韓龍雲)	204411	1879~1944	충남홍성	애국지사	시인, 스님, 대한민국장, 등록문화재(519)
78	함세덕(咸世德)	109513	1915~1950	경기강화	극작가	'해연', '동승' 등을 쓴 극작가
79	허 연(許 然)	109805	1896~1949	평남순안	독립지사	교육가, 시인, 흥사단원, 수양동우회 사건 옥고
80	사이토오토사쿠	-	1866~1936	일본	산림관료	총독부 초대 산림과장
81	아사카와다쿠미	203363	1891~1931	일본	민예연구가	총독부 임업시험장 기수, 민예연구가
82	양천허씨 (허어금)	109077	?~1966	-	-	어머니를 기리는 비문, 월탄 박종화 비문

비석/연보비를 남긴 인사

82	김순제(金舜濟)	이장	1889~1962	평북정주	갈산면장	갈산면장, 오산학교 이사, 광동학원 이사장, 독지가
83	강학린(姜鶴麟)	이장	1885~1941	함북성진	애국지사	목사, 성진3·1운동 주도, 애족장
84	김봉성(金鳳性)	이장	1900~1943	평남강서	애국지사	도산 조카사위, 선천3·1운동, 건국포장
85	김사국(金思國)	이장	1892~1926	충남논산	애국지사	서울청년회 지도자, 사회주의 운동가, 애족장
86	김승민(金升旼)	이장	1872~1931	함남함흥	애국지사	비서원승, 만주 광복단장, 애국지사(애국장)
87	김정규(金貞奎)	이장	1883~1960	함남함흥	애국지사	애국지사(애족장), 묘번 206177
88	김진성(金振聲)	이장	1892~1968	평남 덕천	애국지사	애국지사(애국장), 묘번 108658
89	문명훤(文明煊)	이장	1892~1958	평남평양	애국지사	임시정부 서기, 흥사단원, 한글학자, 애족장
90	민한근(閔漢根)	이장	1909~1956	충남서산	중구청장	이승만 비서, 중구청장
91	박승룡(朴承龍)	이장	1872~1957	한남이원	애국지사	애국지사(애족장), 천도교 종법사
92	박원희(朴元熙)	이장	1899~1928	대전	애국지사	조선여성동우회 창립, 근우회 조직, 애족장
93	박찬익(朴贊翊)	이장	1884~1949	경기파주	애국지사	임시정부 법무부장, 애국지사(독립장)
94	서병호(徐丙浩)	이장	1885~1972	황해장연	애국지사	최초의 기독교 유아세례자, 애국지사(애국장)
95	송석하(宋錫夏)	이장	1904~1948	경남언양	민속학자	민속학자, 조선민속학회장, 해방 後 초대한국산악회장
96	신명균(申明均)	이장	1889~1940	서울성수	애국지사	애국지사(애국장), 한글학자, 조선어학회 2대 간사장
97	안창호(安昌浩)	이장	1878~1938	평남강서	애국지사	흥사단 설립, 상해임시정부 내무총장, 구비 복귀
98	이 탁(李 鐸)	이장	1898~1967	경기양평	애국지사	청산리전투 참가, 국어학자, 애국지사(애국장)
99	이영민(李榮敏)	이장	1905~1954	경북칠곡	야구선수	일제강점기 홈런왕, 이영민타격상
100	이태건(李泰建)	이장	1885~1958	평북선천	애국지사	애국지사(애족장), 신민회 사건 옥고
101	임경일(林耕一)	이장	1911~1958	평남강서	언론인	야담사 사장, 성균관대 교수, 언론인
102	조종완(趙鍾完)	이장	1890~1947	평남강서	애국지사	조선민주당, 애국지사(애족장)

103	함이영(咸二榮)	이장	1915~1957	부산동래	음악가	'우리나라꽃'의 작곡자, 음악인
104	현익(현요한)	이장	1933~1950	함남함흥	-	현봉학/피터현 동생, 어머니(신애균)의 비문, 2021년 이장

기념비/탑

105	13도창의군탑	동아일보	1991		기념탑	군사장 허위(대한민국장)/ 총대장 이인영(대통령장)
106	국민강녕탑	개인	2014		기원탑	최고학(1927)
107	노고산천골취장비	201616	1938		합장비	노고산무연분묘 합장비, 오세창 글
108	이태원묘지무연분묘합장비(유관순)	100036	1936		합장비	이태원묘지무연분묘, 유관순 열사 합장 묘역

이장된 주요 인사(이장년도)

1	김동명(2010)	불상	1901~1968	강원강릉	시인	강릉으로 이장
3	김영랑(1990)	불상	1903~1950	전남강진	시인	용인으로 이장
4	나용환(1966)	불상	1864~1936	평남성천	애국지사	민족대표 33인, 애국지사(대통령장), 현충원 이장
5	나운규(1993)	불상	1902~1937	함북회령	영화인	애국지사(애국장), 현충원 이장
6	박동완(1966)	불상	1885~1941	경기포천	애국지사	민족대표 33인, 애국지사(대통령장), 현충원 이장
7	박길룡(2011)	109709	1898~1943	서울	건축가	불상, 근대건축 선구자, 화신백화점 설계자
8	백대진(1988)	불상	1892~1967	서울종로	애국지사	애국지사(애족장), 대전현충원 이장
9	선우훈(1988)	불상	1892~1961	평북 정주	애국지사	애국지사(애족장), 대전현충원 이장, 흥사단원
10	송진우(1966)	불상	1889~1945	전남담양	애국지사	애국지사(독립장), 현충원 이장
11	안석영(?)	불상	1901~1950	서울	영화인	영화협회 이사장, 불상
12	이기붕(?)	불상	1896~1960	서울	국회의장	가족묘, 불상
13	이종일(1966)	불상	1858~1925	충남태안	애국지사	민족대표 33인, 애국지사(대통령장), 현충원 이장
14	임방울(1988)	불상	1904~1961	전남광산	국악인	여주
15	임숙재(2013)	109335	1891~1961	충남예산	교육인	숙대 초대 총장, 홍성군으로 이장
16	채동선(2012)	204936	1901~1953	전남보성	작곡가	보성군으로 이장
17	홍병기(1966)	불상	1869~1949	경기여주	애국지사	민족대표 33인, 애국지사(대통령장), 현충원 이장

사진 출처

강소천 홈페이지	51쪽
김상용 유족	160쪽
박세형	29, 30, 33쪽
보현당	446쪽
숭실대 기독교박물관	486쪽
신창섭	63, 94, 183, 375, 393, 440, 455, 524쪽
안봉익 유족	257, 259, 262쪽
오병학	27, 433쪽
위키미디어	236, 285쪽
유용섭	391, 402, 408, 414쪽
이인성기념사업회	58쪽
차중용	109, 121쪽
한겨레음악대사전	102쪽
한국극예술학회	91쪽
허연 유족	311, 312쪽

김영식(金榮植)

작가·번역가·망우인문학자
대학생 때 처음 찾은 망우리공원을 잊지 않고 지내다 2002년 《리토피아》를 통해 수필가로 등단한 후 20년 만에 다시 찾아간 것이 평생의 작업이 되었다. 2008년 《신동아》에 「망우리별곡」을 연재하고 2009년 『그와 나 사이를 걷다-망우리 사잇길에서 읽는 인문학』(문광부 우수교양도서) 초판을 출간해 망우리공원의 인문학적 가치를 세상에 널리 알렸다. 이후로도 새로 발견한 인물을 계속 추가해 2015년 개정 2판, 2018년 개정 3판을 거쳐 인물 열전으로서는 최종판이 되는 개정 4판을 출간하게 되었다. 한편, 일문학 관련으로 『한 줄에 울다-명작 하이쿠에 담긴 생각과 기억』(2019)을 출간했고 10여 권의 일본근대문학 번역서를 냈다. 대표작은 『기러기』(모리 오가이), 『라쇼몽』(아쿠타가와 류노스케), 『무사시노 외』(구니키다 돗포), 『산월기』(나카지마 아쓰시), 『슌킨 이야기』(다니자키 준이치로) 등이다. 산림청장상(2012, 한국내셔널트러스트), 서울스토리텔러대상(2013, 서울연구원)을 받았고 2014년부터 서울시와 중랑구의 망우리공원 관련 학술용역을 다수 수행했다. 번역회사를 경영하는 한편, (사)한국내셔널트러스트 이사·망우리분과위원장, 중랑구 망우역사문화공원 운영위원회 위원장을 맡고 있다.
블로그: http://blog.naver.com/japanliter

망우역사문화공원 101인

그와 나 사이를 걷다

발행일 | 2023년 7월 7일 개정4판 1쇄

지은이 | 김영식

펴낸이 | 김일수
펴낸곳 | 파이돈
출판등록 | 제349-99-01330호
주소 | 03940 서울시 마포구 망원동 419-3 참존1차 501호
전자우편 | phaidonbook@gmail.com
전화 | 070-8983-7652
팩스 | 0504-053-5433

ISBN 979-11-981092-8-6 (03910)

책값은 뒤표지에 있습니다.